国家社会科学基金一般项目（09BSH028）
华中农业大学农林经济管理学科建设专项基金

农业与农村经济管理研究

农业社会化服务体系形成机理、演进趋势与新型体系构建研究

NONGYE SHEHUIHUA FUWU TIXI XINGCHENG JILI
YANJIN QUSHI YU XINXING TIXI GOUJIAN YANJIU

◆ 孙 剑／著

人民出版社

总 序

截至"十二五"末期,我国农业取得了粮食生产"十二连增"、农民增收"十二连快"的卓越成就。"十三五"伊始,我国农业发展的物质技术装备基础愈加雄厚,主要农产品供给充足,新技术、新产业、新业态不断涌现,现代农业提质增效的发展机遇非常难得。与此同时,各种新老矛盾交织叠加,农业发展不平衡、不协调、不持续问题仍然存在;农产品供需失衡、结构性过剩现象十分突出,推进供给侧结构性改革的任务较为艰巨;农业资源环境约束不断加强,农业现代化发展相对滞后,农村经济社会转型发展依然需要时日。在这种背景下,加快推进传统农业向现代农业转变,探求农业现代化发展之路和农业供给侧结构性改革之策,农业经济管理学科应承担起为农业产业发展和农村经济建设提供智力支持的重要职责。

华中农业大学农业经济管理学科是国家重点学科和湖北省优势学科,农林经济管理专业是国家特色专业,农林经济管理学科是湖北省重点学科。长期以来,学科点坚持以学科建设为龙头、以人才培养为根本、以科学研究和社会服务为己任,紧紧围绕"三农"发展中出现的重点、热点和难点问题开展理论研究与实践探索。"十一五"以来,先后承担完成国家自然科学基金41项,国家社会科学基金34项,其中重大项目1项、重点项目8项;1项成果入选2015年度《国家哲学社会科学成果文库》;出版学术专著35部;获省部级以上优秀成果奖22项。学科点丰硕的研究成果推动了现代农业和区域经济的较大发展。

近年来，学科点依托学校农科优势，加大资源融合力度，重点围绕农业经济理论与政策、农产品贸易与市场营销、食品经济与供应链管理、农业资源与环境经济、农业产业与农村发展等研究领域，开展系统深入、科学规范的跨学科交叉研究，积极推进农业经济管理学科与经济学、管理学、社会学、农学、生物学和土壤学等学科融合和协同创新，形成了柑橘、油菜、蔬菜、食用菌和水禽等5个特色鲜明、优势突出的现代农业产业经济研究团队，以及农产品流通与贸易、农业资源与环境经济、食物经济与食品安全等3个湖北省高等学校优秀中青年科技创新团队，有力支撑了本学科的持续发展。

为了进一步总结和展示本学科点在农业经济管理领域的研究成果，特推出这套《农业与农村经济管理研究》丛书。丛书既包括粮食安全、产业布局等宏观经济政策的战略研究，也涉及农户、企业等市场经济主体的微观分析。其中，一部分是国家自然科学基金和国家社会科学基金项目的结题成果，一部分是区域经济或产业经济发展的研究报告，还有一部分是青年学者的学术力作。正是这些辛勤耕耘在教学科研岗位上的诸多学者们的坚守与付出，才有了本学科点的坚实积累和繁荣发展。

本丛书的出版，既是对作者辛勤工作的肯定，更是借此向各位学科同行切磋请教，以使本学科的研究更加规范，也为本学科的发展奉献一份绵薄之力。最后，向一直以来对本学科点发展给予关心和支持的各位领导、专家表示诚挚的谢意！

目 录

绪 论 …………………………………………………………………… 1

第一章 研究的理论逻辑：理论工具的选择 ………………………… 25

 第一节 主要概念内在逻辑与研究理论范畴界定 ………………… 25

 第二节 社会分工理论：农业社会化服务形成的逻辑起点 ……… 32

 第三节 供求均衡理论：农业社会化服务发展的分析逻辑 ……… 36

 第四节 结构功能主义理论：农业社会化服务体系解构与重构

    逻辑 ……………………………………………………… 39

 第五节 演化经济学/系统理论：农业社会化服务体系演化

    逻辑 ……………………………………………………… 43

第二章 国际经验与比较：国外农业社会化服务体系发展模式 …… 46

 第一节 市场导向型的农业社会化服务体系发展模式 …………… 46

 第二节 政府导向型的农业社会化服务体系发展模式 …………… 53

 第三节 混合驱动型的农业社会化服务体系发展模式 …………… 63

 第四节 国外农业社会化服务体系模式比较与经验借鉴 ………… 73

第三章 中国农业社会化服务体系的变迁与现状 …………………… 78

 第一节 中国农业社会化服务体系的历史变迁 …………………… 78

 第二节 中国农业社会化服务体系主体与运行机制的现状

    分析 ……………………………………………………… 87

第三节 中国农业社会化服务体系内部协调发展现状分析……… 98
第四节 中国农业社会化服务体系存在的问题与发展方向…… 109
第五节 中国新型农业社会化服务体系发展方向……………… 116

第四章 分工、演化与创新：新型农业社会化服务及其体系的形成机理……………………………………………………… 121

第一节 农业社会分工演进：农业社会化服务产生的机理…… 121
第二节 农业现代化演进：新型农业社会化服务产生的机理… 125
第三节 技术与管理创新：新型农业社会化服务体系产生的机理与特征…………………………………………………… 127

第五章 1978—2016 年中国农业社会化服务水平测评与农民收入增长实证分析…………………………………………… 132

第一节 农业社会化服务水平评价的理论逻辑框架…………… 132
第二节 中国农业社会化服务水平评价目标、原则和指标体系构建…………………………………………………… 138
第三节 中国农业社会化服务水平评价数据来源与计算方法…………………………………………………………… 148
第四节 中国农业社会化服务水平整体发展态势和制约因素…………………………………………………………… 159
第五节 农业社会化服务水平对农民收入影响的实证分析…… 166
第六节 农业社会化服务水平测评结果与政策含义…………… 171

第六章 1978—2016 年中国农业社会化服务体系演进与农业增长实证分析…………………………………………………… 173

第一节 农业社会化服务体系测度指标选取依据与指标体系…………………………………………………………… 173

第二节　农业社会化服务体系测度的数据来源和计算方法……　177

　　第三节　1978—2016年中国农业社会化服务体系演进趋势及
　　　　　　解释……………………………………………………　183

　　第四节　1978—2016年农业社会化服务体系演进与农业发展的
　　　　　　关系分析…………………………………………………　188

第七章　供给与需求：基于农户视角的实证分析………………………　198

　　第一节　农业社会化服务供给与需求行为内涵和特征…………　198

　　第二节　农业社会化服务供给影响因素的调查分析……………　207

　　第三节　农业社会化服务供给的农户满意度分析………………　224

　　第四节　农户农业服务购买意愿影响的实证分析………………　229

　　第五节　农户农业服务渠道选择行为与影响因素的实证
　　　　　　分析…………………………………………………………　240

第八章　驱动与阻碍：构建新型农业社会化服务体系
　　　　内外因素分析……………………………………………………　254

　　第一节　农业社会化服务的外部宏观影响因素…………………　255

　　第二节　农业社会化服务的市场中观影响因素…………………　266

　　第三节　农业社会化服务系统内部微观影响因素………………　270

　　第四节　农业社会化服务体系中组织协同和服务
　　　　　　能力关系的实证分析……………………………………　278

第九章　机制与模式：新型农业社会化服务体系构建…………………　317

　　第一节　新型农业社会化服务体系构建的思路与原则…………　317

　　第二节　新型农业社会化服务体系组织关系重构与
　　　　　　功能整合…………………………………………………　318

　　第三节　新型农业社会化服务系统网络一体化整合构建………　326

　　第四节　农业社会化服务区域特色优势协调整合构建…………　327

第五节　新型农业社会化服务社会化整合构建……………… 329

　　第六节　新型农业社会化服务体系的具体模式……………… 331

第十章　竞争、协同与保障：加快新型农业社会化服务体系发展
　　　　对策 …………………………………………………………… 335

　　第一节　健全新型农业社会化服务市场竞争机制，提高服务
　　　　　　效率 …………………………………………………… 335

　　第二节　加强新型农业社会化服务组织功能协同，提高服务
　　　　　　质量 …………………………………………………… 337

　　第三节　加强新型农业社会化服务组织规范管理，形成现代
　　　　　　经营理念 ……………………………………………… 339

　　第四节　完善新型农业社会化服务政策，促进新型体系健康
　　　　　　发展 …………………………………………………… 340

　　第五节　建立新型农业社会化服务体系关系机制，保护农户
　　　　　　利益 …………………………………………………… 342

参考文献………………………………………………………………… 347

附录……………………………………………………………………… 385

绪 论

一、问题的提出

从社会分工的起点看,农业的横向专业化分工产生了二三产业的发展,纵向分工产生了农业产业内的部门或产品内分工,分工又带来了农业专业化生产或服务的协作管理问题,我们称之为"农业社会化服务管理"问题。从中国农业发展的现实来看,"总体上进入加快改造传统农业、走中国特色农业现代化道路的关键时刻"[①],而加快中国农业现代化的关键是建立新型的农业社会化服务体系,其实质是"农业社会化服务管理"问题。从农业现代化内涵的演变看,以市场化、专业化和社会化为特征的农业社会化服务体系成为农业现代化主要内容和发展趋势。早期经典的现代化理论认为农业现代化是工业化的产物,[②]是传统农业社会向工业社会的转变;技术创新和制度变迁是农业发展的诱致性因素,其中技术是农业发展的核心因素。[③]正是技术成果在工农业广泛的运用,使工农业生产过程专业化分工越来越深入,大量的新型专业化服务项目引入工农业生产,完善的农业社会化服务体系便成为现代农业的标志内涵。在20世纪最后25年里,制造业和农业发展主要依赖大量的相关服务产业的支持,传统的工业

[①] 2008年,党的第十七届三中全会《推进农村改革发展的决定》。
[②] 艾森斯塔特:《现代化:抗拒与变迁》,中国人民大学出版社1988年版,第20页。舒尔茨:《改造传统农业》,商务印书馆1999年版,第38页。
[③] 速水佑次郎、弗农·拉坦:《农业发展的国际分析》,郭熙保、张进铭等译,中国社会科学出版社2010年版,第109页。

革命思维方式也转向服务经济思维方式。① 中国要加快农业现代化发展进程，也必须从传统的工业革命思维方式向服务经济（包含农业的社会化服务）思维方式转变，运用农业社会化服务的外部规模经济性的特点，解决制约中国农业现代化进程中小农户生产内在规模效益不足的客观问题。

新型的农业社会化服务体系内涵本质是新型农业技术运用带来农业更加深入的专业化分工及分工协作的新型管理理念。其社会经济现象表现为农业发展向市场服务和社会综合服务领域的拓展，农业发展的内涵开始出现以商品化、技术化、产业化、社会化、生态化等为特征的变革，农业也逐渐形成为跨产业领域的复杂社会系统。② 从农业社会化服务体系形成的路径看，发达国家是基于资本主义市场经济体制下的工业化推动，政府、社会和市场三者共同作用，逐渐形成了市场经济体制下的农业社会化服务体系，即高度的市场化、专业化和社会化的农业社会化服务体系。如果中国完全依赖发达国家的经验和路径（工业革命思维方式）推动中国农业社会化服务体系建设，不仅需要漫长的发展过程，而且持续的不平衡发展会导致更复杂的社会和经济矛盾。因此，在中国农业现代化进程中，必须保持与工业化、城市化和信息化同步发展的前提下，结合政府、社会和市场三者共同作用，建设高度市场化、专业化和社会化的新型农业社会化服务体系。

自20世纪50年代至今，中国农业的发展受到匮乏的自然资源和庞大的人口压力制约，中国根据国情加速推动中国传统农业向现代农业转变，在一系列政策和发展战略中，对农业社会化服务体系的发展提出了

---

① Giarini O., Stahel W. R., *The Limits to Certainty: Facing Risks in the New Service Economy*, Kluwer Academic Publishers, 1989, pp.1-9.
② 卢良恕：《新时期中国农业与现在农业建设》，《食品工业科技》2004年第2期。柯柄生：《关于加快推进现代农业建设的若干思考》，《农业经济问题》2007年第2期。Sumner, "American Farms Keep Growing: Size, Productivity, and Policy", *Journal of Economic Perspectives*, No.28, 2014. 张红宇：《中国特色农业现代化：目标定位与改革创新》，《中国农村经济》2015年第1期。王定祥、李虹：《新型农业社会化服务体系的构建与配套政策研究》，《上海经济研究》2016年第6期。

与时俱进的发展要求。具体内容体现四个发展阶段：第一阶段：新中国成立至1978年，在恢复与发展农业背景下，计划经济体制内的农业社会化服务体系形成。该阶段主要体现社会化和专业化特点，市场化特点也仅仅体现在计划经济的农业生产资料和农产品的计划分配（也存在一定的农产品进出口数量）。第二阶段：1978—1991年，农村改革背景下以提高农业生产率和农民收入为中心的农业供给侧社会化和商品化生产服务体系建设。1979年开始从农业生产领域加强农机、化肥农药和技术服务，以及交通、水电等农业基础设施服务等农业服务；1982—1986年围绕农村改革强调体制内农业相关服务部门或组织围绕农户农业商品生产服务，1983年首次提出"农业生产的产前产后的供销、加工、贮藏、运输、技术、信息、信贷等各方面的社会化服务概念"；1990—1991年明确提出"加强农业社会化服务体系建设，深化农村改革"，并具体提出农业社会化服务体系内含、形式、内容以及发展原则和方向。第三阶段：1992—2004年，社会主义市场经济背景下以农业保护与农户增收为中心的农业社会化服务体系建设，该阶段是中国农业社会化服务体系新旧交替、破与立的发展阶段。1999年提出把体制内的农业技术推广体系纳入农业社会化服务体系中，2003年在深化农村改革中提出健全农业社会化服务、农产品市场对农业的支持，2004年"中央1号文件"从农业科技推广发展角度提出了新型农业科技推广服务组织。第四阶段：2005年至今，农业现代化发展背景下新型农业社会化服务体系创新和发展。2005年把农业社会化服务与管理体系纳入农业发展的综合配套七大体系中，2006年明确提出培育各种新型农业社会化服务组织概念，2007年和2008年提出基础设施和公共服务向农村延伸，推动农业科技创新突破，促使农业社会化服务迈出新步伐；2009—2013年提出建立健全农业社会化服务的基层体系，培育和支持新型农业社会化服务组织，加强对现代农业服务体系建设，并明确提出"要坚持主体多元化、服务专业化、运行市场化的方向，充分发挥公共服务机构作用，加快构建公益性服务与经营性服务相结合、专项服务与综合服务相协调的新型农业社会化服务体系";2014年提出健全农业社会化服务体系,培育农业经营性社会化服务组织,创新服务方式和手段;2015年提出强化农业社会化服务,增加农民收入,必须完善农业服务体系,帮助农民降成本、控风险;2016年提出支持新型农业经营主体和新型农业服务主体成为建设现代农业的骨干力量;2017年党的十九大报告指出健全农业社会化服务体系的着力点和突破点,也为新型农业社会化服务体系建设指明了方向。

在不同的历史发展阶段,中国农业社会化服务体系不断发展和完善,但仍然存在一些必须面对的客观问题。一是当前中国城乡一体化发展格局远没形成,农业现代化发展主要局限在农村地区,城市先进的生产力和技术等支持农业社会化服务程度低。这种"二元"结构的存在导致了农业社会化服务的主体全社会参与程度不够,服务内容和质量很难满足农业现代化发展的需要,客观上迫切需要形成全社会一体化的农业服务。[①] 发达国家正是在农业发展过程中逐步实现了社会政策、社会规则、社会包容度等具体内容的相互磨合、相互协调和相互作用,最终实现了农业现代化。由于中国长期存在城乡发展的"二元"结构,构建新型的农业社会化服务体系是破解"二元"结构、实现农业现代化的重要抓手。二是工业化、城市化、信息化和农业现代化的不协调发展使农业社会化服务的专业化、市场化、社会化等新型农业社会化服务特征缺乏支撑基础。现代农业的发展需要现代工业、现代科学技术和信息技术、现代市场经济管理方法武装起来,大量生产性和非生产性农业社会化服务,可以以县城和小城镇为中心形成新型的农业服务市场,不仅为农村剩余劳动力的转移创造条件,而且有利于加快城镇化过程。三是中国农业"小农户生产与大市场"矛盾的国情制约了农业内在经营规模效应,阻碍了农业现代化发展,客观上迫切需要建立新型农业社会化服务体系来提高

---

① 事实上社会一体化发展是现代化的主要特征。

农业外部性经营规模。只有通过大力支持龙头企业、合作组织、个体私人小微企业等农业服务市场主体，直接为农业产业链提供市场化、专业化的服务，从而扩大农户经营规模和提高经营效率。四是中国农业社会化服务体系存在内部结构和整合问题，例如农业社会化服务组织和服务产品数量少，服务缺少针对性，服务不及时，服务能力弱，服务组织分散，服务体系出现"断层"，政府服务组织很难直接服务到户，私人的服务部门素质又参差不齐，且数量有限，难以从事大规模的社会化服务等。

因此，加速中国农业现代化进程必须摆脱以上农业社会化服务面临的困境。通过建立新型农业社会化服务体系，提高对农业的市场化、专业化、社会化的服务水平，实现农业高质量发展模式转变。新型农业农业社会化服务体系建设要体现公益性和经营性服务相结合的特点，政府公益性服务职能既要发挥主导作用，又要按照社会主义市场经济运行规律和要求加强市场化农业服务，建立以公共服务机构为依托、合作经济组织为基础、龙头企业为骨干、其他社会力量为补充，公益性服务和经营性服务相结合、专项服务和综合服务相协调的社会主义市场经济下的新型农业社会化服务体系。把推动服务业大发展作为产业结构优化升级的战略重点，[1] 不断完善组织主体"多层次"、服务内容"多元化"、服务机制"多形式"，解决农业社会化服务组织不健全、服务内容与农民的需求差距大、生产要素配置不合理等问题，[2] 从而促进中国工业化、城市化、信息化和农业现代化同步发展，最终解决中国现代化发展进程中的农业现代化滞后的关键问题。

---

[1] 2015年党的十八届五中全会通过的《中共中央关于制定国民经济和社会发展第十三个五年规划的建议》。

[2] 孔祥智、徐珍源、史冰清：《当前中国农业社会化服务体系的现状、问题和对策研究》，《江汉论坛》2009年第5期。关锐捷：《构建新型农业社会化服务体系初探》，《农业经济问题》2012年第4期。仝志辉：《"去部门化"：中国农业社会化服务体系构建的关键》，《探索与争鸣》2016年第1期。

二、国内外研究动态

（一）国外农业社会化服务的相关研究动态

文献研究表明，国外对农业社会化服务体系的研究主要集中于农业社会化服务组织效率、农业服务组织职能定位、农业合作组织以及农业社会化服务组织整合机制等领域。

1. 农业社会化服务体系中公益性和私营性组织职能定位和选择研究

在发达国家，农业社会化服务组织主要包含非营利性服务组织和营利性私人组织，两者各自具有不同的使命和职能。德鲁克（Drucker，1991）认为非营利组织的公益性使命代表组织的责任、公共性与信念，隐含着非营利组织存在的价值。农业服务非营利组织必须是具有公益使命的正式合法组织，该组织不以营利为目的，或者其组织结构必须是不以获取私利为目的。非营利组织参与解决社会问题具有热情和理想的特性，正好与政府部门的目标一致，两者自然形成合作伙伴的关系（Salamon，1992）。克莱默（Kramer，1981）和奥沙利文（O'Sullivan，2017）等也曾于研究中指出两者关系为伙伴型和整合依赖互动关系。[①] 此外，利普斯基和史密斯（Lipsky and Smith，1990）也认为非营利组织依赖政府经费支持超过私人慈善捐赠的趋势，因此两者间由传统竞争关系转为相互依赖合作关系。[②]

在农业社会化服务组织内容分类方面。库茨（Coutts，1994）根据农业推广服务角色随着情境的复杂度高低和推广人员的技能需求高低两个维度，由低到高可以分为技术转移服务、解决问题服务、教育培训服务和人力资源发展服务等四个层面，其中最低层次的农业服务是把农业技术转移到农

[①] Kramer R. M., "Voluntary Agencies in the Welfare State", *Contemporary Sociology*, No.12, 1981. O'Sullivan B. G., Mcgrail M. R., Stoelwinder J. U., "Reasons why Specialist Doctors Undertake Rural Outreach Services: An Australian Cross-sectional Study", *Human Resources for Health*, No.15, 2017.

[②] Lipsky M., Smith S.R., "Nonprofit Organizations, Government, and the Welfare State", *Publican Science Quarterly*, No.104, 1990.

业生产者，其次是帮助农业生产者解决农业方面的困难问题。[1]随着推广工作情境越复杂和个人技能要求越高的农业服务中，教育和人力资源发展等人力资本成为农业社会化服务的关键。[2]该观点与舒尔茨关于通过提高农民素质改造传统农业的观点一致。[3]农业服务体系包括农业科学研究、学校教育和技术推广工作等主要内容，但它们服务功能的分化，客观上存在农业服务体系的分化特性，而分化后所产生的副体系或子系统之间，仍须进行整合过程，才能使农业服务体系产生综合的表现。因而整合性、系统性及有效性是服务体系知识利用的必然要求（Engel and Seegers，1991）。

在关于非营利性服务组织和营利性组织农业服务选择问题上，安妮·范登班（Anne，2000）认为农业服务在普通大众比个人从农业社会服务中收益更多时，某项农业服务活动由政府实施比他人或机构实施更便宜时，政府的农业政策与服务结合更有效时，私人不能提供足够的公共效益时，政府应当承担农业服务活动；同时政府提供的农业服务要加强针对性、影响力、公平、效率和效益，公共部门应该不断提高商品化和私有化的比重，使农业服务更具活力。[4]特别在农业技术研究和发展服务方面，政府或科研机构主导的公益机构也应该加强与私人服务组织的合作，通过私人服务组织的市场化运作把农业服务技术迅速高效向市场转移，但在与私人服务组织的合作过程中，也会影响到公益机构的资源

---

[1] Coutts J., *Process*, *Paper Policy and Practice*: *A Case Study of a Formal Extension Policy in Queensland*, Agricultural Universtity Press, 1994, p.198.

[2] Elahi E., Abid M., Zhang L., et al., "Agricultural Advisory and Financial Services; Farm Level Access, Outreach and Impact in a Mixed Cropping District of Punjab", *Land Use Policy the International Journal Covering All Aspects of Land Use*, No.17, 2018.

[3] 舒尔茨:《改造传统农业》，商务印书馆1999年版，第38页。

[4] Anne W., Van B. D., "Different Ways of Financing Agricultural Extension", *Agricultural Rresearch and Extension Network*, No.7, 2000. Bentz R.P., "Acquiring and Managing Financial Resources", FAO, 1997 pp.143-149. Rivera W. M., "Agricultural Extension in Transition Wordwide", *Public Administration and Development*, No.16, 1997.Li Zhao, "Understanding the New Rural Co-Operative Movement: Towards Rebuilding Civil Society in China", *Journal of Contemporary China*, No.20, 2011.

的运用。① 伊拉希（Elahi，2018）通过研究得出使用农业信贷的生产收益主要与农业用途和公共咨询服务质量的有关，通过实施有效的政策和监测服务，消除限制农民获得咨询和信贷服务的农业信贷和障碍，使得农业咨询服务可有效提高小麦生产力。② 卢克曼（Luqman，2016）等在研究中发现发展中国家非国家机构提供的推广教育，农作物和家畜管理相关培训，家禽和林业服务，牲畜接种疫苗等农业服务非常有效，对改善农村贫困人口的生计发挥了重要作用。③

2. 农业社会化服务体系中服务组织效率的研究

服务组织主体效率问题是国外农业社会化服务组织研究的主流问题。主要内容涉及农业服务在市场制度安排和非市场制度安排中效率的比较，以及如何在农业社会化服务体系中实现市场导向和政府管理导向的有效结合。关于非营利组织与营利组织效率问题，克洛兹英格拉姆和鲁宾斯坦（KlotzIngram and Rubenstein，1999）认为其主要原因是市场失灵和政府失灵、信息不对称的契约失灵。④ 由于市场提供的服务只能满足能够支付或愿意支付的部分社会需求，还存在大量市场不满意的需求，而政府提供的服务也只能够满足部分选民的需求，因此两者都存在效率缺陷。农户会因面临技术手段不足、劳动力数量缺乏、资金短缺、抗风险能力弱以及交易费用过高等问题，需要从市场上购买相应的农业服务弥补自

---

① Weisbrod B., "Toward a Theory of the Voluntary Nonprofit Sector in Three-Sector Economy", in E.Phelps（Eds.）, *Altruism Moality and Economic Theory*, Ryssekk Sagem New York, 1995, pp.171-196. Hansman H.B., "The Role of Nonprofit Enterprise", *Yale Law Journal*, No.89, 1980.

② Elahi E., Abid M., Zhang L., et al., "Agricultural Advisory and Financial Services, Farm Level Access, Outreach and Impact in a Mixed Cropping District of Punjab", *Land Use Policy the International Journal Covering All Aspects of Land Use*, No.17, 2018.

③ Luqman M., Shahbaz B. Ali T., "Impact of Agricultural Services Provided by Non-state Actors on Rural Livelihoods: A Case of Distrct Mansehra, Khyber Pukhtunkhwa", *Pakistan Journal of Agricultural Sciences*, No.53, 2016.

④ Klotz C. A., Rubenstein K. D., "The Changing Agricultural Research Environment: What does It Mean for Public-Private Innovation", *AgBio Forum*, No.2, 1999.

身不足。①而且不同农户对于各类农业社会化服务的需求强度呈现显著的差异，受到家庭收入、农户特征等诸多因素的影响。②劳伦斯（Lawrence，1997）认为政府对农业支持服务应该分散进行，一方面由政府或非营利组织提供支持服务，另一方面政府通过支持私人组织满足市场服务需求，这样可以提高对农业服务支持的效率。③海瑟姆和埃尔－胡拉尼（Haitham and El-Hourani，2005）研究发现农业技术推广、农业研究、农业投资等领域的政府和私人部门的职能分散，有利于农业服务效率的提高。④拉加萨与戈兰（Ragasa and Golan，2014）认为提供农业社会化服务的组织成员获得财务支持的能力、管理能力以及组织结构等会影响组织与外部的互动能力，且外生的冲突事件会降低其提供服务者的能力，从而影响其服务效率。⑤

劳伦斯（Lawrence，1997）还对农业技术推广领域、农业金融与投资领域、畜牧领域和水资源管理领域进行了分散服务研究。通过分散服务，形成合作伙伴关系，从而使非营利性和营利性组织产生竞争合作，提高服务效率。关于农业融资服务中政府贷款方式、金融市场干预、不良贷款处理、中介组织的选择等服务对农业发展具有影响，因此如何建立和

---

① Viaggi D., "Farm-household Investment Behavior and the CAP Decoupling: Methodological Issues in Assessing Policy Impacts", *Journal of Policy Modeling*, No.33, 2011.Akudugu M. A., "Adoption of Modern Agricultural Production Technologies by Farm Households in Ghana: What Factors Influence Their Decisions ?", *Journal of Biology, Agriculture and Healthcare*, No.2, 2012.Ahearn M., "Financial Position of Farm Operator Households", *Agricultural Outlook Forum*, No.126, 2012.

② Asfaw S., "Poverty Reduction Effects of Agricultural Technology Adoption: A Micro-evidence from Rural Tanzania", *Journal of Development Studies*, No.48, 2012.Kuehe G., "My Decision to Sell the Family Farm", *Agriculture and Human Values*, No.30, 2013.

③ Lawrence D.S., "Decentralisation and Rural Development: The Role of the Public and Private Sector in the Provision of Agricultural Support Services", Paper Prepared for the FAO/IFAD/World Bank Technical Consultural on Decentralization, No.12, 1997.

④ Haitham, El-Hourani, "The Role of Public and Private Sectors in Agriculture", *Representation Office of the Food and Agriculture Organization of the United in Jordan Organization of the United Nations in Jordan*, No.9, 2005.

⑤ Ragasa C., Golan J., "The Role of Rural Producer Organizations for Agricultural Service Provision in Fragile States", *Agricultural Economics*, No.45, 2014.

完善农村信贷市场和融资机构，保证农业融资的充足率，加强风险成本管理，是政府和私人市场面临的挑战。[①]为了提高农业管理效率，农业市场风险管理咨询成为农业管理的重要内容。西尔维纳和布赖恩（Silvina and Brian，2004）等对农业市场价格风险管理效率进行非线性复杂整合项目方法的研究。[②]

3. 农业社会化服务体系中服务组织合作的研究

西方关于农业服务合作的研究主要涉及三个方面。一是政府和民间等非营利组织与市场私人服务组织的合作。合作的主要原因是两者的服务对象存在局限性和不足，需要两者合作互补满足不同市场的农业服务的需要。[③]二是农业服务市场的垄断结构存在，寡头垄断组织之间的价格和市场的博弈，促进寡头企业通过与农民合作组织的合作获得竞争优势。[④]同时，合同农业出现，使大量农户与企业建立基于合同安排的合作机制，例如，2001年美国合同覆盖了全国农业总产值的36%，而1991—1993年为29%，1970—1990年合同合作的比例由28.2%上升到30.5%。[⑤]三是技术进步诱致农业专业化和产业链的延伸，产生农工商一体化合作。塞茨和卫斯理（Seitzand Wesley，1994）等认为随着

[①] Urutyan V. E., Aleksandryan M., Hovhannisyan V., "The Role of Specialized Agricultural Credit Institutions in the Development of the Rural Finance Sector of Armenia: Case of Credit Clubs", *International Association of Agricultural Economists in its Series*, No.8, 2006.

[②] Cabrini S. M., Stark B. G., Irwin S. H., "Efficiency Analysis of Agricultural Market Advisory Services: A Nonlinear Mixed-Integer Programming Approach", *Manufacturing & Service Operations Management*, No.3, 2004.

[③] Weisbrod B.A., "Toward a Theory of the Voluntary Nonpropit Sector in Three-Sector Economy", in Phelps E. (Eds.), *Altruism, Moality and Economic Theory*, Russell Sage, New York,1975, pp.171-196. Hansman H.B., "The Role of Nonprofit", *Enterprise, Yale Law Journal*, No.89, 1980. Kramer R. M., *Voluntary Agencies in the Welfare State*, University of California Press, 1987, p.397.Salamon L. M., *America's Nonprofit Sector: A Prime*, New York: The Foundation Center, 1992, p.156.

[④] Richard A., *Birth and Fortune: The Impact of Numbers on Personal Welfare*, New York: Basic Book, 1980, pp.Xii, 205.

[⑤] Macdonald J. M., Ahearn M. C., Banker D., "Organizatinal Economics in Agriculture Policy Analysis", *American Journal of Agricultural Economics*, No.86, 2004.

技术进步和农产品加工深入,农业初级产品市场比例越来越小,涉农的服务业也快速发展,特别是农业的产后部门就业人数超过了农业本身,加工与销售服务增加的种类和数量成为一个国家农业发达程度的指标。[①]库涅茨和马利克(Korinets and Malik,2016)研究了农业服务合作信息支持的制度基础,以及农业服务合作信息技术领域的正式和非正式的机构问题,他们认为正式和非正式机构对农业服务合作信息技术支持具有不同的影响效应,其中选择正式机构不仅有利于纠正市场信息的错误,而且还能够为农业生产活动提供法制和资源保障。但选择非正式机构的信息技术服务能够刺激正式农业服务机构建设和发展,有利于加强全面推动农民与农业的有效合作。

4. 农业社会化服务体系中服务组织整合一体化的研究

农业综合一体化服务的重要形式是农工商综合体。约翰·H. 戴维斯(Davis,1957)等第一次提出农工商综合体的概念,由于当时美国农业越来越依赖工业和商业,需要各产业关联服务,提出各产业部门主动为农业发展提供服务。使农业延伸到产前、产后环节,形成了完整的产业链条。后来营销学者提出了通过法律契约和规范契约实现控制渠道冲突农业企业渠道垂直整合。[②]基于长期合作关系或共生关系农业企业组织水平整合;20世纪中后期的渠道战略联盟,研究重心转移到持续发展的关系中的人、组织和社会的进程上来。[③]该农工商综合体(Agribusiness)理念使工业、农业和商业综合在一个大的系统中。例如,约翰·H. 戴维斯(Davis,1957)在研究美国食品农工商综合体(Agribusiness)中包含了农业部门、工业部门和商业部门20多个企业。

---

① Halcrow H. G., Nelson G. C., Seitz W. D., "Economics of Resources, Agriculture, and Food", *American Journal of Agricultural Economics*, No.13, 1994.

② Scherer F.M., "Industrial Market Structure and Economics Performance", *Rand McNally*, No.78, 1980.

③ Hibbard J. D., Stern K. L. W., "Examining the Impact of Destructive Acts in Marketing Channel Relationships", *Journal of Marketing Research*, No.1, 2001.

(二)国内农业社会化服务的相关研究动态

1. 农业社会化服务体系建设与农业市场化、现代化关系相关研究

研究表明,国外发达国家的农业社会化服务体系建设和完善伴随着高度市场化的资本主义市场经济体制逐步完善的过程,工业化发展不仅是农业社会化服务体系形成和完善的主要驱动力,而且是现代化发展的主要动力,农业社会化服务体系逐步完善的过程也是工业化、现代化实现的过程。中国农业社会化服务体系建设,始于中国由计划经济体制向社会主义市场经济体制转型过渡时期,在该时期中国农业开始向现代化农业转变。与发达国家不同,发达国家在市场经济体制下,通过工业化实现农业社会化服务的市场化、社会化和现代化,而建设中国特色农业社会化服务体系的工作重点首先是深化农村改革。[①] 通过改革建立中国特色市场经济体制,然后在此背景下,加快中国传统农业向现代化市场农业转变。[②] 因此,中国特色农业社会化服务体系发展完善的过程,也是中国特色市场经济体制逐步建立和完善的过程,也是农业现代化发展的过程。

然而从中国农业现代化发展层面来看,农业经济学家林毅夫、赵耀辉等对中国的过渡性农业现状研究指出,实现中国农业现代化就必须从生产技术现代化和流通现代化两个方面进行。[③] 实现中国农业现代化,则建立覆盖全程、综合配套、便捷高效的新型农业社会化体系是农业现代化的必然要求,[④] 其特点体现现代农业的专业化、市场化、社会化。许多学者认

[①] 陈传群:《农村社会化服务体系要与市场经济接轨》,《中共浙江省委党校学报》1994年第1期。郑宝叶:《市场经济与农村社会化服务》,《山西农经》1994年第2期。汤锦如、赵文明、管红良:《论市场经济条件下中国农业社会化服务体系的建设与发展》,《扬州大学学报》(人文社会科学版)2003年第1期。

[②] 陈晓华:《现代农业发展与农业经营体制机制创新》,《农业经济问题》2012年第11期。姜松、王钊、周宁:《西部地区农业现代化演进、个案解析与现实选择》,《农业经济问题》2015年第1期。

[③] 孙剑、龚继红、李崇光:《农业现代化进程中的农业流通现代化研究——兼对农业现代化传统研究视角的讨论》,《农业经济与管理》2010年第2期。林毅夫、赵耀辉等译:《经济发展中的农业、农村、农民》,商务印书馆2005年版,第70页。

[④] 2012年党的十八大报告。

为农业社会化服务已经成为社会共同的社会化事业,其体系已呈现"社会一体化"的国际发展趋势。[1]从微观农户角度看,在市场经济条件下农户需求导向的农业社会化服务已经形成必然趋势,如美国通过企业以农民为导向的服务营销来满足农民需求,是具有高度市场化的农业社会化服务体系,其"农业教育—科研—推广"三位一体的农业服务体系为美国农业的成功奠定了基础。美国各类服务都是以农业服务为中心,政府很少直接干预农业生产,政府的职责在于提供、组织和完善良好的农产品流通体系、教育体系、科研体系和技术推广体系;以德国、加拿大、巴西等为代表的政府主导型的农业社会化服务体系依靠政府组织机构实施垂直管理,从而提供、组织和完善农业社会化服务体系;以荷兰、法国、丹麦为代表的政府、社会和市场混合型的农业社会化服务体系,依靠政府的公益性职能与农业合作组织等营利性服务项互补、补充,从而使得政府与社会、市场组织分工合作,实现了政府与市场相结合的农业社会化服务体系。[2]

---

[1] 张静波:《社会力量参与农业社会化服务事业的路径》,《光明日报》2009年第3期。高俊才:《韩国农业社会化服务简介》,《中国农垦经济》2000年第11期。夏英、陈凡:《农业体制改革与费用问题初探》,《农业经济问题》1993年第7期。黄祖辉、陈龙:《新型农业经营主体与政策研究》,浙江大学出版社2011年版,第20页。于亢亢、朱信凯:《现代农业经营主体的变化趋势与动因基于全国范围县级问卷调查的分析》,《中国农村经济》2012年第10期。张云华、郭铖:《农业经营体制创新的江苏个案:土地股份合作与生产专业承包》,《改革》2013年第2期。周应恒、胡凌啸、严斌剑:《农业经营主体和经营规模演化的国际经验分析》,《中国农村经济》2015年第9期。

[2] 朱院利、李双奎:《主要国家农业社会化服务体系述评》,《福建论坛》(社科教育版) 2009年第12期。孔祥智、徐珍源、史冰清:《当前中国农业社会化服务体系的现状、问题和对策研究》,《江汉论坛》2009年第5期。胡家浩、张俊彪:《美、德农业社会化服务提供的启示》,《开放导报》2008年第5期。丛晓娣、姚凤桐:《农业社会化服务体系研究现状综述》,《北方经济》2007年第3期。卢道富:《国外农业推广体系的类型及特点》,《江苏农村经济》2005年第12期。孙明:《美国农业社会化服务体系的经验借鉴》,《经济问题探索》2002年第12期。宣杏云、徐更生:《国外农业社会化服务》,中国人民大学出版社1993年版,第28页。宋莉、靖飞:《美国农业社会化服务现状及其对中国的启示》,《江苏农业科学》2012年第6期。高志敏、彭梦春:《发达国家农业社会化服务模式及中国新型农业社会化服务体系的发展思路》,《世界农业》2012年第12期。顾瑞兰、杜辉:《美国、日本农业社会化服务体系的经验与启示》,《世界农业》2012年期7期。高峰、赵密霞:《美国、日本、法国农业社会化服务体系的比较》,《世界农业》2014年第4期。田小平:《美国、日本农业社会化服务体系经验借鉴——以中国河南省为例》,《世界农业》2016年第4期。

对于目前中国农业社会化服务体系而言，中国农业社会化服务一体化程度低，农户的需求与服务组织供给存在明显不匹配性，离散的农业服务组织容易出现自利性服务行为。农业服务链结合不紧密，农业社会化服务的结构、功能和类型也容易产生重叠性现象，不能真正实现功能互补、优势相长、形式立体的无缝农业社会化服务体系。因此，建立新型的农业社会化服务体系，促进农业现代化的发展是当前一项迫切的工作。

2. 中国农业社会化服务体系建设的主要问题与原因相关研究

学界认为目前中国已经在农业推广机构、合作社、信用社、专业协会和企业等服务组织的基础上，初步形成了服务主体多元化、内容系统化、性质社会化的农业社会化服务体系。[①]但我们认为这种农业服务的系统化和社会化只是局部的，没有形成真正有机体系。研究表明，社会经济发展水平对农业社会化服务体系建设具有决定意义的制约作用。[②]因此，中国各地农业社会化服务体系建设都存在着诸多差别，以至于目前的农业社会化服务体系都不能适应中国特色市场化经济需要和农民需求。[③]其主要表现在农业社会化服务体系中的体制不顺、管理混乱、资金投入不足、服务内容和需求脱节、服务层面过窄等诸多方面，导致了中国农业

[①] 程富强、张龙：《关于完善中国农业社会化服务体系的思考》，《北京农业职业学院学报》2005年第19期。高强、孔祥智：《中国农业社会化服务体系演进轨迹与政策匹配：1978—2013年》，《改革》2013年第4期。

[②] 李炳坤：《农业社会化服务体系的建设与发展》，《管理世界》1999年第1期。周娟：《基于生产力分化的农村社会阶层重塑及其影响——农业社会化服务的视角》，《中国农村观察》2017年第5期。

[③] 郑文俊、张秀宽、刘元宝：《农业社会化服务体系现状及模式研究》，《乡镇经济》2001年第10期。龚继红、钟涨宝：《农广背景特征对农业服务购买意愿影响研究》，《求索》2011年第1期。关锐捷：《构建新型农业社会化服务体系初探》，《农业经济问题》2012年第4期。李荣耀：《农户对农业社会化服务的需求优先序研究——基于15省微观调查数据的分析》，《西北农林科技大学学报》(社会科学版) 2015年第1期。罗小锋、向潇潇、李容容：《种植大户最迫切需求的农业社会化服务是什么》，《农业技术经济》2016年第5期。

社会化服务体系面临诸多困境，无法系统性发挥其作用。①相关研究认为，目前中国出现农业社会化服务体系建设存在问题的主要原因在于中国农业社会化服务体系体制不顺，体系定位不准，结构不合理，功能不完善等。为此，本书认为目前中国农业社会化服务体系关键是缺乏完善的组织结构和高效的功能整合机制，从而导致农业社会化服务体系无法真正适应现代化发展和农民需求。②

3. 农业社会化服务体系研究的理论视角

学界主要从如下几个理论视角研究农业社会化服务体系：一是从社会学角度研究农业社会化服务的社会分工、交换本质和农业社会化服务主体的需求等，通过"市场交换实现理性的社会化"。③二是从历史角度分析农业社会化服务体系的历史和时代的必然性。④三是从制度角度认为农业社会化服务体系是市场经济体制的重要组成部分。四是从农业经济学角度把农业社会化服务看作农业内部产业化过程。⑤以上理论视角研究可以看出，学者都认可农业社会化服务的社会分工本质。这种"分工交换产生市场社

---

① 袁明珠、刘淑梅：《加强财政支持农业社会化服务体系建设》，《北方经贸》2001年第3期。蔡加福：《建立健全中国农业社会化服务体系的对策思考》，《福建论坛》（人文社会科学版）2005年第10期。胡亦琴、王洪远：《现代服务业与农业耦合发展路径选择——以浙江省为例》，《农业技术经济》2014年第4期。袁明珠、刘淑梅：《加强财政支持农业社会化服务体系建设》，《北方经贸》2001年第3期。王春来：《发展家庭农场的三个关键问题探讨》，《农业经济问题》2014年第1期。程富强、张龙：《关于完善中国农业社会化服务体系的思考》，《北京农业职业学院学报》2005年第19期。姜松、王钊、周宁：《西部地区农业现代化演进、个案解析与现实选择》，《农业经济问题》2015年第1期。王正强：《农业社会化服务体系存在的问题及对策思考》，《农村经济与科技》2000年第12期。应瑞瑶、徐斌：《农户采纳农业社会化服务的示范效应分析——以病虫害统防统治为例》，《中国农村经济》2014年第8期。

② 杨汭、罗永泰：《面向新农村建设的农业社会化服务体系》，《科学管理研究》2006年第6期。金兆怀：《中国农业社会化服务体系建设的国外借鉴和基本思路》，《当代经济研究》2002年第8期。

③ 龚道广：《农业社会化服务的一般理论及其对农户选择的应用分析》，《中国农村观察》2000年第6期。刘新智、李璐：《农业社会化服务的省域差异》，《改革》2015年第4期。

④ 樊亢、戎殿新：《论美国农业社会化服务体系》，《世界经济》1994年第6期。夏英：《农业社会化服务问题的理论探讨》，《农业经济问题》1993年第6期。

⑤ 巫继学：《建设社会主义新农村：从"三农"困境到坦途》，《学习论坛》2006年第6期。周维松：《市场经济国家农业社会化服务组织的类型和现状》，《中共四川省级机关党校学报》2003年第2期。龚道广：《农业社会化服务的一般理论及其对农户选择的应用分析》，《中国农村观察》2000年第6期。

会化，成为所有社会理性的社会行为的原始类型"。本书认为农业社会化服务体系是复杂的社会经济问题，农业经济学、社会学、制度经济学理论将是研究农业社会化服务体系的重要理论基础。

4. 学界关于农业社会化服务体系构建对策相关研究

学界对农业社会化服务体系构建对策研究主要集中在以下几个方面：（1）服务体系的组织建设。现有研究重视农业产业内部的专业生产或服务的组织建设，忽视其他社会机构的服务组织建设，导致服务社会化程度不够。应立足于服务农户和形成体系的要求，构建公益性服务与经营性服务相结合、专项服务与综合服务相协调的新型农业社会化服务体系，重点发展集体土地股份合作制组织、土地托管服务组织、农户合作购销组织、"粮食银行"、农户合作金融组织等农业社会化服务组织。[①]（2）服务体系的主体性质选择。重点研究了公益性质和经营性质的农业社会化服务主体选择问题，对公益性和经营性服务互补研究较少。[②]（3）服务体系的投资机制。学者认为农民的地位和财政政策是资金投入主要因素，但关于政府与社会对农业服务投资的耦合机制研究不够。[③]（4）服务体系的管理协调机制。国际上有两种典型农业服务体系管理协调模式：一

[①] 周维松：《市场经济国家农业社会化服务组织的类型和现状》，《中共四川省委省级机关党校学报》2003年第2期。王定祥、李虹：《新型农业社会化服务体系的构建与配套政策研究》，《上海经济研究》2016年第6期。仝志辉：《"去部门化"：中国农业社会化服务体系构建的关键》，《探索与争鸣》2016年第1期。黎家远：《统筹城乡背景下财政支持新型农业社会化服务体系面临的挑战及对策》，《农村经济》2013年第10期。

[②] Anne W., Van B. D., "Different Ways of Financing Agricultural Extension", *Agricultural Research and Extension Network*, No.7, 2000.Carney D., "Changing Public and Private Roles in Agricultural Service Provsion", *Overseas Development Institute*, No.5, 1998.Jiang Y., Wang F., Zhang W., "The Fee-Based Agricultural Information Service: An Analysis of Farmers' Willingness to Pay and Its Influencing Factors", *Information Computing and Applications International Conference*, No.12, 2010. 张照新、赵海：《新型农业经营主体的困境摆脱及其体制机制创新》，《改革》2013年第2期。钟真、谭玥琳、穆娜娜：《新型农业经营主体的社会化服务功能研究——基于京郊农村的调查》，《中国软科学》2014年第8期。姜长云：《关于发展农业生产性服务业的思考》，《农业经济问题》2016年第5期。

[③] Huffman V., "Privatizing Agricultural Extension: Caveat Emptor", *Journal of Rural Studies*, No.16, 2000.Rose-Ackerman R., Evenson, *Measuring Benefits of Govement Investment*, The AEL Press, 1985, pp.125-130.

是政府支持私营企业按市场机制多元协调的美国模式，二是政府联合农协统一协调的日本模式。[1]在新型农业社会化服务体系中，存在"政府失灵"与"市场失灵"的领域，需要激励市场机制发挥决定性作用、社会机制发挥辅助性作用，建立政府与市场有机耦合的机制。(5)农业社会化服务建设中的社会问题。学者认为农业社会化服务体系建设是农民小生产与大市场有效对接的突破口[2]，有利于促进农村深化改革、农民增收等。但从微观农户需求行为角度的农业服务体系研究的内容并不多见。[3]在对农业社会化服务体系构建措施层面，学术界普遍认为农业社会化服务体系构建的措施包括转变服务观念、投资方式、管理体制、公益投入、知识培训等方面采取措施并进行综合改革。[4]但对"公益性与经营性相结合，专项服务与综合服务相协调（党的十七届三中全会《推进农村改革发展的决定》，2008）"等服务体系的结构和组织功能整合研究重视不够，尤其对满足农户需求的保障措施和观点也很少见。

综上所述，国内学界丰富的研究成果主要是农业社会化服务体系建设与农业市场化、现代化关系，农业社会化服务体系建设的主要问题与原因，农业社会化服务体系构建对策等方面。研究的视角多从宏观社会和国家政策层面、中观的农业产业层面进行研究。国外学者主要集中在

---

[1] 丛晓娣、姚凤桐：《农业社会化服务体系研究现状综述》，《北方经济》2007年第3期。

[2] 汤锦如、赵文明、管红良：《论市场经济条件下中国农业社会化服务体系的建设与发展》，《扬州大学学报》（人文社会科学版）2003年第1期。张晓山：《有关中国农民专业合作组织发展的几个问题》，《农村经济》2005年第1期。郑宝叶：《市场经济与农村社会化服务》，《山西农经》1994年第2期。高强、孔祥智：《中国农业社会化服务体系演进轨迹与政策匹配：1978—2013年》，《改革》2013年第4期。

[3] 杨泗、罗永泰：《面向新农村建设的农业社会化服务体系》，《科学管理研究》2006年第6期。金兆怀：《中国农业社会化服务体系建设的国外借鉴和基本思路》，《当代经济研究》2002年第8期。李丹：《农业社会化服务体系的理论思考》，《农场经济管理》2003年第4期。楼栋、孔祥智：《新型农业经营主体的多维发展形式和现实观照》，《改革》2013年第2期。仝志辉、侯宏伟：《农业社会化服务体系：对象选择与构建策略》，《改革》2015年第1期。

[4] 符景源、车承军：《建立农业社会化服务体系是解决农业现实问题的关键》，《行政论坛》1997年第3期。仝志辉、侯宏伟：《农业社会化服务体系：对象选择与构建策略》，《改革》2015年第1期。

农业社会化服务体系中公益性和私营性组织职能定位和选择，服务组织效率，服务组织合作，以及服务组织整合一体化等方面展开研究。国内外相关研究运用了农业经济学、社会学、制度经济学、历史学等学科相关理论，运用经验和归纳分析方法进行问题探讨为主。但把农业社会化服务体系看作一个有机系统，运用演绎和归纳的方法逻辑，使用面板统计数据和截面调查数据，深入研究农业社会化服务体系（系统）发展的现状和问题、形成的机理、演化过程和趋势、内外驱动和阻碍因子的内容较少。本书在相关研究成果的基础上，运用演化经济学理论分析农业社会化服务体系形成的机理以及演化趋势，运用复杂系统理论和社会结构功能理论分析农业社会化服务体系内外驱动和阻碍因子，最后结合研究结果构建新型农业社会化服务体系机制和模式，以及促进加快发展的对策。

三、本书研究目标、内容和方法

（一）本书研究目标

农业社会化服务体系是一个复杂的系统工程，其内部组织群体涉及成千上万的农户、合作组织、企业组织、政府相关部门等，新型农业社会化服务体系主要由农业技术推广服务体系、农业生产服务体系、农村商品流通服务体系、农村金融服务体系、农村信息服务体系、农产品质量安全体系等六大体系组成，使得新型农业社会化服务体系成为一个复杂的系统。研究这样一个复杂的社会系统，一是要从系统整体分析其形成机理、演化趋势和存在问题；二是要从微观视角解构系统内部要素结构和作用机理，从而提出建构新型农业社会化服务体系的主要内容和关键实施对策。基于此，本书旨在达到以下几个目标：

第一，本书首要目标如何选择适合的工具，有效分析农业社会化服务形成的逻辑起点、农业社会化服务发展的主要问题、农业社会化服务体系演化、体系解构与重构逻辑等理论和现实问题。

第二，归纳总结国外资本主义市场经济国家关于农业社会化服务体系的发展一般规律、不同的发展模式和历史经验，结合中国农业社会化服务体系历史变迁和发展现状，归纳出中国农业社会化服务体系发展国际经验和借鉴措施。

第三，分析中国农业社会化服务供给与需求行为，寻找农户期望的农业服务组织、服务内容、服务类型和服务方式，并对农业服务市场供给和农户需求差异，进而发现中国农业社会化服务体系存在的主要问题，以及对产生问题原因进行深层次解构。

第四，分析中国农业社会化服务水平变化趋势、农业社会化服务体系演进，并进行深层次影响因素解构。揭示中国农业社会化服务水平变化趋势和农业社会化服务体系演进特征，解构其驱动和阻控因素。

最后，结合上述研究结果，在新时代背景下，建构中国新型农业社会化服务体系发展的主要机制和发展模式，并提出加快中国新型农业社会化服务体系发展的对策。

（二）本书研究意义与价值

自20世纪50年代至今，中国农业的发展受到匮乏的自然资源和庞大的人口压力制约，加速推动中国传统农业向现代农业转变，建立新型农业社会化服务体系成为与时俱进的发展要求。当前中国已经进入中国特色农业现代化道路的关键时刻，建立新型农业社会化服务体系成为时代的必然要求，是建立具有中国特色的农业现代化发展的重要内容（党的十七届三中全会，2008年），新型农业社会化服务体系构建有助于促进农业现代化实现，对破解"二元经济"和"三农"问题，实现城乡经济社会发展一体化（党的十七大，2007年），全面建成小康社会（党的十八大，2012年），2015年建成富强民主文明和谐美丽的社会主义现代化强国（党的十九大，2017年），2035年基本实现现代化等发展战略具有重要历史意义。

现代农业的主要特征是专业化（规模效益要求）、社会化（一体化发展要求）和市场化（资源有效配置要求），但目前中国以家庭为主体的"小农经济"与市场经济发展客观上仍然存在矛盾，单个农户主体具有较高分散性、生产规模较小、农户聚合度低、市场信息获取能力低，规模效益不高的特点，无法有效参与农业规模化生产和农产品市场流通。但农业社会化服务体系在某种程度上就是一种基于效率的资源配置，通过农业社会化服务主体将农业服务依据市场供需关系，实现农业服务的高效配置。建立新型的农业社会化服务体系有助于实现农业生产的专业化和市场化，提高农业生产和流通效率，实现资源的高效配置，并最终实现农户生产的外部规模性。通过农业服务组织聚合分散的小农户，提高农户的聚合力使之有效地参与市场竞争，实现"小农户与大市场"的对接。因此本书研究内容具有重要现实意义。

新型农业社会化服务体系的研究既体现服务的市场供求一般规律，又能够解决服务主体虚位性、建设的盲目性和低效性等迫切的现实问题。[1]虽然新型农业社会化服务体系建设是社会和学界关注的热点，但国内学界丰富的研究成果主要对农业社会化服务体系建设的主要问题与原因，宏观社会和国家政策层面、中观的农业产业层面进行经验研究。国外学者也主要集中在农业社会化服务体系中公益性和私营性组织职能定位和选择、服务组织效率、服务组织合作，以及服务组织整合一体化等方面展开研究。本书把农业社会化服务体系看作一个有机系统，运用演绎和归纳的方法逻辑，使用面板统计数据和截面调查数据，深入研究农业社会化服务体系（系统）发展的现状和问题、形成的机理、演进过程和趋势、内外驱动和阻碍因子。本书运用演化经济学理论、复杂系统理论和社会结构功能理论等，分析农业社会化服务体系形成机理以及演进趋势特征，解构内外驱动和阻碍因子，提出构建新型农业社会化服务体系机制和模式，以及促进加快发展的对策。从学理看，我们运用了一个宏观问题微观研究的方法逻辑，结合分工理论、演化经济学理论和结构功能理论等理论工具，构建了一个逻辑严密的理论分析框架，揭示了新

---

[1] Bentz R.P., "Acquiring and Managing Financial Resources", Rome(Italy) FAO, 1997, pp.143-149. Rivera W. M., "Agricultural Extension in Transition Wordwide", *Public Administration and Development*, No.16, 1997.

型农业社会化服务形成和演进机理。依据其机理，提出加快新型农业社会化服务体系发展对策，本书的研究结果将具有重要的理论价值。

（三）本书研究内容

本书运用演化经济学理论分析农业社会化服务体系形成的机理以及演进趋势，运用复杂系统理论和社会结构功能理论分析农业社会化服务体系内外驱动和阻碍因子，最后结合研究结果构建新型农业社会化服务体系机制和模式，并对促进加快发展的对策等进行了深入研究，全书主要涉及五个部分（见图0.1）：

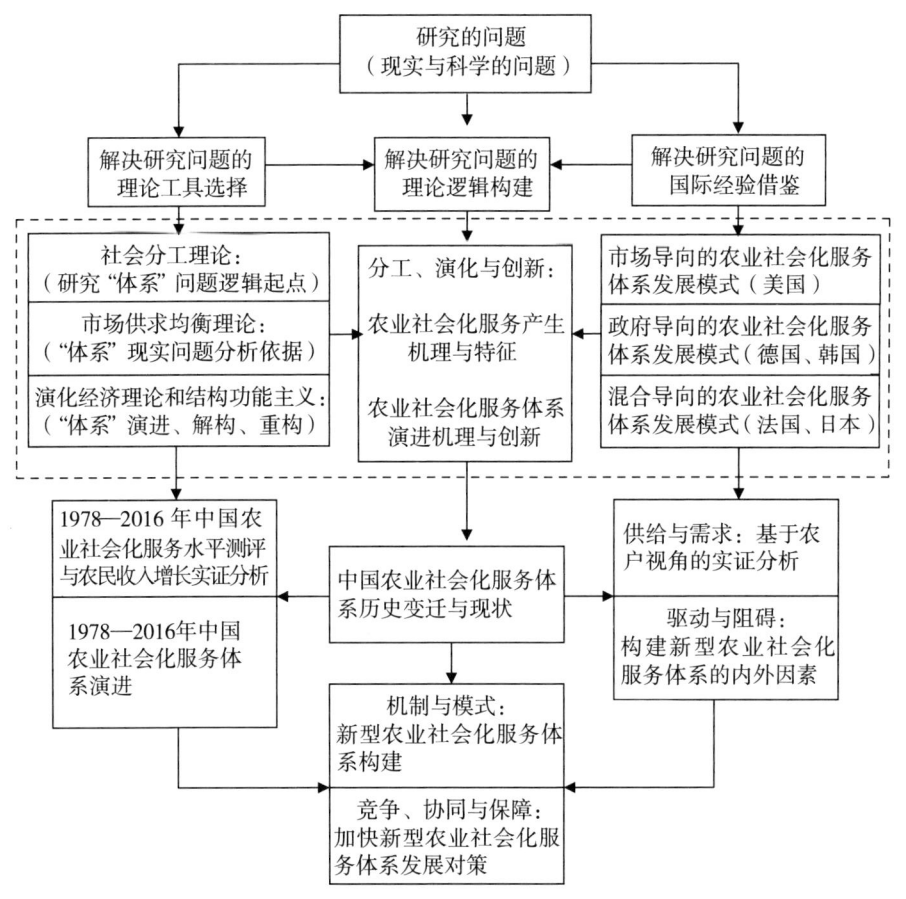

图0.1 "农业社会化服务形成机理、演进趋势与新型体系构建研究"内容

注：图中"体系"一词即"图0.1 农业社会化服务体系"简称，该词仅在本图中使用。

第一部分，明确本书研究的问题，选择解决问题的理论工具，以及解决问题的国际经验借鉴。首先，以"农业社会化服务形成机理、演进趋势与新型体系构建"为中心，进行国内外动态研究，包括国外关于农业社会化服务体系中农业社会化服务组织效率、农业服务组织职能定位、农业合作组织以及农业社会化服务组织整合机制等领域研究，以及国内关于农业社会化服务体系建设与农业市场化、现代化关系，农业社会化服务体系建设的主要问题与原因，农业社会化服务体系构建对策等方面研究。明确解决的科学问题，提出了研究目标。其次，根据研究的科学问题选择使用的理论工具，具体包括运用社会分工理论作为研究的逻辑起点，运用市场供求理论、演化经济学理论、社会功能结构主义理论等分别研究农业社会化体系存在问题、农业社会化服务及新型体系形成的机理、演进趋势和影响因素解构等内容。最后，探讨国外农业社会化服务体系发展模式，获得经验借鉴。对市场导向型（如美国）、政府导向型（如德国、巴西、韩国）、混合导向型（如法国、日本）三个发展模式进行了比较分析，总结国际农业社会化服务体系的发展趋势。为研究中国农业社会化服务体系发展模式获得经验借鉴。

第二部分，基于分工、演化和创新的逻辑思路构建本书研究的理论逻辑框架。首先，基于农业社会分工一般演进探究，揭示农业社会化服务产生的机理；其次，结合农业现代化内涵特征演进与农业社会化服务发展的关系，探究新型农业社会化服务产生的机理；最后，分析新型农业社会化服务体系产生的机理与特征，揭示新型农业社会化服务体系演化机理与创新。该逻辑框架为第三部分关于中国的农业社会化服务水平、体系演进以及影响因素的实证研究建构理论逻辑。

第三部分，基于历史、现状与发展方向的中国农业社会化服务体系历史变迁与现状研究。首先，纵向对中国农业社会化服务体系发展历史变迁分阶段研究，即把20世纪50年代至今共分为农业社会化服务体系初步发展、探索起步、大力推进和改进完善四个阶段，研究其特征及变迁的过程。其次，宏观分析当前中国农业社会化服务体系主体与运行机制的现状，主要包括农业社会化服务体系的主体构成和运行机制的现状。第三，从农户视角分析中国农业社会化服务体系内部协调发展现状调查分析，包括农业社会化服务体系组织间整合现状、网络一体化现状、区域特色优势协调现状与期望和社会化整合现状等方面。最后，结合上述研究结果归纳中国农业社会化服务体系存在的问题与发展方向，具体包括农业社会化服务体系现状与期望差别产生的问题、运行过程存在的问题以及中国新型农业社会化服务体系发展方向。

第四部分，中国的农业社会化服务水平、体系演进以及影响因素的实证研究。首先，在第一、二、三部分基础上，构建中国农业社会化服务水平评价指标体系以及中国农业社会化服务体系演进指标（专业化（体现知识和技术指标）、市场化（市场驱动与协调）、社会化（体现公益性投入与管理），分别实证评价1978—2016年中国农业社会化服务水平，并解构其影响因素，实证研究1978—2016年中国农业社会化服务体系演进趋势和特征。其次，从供给与需求均衡视角实证分析中国农业社会化服务供求行为影响因素，包括农业社会化服务供给的满意度和影响因素、农户农业服务购买意愿和渠道选择行为的影响因素。最后，构建新型农业社会化服务体系驱动与阻碍的内外因素分析，主要包括外部环境因素分析、市场的中观和微观影响因素分析以及农业社会化服务系统驱动机制、结构特征与运行效率实证分析。

第五部分，新型农业社会化服务体系构建与加快新型农业社会化服务体系发展对策研究。首先，从机制与模式的视角进行新型农业社会化服务体系构建研究，包括构建的思路与原则、体系组织关系机制重构与功能整合、区域特色优势协调整合机制、网络一体化整合机制、社会化整合机制，以及新型农业社会化服务体系的具体发展模式。其次，从竞争、协同与保障新型农业社会化服务体系发展视角，提出了健全新型农业社会化服务市场竞争机制，提高服务效率；加强新型农业社会化服务组织功能协同，提高服务质量；加强新型农业社会化服务组织规范管理，形成现代经营理念；完善新型农业社会化服务政策，促进新型体系健康发展；建立新型农业社会化服务体系关系机制，保护农户利益等对策。

（四）本书研究方法

1. 演绎分析法

运用演绎分析方法，结合社会分工理论演绎分析农业服务产生的逻辑；结合演化经济理论和结构功能主义理论演绎分析农业社会化服务体系形成机理，确定该体系主要的内外动力因素和阻控因素；构建1978—2016年中国农业社会化服务水平测度的指标体系、体系演进的理论模型、驱动机制、结构特征与运行效率实证分析模型等。

2. 归纳分析方法

运用归纳分析方法，结合文献成果，归纳出农业社会化服务相关研究的理论范畴，明确本书研究的理论问题，以及解决该问题的理论价值和现实意义；归纳出市场导向型、政府导向型、混合导向型三个发展模式及特征；归纳出20世纪50年代至今中国农业社会化服务体系发展的四个阶段和特征；结合市场供求均衡理论和调查数据归纳体系存在的问题与发展方向。

3. 比较研究法

运用比较分析方法，比较分析市场导向型、政府导向型、混合导向型三个发展模式及特征；比较分析不同经济水平地区和不同经营类型农户农业服务需求行为和组织服务供给行为差异；纵向比较分析1978—2016年中国农业社会化服务体系发展不同阶段的服务水平和体系变迁过程。

4. 计量分析法

运用计量分析方法，实证分析中国农业社会化服务体系内部协调发展现状、1978—2016年中国农业社会化服务水平、1978—2016年中国农业社会化服务体系演进的趋势、中国农业社会化服务系统驱动机制、结构特征与运行效率、中国农业社会化服务供求行为影响因素等。

第一章 研究的理论逻辑：理论工具的选择

第一节 主要概念内在逻辑与研究理论范畴界定

一、农业服务含义与界定[①]

传统的服务亦称劳务，指不以实物形式满足他人某种特殊需要的活动。20世纪60年代，美国管理协会（American Management Association，AMA）对服务的定义为用于出售或是同产品连在一起进行出售的活动、利益或满足感。后来补充认为生产服务时可能或不会需要利用实物，即使需要借助某些实物协助生产服务，这些实物的所有权将不涉及转移的问题。90年代，北欧学者格罗鲁斯（Grönroos，2008）定义为："服务是由一系列或多或少具有无形特性的活动所构成的一个过程，这种过程是在顾客和员工、有形资源的互动关系中进行的，这些有形资源是作为顾客问题的解决方案而提供给顾客的。"[②]2000年，经济合作与发展组织（OECD）在《服务经济》一文中，认为服务是"变化多端的经济活动群，但不是直接与货物的制造、矿业或农业发生关系"。指出服务是"给予帮助、方便或照顾，提供经验、信息或其他的智力内容，而且大多数的价

[①] 该部分的一部分内容主要来源龚继红的博士论文《农业社会化服务体系中组织协同与服务能力研究》，华中农业大学，2011年。该博士论文是本书作者所主持的国家社科基金项目《新型农业社会化服务体系构建研究》的部分研究内容，龚继红博士是本课题主要研究成员。

[②] 格罗鲁斯：《服务管理与营销：服务竞争中的顾客管理》（第3版），韦福祥等译，电子工业出版社2008年版，2009年第2次印刷，第37页。

值是无形的，而不是存在于任何物质产品之中"[①]。20世纪，许多学者为服务下过定义，但多局限于传统的服务业。随着信息的社会化和经济发展的软化的发展，服务和服务业的内涵将发生变化，制造业和服务业之间相互交融，本书认为服务是运用物质或非物质的手段和方法，通过服务者和被服务者的交互行为，达到双方需求满足的行为过程。在该服务概念中强调服务是一个过程，要使全过程让服务的双方满意，必须建立一种双方相互依赖和信任的交换关系；物质和非物质的手段突出服务过程的无形性服务和有形性服务两种方式；交互行为强调服务的双方为共同利益目标的密切参与的程度要求。

在农业经济发展的不同阶段，对农业发展过程的服务需求有不同的侧重。19世纪末20世纪初，农产品服务产业的产生阶段，主要寻求经济便捷的运输服务，以降低运输成本和销售价格。20世纪20年代至40年代，主要寻求对中间商商业服务，通过中间商的市场能力优势把农产品推向市场，完成农产品在流通领域中的所有权转移。20世纪50年代，农产品在流通过程中所有权转移环节多，交易成本高，效率低，需要新的组织形式和制度服务，形成了以农产品加工工业（Agro-industry）和农商综合体（Agribusiness）为中心的垂直组织系统的形式。20世纪60年代至70年代，消费者的消费越来越个性化，农产品营销活动从消费领域开始，形成了以顾客导向为特征的营销观念，实施了品牌、包装、产品深加工和售后服务等服务策略。20世纪80年代至20世纪末，在西方农业发达国家，特别是美国，农业联合体逐渐成为农产品市场的主体。农业现代化的发展要求农业中许多部门（如产前、产中、产后的服务机构和加工机构）从农业中分裂出来，形成以农产品生产、流通和消费为中心的综合服务体系。这种综合服务使农产品服务需求延伸到农产品产前的服务领域和其他辅助的服务领域（如信息、技术、银行、保险、运输、咨询等）。

---

① 金周英、任林：《服务创新与社会资源》，中国财政经济出版社2004年版，第2页。

传统的农产品经营管理注重在对农产品的品质、品种与农业生产，市场供求和价格变动，流通与交易成本，以及包装与广告宣传等关系方面管理。其核心思想是建立在以组织内部职能部门的协调服务基础上，未能突破组织边界实施组织外部市场服务组织的联合。随着农业信息化和技术专业化的发展，农业产业的发展将越来越依赖农业全面发展的政策支持、技术服务、信息服务、金融保险和咨询服务，使农业产业发展迈入服务经济时代。企业通过服务外包建立农产品服务产业链，提高农业企业竞争优势。

农业服务与生产是相对的，划分农业服务和生产是以各自所在的农业部门为依据，通常人们是站在农业部门的立场，把农产品从生产到消费的社会生产总过程中不属于动植物自然生长过程且由生产者自己完成的生产环节叫服务。[①]因此，本书认为农业服务是指在农业社会化生产过程中，利益相关者运用物质或非物质手段，在农业产前、产中和产后提供有形产品或无形价值的支持，其中包括生产性服务（有形性）和非生产性服务（无形性）。

二、农业社会化服务内涵特征与边界

中国学界普遍认为农业社会化服务[②]起源于欧洲18世纪的合作思潮，直到1940年，美国农业服务体系开始逐步完善并成为现代农业的重要部分。[③]农业社会化最早是资本主义制度的产物，其含义是"许多分散的生产过程融合成一个社会的生产过程"[④]，生产是由劳动者独立完成的环节，主要包括动植物的自然生长过程，而按照等价原则交由其他形式市场主

---

① 龚道广：《农业社会化服务的一般理论及其对农户选择的应用分析》，《中国农村观察》2000年第6期。
② 西方亦称之"agricultural service""rural service"或"agricultural surport service"。
③ 许先：《美国农业社会化服务体系发展的经验与启示》，《山东大学学报》（哲学社会科学版）2003年第4期。
④ 黄佩民、孙振玉、梁艳：《农业社会化服务研究》，《经济研究参考》1996年第1期。

体完成的产前、产中、产后环节，则可称为农业社会化服务。农业社会化服务的概念在中国1985年开始使用，1991年10月28日国务院颁布《关于加强农业社会化服务体系建设通知》，其中定义农业社会化服务是包括专业经济技术部门、乡村合作经济组织和社会其他方面为农、林、牧、副、渔各业发展所提供的服务，后被广泛正式沿用。[1]农业社会化服务属性体现社会分工产生的专业化、社会化和商品化。[2]

国内学者多从农业产业链或宏观产业制度安排的角度探讨农业社会化服务的内涵和本质。农业社会服务体系是完善双层经营体制的重要组成部分，且涉及农业的产前、产中和产后等方面。[3]现代农业实际上是基于科技和信息服务的现代化产业，它由过去受生产要素和自然环境的约束转向科技和信息等服务的约束，使农业生产经营从根本上改变了传统的方式，催生和促进了农业服务产业的发展。事实上，农业社会化服务的本质是属于专业化分工的范畴，不同的市场主体独立进行专业化的生产或服务，各自完成产品生产的一部分生产环节，然后通过市场把这些环节有机联结成一个完整的社会生产总过程。[4]

农业社会化服务的本质内涵是农业产前、产中、产后经济要素在现实经济矛盾中运动表现在现代农业产业链运动过程，由于技术和信息的发展，提高了农业专业化程度，农业中许多部门（如产前、产中、产后的服务机构和生产机构）从农业中分裂出来，形成以农产品生产，流通和消费为中心的综合服务系统。[5]图1.1显示该系统把农业产业五个环节

---

[1] 仝志辉：《"去部门化"：中国农业社会化服务体系构建的关键》，《探索与争鸣》2016年第1期。黄佩民、孙振玉、梁艳：《农业社会化服务研究》，《经济研究参考》1996年第1期。

[2] 董德利：《基于合作经济组织的农业社会化服务体系研究》，《求实》2014年第9期。

[3] 高湘媛、高炜：《构建新型农业社会化服务体系研究》，《学术交流》2015年第7期。樊亢、戎殿新：《论美国农业社会化服务体系》，《世界经济》1994年第6期。夏英：《农业社会化服务问题的理论探讨》，《农业经济问题》1993年第3期。

[4] 龚道广：《农业社会化服务的一般理论及其对农户选择的应用分析》，《中国农村观察》2000年第6期。

[5] 梁鸿飞：《农业生产社会化服务体系内涵功能辨析》，《经济科学》1991年第10期。

有机地结合，系统成员间由一种交易关系发展为竞争合作关系，形成了以生产、商业和其他形式为主的农业联合体。由于现代农业的市场化、社会化、专业化特点，使物质化和非物质化的农业服务快速发展，使农业发展也步入服务经济阶段。

本书认为中国新型农业社会化服务内涵和本质应体现农户导向性（需求层面）和内部运作的协调性（供给层面）。现代农业是比传统农业更大规模的社会化系统，是在生产和经营中能够广泛运用现代科学技术和现代科学管理方法，将供、产、销的经营环节与市场紧密联系在一起，使农业产前、产中和产后紧密联系的高度发达的商品性农业，是一种高技术、高消耗、高产出、高商品率和高社会化服务的高效益农业。因此，农业社会化服务是现代农业内涵的一部分，它是因农业产业内分工和外部关联而产生的专业化、市场化和社会化的生产性和非生产性服务的集合。

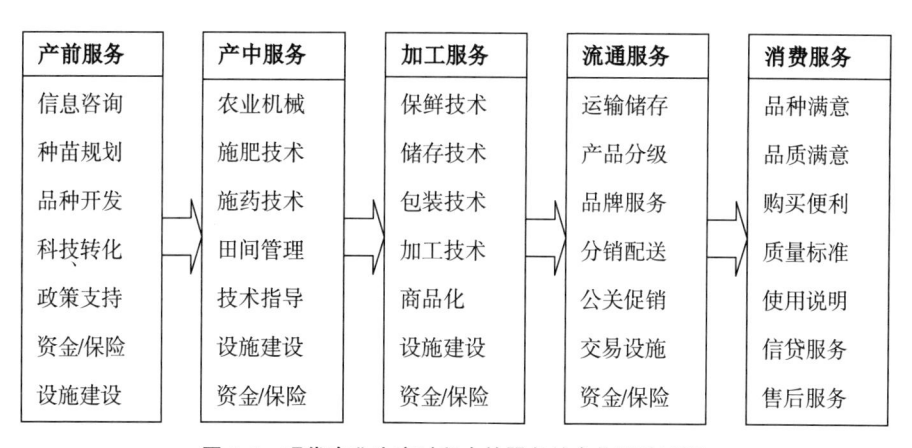

产前服务	产中服务	加工服务	流通服务	消费服务
信息咨询	农业机械	保鲜技术	运输储存	品种满意
种苗规划	施肥技术	储存技术	产品分级	品质满意
品种开发	施药技术	包装技术	品牌服务	购买便利
科技转化	田间管理	加工技术	分销配送	质量标准
政策支持	技术指导	商品化	公关促销	使用说明
资金/保险	设施建设	设施建设	交易设施	信贷服务
设施建设	资金/保险	资金/保险	资金/保险	售后服务

图 1.1 现代农业生产过程中的服务社会化运动过程

三、农业社会化服务体系内涵与研究理论范畴确定

关于农业社会化服务体系的概念，20 世纪 90 年代，国内许多学者进行研究，其科学内涵达到学界共识。例如，樊亢、戎殿新等（1994）认

为农业社会化服务体系是农业生产力发展和商品化程度一定阶段的结果，传统由农民自己直接承担的生产环节越来越多从农业生产过程中分离出来，成为独立的涉农经济部门或组织，在市场经济条件下，这些部门或组织通过市场交换同农业生产建立稳定的相互依赖关系，形成一个庞大的经济系统、科技系统和社会系统的有机整体。[①]徐更生（1991）从农业产业过程界定农业社会化服务体系，他认为随着生产力水平提高、商品化程度提高和农业经营规模的扩大，越来越多的组织或个人专门从事为农业生产提供生产资料（产前服务），生产性服务（产中服务），农产品收购、储存、加工和销售（产后服务），并通过契约形式连接而成的体系。[②]中南财经大学课题组（1996）提出农业社会化服务体系是各种农业社会服务组织按照一定原则、规定、标准和商品经济规律要求，确定自己服务对象，形成各种服务农业的制度与体系。[③]

近几年学者们对于农业社会化服务体系与农户、生产部门、现代农业等的关系已有相当深入的认识。[④]但是对传统农业社会化服务体系的概念内涵并没多少突破，仍然延续20世纪90年代学者的观点，基本上认为农业社会化服务体系是社会机构或个人为满足农业生产需要提供的各种服务而形成的社会化网络体系，是农业现代化发展的必然要求。[⑤]随着中国农业现代化进程的加速推进，农业内部分工不断深化，在家庭联产

---

① 樊亢、戎殿新：《论美国农业社会化服务体系》，《世界经济》1994年第6期。
② 徐更生：《借鉴国外经验完善农业社会化服务体系》，《世界经济与政治》1991年第5期。
③ 中南财经大学课题组：《农业社会化服务体系的结构与层次研究》，《中南财经大学学报》1996年第5期。
④ 仝志辉、侯宏伟：《农业社会化服务体系：对象选择与构建策略》，《改革》2015年第1期。
⑤ 应瑞瑶、徐斌：《农户采纳农业社会化服务的示范效应分析——以病虫害统防统治为例》，《中国农村经济》2014年第8期。李春海：《新型农业社会化服务体系框架及其运行机理》，《改革》2011年第10期。孔祥智、徐珍源、史冰清：《当前中国农业社会化服务体系的现状、问题和对策研究》，《江汉论坛》2009年第5期。丛晓娣、姚凤桐：《农业社会化服务体系研究现状综述》，《北方经济》2007年第3期。Drucker, Peter F., *Adventures of a Bystander*, New York: Harper Collins Publishers, 1991. 程富强、张龙：《关于完善中国农业社会化服务体系的思考》，《北京农业职业学院学报》2005年第19期。高强、孔祥智：《中国农业社会化服务体系演进轨迹与政策匹配：1978—2013年》，《改革》2013年第4期。

承包责任制基础上派生出来的新型农业经营主体不断涌现,对农业社会化服务产生大量新的需求,建立新型农业社会化服务体系是大势所趋。[①]新型农业社会化服务体系是以公共服务机构为依托、合作经济组织为基础、龙头企业为骨干、其他社会力量为补充的服务组织体系,能为各类农业生产经营主体提供覆盖农业生产经营全程、便捷高效、综合配套的农业服务,是为农业规模化、集约化、社会化生产提供全方位、多领域、高效便捷服务的组织系统和制度安排,是一种覆盖农业生产全过程的社会化服务体系,也是发展现代农业的必然要求。[②]党的十九大报告指出:"健全农业社会化服务体系,实现小农户和现代农业发展有机衔接",健全新型农业社会化服务体系不仅要提高农民组织化水平,充分发挥政府公益体系作用,而且还要充分发挥农民专业合作社、农业产业化龙头企业、社会化服务机构等社会组织的作用,为农民提高全方位社会化服务(孔祥智,2017)。这些研究内容为新型农业社会化服务体系的内涵提供了新的时代性特征。

传统农业社会化服务体系包含职业教育与技术培训系统、技术推广系统、生产合作组织系统、水利和机耕服务系统、农业物资供应系统、加工、储存、包装、运输和销售系统以及市场信息系统等经济要素的组合。社会化服务体系从生产角度可以分为产前、产中、产后服务;[③]从服务内容看可以分为科技、信息、采购、销售、加工、信贷、生活等服务;[④]从组织系统看可以分为公共服务系统、私人服务系统和合作服务系

---

① 高湘媛、高炜:《构建新型农业社会化服务体系研究》,《学术交流》2015年第7期。
② 黎家远:《统筹城乡背景下财政支持新型农业社会化服务体系面临的挑战及对策》,《农村经济》2013年第10期。王定祥、李虹:《新型农业社会化服务体系的构建与配套政策研究》,《上海经济研究》2016年第6期。程莹莹、张开华:《龙头企业创新农业社会化服务模式的探索与启示——以湖北省老农民高新农业科技有限公司为例》,《农村经济》2015年第4期。
③ 梁鸿飞:《农业生产社会化服务体系内涵功能辨析》,《经济科学》1991年第10期。
④ 韩苗苗、乐永海、孙剑:《中国农业社会化服务水平测评与制约因素解构》,《统计与决策》2013年第3期。孔祥智、楼栋、何安华:《建立新型农业社会化服务体系:必要性、模式选择和对策建议》,《教学与研究》2012年第1期。

统。①哈罗德—布雷米尔（Breimyer, 1962）提出农业部门活动可以分为三个方面：一是从事生产的农民可能主要为家庭消费的生产活动，或者完全为市场生产；二是不由农民从事而由供给者从事的农业要素生产；三是不由农民完成的销售、运输和加工的生产。从内部结构来看，新型农业社会化服务体系是由公益性农业服务组织、准公益性农业服务组织、经营性农业服务组织有机联系所构成的复杂系统，其具有服务主体多元化、服务内容系统化、服务性质社会化、服务方式灵活性等四大特征。②

依据农业社会化服务体系的内涵可以看出，农业社会化服务体系是一个服务目标一致性、服务性质差异化、参与主体多元化、服务内容繁杂性、服务行为协同性等特征的市场化、专业化和社会化交互作用的有机系统。广泛而复杂的内涵决定了不同的学科皆存在以农业社会化服务体系相关内容为研究对象，研究其理论范畴也非常多。本书根据相关理论和农业社会化服务体系的实际出发，从社会分工理论视角揭示农业社会化服务体系形成的机理，依据供求均衡理论分析农业社会化服务体系存在的供求矛盾问题，运用社会结构功能主义理论揭示其体系内在结构特征和运行特征，结合系统理论和演绎经济学理论分析其内外生驱动和阻控机制以及演进趋势特征。

第二节 社会分工理论：农业社会化服务形成的逻辑起点

一、社会分工：概念内涵、演进过程与分工类型

分工是亚当·斯密（1776）《国富论》的研究起点，他在《国富论》中开篇提出使劳动生产力获得最大的改进，即劳动分工使劳动者熟练程度改进、节约不同工作转换的时间以及发明机器简化劳动等提高劳动生

---

① 樊亢、戎殿新：《论美国农业社会化服务体系》，《世界经济》1994年第6期。夏英：《农业社会化服务问题的理论探讨》，《农业经济问题》1993年第3期。
② 王定祥、李虹：《新型农业社会化服务体系的构建与配套政策研究》，《上海经济研究》2016年第6期。Breimyer H. F., "The Three Economies of Agriculture", *Journal of Farm Economics*, No.44, 1962.

产力和增进国民财富。①亚当·斯密的劳动分工理论影响到后来的专业化分工、管理职能的分工等。马克思认为亚当·斯密提出的劳动分工实际上是一种生产手段的分散，即社会分工是把生产手段分散到独立商品生产者手里，而制造业的分工是把生产手段积累在一个资本家手中，但这种生产手段最终由生产工具的性质和状态所决定。马克思认同亚当·斯密关于劳动分工可以改良生产物和生产者，劳动分工可以以同量劳动生产更多的商品。②学界对社会分工的概念普遍定义是在单个经济单位、国民产业和共同社会范围内部，或者超越单个经济单位、国民产业和共同社会范围的社会生产分工。

社会分工在自然分工基础上，随着生产力的发展而逐步形成的。恩格斯在《家庭私有制和国家的起源》一书中把分工与人类社会时代划分（人类社会划分为蒙昧时代、野蛮时代、文明时代）相结合，提出了在东大陆原始社会后期（野蛮时代的中后期）的三次社会大分工，即游牧部落从其余的野蛮人群中分离出来、手工业和农业的分离以及商人阶级的出现。③马克思在《资本论》中提出社会分工包括一般分工即农业生产者、工业制造者和商人等共同社会范围的形成，特殊分工即国民产业部门再分为重工业、轻工业、种植业、畜牧业等产业或行业，个别分工即在单个经济单位内部为制造同一种制造物的不同职业的分离。④人类在野蛮时代的中后期，有些部落学会驯养动物以取得乳、肉和皮等生活资料，这

---

① 亚当·斯密：《国富论》，唐日松等译，华夏出版社2012年版，第7—10页。
② 马克思：《资本论》第1卷，郭大力、王亚楠译，上海三联书店2011年版，第248、255页。
③ 恩格斯：《家庭、私有制和国家的起源》，《马克思恩格斯选集》第1卷，人民出版社1995年版，第19页。
④ 马克思：《资本论》第1卷，郭大力、王亚楠译，上海三联书店2011年版，第244页，脚注②："分工以最不同种职业的分离开始，乃至将制造同种物品的工作，分归许多工人负担，例如在制造业上。"（斯托奇《经济学教程》巴黎版第1卷，第173页）"在已有相当文明程度的国家，我们发现三种分工：第一种，我们称之为一般的分工，即农业生产者、制造业者和商人分离。而农业、制造业和商业是国民产业的三个主干；第二种，我们称之为特殊的分工，即各种车分为各属种；第三种分工，便是我们所说的真正分工，那是单个手工业或职业内部发生的，大多数制造业和工厂，都有这种分工。"（斯加尔贝克前书第84、85页）

些生活资料生产不需要太多的人共同参与,而且获得的食物数量较多,使这些部落主要从事畜牧业,形成了游牧部落,第一次社会大分工就这样产生了。第一次社会分工给部分人带来了更多的剩余产品,可以支持部分人更多时间从事传统简单手工业生产。直到人类开始普遍使用铁制工具,使得农业劳动生产率大幅度提高,简单的手工业生产开始向多样化复杂化生产发展。由于复杂多样化的手工业劳动已经不能由一个人来完成了,于是手工业从农业中分离出来,发生了第二次社会大分工。第二次社会大分工出现了以交换为目的的商品生产。交换的发展使社会出现了专门从事商品买卖的商人阶层,第三次社会大分工产生了。20世纪90年代以来,社会分工和技术创新驱动下的组织演变,产生了以企业组织为主体的企业社会性分工或企业网络分工,这种网络分工伴随经济全球化,企业网络分工不断突破企业边界、产业边界和国家边界,形成了新型的全球网络社会化分工。[①]

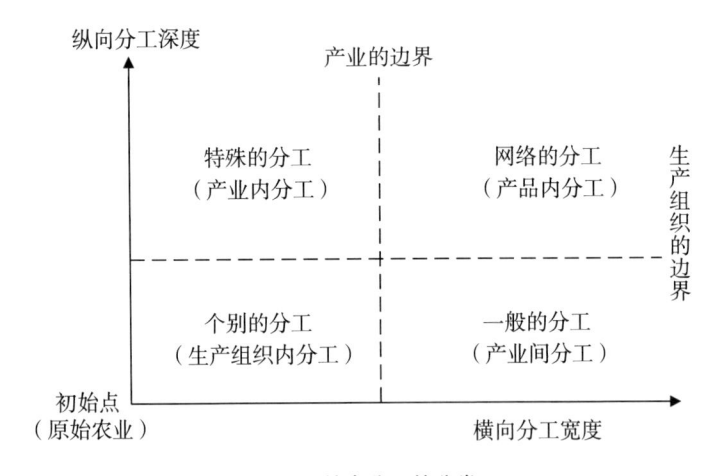

图 1.2 社会分工的分类

二、农业服务形成逻辑起点:社会分工后的劳动功能分离

本书依据社会分工概念内涵、形成过程与分类逻辑,构建了一个以

---

① 钱书法:《分工演进、组织创新与经济进步——思社会分工制度理论研究》,经济科学出版社2013年版,第2页。

原始农业为初始点、横坐标为横向分工宽度、纵坐标为纵向分工深度的社会分工坐标图（见图1.2），然后用生产组织边界和产业边界把坐标区域分割成四个区域，每个区域分别表示个别的分工、一般的分工、特殊的分工和网络的分工，这样我们就用一个逻辑框架把社会分工四种类型有机联系一起。[①]

依据图1.3逻辑框架来分析农业社会化服务形成的逻辑起点。社会分工起始点为原始农业，这是一个不争的观点，以此为起点分离出畜牧业、工业和商业以及其他服务业。这些分离功能的产业生产出各种各样的有形和无形的产品或服务，来促进农业发展。正如埃米尔·涂尔干（2000）所说，"劳动分工的最大作用，并不在于功能以这种分化方式提高了生产率，而在于这些功能能彼此紧密的结合"。[②]亚当·斯密（2012）认为这种因分工分化的功能紧密结合主要表现为生产性劳动和非生产性劳动为农业生产作用。[③]实际上社会分工不仅产生专业化的生产、服务和商品交换，而且分工也是社会发展的主要动因。[④]因此，本书认为农业社会化服务形成的逻辑起点是社会分工，且其在形成过程中就具有社会化、市场化和专业化的特征。

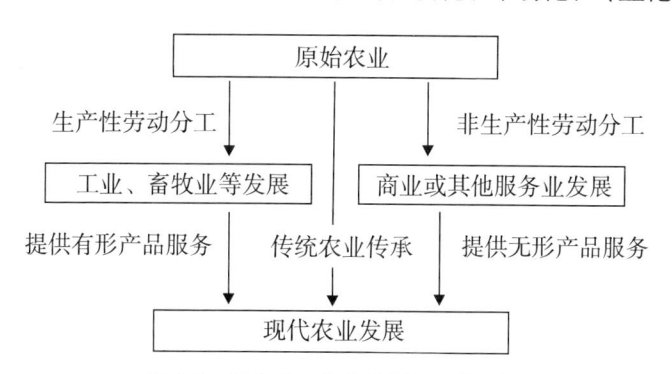

图1.3 社会分工与农业服务形成逻辑

[①] 注：图1.2中的四种社会分工类型的演进过程本书将在第四章第一节详细论述。
[②] 埃米尔·涂尔干：《社会分工论》第1卷，渠东译，生活·读书·新知三联书店2000年版，第24页。
[③] 亚当·斯密：《国富论》，唐日松等译，华夏出版社2012年版，第242—243页。
[④] 亚当·斯密：《国富论》，唐日松等译，华夏出版社2012年版，第9—10页。埃米尔·涂尔干：《社会分工论》第1卷，渠东译，生活·读书·新知三联书店2000年版，第24、26页。

第三节 供求均衡理论：农业社会化服务发展的分析逻辑

一、供求理论：从两端侧重到供求均衡

有效的供给和需求均衡发展是经济繁荣的理想状态，但供给与需求的关系是发展变化的，有效供给和需求的不足不仅阻碍了生产发展，而且妨碍经济的繁荣，经济学的重要任务就是如何解决供给与需求之间均衡发展问题。[①] 在解决供给与需求矛盾问题上，西方经济学理论经过了两个极端侧重，即供给侧和需求侧的两个不同面的侧重，存在着供给决定论与需求决定论的争论与对立，在不同的时期，供给决定论和需求决定论分别成为主流。[②] 例如萨伊（1803）在《政治经济学概论》中认为市场上的买卖都是以产品购买产品，每个人都用自己的产品价值来购买别人的产品价值，这就是生产给产品创造需求。[③] 这个理论的基本观点就是任何交易实质都是产品与产品的交易，货币只是媒介而已。买者就是卖者，卖者就是买者；有买必有卖，有卖必有买。总供给与总需求和谐一致。如果某一种货物出现过剩，那一定是可用来购买它的别种货物生产过少。[④] 马歇尔在《就业、利息和货币通论》中认为需求和供给的局部静态均衡产生了市场均衡价格，在此基础上提出了市场价格和供给量之间存在着同向关系的供给定律和市场价格与需求量的反向关系的需求定律。当供求处于稳定均衡时，有任何意外之事使得生产规模偏离均衡位置，则有某些力量立即发生作用，它们会使它恢复到均衡位置的趋势。[⑤] 凯恩

[①] 胡培兆：《论有效供给》，《经济学家》1999年第3期。
[②] 杜勇廷：《论有效供给与有效需求——萨伊、凯恩斯供求理论之比较及其现实意义》，《南京金融高等专科学校学报》2001年第3期。胡培兆：《论有效供给》，《经济学家》1999年第3期。
[③] 萨伊：《政治经济学概论》，商务印书馆1963年版，第142、144页。
[④] 萨伊：《政治经济学概论》，商务印书馆1963年版，第142、145页。
[⑤] 马歇尔：《经济学原理》（下卷），商务印书馆1965年第1版，2005年1月第8次印刷，第37页。

斯在《就业、利息和货币通论》中认为就业总量决定于总供给与总需的均衡点，只有当总供给与总需求相等时才能达到充分就业，这时的总需求就是有效需求。有效需求包括生活有效需求和生产有效需求，通过增加投资扩大生产需求带动生活需求。凯恩斯主张扩大需求，鼓励消费。[①]

萨伊和凯恩斯供求理论虽各执一端，各有所侧重，与他们所处的历史时期有密切关系。前者是供给经济时期供给管理导向典型代表，认为总供给和总需求总是衡等的，不存在有效需求不足问题。激励生产是贤明的政策，鼓励消费是拙劣的政策。[②] 后者是需求经济时代需求管理导向的典型代表，他主张扩大需求，鼓励消费，反对节省；降低利率，提高投资边际效率来鼓励投资。他们的供求理论从本质上没有差异，只是在供求的侧重点，特别是在供求两侧的经济政策实施的侧重点上不同而已。正如马克思所说："要给供给与需求这两个概念下一般的定义真正的困难在于它们好像只是同义反复"[③]。其实供求只是一对矛盾的两个方面，本来就是对立统一的关系。但是，在通常的情况下这一对矛盾的两个方面发展是不平衡的，时而供大于求，时而供不应求。这是萨氏和凯氏走向两个极端的原因所在。[④] 凯恩斯说："有效需求不足，常常阻碍生产"，"有效需求不足，可以妨碍经济繁荣。"[⑤] 正如马克思所说："需求和供给从来不会均衡的；即使均衡了，那也只是偶然，只是科学上的零，可认为是没有的。"[⑥]

---

① 凯恩斯：《就业利息和货币通论》，商务印书馆1963年版，第97、272页。
② 王洋：《新型农业社会化服务体系构建研究》，东北农业大学，博士论文，2010年，第13页。
③ 马克思：《资本论》第3卷，郭大力、王亚楠译，上海三联书店2011年版，第118页。
④ 杜勇廷：《论有效供给与有效需求——萨伊、凯恩斯供求理论之比较及其现实意义》，《南京金融高等专科学校学报》2001年第3期。
⑤ 凯恩斯：《就业利息和货币通论》，商务印书馆1963年版，第32、34页。
⑥ 马克思：《资本论》第3卷，郭大力、王亚楠译，上海三联书店2011年版，第121页。

二、供求的非均衡与均衡：农业社会化服务问题产生与分析逻辑

在"看不见的手"（市场机制）调节下，所有的经济行为都具备两个最基本的要素关系，即供给与需求关系。新型农业社会化服务可以看作为一种特殊的商品的集合，其体系往往反映的是一种商品的交换关系，其农业社会化服务是农户主体即需求者在进行农业生产经营活动中必备的产品，是农业生产经营不可或缺的东西。农业服务的提供者依据市场等价交换原则进行服务供给主体与需求受体的交换，诸如企业所提供的营利性的农业服务，以合作社等社会组织为基础所提供的不以营利为目的的农业社会化服务也是建立在商品交换基础之上，其政府所提供的公益性农业服务在市场经济条件下同样也是农业发展的动力。[①] 由于农业社会化服务本身具有专业化、社会化和市场化基本特征，所以农业社会化服务供求关系函数必然体现供求均衡理论的一般。其中农业社会化服务需求是指在某一个特定时期内，在各种可能的价格下农业经营者愿意购买并且有能力购买的某种农业服务商品的总和。影响农业服务需求的因素很多，诸如所购服务产品的价格、替代服务品和互补服务品的价格、购买者的收入水平、偏好和预期等。其需求函数可以界定为：$Q_x^d = Q_x^d(P_x, P_y, I)$，其中，$x$、$y$ 代表不同的农业服务商品，P_x、P_y 表示 x、y 农业服务产品的价格，I 代表购买者收入。根据市场需求法则，假定其他因素不变，商品的需求量与商品的价格之间存在反向的依存关系。而供给是农业服务提供者愿意提供的并且有能力提供的农业服务商品的数量，其受到诸如所提供服务产品的市场价格、相关服务商品的价格、农业服务的生产技术水平、生产要素的价格、服务生产者的预期等的影响。供给函数可以表示为 $Q_x^s = Q_x^s(P_x, w, r)$，其中，P_x 表示 x 农业服务产品的价格，w、r 代表劳动要素和资本要素的价格。

---

① 王洋：《新型农业社会化服务体系构建研究》，东北农业大学，博士论文，2010年，第13页。郭翔宇：《农业社会化服务体系问题探索》，哈尔滨出版社2001年版，第20页。

依据经济学的供求均衡理论，本书认为农业服务市场需求和供给分别是农业服务市场上全部需求个体和供给个体的总和。然而，当农业服务市场需求和供给相等时，即 $Q(s)=Q(d)$ 农业服务市场将处于均衡状态，从而实现良好的农业服务的社会化交换。当 $Q(s)<$ 或 $>Q(d)$ 时，农业服务市场将处于非均衡状态，这个时候，就存在农业社会化服务问题，即供给侧或需求侧的问题。在农业服务市场上，由于供给和需求力量的相互作用，分析中国农业社会化服务存在的问题，必然要从供求两个方面展开，解决问题的方向是如何促使农业服务市场将处于均衡趋势。既然农业社会化服务作为一种特殊的商品，以市场供求均衡逻辑分析农业服务的供给和需求存在的问题，了解农业服务的供给与需求状况，以及整个市场上农业服务的供给和需求主体的行为深刻认识，有利于建立一个服务目标一致性、服务性质差异化、参与主体多元化、服务内容繁杂性、服务行为协同性等特征的市场化、专业化和社会化交互作用的新型农业社会化服务体系，并为促进农业社会化服务市场的提供针对性政策措施。

第四节 结构功能主义理论：农业社会化服务体系解构与重构逻辑

一、结构功能主义理论内涵与发展

结构功能主义理论在社会学及其相关学科中社会结构是一个使用极为广泛。[1] 20 世纪 60 年代，帕森斯（Parsons，1951）从功能分化的角度，将社会结构概念发展成一种庞大的旨在解释一切人类行动的系统理论。[2]

---

[1] Sewell W., "A Theory of Structure: Duality, Agency, and Transformation", *The American Journal of Sociology*, No.98, 1992. 周怡：《社会结构：由"形构"到"解构"——结构功能主义、结构主义和后结构主义理论之走向》，《社会学研究》2000 年第 3 期。

[2] Parsons T., *Social System*, New York: Free Press, 1951, p.102.

该理论主张用功能分析方法认识和说明整个社会体系和社会制度之间的关系，侧重对社会系统的制度性结构进行功能分析。

帕森斯在《社会体系》中讲到，所谓社会结构，是具有不同基本功能的、多层面的次系统所形成的一种"总体社会系统"，包含执行"目的达成""适应""整合"和"模式维护"四项基本功能的完整体系，并分别对应"经济系统"执行适应环境的功能、"政治系统"执行目标达成功能、"社会系统"执行整合功能、"文化系统"执行模式维护功能等四项基本功能。帕森斯（Parsons，1951）认为这是一个整体的、均衡的、自我调解和相互支持的系统，结构内的各部分都对整体发挥作用；同时，通过不断的分化与整合，维持整体的动态的均衡秩序。[①] 功能主义理论发源于 19 世纪初孔德（Comte）、斯宾塞（Spencer）、迪尔凯姆（Durkheim）等学者的有机论。随后马林诺夫斯基（Malinowski）和拉德克夫利—布朗（Radcliffe Brown）等学者发展了社会功能主义理论，认为社会文化对社会系统功能具有适应性，社会系统至少是一个最低层次的整合（协同）的系统，社会制度的设置要适应社会有机体的系统层次和各层次的复杂性要求，保证社会系统的整合。早期社会功能主义把社会系统内部要素发生的事件确定为对社会系统的正向功能，默顿（Merton）认为社会系统中的个人、群体和更大的社会结构和文化不仅对社会系统产生正向功能，而且产生负向功能，所有功能都存在因果关系。帕森斯（Parsons）认为社会系统中要素的行动唯意志性，提出了社会系统中的行动—互动制度化的逻辑，认为社会系统中的要素的行动建立在文化价值取向上，不同价值取向的要素行动通过充分互动，形成制度化的文化，最终形成具有新的要素角色、地位和规范的社会系统。新社会功能主义者亚历山大（Alexander）等提出社会系统的要素行动的条件意志论，认为要素的行动受社会系统和文化系统的限制。卢曼（Lumann）运用一般系统方法分析

[①] Parsons T., *Social System*, New York: Free Press, 1951, p.102.

社会系统，认为社会系统本身是一个无尽复杂的系统，他认为系统的功能就是减少社会系统环境复杂性，这种减少社会复杂性的社会过程称之为系统机制。

　　结构功能主义理论的主要特征表现在四个方面。第一方面，该理论强调系统范畴研究社会结构和社会整体，坚持社会整体优先于个体的立场，认为个体的社会人格是由社会赋予与塑造的，所以个体动机也是社会整体价值系统的反应，因此，结构功能主义理论是从社会整体视角来研究社会个体行为。第二方面，结构功能主义理论在研究方向上与一般系统理论和复杂系统涌现理论不同，不是探讨系统结构的历史演进过程和产生涌现结果的因果关系，而是对当前社会系统的现存结构及其维持系统生存的所发挥的社会效果（或功能）进行解释。该理论把"适者生存""存在合理"的进化规律作为基本的理论前提。把现有的系统结构作为既成事实，考察其在系统中的贡献。第三方面，结构功能主义理论研究的问题主要放在系统的存在的条件是什么，该条件包括系统中要素关系的制度模式，也就是关系结构，以及这些结构要素相互作用的原理是什么，也就是功能。因此，该理论认为系统存在具有结构因素和对人类社会大型超级系统具有功能效应。在研究中重点涉及到结构功能的秩序、均衡、适应、稳定、整合、协调等概念内涵。第四方面，结构功能主义理论为考察社会问题提供了一个宏观的研究视角，提供了一个结构功能分析方法。

二、从形构、解构到建构：农业社会化服务体系解构与重构逻辑

　　从结构功能主义到结构主义和后结构主义发展体现三种发展趋势：一是结构功能主义到结构主义的发展显示了从宏观到微观的研究趋势；二是从客观（结构决定）向主观（主体决定）的过渡；三是从结构功能主义到结构主义再到后结构主义，则完成了从形构到解构的历程，这三种走向中我们可以看见结构概念的演变从可见到不可见，从实体性结构

到关系性结构,再到规范性结构,也就是从现实性结构转向了逻辑性的抽象结构,最后从过度的规范走向了结构的消亡。[①]

20世纪下半叶,建构主义伴随后结构主义兴起而诞生。建构主义学习理论秉承了后结构主义的"无结构""去中心""非理性""相对性"等原则,提出了一种网络化、非结构性、具有相对性的学习理论,本质上是一种后结构主义学习理论。[②]结构功能主义与建构主义是构建社会学理论的两大理论范式。虽然二者在研究范式及方法论、理论层次、核心主张以及对于具体问题等各方面都有显著差异,但二者在行动者的主体性、共同的理论源流以及认识论的"二元"对立等方面均具有一致性,作为一种微观理论建构方法的建构主义有四大特点:建构群体的主观性、强调学习是同化和顺应的结果、强调社会性即在交往中把握事实、强调情境性即适应学习情景中的环境与改变。[③]

社会结构主义主要观点认为社会系统本身是结构化的概念,系统中行动要素可以跨越时空,利用规则和资源,在时空中再创造新的结构,结构是要素和要素在特定情景中互动产生的。依据社会结构功能主义理论,本书认为农业社会化服务体系(即一个社会系统)中组织要素是受外部因素和内部互动程度影响,社会化服务体系作为一个社会系统,系统要素的互动存在外部动力。农业社会化服务体系不仅是一个经济组织系统,而且是一个社会系统,其显著特征是专业化、社会化和市场化。因此,本书认为系统理论更多研究系统整体运动的影响因素及其整体涌现现象,虽然也提出外部环境和内部要素互动是系统运动发展的动力,但并没深入分析系统内部要素相互作用的关系结构,以及这些关系结构

[①] 周怡:《社会结构:由"形构"到"解构"——结构功能主义、结构主义和后结构主义理论之走向》,《社会学研究》2000年第3期。
[②] 郑深:《建构主义:从结构主义到后结构主义演变》,《集美学学报》2003年第1期。
[③] 郭喜英:《比较结构功能主义社会学和建构主义社会学之异同》,《企业家天地》(理论版)2010年第4期。

之间产生对系统的功能作用。结构功能主义虽然也是把社会作为一个系统进行整体研究，但其研究的方式不是宏观到宏观，而是微观到宏观（或者称之为宏观问题微观研究），即通过微观社会系统内部要素关系结构及其功能的深入研究，得出农业社会化服务体系组织内部要素的作用机制。

第五节 演化经济学/系统理论：农业社会化服务体系演化逻辑

一、系统理论理论与农业社会化服务体系整体运动和涌现

康德的一般系统逻辑影响系统理论的发展。20世纪的系统理论形成了三个发展路径：一是一般系统理论，二是系统的控制论，三是系统动力论。这些理论为本研究探讨农业社会化服务体系中组织内部要素整合提供理论依据。但本研究基于系统涌现理论强调了农业社会化服务体系内部关系，学者霍兰（Holland）、考夫曼（Kaufman）、朗顿（Langton）等认为复杂系统涌现是具有相互作用的组元基于一定规则产生的宏观模式。复杂涌现理论认为确定性系统内部要素存在随机性，而随机系统中存在确定性，前者表明在严格制度下的组织系统中总会存在部分或少数非线性的规则作用，导致系统复杂化，成为系统不确定因素，也是系统层次跃迁的动力；后者说明不确定的随机系统也持续稳定某种模式一段时间，从系统稳定角度看，系统本身存在自我稳定作用。[1] 整体涌现性（Whole Emergence）是当代前沿的复杂性科学中的最重要概念之一，涌现有三个基本判断依据：一是整体的涌现特征不是其部分的特征之和；二是涌现特征的种类与组元特征的种类是完全不同的；三是涌现特征不能由独自考察组元的行为中推导或预测出来。整体论的一个最大的弱点就

---

[1] Olson E. E., Eoyang G. H., *Facilitating Organization Change: Lessons from Complexity Science*, Jossey-Bass, 2001.

是把整体看作预先给定的，将对象系统看成是既定的，忽略了涌现特征是在时间中动态地建构起来的，[①] 涌现所产生的宏观层次的行为模式不能简单看作个体行为累加，并且这宏观层次的行为模式的本身与以往的行为实践、结构和过程并不相同，它是以一种不可预测的方式出现的。

英国著名哲学家莱韦斯曾用化学反应的过程来说明涌现的性质，他认为碳和硫产生化学反应后，产生一个新的化合物，而这种化合物的分子结构性质与碳和硫本身的性质是完全不同的，同时他还指出我们虽然知道化学反应产生了新的化合物，新的化合物的出现不仅仅是简单的碳和硫的混合物（Mixture），而是碳和硫在一定条件下综合作用进而产生的复杂的复合物（Compound），但我们很难追踪发现反应中要素相互作用的类型，但两者的"作用力之和"或"作用力之差"是明显可追踪的。因此，由多个要素或物质在特定条件下进行相互作用产生一个新的物质，并且该物质不能还原到反应前的原来要素状态时，我们就把这种相互作用的过程称之为涌现。

二、演化经济原理：农业社会化服务体系演进逻辑

演化经济学研究竞争中变化发展的市场过程，对应于静态均衡的新古典经济学。它以历史的不可逆视角观察经济现象，研究开放的系统，关注变革、学习、创造。演化经济等认为竞争过程是非均衡的，具有路径的依赖性，被视为一种甄别的机制。创新是一种交互作用的社会过程，其分析方法是系统论的分析方法。而新型农业社会化服务体系构建就是解决原来系统失效的问题。系统失效主要表现在系统的行为者之间缺乏相互作用、公共部门的服务支持和私人部门服务不匹配、农业服务分工、技术和市场环境的相互适应不足。

新型农业社会化服务体系作为复杂系统涌现，必须存在两个条件：

[①] Goldstein J., "Emergence as a Construct: History and Issues", *Emergence*, No.1, 1999.

一是系统要素（服务组织及其组织间联系）的可变动性，可变动要素根据自身和其他关联状态按照先后顺序、紧要程度、难易程度等指标发生变化。二是农业社会化服务体系内部组织结构可变动性，随着要素活力增强形成新的组织结构关系。农业社会化服务系统的突变和涌现体现内在属性，但复杂性产生于系统要素与环境的互动关系。复杂涌现理论对本研究的启示主要体现在大量农业服务组织要素个体的相互作用，产生了宏观层面的组织系统的涌现，新的涌现系统反过来约束要素的行为，戈尔茨坦（Goldstein，1999）认为是一种"向下因果论"的双向影响，从而为农业社会化服务组织内部要素整合奠定了基础。[1]因此，本书认为新型的农业社会化服务体系的构建，就是促进现有的农业社会化服务体系或系统产生整体的"涌现"现象，根据复杂系统的涌现理论，我们可以通过农业社会化服务体系或系统内部组织（包括农户、中介组织、合作组织、企业、政府相关部门，职业教育与技术培训系统、技术推广系统、生产合作组织系统、水利和机耕服务系统、农业物资供应系统、加工、储存、包装、运输和销售系统以及市场信息系统等）之间的功能整合（相互作用）效应，促进现有农业社会化服务。

---

[1] Goldstein J., "Emergence as a Contruct: History and Issues", *Emergence*, No.1, 1999.

第二章　国际经验与比较：国外农业社会化服务体系发展模式

第一节　市场导向型的农业社会化服务体系发展模式

一、美国农业社会化服务现状及其体系的发展历程

（一）美国农业社会化服务现状及其特征

美国是世界上最大的农产品产出国和出口国，其商品农业的高度发达主要依赖其完善的农业社会化服务体系。美国的农业社会化服务体系的服务主体多样化，存在诸如公共服务系统、合作社服务系统和私人公司服务系统；服务形式包括公司+农产、公司+农业合作社+农户等多种形式；[①]服务内容包括产前、产中以产后的一体化服务；服务领域涵盖了从教育、科研、推广到物质购买、产品销售、合作保险、金融信贷、法律咨询、机械电力、信息服务等各个领域。[②]美国农业社会化服务体系是高度市场化的服务体系，在这个体系中主要包括3个部分：（1）美国农业公共服务体系美国各级政府部门通常负责投资大、收效慢的基础设施等服务项目，如交通运输、仓储设施、能源供应等物质基础设施以及农业教育、科研和推广、农业保险等社会基础设施。（2）美国农业私人服务体系。美国拥有一批世界规模的农业企业，它们组成的私人农业推

[①] 高峰、赵密霞：《美国、日本、法国农业社会化服务体系的比较》，《世界农业》2014年第4期。

[②] 王方红：《产业链视角下现代农业服务模式研究》，中南大学，博士论文，2007年，第86页。

广服务系统实力强、效率高。该系统包含了产前、产中和产后服务的绝大部分。(3)美国农业集体服务体系处于公共服务体系与私人服务体系之间的是合作社系统,也有研究定义为集体服务体系。美国农业服务社根据服务内容大致可以分为运销、供应和服务三大类。[①]美国的现代农业在不断的发展过程中,逐步形成以市场为主导,各服务供给主体全面协调发展,极具市场化特性的高度现代化农业社会化服务体系。作为现今世界分工最合理、专业化水平最高的美国农业社会化服务体系,为其农业现代化的可持续发展奠定了基础。[②]美国作为世界上最强大的国家,其农业发展也是最先进的,农业社会化服务管理体系的建设也是最为完善的。[③]其农业社会化服务体系的显著特征具体如下:

第一,以农业产业为中心的工业化生产型服务特征。美国现代农业社会化服务体系的建立、发展、完善依赖于工业革命为背景的工业化的发展,高度市场化和资本密集化使农业分工更细、专业化程度更高,促进了美国农业规模化、产业化、商业化发展。[④]美国农业部门之所以具有如此强大的生产能力,不但因其拥有极高的现代化生产力水平,还与其高度完善、健全的农业社会化服务体系有关。[⑤]第二,私人服务机构是农业社会化服务体系的主体。美国的合作社和私人服务机构为农场主提供了产前、产中、产后的主要服务。私人服务按照市场机制运行,也导致私人服务机构在规模、实力、效率方面优于公共服务机构,在促进美国农业商品化过程中发挥主导作用。第三,合作社是垄断、保护农场主利

[①] 宋莉、靖飞:《美国农业社会化服务现状及其对中国的启示》,《江苏农业科学》2012年第6期。

[②] 王鹤:《基于农户视角完善黑龙江省农业社会化服务体系研究》,东北农业大学,硕士论文,2010年,第24页。

[③] 耿娜:《发达国家农业社会化服务管理体系建设研究》,《才智》2014年第30期。

[④] 郭翔宇、范亚东:《发达国家农业社会化服务体系发展的共同特征及其启示》,《农业经济问题》1999年第7期。

[⑤] 田小平:《美国、日本农业社会化服务体系经验借鉴——以中国河南省为例》,《世界农业》2016年第4期。

益的竞争性主体。美国的合作社是具有服务性质的合作组织，具有浓厚的组织经济色彩。农场主与合作社间关系以商品交换和业务往来为基础，彼此间不存在依赖或依赖关系。第四，政府在农业发展过程中以服务、协调和指导作用为主。各个服务系统间彼此独立、协调，政府为农业社会化服务提供良好、宽松的市场环境，提供指导、调控和扶持，提供法律保护、信贷支持。在经济事务发展的过程中始终实行"放任自流"的政策——从宏观层面出发充分发挥服务职能，甚少干预经济事务。

（二）美国农业社会化服务体系发展历程

美国是农业社会化服务开展最早的国家之一。美国农业社会化服务建立在商品农业高度发展的基础之上，商品农业的发展程度在很大程度上决定了农业社会化服务的发展水平和规模。[1]美国幅员辽阔，地广人稀，农业经营规模化、机械化、商场化、市场化程度高，但美国总的农业劳动力还不到全球的千分之三，农业劳动力严重缺乏。[2]美国以其不到世界0.3%农业劳动力生产出了占全球产量绝大部分的农产品。[3]在这样的背景下，美国农业社会化服务体系得以不断发展完善，其发展历程共分三个阶段（见图2.1）。第一阶段：1860年以前这是美国农业社会化服务体系的萌芽阶段，由自给自足型农业向商品农业转变。随着第一次工业革命的发展，极大地促进了农业生产的工业化发展，加之交通运输业的发展和通讯技术的变革，为农业社会化服务体系的萌芽奠定了物质基础。但是农业社会化服务尚处于规模小、水平低、分布零散的萌芽阶段，农业社会化服务发展不成熟。[4]第二个阶段：1860—1940年是美国农业社会化服务体系的迅速

---

[1] 田小平：《美国、日本农业社会化服务体系经验借鉴——以中国河南省为例》，《世界农业》2016年第4期。

[2] 陶黎新：《透视发达国家的现代农业——以美国、荷兰、法国为例》，《甘肃农业》2005年第6期。

[3] 田小平：《美国、日本农业社会化服务体系经验借鉴——以中国河南省为例》，《世界农业》2016年第4期。

[4] 陶传友：《美国农业社会化服务体系（一）》，《林业财务与会义》1996年第5期。

发展阶段。第二次工业革命的发展使得人类进入了电气和信息时代，加强了农业社会化服务的信息化程度，科学技术的逐步运用为农业社会化服务体系的建立提供了技术保证；交通运输逐步改善，水路运输、陆路运输网络的逐步建立为农业社会化服务体系的发展提供了保障；农业法律政策的逐步颁布为农业社会化服务体系的发展提供了制度保证。在此背景下，美国的公共农业服务系统、合作社服务系统、私人服务系统的服务内容较齐全、覆盖范围较广，但是各体系间发展不平衡且注重产后服务的发展。第三个阶段：1940年以后，美国特色的完善的农业社会化服务体系最终建立。美国进入科技时代，基础设施高度发展和完善，使农业生产力依托机械化和科技化的发展得到极大提高，促进了农业现代化发展。知识经济和经济全球化促进农业社会化服务体系的逐步完善。

经过几个阶段的积累和发展，最终形成涵盖公共农业服务系统、集体农业服务系统和私人农业服务系统的完善的农业社会化服务体系，[①]在促进美国商品农业的发展和农业现代化过程中不断发挥着重要作用。

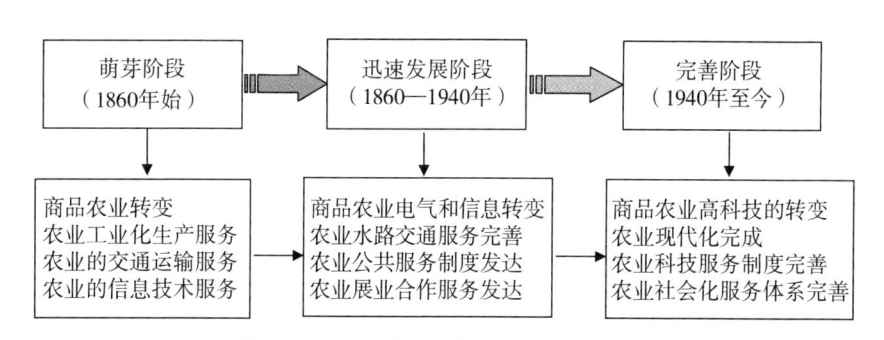

图 2.1　美国农业社会化服务体系发展历程

二、美国农业社会化服务模式

（一）以市场为导向的公私服务叠加的美国农业社会化服务模式

依托于市场机制的作用，美国农业经济高度市场化。伴随着农业科

---

① 李建黎：《美国经验对完善长三角农业社会化服务体系的启示》，《江南论坛》2017年第5期。

学技术革命的契机，美国农业社会化服务体系从其初步发展到最终完善。在此过程中逐步建立了成熟的现代农业社会化服务体系，具体包括三个系统（见图2.2）：政府部门主导的农业教育、农业科研、农业技术推广服务体系；基于农工商综合体、合同制形式的私人农业社会化服务体系；以形式各样的农业合作社为主的集体农业社会化服务体系。[①] 美国农业社会化服务体系的构成是多层次性的，主要有国家层面的政府系统，该系统是由农业部下属的农业研究局、农业推广部门及州际合作部门，还有各州立大学农学院、州立农业试验站及各县农业推广等部门共同构成；也有社会层面的合作服务机构，主要是营销及流通领域，分为供销、信贷及服务合作社、私人公司等，这些企业为农业发展提供全面而完善的加工、运输、物流及购销服务，甚至在一定程度上也承担农业科研和技术推广及教育的职能。[②] 该三个体系叠加为农业发展服务，从而形成具有美国特色的农业社会化服务体系。

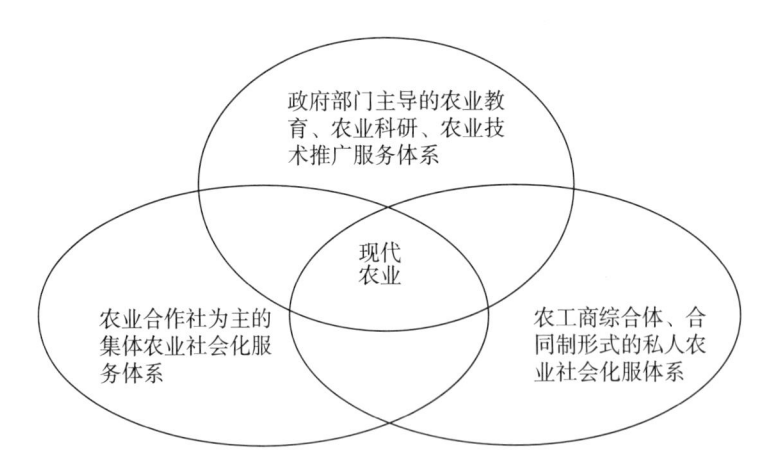

图2.2 以市场为导向的公私服务叠加的美国农业社会化服务模式

[①] 王浩：《美日农业社会化服务体系的比较与借鉴》，《中州学刊》1999年第3期。
[②] 高峰、赵密霞：《美国、日本、法国农业社会化服务体系的比较》，《世界农业》2014年第4期。

以政府部门主导的涵盖农业教育、农业科研、农业技术推广的政府公共服务体系。农业部是实施政府该服务体系的组织实体，其主要提供农业教育、推进农业科研、推广和应用农业科技，以及为农业服务的受众（或者是需求者）提供直接服务等。[①] 美国构建了农业科研、教育与技术推广"三位一体"公共服务体系，成员包括农业部农业研究局、农业推广局、各州合作研究局等农业研究和推广机构、州立大学农学院，以及农业实验站。[②] 在农业社会化服务过程中贯彻服务为农的宗旨，完善农业社会化的物质基础设施建设，保障农产品流通体系的有效运行，并稳步推进农业教育、科研、技术推广服务体系的建设。[③] "三位一体"的农业社会化服务模式使农业教育、科研和推广紧密地联系到一起，即由农学院负责农业教育、科研和推广工作。这种农业社会化服务模式使农学院与农户之间联系密切，使农户更加容易接受新的科学知识，对农业科学成果运用到实际生产中发挥了很大的作用。[④] 实现以提高农业生产率为目的的大学教育和科技研究，建立由联邦、州、县组成的农业推广系统，推动高水平农业科技服务的一体化，促成美国农业的知识化发展。

集体农业社会化服务系统亦即合作社农业服务体系，基于商品交换并兼顾公平与效率的原则，以增强社员抗风险能力。该合作服务体系以家庭农场为主体，以互助合作为主要组织形式。[⑤] 美国的合作社服务体系主要包括两个部分：一是农场合作社，根据提供的服务不同可以分为生产合作社、销售合作社和购买合作社。这些合作社都是农场主为了自

---

① 田野：《美国农业社会化服务体系对中国的启示》，《农村经济与技术》1997年第12期。
② 李建黎：《美国经验对完善长三角农业社会化服务体系的启示》，《江南论坛》2017年第5期。
③ 王浩：《美日农业社会化服务体系的比较与借鉴》，《中州学刊》1999年第3期。陶传友：《美国农业社会化服务体系（一）》，《林业财务与会计》1996年第5期。
④ 顾瑞兰、杜辉：《美国、日本农业社会化服务体系的经验与启示》，《世界农业》2012年第7期。
⑤ 王浩：《美日农业社会化服务体系的比较与借鉴》，《中州学刊》1999年第3期。陶传友：《美国农业社会化服务体系（一）》，《林业财务与会计》1996年第5期。

己的利益而自愿参加的。二是合作农业信贷体系,可以向农场主提供比较廉价的信贷服务,包括联邦土地银行、联邦中期信贷银行和合作社银行。[①] 主要形式包括:一是保障产前、产中、产后服务提供,以抵御商业垄断为目的的农场主合作社;二是基于拓宽、完善、保证农业生产资金来源和渠道而形成的合作农业信贷体系;三是推动农村电力、电话普及而成立的农村电力、电话合作社,促进了农村农业基础设施建设。私人农业社会化服务系统是以赢利为目的的市场化行为,向农场主提供专业化服务的基本经济组织,为农业提供购销、加工以及产中服务,服务涵盖各个领域,是美国农业社会化服务体系中的重要组成部分。[①] 其主要形式具体有:一是以实现农产品产后加工、销售完全垂直一体化而形成的、比例占 6% 的农工商综合体;二是占私人服务系统 3/4 的作为主导形式的合同制,[②] 通过合同来明确双方权利、义务,以直接的业务往来向农场主提供服务的经营形式,保证一体化经营的灵活性和主动性。

(二)市场主导的美国农业社会化服务体系对农业现代化的作用

美国发达的现代化农业得益于其农业社会化服务体系的发展、壮大与完善,在其农业现代化发展的过程始终占据着极其重要的地位、提供关键的基础的保证。

一是农业生产技术的社会化服务为农业生产提供了技术支持。通过教育—科研—推广的"三位一体"服务体系,推动了农业科学技术迅速转化为现实的农业生产力,实现农业持续、高速的发展。农业社会化服务体系的发展提高了生产效率和农业经济效益,实现农业高产、优质和高效的目标,使得农业生产、管理向规范化、科学化方向发展,从而提升美国农业的现代化进程。[③] 二是美国专业化的农业生产服务提高了农业

---

① 杨爽、佘国新、闫艳燕:《发达国家农业社会化服务模式的经验借鉴》,《世界农业》2014 年第 6 期。

② 王浩:《美日农业社会化服务体系的比较与借鉴》,《中州学刊》1999 年第 3 期。

③ 陶传友:《美国农业社会化服务体系(一)》,《林业财务与会计》1996 年第 5 期。田野:《美国农业社会化服务体系对中国的启示》,《农村经济与技术》1997 年第 12 期。

生产效率。社会化、专业化的服务为农业现代化的发展提供了产前、产中和产后的一体化服务，促进了农业生产效率的提高，资源的优化配置以及提升了农业产业化、市场化和商品化发展的步伐。三是农产品流通的社会化、市场化服务加速了农产品流通的效率。农业社会化服务体系涉及产品的采集、检验、分级、贮存、加工、包装、运输、批发与零售等环节，提供农业生产的产后服务，从而降低农产品流通的消耗、缩短农产品流通的时间、压缩农产品流通的空间、减少中间部门，最终使农产品顺利进入流通市场，减少流通费用，降低流通中产生的不可预测性风险。四是农业信息社会化服务为农业社会化服务开辟广阔的发展前景。农业的现代化发展得益于市场信息的快速传播，农业信息技术和信息化发展，通过信息传导机制，为农业生产作出正确的决策和农产品迅速转化为现实的价值提供了信息保证。[①]实现农场与市场的有机联系和对接，依托良好的信息服务提高农场主的市场准入，进而保证了农业的市场化发展方向。

第二节　政府导向型的农业社会化服务体系发展模式

一、第二次世界大战后德国政府多层级主导的农业社会化服务体系

（一）德国农业社会化服务体系发展现状与特征

德国是农业现代化强国，农产品出口量仅次于法国，居欧盟第二位，也是世界第四大农产品和食品出口国。德国是一个土地狭小的国家，但是农业的规模化经营趋势十分明显，其农业的高度发达依赖于其农业社

[①] 郭翔宇、范亚东：《发达国家农业社会化服务体系发展的共同特征及其启示》，《农业经济问题》1999年第7期。陶传友：《美国农业社会化服务体系（一）》，《林业财务与会计》1996年第5期。田野：《美国农业社会化服务体系对中国的启示》，《农村经济与技术》1997年第12期。

会化服务体系的发展完善。① 德国农业社会化服务体系是在第二次世界大战以后逐步随着农业现代化发展而发展起来的以政府为主导的农业社会化服务体系，服务主体和形式具多层次、多元化的鲜明特色，形成农业专业合作组织网络化发展的农业服务格局。各服务主体间独立、协调、均衡、全面发展，互为补充，互为进步，各自为农业社会化服务体系的发展、完善发挥优势，并提供健全的服务渠道和服务内容，保证农业整个生产过程的高效化和高质量。德国农业社会化服务的特征表现在如下几个方面：

第一，政府在德国的农业社会化服务体系中占据主导地位，是农业社会化服务体系的主体。德国农业社会化服务体系的建设与德国政府的扶持密不可分。② 农业是德国政府直接干预最多的部门之一，并在农业服务提供的过程中发挥组织、协调、指导的作用。③ 政府为农业社会化服务体系的发展提供了相关的法律、制度保障，并为农业发展提供优惠政策，保障合作社的合法权益，促进合作社的健康发展。为农业科研、教育、推广、机械化的发展提供了政策、资金、人力资源，促进了德国农业教育、科学技术的发展和农业机械化的进程以及商品农业的发展。④ 第二，德国政府推动农业合作社以现代企业组织形式参与市场竞争。德国合作社成员携手合作组建的企业，可以确保合作社的独立自治，使合作社成员具有竞争力和拥有通向销售市场的渠道。德国的合作社具有投资者和顾客的双重角色，有明确的法律使命以保护成员利益，并处于经济活动的中心，共同经营、共同承担责任。⑤ 德国农业合作社在农业社会化

---

① 陈新田：《论德国农业现代化的经验及其启示》，《江汉大学学报》（社会科学版）2005年第6期。
② 刘燕群、宋启道、谢龙莲：《德国农业社会化服务体系研究》，《热带农业科学》2017年第12期。
③ 刘继芬：《德国农业现代化的进程与措施》，《中国农业信息快讯》2001年第2期。
④ 石言弟：《法德两国农民合作组织发展对中国的启示》，《江苏农村经济》2011年第1期。
⑤ 李敬锁：《德国农业合作社的历史、现状及发展趋势》，《中国农民合作社》2010年第9期。

服务体系的发展过程中发挥着其独特的作用。第三，德国政府注重农业教育、科研、推广、培训等服务农业。德国的农业社会化服务体系隶属于政府农业部门，服务机构按自然区划设置，实行垂直管理，主要负责管理、组织和实施相应级别的农业技术研究、培训以及推广。[①] 第二次世界大战后德国十分重视农业教育的推广和普及，并将其作为农业政策的组成部分，始终注重农业从业人员的从业资格教育和经营培训，并注重新的科学技术的研发，切实落实农业科学技术的推广，从而较早地实现了德国农业的机械化、电气化、化学化等，从而提高了农业生产力，实现其高产、高效、高质量的目标，为其农产品市场化做好了准备。[②]

（二）德国农业社会化服务体系发展历程

德国农业从传统农业向现代农业转变、发展，不断实现其农业现代化的过程，从而使德国成为世界上著名的农产品出口国。[③] 德国是仅次于美国和荷兰的第三大农产品出口国，其农业十分发达，农业机械化水平很高，农业科技处于领先地位。[④] 德国农业社会化服务体系的发展自第二次世界大战以来经历了萌芽、调整、进一步发展、成熟等各个阶段（见图 2.3）。

从 1945 年至 20 世纪 50 年代中期是德国农业的恢复阶段，亦是农业社会化服务体系的萌芽阶段。在该时期农业社会化服务体系的发展落后，以政府主导的农业科研、教育、培训规模小，水平低，分布零散，农业社会化服务的内容较少，组织运行较差。农业合作社数量众多，主要提供信贷服务、购销服务、农产品加工服务以及流通服务等，规模较小，

---

① 吕韬：《中国现代农业社会化服务体系建设研究》，长江大学，硕士论文，2012 年，第 26 页。
② 沈云亭、张征宇：《德国农业现状带给我省农业发展的启示》，《河南农业》2004 年第 5 期。
③ 谭仁忠：《德国农业机械化体系考察》，《湖南农机》2003 年第 4 期。
④ 杨瞻菲：《德国培育新型职业农民的经验与启示》，《新西部》2016 年第 17 期。

起步阶段（1945年至20世纪50年代）→ 调整发展阶段（20世纪五六十年代）→ 发展形成阶段（20世纪70年代）→ 完善成熟阶段（20世纪八九十年代至今）

图 2.3　德国农业社会化服务体系发展历程

服务水平较低。[①]20 世纪 50 年代中期以后德国农业社会化服务体系进入调整阶段。该阶段农业科研、教育、推广体系逐步发展，促进了农业科学化的发展；农业合作社为农业发展提供了更多的服务以适应农业机械化发展、电气化发展的要求，农业的产后服务增多，提供农业社会化服务的主体逐渐增多。[②]20 世纪 70 年代德国农业社会化服务体系得到了进一步的发展。农业科研、教育、推广服务体系进一步完善，农业合作社规模化发展，实现了农业服务组织供给服务的专业化，推动该国农业向产业化方向发展。在该时期形成了融合初级合作社、地区合作社联社、国家级合作社联社三个层次的农业联合组织。[③]20 世纪 80 年代以后，德国形成了完善的以政府主导为主的农业社会化服务体系。农业科研、教育、推广服务体系得到充分发展。合作社形成了农工商一体化发展的模式，促进了农业的产业化、一体化发展。[④]20 世纪 90 年代以来，德国的农业社会化服务体系向高度科技化、环保化方向发展。信息技术的推广应用，新的高精尖技术的发展，不仅提高了农业社会化服务的效率，[⑤]而且提高了农业的生产效率和产量，提升了农产品品质，促进了德国综合农业、生态农业的有序发展。

---

① 刘继芬：《德国农业现代化的进程与措施》，《中国农业信息快讯》2001 年第 2 期。
② 徐旭初、贾广东、刘继红：《德国农业合作社发展及对中国的几点启示》，《农村经营管理》2008 年第 5 期。
③ 李敬锁：《德国农业合作社的历史、现状及发展趋势》，《中国农民合作社》2010 年第 9 期。
④ 陈新田：《论德国农业现代化的经验及其启示》，《江汉大学学报》（社会科学版）2005 年第 6 期。
⑤ 刘继芬：《德国农业现代化的进程与措施》，《中国农业信息快讯》2001 年第 2 期。

(三)德国政府多层级主导的农业社会化服务模式

德国的农业推广咨询机构组织由农业行政机构领导管理,共分为四级:一是联邦政府的农业营养部;二是州政府的农业营养部;三是地区农业局、农业发展研究所、畜牧教学科研实验站;四是县农业局。[①]他们的主要任务是进行农业行政管理、人员培训、职业教育和农业推广咨询(见图2.4)。

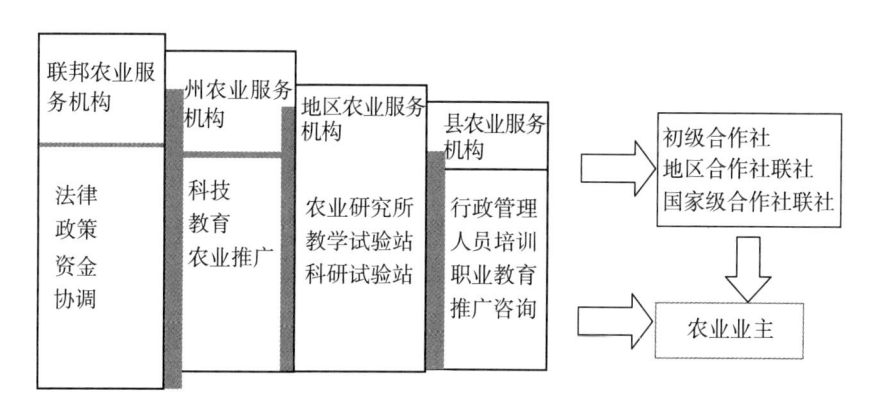

图2.4 第二次世界大战后德国政府多层级主导的农业社会化服务模式

德国的农业社会化服务体系是政府主导型的,政府的作用贯彻了农业现代化发展过程的始终,一方面,加大对农业各方面的投入,并为农业现代化发展作出了一系列法律、政策、优惠措施、资金支持等,为农业现代化发展提供了制度和物质保证;在实行农业规模经营的过程中,德国政府重视农业机械化的发展,通过采取相应的政策、法律和经济手段,实现了农户升级、农户迁移、农业劳动力改行和提前退休以及资助大农场经营,推动了农业产业的分工,提高了劳动生产率,促进了农业产业化进程。[②] 另一方面,政府在农业现代化发展过程中始终对农业社会

[①] 孔祥智:《中国农业社会化服务:基于供给和需求的研究》,中国人民大学出版社2009年版,第179页。

[②] 马俊杰:《促进农业现代化的问题研究》,《中国市场》2016年第5期。

化服务的提供进行组织、指导、协调，从而保证了农业现代化能够按照预期目标顺利进行。[1] 德国的农业合作社对农村、农业、农民的全面发展作出了重要贡献。多层次、多样化、多内容的完备的农业服务为农业的产业化发展和市场化发展提供服务，[2] 推进了农业生产结构、经营结构的转换，进而在商品农业的发展过程中促进了农工商一体化发展，确保了其农业发展的现代化方向和加速了其农业现代化发展的进程。德国政府通过农业教育、农业科研、科研推广、人员培训提高了农业劳动力的素质和经营管理技能，为农业发展培养了高素质的人才，促成了德国农业的工业机械化发展，以及农业电气化、科技化的发展，[3] 保证了德国现代农业的可持续发展。早在20世纪50年代中期，德国政府就制定了《农业法》和《土地整治法》等法律促进农场规模的扩大，为规模化生产和机械化经营提供了条件。[4] 德国农业现代化的高度发达在很大程度上得益于德国对农业教育的重视，完善的农业教育体系为德国家庭农场的发展培养了大量高素质农业人才。[5]

二、韩国在政府推动下的农业社会化服务体系

（一）韩国农业社会化服务体系发展现状与特征

韩国是20世纪亚洲经济发展"四小龙"之一，农业经济也伴随着工业经济而不断发展。韩国政府在农业社会化服务体系中占据主导地位，通过各种政治、经济职能有效把握农业服务高质高效的发展方向；充分发挥农业协会为农户提供综合性服务的机制，实现农业的规模经

---

[1] 陈新田：《论德国农业现代化的经验及其启示》，《江汉大学学报》（社会科学版）2005年第6期。
[2] 李敬锁：《德国农业合作社的历史、现状及发展趋势》，《中国农民合作社》2010年第9期。
[3] 沈云亭、张征宇：《德国农业现状带给我省农业发展的启示》，《河南农业》2004年第5期。
[4] 周昱、刘美云、徐晓晶、保嶽、陈辉：《德国污染土壤治理情况和相关政策法规》，《环境与发展》2014年第5期。
[5] 李波、李晴：《家庭农场法律促进的国际经验》，《苏州大学学报》（法学版）2014年第4期。

营；加快农业科研、推广、培训体系建设，注重对农业生产各环节的指导和农户经营农业的培训。其农业社会化服务体系的提供主体包含了政府和农业合作社，其内容主要涉及政府的农业科研、教育、推广服务体系，合作社的农业协会服务体系。政府作为农业社会化服务体系的基础和主体，与农业协会一起在现代农业的发展中相互补充、相互促进，从而保证了农业服务的可持续发展。[1]韩国农业社会化服务体系包含如下主要特征：

第一，政府在农业社会化服务体系中发挥了主导作用。韩国农业具有鲜明的小农经济特色，因而政府在农业社会化服务体系中占据主体地位，并在农业社会化服务体系的建设、完善进程中发挥中流砥柱的作用。在服务性比较强的业务或者政策性业务中，政府的指导和支持尤其必不可少。第二，实行科研、推广、培训三位一体的农业推广服务体系。韩国从20世纪60年代以来，为了实现农业的现代化发展，政府开始建立融科研、推广、培训三位一体的农业推广服务体系。韩国的农业科研、农民教育、普及推广由农村振兴厅管理，实行首长统一负责制，可有效调动人力、物力，统筹安排科研、推广和培训三方面的工作。[2]第三，农业合作社在农业社会化服务体系中发挥了重要作用。韩国的农业协会是农民出资自愿组织的生产者群众团体。农协不仅在农户与政府之间起到桥梁作用，而且在农村社会化服务体系中占有举足轻重的地位。中央会和会员组合成两级组织，主要实施流通、指导、批发、加工、开发、建设、文化、教育、情报、农政、协力、贸易、购买、信用等综合性服务。协会提供对农业产前、产中、产后服务促进了韩国农业的一体化发展和商品化进程。韩国中央农协是营利性组织，以商业经营为主，主要提供金融信贷业务。基层农协实行会员制，以"自由、自愿"为原则，其目

---

[1] 高俊才：《韩国农业社会化服务简介》，《中国农垦经济》2000年第11期。
[2] 赵卫东、李志军、李守勇、郑怀国、李红：《赴韩国农业推广服务体系考察报告》，《北京农业职业学院学报》2007年第3期。

的是为会员提供互助合作。①除此之外,农协还具有承担城乡交流、农民福利、文化艺术和公益活动等功能。②

(二)韩国农业社会化服务体系发展历程

韩国是一个人多地少,农业发展历史较悠久的国家,长期以来家庭化小农经营模式限制了农业的发展。随着数次科技革命的爆发,推动了工业经济飞速发展,促成了农业的新发展。韩国农业社会化服务体系与其农业现代化的发展是同步进行的,并在工业化过程中不断完善、成熟,并对韩国农业现代化发展和经济腾飞奠定了重要基础。③其发展历程包括四个阶段(见图2.5):20世纪60年代以前是农业社会化服务体系的初创阶段。该阶段韩国农业发展较落后,互助互利性质的农民经济团体或农业协会在小范围内快速成立,但初期的农协组织不善,分布分散、规模极小,不能发挥正常职能,并且提供的服务单一,无法发挥提供社会化服务"统"的功能,④为此政府在农协的发展中发挥了主导作用。20世纪70年代是农业社会化服务体系的调整阶段。一方面,韩国农协开始调整基层农协的组织机构,通过合并方式实现了规模化,并在此基础上提供金融和生活用品的供应服务,为农村金融规范化作出了贡献。另一方面,农业科研、教育、推广服务体系开始发展,培养推进新村运动的人才,促进了农业科研的开发与创新。20世纪80年代是农业社会化服务体系的发展阶段。该阶段是韩国经济增长有史以来最快的时期,农业协会开始提供农机贷款等农业服务,实现了农业机械化发展。农协成为服务的提供主体,其服务内容向多样化发展。自上而下设立了农业科研、教育、推广服务体系,并实行统一

---

① 周忠丽、夏英:《日韩农协发展探析》,《农业展望》2014年第1期。
② 吴菊安:《日本、韩国农业经营方式和社会化服务体系发展经验及借鉴》,《世界农业》2016年第5期。
③ 王洋:《新型农业社会化服务体系构建研究》,东北农业大学,博士论文,2010年,第30页。
④ 申龙均:《韩国农业社会化服务组织——农业协同组合》,《东北亚论坛》1995年第1期。

管理。20世纪90年代至今是韩国农业社会化服务体系的成熟阶段。该阶段韩国农协提供了包括产前、产中、产后的一体化服务，形成了生产—加工—流通产业链，促进了农业的一体化、商品化、市场化发展。并且农业科研、教育、推广三位一体的农业推广服务体系逐步完善，[①] 基层服务机构巩固有力，农业社会化发展成效显著，促进了韩国先进农业的建设。

初创阶段 （20世纪60年代）	调整阶段 （20世纪70年代）	发展快速阶段 （20世纪80年代）	成熟阶段 （20世纪90年代至今）

图 2.5 韩国农业社会化服务体系发展历程

（三）韩国政府推动下的农业社会化服务发展模式

韩国人多地少，农业资源缺乏比较优势，家庭经营的小农经济痕迹明显，因而其农业社会化服务体系中政府对农业发展具有主导作用，在韩国农协发展过程中，政府一直发挥了重要的指导和支持作用，[②] 形成了兼具农业协会发展，推行农业科研、技术推广、服务培训的一体化模式（见图2.6）。第一，农业协会提供农业社会化服务促进韩国农业的规模化经营。农协以提高农业生产力为目的，以提供流通和信贷业务为主，实现农民经济地位和社会地位的提高，促成高收入、高福利农村的建设规划。其农业协会从上到下，从中央到基层，地域普及面广，提供的农业服务具有综合性特色，为农业发展提供了各项支持和保证。[③] 第二，依托信息技术和互联网，扩大信息收集和传播渠道，实现农产品电子商务交

[①] 孔祥智：《中国农业社会化服务：基于供给和需求的研究》，中国人民大学出版社2009年版，第408页。

[②] 王光宇、张扬：《借鉴国际经验培育和扶持安徽省农业社会化服务体系探讨》，《世界农业》2015年第4期。

[③] 宣杏云、徐更生：《国外农业社会化服务》，中国人民大学出版社1993年版，第220页。

易,以提升农产品的影响力和知名度,扩大农产品宣传范围,实现产后销售途径的多样化。① 政府部门运用各种教育资源,加大农村和农户信息技术实践应用培训、指导,以保证"信息化"顺利实现。第三,"农业科研、推广、培训"三位一体服务体系建设,促进农业发展的科学化和现代化,实现农业资源的有效利用,② 提升农业从业者的科学文化素质,提升农业的效率。

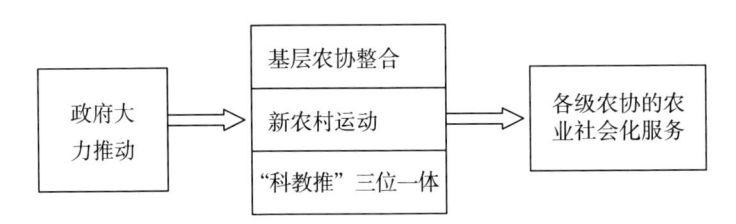

图 2.6 政府推动下的韩国农业社会化服务模式

（四）韩国政府推动下的农业社会化服务体系对农业现代化的作用

20 世纪 60 年代以来,韩国现代农业的发展经历了初创阶段到调整阶段,再到成熟阶段,并最终实现农业现代化。从原因分析来看,其高效的农业社会化服务体系在其农业现代化进程中发挥了巨大的作用。

第一,韩国农业科研、教育、推广在其农业现代化发展过程中发挥了重要作用。一是韩国三位一体的农业服务体系普及了农业教育,提高了农民的素质,从而提高了农业生产力,并促进了农业机构的转化;二是政府主导的农业科研体系加大了农业科学技术的发展,促进了农业科学的开发和创新;三是农业科研体系加快了可持续技术转化为现实的农业生产力,促进了农业新技术的应用和新型农业的发

---

① 王洋:《新型农业社会化服务体系构建研究》,东北农业大学,博士论文,2010 年,第 30 页。
② 于濯非、于平:《韩国农业服务体系的特点及其在农业振兴中的作用》,《吉林农业科学》1997 年第 1 期。

展。①科研、推广、培训三位一体农业服务体系,韩国针对农业科研体系、农业推广体系以及农业培训体系实行统一管理,由首长统一负责,统筹安排这三个方面的工作,既能最大限度的利用有限资源,又能提高农业科研的服务效率。②第二,韩国农业协会在农业现代化过程中发挥着重要的作用。20世纪60年代以来韩国的农业协会不断发展、成熟、完善,从发展之初的分散、小规模到现今的大规模、专业化,韩国农业协会在农业现代化过程中发挥了重要的作用。农业协会通过提供农业产前、产中、产后的综合性服务,并且将农产品生产、加工、销售环节有机结合,促进农业生产、销售一体化发展,实现了农产品的市场化和商品化。③第三,农业科学技术的创新,促进了韩国新型农业的发展。农业科学技术的推广和农业合作社的成熟,显著改善了农业的生产环境,促进了农业基础设施的完善。韩国农业现代化发展得益于工业化加剧,农业与服务业有效结合,加之后城市化的要求,促进了都市型现代农业的发展,使其农业进入一个新的发展空间。

第三节 混合驱动型的农业社会化服务体系发展模式

一、法国混合驱动型的农业社会化服务体系

(一)法国农业社会化服务的现状和特征

法国的农业社会化服务体系的特点是公立和私立机构并存,各有侧重。法国农业社会化服务体系的特点是公立和私立机构在研究、教育和推广各个服务领域中并存,在对农业生产的支持中有机结合、各有侧

---

① 江又舟、朴春实:《韩国农业科研、教育、推广的基本做法》,《吉林农业科学》1997年第2期。
② 王洋:《新型农业社会化服务体系构建研究》,东北农业大学,博士论文,2010年,第30页。
③ 赵卫东、李志军、李守勇、郑怀国、李红:《赴韩农业推广服务体系考察报告》,《北京农业职业学院学报》2007年第3期。

重。①公立机构主要负责农业基础性研究、农业教育以及农业推广服务工作的扶持，而私立机构侧重于农业应用技术的研究、农业技术教育以及直接的农业推广服务工作。迄今为止，法国农业已形成一个涵盖产前、产中、产后各项服务，服务供给主体多样化的完善的农业社会化服务体系。农业合作社服务为社员提供产前、产中和产后各个环节的全方位服务，形成了完善的农业社会化服务体系，参与服务供给的主体从产前、产中、产后依次是政府组织、农民、农业合作社，各服务主体各司其职、各尽其能，促进了法国出口型农业的发展。②法国农业社会化服务的特征表现如下：

第一，农业合作社为主的农业社会化服务。目前，农业合作社已经成为法国农业社会化服务的主体和农业产业化经营的重要载体。法国的农业合作社上至国家，下至地方，既有公共性质的，也有合作性质的，还有私人性质的，不同主体、不同性质、不同环节的农业合作社在农业社会化过程中提供各式的服务，从而实现农业服务的综合供给和全面覆盖。③第二，服务内容全面化且质量较高。各服务主体提供的服务覆盖农业产前、产中、产后全过程，实现农业发展各个环节的高效运作。实时满足农户对农业服务的需求，为其农业商品化发展提供物质保证。第三，服务的主体多元化。政府组织、集体组织、私人组织等，服务组织形式灵活，服务内容全面、综合。其中政府部门在农业社会化服务的供给过程中充当执行宏观调控职能的实施者，并提供公益性的社会化服务，为农业发展提供良好的环境；合作社作为农户自发联合、为维护自身利益而建成的合作组织，在服务满足、抵制市场不良竞争方面发挥不可替代

---

① 王树勤、李长璐、宗宇翔、陈蕾：《发达国家农业社会化服务体系模式比较与经验借鉴》，《农村财政与财务》2013年第10期。
② 李先德、孙致陆：《法国农业合作社发展及其对中国的启示》，《农业经济与管理》2014年第2期。
③ 陶黎新：《透视发达国家的现代农业——以美国、荷兰、法国为例》，《甘肃农业》2005年第6期。

的作用。私人企业为农户提供产前、产中、产后全面、高效的服务，促进农业市场化和商品化进程。

（二）法国农业社会化服务体系发展的历程

法国农业社会化服务体系发展有四个阶段（见图2.7）。19世纪中期是法国农业社会化服务体系发展的萌芽阶段，以小农经济为主要形式，农业实行分散化经营，并且农业基础设施建设落后，农业社会化服务不成体系。[①]19世纪中期至20世纪中期是法国农业社会化服务体系的成长阶段，工业的发展，基础设施不断完善，交通运输网络建立，农业社会化服务体系得到一定程度的发展。20世纪中期至80年代是法国农业社会化服务的快速发展阶段，由于科学技术的飞速发展，农业技术研究、教育、推广服务体系开始建立，科学技术和教育为农业社会化服务体系的发展提供智力支持。20世纪90年代至今是法国农业社会化服务的成熟阶段。农业社会化服务体系在该阶段得到完善，形成了包括公共的农业服务、集体的农业服务、私人的农业服务相交融的农业社会化服务体系，在促成法国农业高度市场化过程中各自发挥着不可替代的作用。

萌芽阶段 （19世纪中期）	成长阶段 （19世纪中期至20世纪中期）	快速发展阶段 （20世纪中期至80年代）	成熟阶段 （20世纪90年代至今）

图2.7 法国农业社会化服务体系发展历程

（三）法国混合导向的农业社会化服务发展模式

法国作为西欧发达的农业国家，农业的高效运作得益于其完善的农业社会化服务体系，其农业社会化服务体系具有混合型的特点，并在法

[①] 朱樊生、梁天福：《法国：农业社会化服务体系》，《农村经济与科技》1995年第12期。

国出口型商品农业发展进程中发挥着相当重要的作用（见图 2.8）。第一，政府部门主导的公共农业服务体系。政府部门通过宏观调控，制定农业发展的政策措施，为农业发展提供良好的政策环境支持。[①]法国农业社会化服务体系不同于美国、日本，法国是政府主导型的，各级政府及其部门在农业社会化服务体系中占主导地位，法国农林部及其下属机构是农业社会化服务的主体力量，[②]是完善农业基础设施建设，发展相关农业科研、教育事业，提供技术推广服务、农业信贷服务、农业信息服务，保障农业发展的基础。其极具特色的信息服务机构由国家、大区、省三级农业部组成，服务主体包括国家农业部门、农业商会、各级各类农业科研教学单位以及互助社，信息服务方式多样化，并逐步形成多元化、全方位的信息服务格局。[③]第二，以农业合作社为主体的集体农业服务。提供各种综合服务、专业化服务的合作社是该类服务的主体，作为法国农业社会化服务主体之一的合作社，各类型主体提供的服务内容、服务形式各具特色，各有所长，并且政府的财政优惠政策为法国农业合作社的发展提供了支持。[④]第三，私人工商业组织的农业服务。私人工商业组织的农业服务是在农业产供销一体化经营的基础上发展而来的，围绕农业商品化、一体化经营提供相关服务，相对公共农业服务、集体农业服务而言，私人工商业服务具有赢利性质，反映农业市场化的要求，因而更能发挥其效率和市场优势。

---

① 宣杏云、徐更生：《国外农业社会化服务》，中国人民大学出版社 1993 年版，第 144 页。
② 高峰、赵密霞：《美国、日本、法国农业社会化服务体系的比较》，《世界农业》2014 年第 4 期。
③ 朱樊生、梁天福：《法国：农业社会化服务体系》，《农村经济与科技》1995 年第 12 期。
④ 王洋：《新型农业社会化服务体系构建研究》，东北农业大学，博士论文，2010 年，第 26 页。

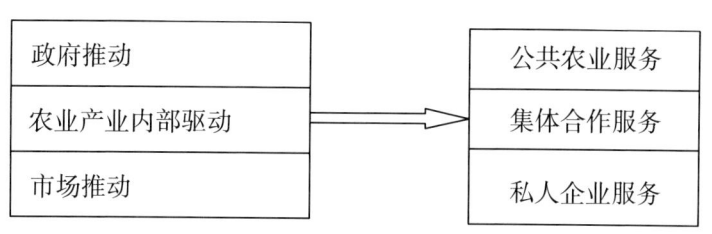

```
┌─────────────────┐          ┌─────────────────┐
│   政府推动       │          │   公共农业服务   │
├─────────────────┤          ├─────────────────┤
│ 农业产业内部驱动 │  ═══▶    │   集体合作服务   │
├─────────────────┤          ├─────────────────┤
│   市场推动       │          │   私人企业服务   │
└─────────────────┘          └─────────────────┘
```

图 2.8 法国混合导向的农业社会化服务模式

（四）法国农业社会化服务体系对农业现代化的作用

第一，促进了农业机械化的进程。政府机构在基础性教育、农业教育以及农业推广服务方面发挥着重要作用，为农业科学技术的发展和推广提供了基本的保障。政府通过各项措施引导农户实行机械化生产，提倡农业机械设备合作社，发展农用工业，积极发挥农业协会作用，促进了法国农业机械化的进程，提高了农业劳动生产力。第二，有效地推动了农业专业化和商品化的进程。法国政府在农业生产的过程中通过相关部门的直接干预及相关举措的实施，来推进其农业生产专业、规模化，管理专业化，农产品市场化、商品化，经营规模化和效益化，其专业化程度高，门类齐全。依托农业机械化高度发展的基础下，农业的专业化因为农业社会化服务体系提供的产前、产中和产后服务主体多样而呈现服务内容逐步完善，服务渠道多样的特点，提升了农业生产运行的效率，进而加快了其农业的商品化步伐。第三，有效实现农业生产的社会化。法国农业发展的典型特征是农工商一体化，实现农业与工业等其他产业部门的紧密联系和环节衔接，以顺应农业现代化发展的要求，进而提高了农业发展方向的深化，拓展了农业发展途径的广度，促进高质、高效商品农业的发展，增强农业发展的后劲和竞争力。其农工商联合体主要包括生产全过程的各单位农工商企业形式和合同形式的农工商联合形式，将农业发展纳入整个产业链发展过程中，与农业机械化紧密结合，共同发展，相互促进。正是农业社会化服务体系的高度发展和完善，促进了法国农业的社会化、一体化。

二、日本农业社会化服务体系

（一）日本农业社会化服务的现状与特征

日本的农业社会化服务体系融合了国家和市场两个方面，是以农协为主，政府农业技术推广机构、农业科研、教育机构为辅，相互配合、相互补充的混合型农业社会化服务体系。其农业协会的发展正在向脱农化、企业化、大型化、综合化方向发展，农业社会化对促进日本农业产业化、商品化，促成日本成为世界著名的农业出口国具有重要作用。[①]在日本，农协是提供农业社会服务体系的主体力量，在农业生产的整个过程之中为农民提供全方位的服务。日本农协是日本规模最大、影响最广的农村综合性合作社，日本全国大概99%的农户都加入了农协。[②]农协主要特征如下：

第一，地域性的农户全员加入。由于日本是典型的小农经济，农户在抵御风险、实现规模效益上能力较小，所以为实现农户经营能力的提升、抗风险能力的增强，发挥农户联合的优势和市场抵抗力，农户都加入了农业协同组织（即农业合作社），农户以地缘划分加入农协，增强了农协在农业发展过程中的政治力量，并在农业的市场化经营和组织中发挥重要的影响力。第二，日本的农业合作社是具有半官半民性质，带有浓厚的政治经济色彩的组织实体。其农业发展过程始终在政府监督下提供综合性的农业服务，以协助政府实现其农业发展的目标。其农业协会在本国农业现代的进程中占有举足轻重的地位，通过其政治力量的有效发挥，为农村经济发展提供了良好的环境。第三，日本农业社会化服务体系所提供的服务具有综合性，服务范围较广，但服务组织形式较为单一。日本的农业协会是农业社会化服务最重要的供给主体，政府在农业社会化服务过程中主要起到指导、调节作用，因而这种单一的服务主体

[①] 陶传友：《日本农业社会化服务体系（二）》，《林业财务与会计》1996年第8期。

[②] 高峰、赵密霞：《美国、日本、法国农业社会化服务体系的比较》，《世界农业》2014年第4期。

供给形式使得服务高度综合性,限制了农业的规模化发展。第四,法人治理制是日本农业社会化服务体系主体的典型特色。该国以法律形式规定了农协的合作法人治理结构和机制,以实现服务为社员、公益为目的的组织目标,在一定程度上保证了农户的经营合法利益,推动了农户经营、管理的积极性。

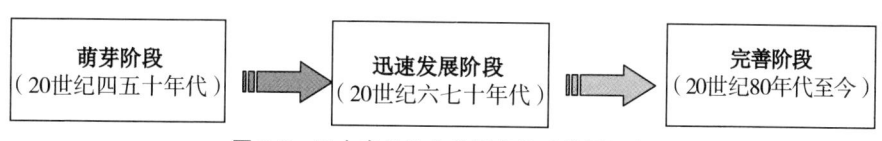

(二)日本农业社会化服务体系发展历程

日本农业社会化服务体系的发展是在第二次世界大战后不断发展完善的,具有半官半民的性质,是典型的混合导向型的农业社会化服务体系模式,是在工业化发展和农业劳动生产力的提高过程中不断成熟的。[①]其发展历程共分三个阶段(见图2.9):

萌芽阶段(20世纪四五十年代)→迅速发展阶段(20世纪六七十年代)→完善阶段(20世纪80年代至今)

图 2.9 日本农业社会化服务体系发展历程

20世纪40—50年代,由于日本不利的自然条件的制约,日本的农业是以小农经营为主的。直至第二次世界大战后,日本在农业社会化服务的发展上积极引进、效仿西方发达资本主义国家的成功做法,从而促使了农业社会化服务体系的萌芽。并通过大力发展农业科研、技术推广、教育普及,提升农业从业者的相关素质,并实现其农业科学化、技术化的起步。在此期间,制定《农业团体法》《农业协同组合法》《农业整备措施法》等相关法律政策,为农业社会化服务体系树立了法律制度保证,并建立了旨在提升农户市场抵御能力的农业合作社和农业协会。但是该阶段的农业社会化服务体系规模小、发育不完善,相关基础建设落后于农业社会化服务

---

① 王浩:《美日农业社会化服务体系的比较与借鉴》,《中州学刊》1999年第3期。

体系的发展，农户的小农意识阻碍了农业社会化服务的推广和应用。[①]20世纪60—70年代，日本的农业社会化服务体系进入成长阶段。得益于第二次世界大战后的一系列有效的经济发展政策，外向型的经济发展战略从思想上解放了农户的狭隘观念，商品化、机械化、专业化发展趋势显著。国内基础设施和交通运输系统的日益完善，通讯技术的显著发展，是促成农业社会化服务体系包揽产前、产中和产后各个阶段的重要原因。农业协会为适应农业现代化发展，在组织机构、农产品流通形式、事业范围、服务内容、组织职能等方面不断进行调整，从而促进了农业社会化服务体系的进一步革新，充分发挥其为农业服务的基本理念。其农业协会的合并化浪潮促成了农业协会向规模化、大型化方向发展，加速了日本工业化和农业现代化的发展。[②]20世纪80年代至今，日本的农业社会化服务体系发展成熟，在日本的现代农业经济发展过程中占有极其重要的地位。步入后工业化时期的日本，源于国际市场贸易自由化的推动，农业逐渐向市场化方向发展，农业社会化服务体系在该阶段得到高速发展和完善。并逐步建立了以政府为首的农业技术推广机构以及农业科研服务机构、教育培训机构等；并建立了以农户为主体的农业协会合作组织，实现了以农协为主，政府为辅的半市场、半政府的混合型农业社会化服务体系。日本的农业协会也在日本农村经济的发展中占据领导地位，继续发挥其服务农户、顺应市场发展的功能，可以说日本的农业社会化服务体系是"农业协同组合"模式的农业社会化服务体系。

（三）日本政府和市场双轨驱动的农业社会化服务发展模式

日本的农业社会化服务体系具有"三位一体"的组织体系，即政府主导的农业技术推广服务体系，日本模式的典型特征体现为农业技术推广体系的主体以政府和农民协会组织为重要组成部分，[③]涉足农业科学、

---

① 辽宁省农经考察团：《对日本农协的考察报告》，《农业经济》2002年第10期。
② 周晓庆：《中日韩农业社会化服务体系比较研究》，《世界农业》2010年第11期。
③ 李庆堂：《国外农业技术推广模式经验借鉴及启示》，《现代农业科技》2014年第19期。

农业教育、技术推广服务为主的公共领域,农业协会与政府一同参与农业生产过程中各种服务的提供;私人组织(主要以企业为主)参与极具市场化性质的农业产后服务的供应。政府为主,农业协会为重,私人组织有效衔接,彼此互为补充,共同发展,组成了日本完善的农业社会化服务体系。[①] 日本实行政府部门和农业协会"双轨"的农业技术服务推广系统,在相互联系的同时又保持各自的独立性,有效解决了农户农业生产规模小、产量低等问题,并且承担了提供农产品综合系列服务业务,建立了符合日本本国小农经济发展情况的广覆盖、多元化的农业社会化服务体系。其具体构成见图 2.10。

第一,农业技术推广服务体系为农业的发展奠定了技术基础。其技术推广服务体系包含国家和地方两个级别的推广体系,国家总览农业发展的全局和技术推广的总体规划,保障农业技术推广的经济支持,地方负责技术的具体实施、普及、推广、应用,实现技术推广的相关职能,从而促进了其农业科学技术的发展和高效农业、现代农业的建设。第二,设置农业科研、教育机构,形成科研、推广、教育体系,为农业技术推广体系得以成功实施提供基础保障。其农业科研机构主要包含从事基础、理论研究的国家机构和从事实用性研究的地方研究机构,促进农业科研的整体规划和完整性。各类型的农业教育单位、各种性质的大学,是实施农业普及教育的实践基地,促进农业教育的有效实施,从而提升农业从业者的素质和农业的科学化、现代化发展。第三,农业协会是农业社会化服务体系的重要组成部分,在促进农业规模化经营、市场化运作方面发挥重要作用。农业协会是依据相关法律自愿组织起来的独立民间团体,具有半官半民的性质,以服务农业、服务农民为宗旨,其主要职能为生产指导,农产品销售,生产生活资料集中采购,信用合作,共济和

---

① 黄德泉:《浅谈日本农业社会化服务体系和农业科技队伍建设》,《四川农机》1997 年第 4 期。

社会福利，提供蕴含生产、流通、保险、金融、教育等全方位的农业社会化服务。农协的服务内容包括农用生产资料供应服务，农产品加工、储存、运输和销售服务，农用机械和设施提供服务，信贷保险提供服务。其具体活动包括购销事业、信用事业、保险事业、指导事业、医疗保健事业、共用设施利用、信息服务设施、经营委托、土地改良等其他事业，并且协助政府加强对农民、农村各项工作的指导和管理。

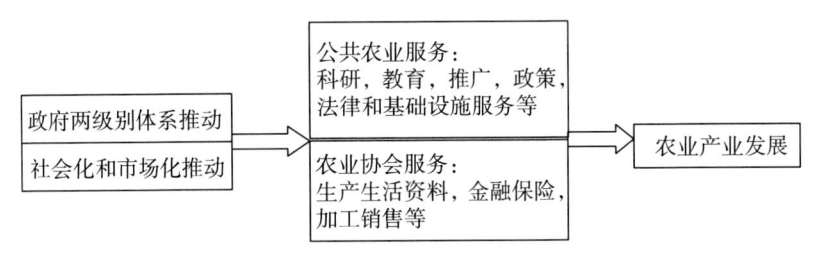

图 2.10 日本政府和市场双轨驱动农业社会化服务模式

（四）日本农业社会化服务体系对农业现代化的作用

第一，政府的农业技术推广机构，农业科研、教育、信息、情报等机构，促进了农业科学技术的推广、农业教育的普及，提高了劳动者的素质，为农业劳动生产力的提高提供了技术和教育支持，改善了农业的经营条件。其农业协会在推动本国农业现代化进程中占有重要的地位，有效实现了农户增收，同时也为日本农业走向专业化、规模化、优质、高效提供了发展后劲。第二，其农业社会化服务体系在推动日本农业产业化发展中发挥了重要作用。农业社会化服务体系为农业提供了产前、产中、产后等环节的分工与合作，加速农产品的流通，促进农工商体系的建设和完善，将农业发展纳入其他产业发展过程中，推进农产品市场化、商品化，同时减少市场波动导致的不可预测风险，减低交易费用，增加规模效益。在这个过程中，农业社会化服务体系提供了从农业生产资料的供应，农产品的购销、加工、贮存，农业生产资金的提供、保险、病虫害防治等各项服务内容，从而使得农业生产从供应、生产、销售三大领域紧密地联系起来,实现农业的产业化和一体化,从而促进农业向市场化、现代化运行。第三,农业社会化服务体系为农业现代化发展提供了广阔的发展空间,开辟了新的发展道路。农业社会化服务体系促进了与农业有关的第二三产业的发展,为农村劳动力提供了较多的就业机会和发展机会,促进了农民收入的增加,改变了农村的面貌,加速了农村的城市化步伐和新型农业(如休闲农业、观光农业)的兴起。

第四节 国外农业社会化服务体系模式比较与经验借鉴

一、国外农业社会化服务体系比较

本章通过对各主要国家的农业社会化服务体系进行了分析,总结归纳出三类社会化服务体系的模式,即市场导向型的农业社会化服务体系模式、政府导向型的农业社会化服务体系模式、市场和政府混合导向的农业社会化服务体系模式。通过上述主要国家的农业社会化服务体系发展历程梳理和发展模式分析发现:政府在农业社会化服务体系的建设、发展过程中发挥支持和引导作用,是农业社会化服务的主体之一;以合作社组织作为农业经济发展的重要方向;实行科研、技术推广、教育体系平衡发展的举措,为农业现代化提供科技支持;以农业产业化发展为有效实现途径。然而,各主要国家在农业社会化服务体系建设的基础、服务体系方面存在较大的差异性。

(一)国外农业社会化服务体系的主要共性特点

1.政府在农业社会化服务体系的建设、发展中充分发挥支持和引导作用

政府在顺应市场机制的基础上,通过相关政策措施的有效实施和落实,降低社会交易成本,推动农业社会化服务体系的完善。加快农业服务设施建设,为农业发展提供良好的环境基础。通过经济政策实施,控制和监管农业经济的健康发展和农业生产的社会行为。

2. 以合作社组织作为农业社会化服务的主要主体

各国的农业合作组织形式各异、各具特色，但是相同的是合作组织是向农业生产者提供综合服务的主体，是生产者的自由组织，以实现组织成员利益为最终目的，为农业生产者及时提供各自所需的服务。在强化农业联合经营、规模化经营方面发挥极其重要的作用。

3. 实行农业科研、技术推广、教育体系平衡发展

各主要国家在建设其农业社会化服务体系的过程中，注重农业科研、技术推广、教育体系的发展，以此来提高农业生产的效率和质量，为农业发展提供了便捷、有效的途径。在农业现代发展进程中，重视科学的研发、技术的推广、教育的普及，以期将科学技术顺利转化现实生产力，推动农业的发展，提升农业从业人员的素质。

4. 农业的产业化发展成为农业现代化发展的途径

各主要国家在农业发展的过程中，实现农业产前、产中、产后的一体化发展模式和经营方向。将农业发展纳入工业、商业之中，实现农工商一体化建设，从而实现农业的产业化发展。

（二）国外农业社会化服务体系的差异性特征

1. 各主要国家的农业社会化服务体系建设基础存在差异性

市场导向型的农业社会化服务体系是建立在市场经济和工业化高度发展的基础上，各种市场力量发育成熟，因而市场能够在农业社会化服务体系中发挥主导作用。而政府导向型的农业社会化服务体系的发展完善建立在农业规模化发展的基础之上，市场力量发育不成熟，市场力量薄弱，私人及合作社等服务主体力量弱小，因而政府在农业社会化服务体系中发挥主导作用。混合导向型的农业社会化服务体系中政府和市场共同作用于农业社会化服务，市场力量和政府力量间共同作用，相互促进、相互补充。

2. 世界农业社会化服务体系模式的差异

本书归纳为三类模式，即市场导向型的农业社会化服务体系模式、

政府导向型的农业社会化服务体系模式、混合导向型的农业社会化服务体系模式。政府、市场各主体在农业社会化服务体系中各自的主体地位不同，发挥的作用也相差甚远。市场是市场导向型的农业社会化服务体系模式的主体力量，供给服务组织主要以私人（或企业）农业社会化服务体系、集体农业社会化服务系统为主，市场在农业发展的过程中发挥主导作用。政府导向型模式下，由于市场力量发育不完全，无法在农业发展过程中发挥作用，在市场力量发育薄弱的情况下，政府在农业社会化服务体系中发挥主导作用。混合导向型模式下，市场力量和政府力量在农业社会化服务体系中相互补充、相互促进，共同为农业社会化提供相关服务。美国是市场导向型的农业社会化服务体系模式的典型，而德国、巴西、韩国是政府导向型的农业社会化服务体系模式，荷兰、法国、日本则是典型的混合导向型的农业社会化服务体系模式。

二、国外农业社会化服务体系经验借鉴

西方发达国家的农业社会化服务体系发育较早，体系较完善，源于其雄厚的国家经济实力支持。这些国家大多工业化发展较早，工业化程度较高，为其农业社会化服务体系的发展提供了物质保证。政府重视农业的发展，为其提供了十分完善的相关法律、法规。作为发展中国家的中国，素以农业文明著称，农业是国民经济的基础，也是经济发展、社会安定、国家自立的基础。

（一）加强农业合作经济组织建设，促进农业社会化服务主体规模化和多样化

农业合作组织在组织农户，为农户提供服务方面作出了巨大贡献。目前，中国农业以家庭联产承包责任制为基础，小农经济色彩浓厚，为农业提供全面的农业社会化服务，以实现农业的现代化发展是势在必行的。中国目前的农业合作社规模小、地区分散，组织机构不健全，组织运行不合理，合作经济组织在农业社会化服务方面力量仍然较薄弱。在

农业市场化、产业化发展的趋势下,应着力提升农业合作组织建设、完善合作经济体制,从而提升中国农业的规模化经营,鼓励和提升农户发展农业的积极性,增加农户参与合作组织的比率,提高农业社会化服务主体规模化和社会化服务的效率。

(二)引入市场竞争机制,形成公益性和盈利性服务互补机制

私人服务部门提供的服务带有盈利性质,提供的服务具有全面性、专业化的特点,能极大地满足农户需求。就中国而言,农业企业参与农业社会化服务体系的比例微乎其微,限制了其为农业提供社会化服务功能的发挥,服务主体间缺乏必要的竞争性。因此要引入有效的利益机制,激励农业企业参与农业社会化服务,有效完善农业服务的供给主体,促进农业社会化服务体系的主体多元性,通过多元互补发展农业社会化服务体系,整合并提高农业社会化服务的能力。

(三)完善农业科技和教育等基础,保障农业社会化服务的科学发展方向

农业科研、技术、教育、信息等基础性服务关乎农业生产经营的效率高低、涉及农业社会化服务水平的高低,贯穿农业生产发展的全局,关乎农业现代化的发展速度和程度。在中国农业现代化发展的过程中,应大力推进农业科研服务体系、技术服务推广体系、农村金融服务体系、农业信息服务体系等相关基础服务体系的建设和普及,从而为中国的农业现代化发展提供良好的物质基础和信息保障。

(四)加强农业产业产前、产中、产后一体化服务体系建设

农业社会化服务体系包含农业发展的全过程,要实现农业的现代化必须要着眼于其整体效力和功能,必须实现农业的产前、产中、产后一体化协调发展,从而有效促进农业的市场化和现代化。中国目前农业社会化服务的产前、产中服务发展速度快,发育程度较高,但是产后服务发展缓慢。农业的产业化经营程度低,农、工、商分业现象普遍,农户在农产品流通领域处于弱势地位,难以实现农民增收和农业效益的提高,

严重挫伤了农户的积极性。因此，国家应着力推动农业产后社会化服务体系的建设，促进农产品能迅速高效的流通，顺利实现农业商品化，同时增加农户经济利益和社会地位，提升农户的生产积极性，实现农业服务的均衡发展。应将农业发展纳入工业、商业发展体系之中，实现农业的集约化发展、产业化运作，实现农业的新兴发展，增强农业发展的后劲和竞争力，进一步提升中国农业的现代化程度和市场化程度。

第三章　中国农业社会化服务体系的变迁与现状

第一节　中国农业社会化服务体系的历史变迁

新中国成立后，中国的经济得到快速发展，20世纪七八十年代的改革开放和市场化改革，使得具有中国特色的社会主义市场经济逐步确立。随着中国加入WTO，中国经济发展正逐步与全球经济对接，中国面临越来越多的国际竞争压力，然而中国农业经济发展滞后，[1]家庭经营规模较小，具有公共产品性质的农业服务供给既存在市场失灵问题，又存在政府失灵问题，为此建设完善的社会化服务体系迫在眉睫。[2]新中国成立六十多年来，农业社会化服务体系的发展在宏观政治经济背景下发展缓慢，严重制约了农业现代化的发展。[3]建立新型农业社会化服务体系成为各界关注的热点问题。党的十七届三中全会关于推进农村改革发展若干重大问题的决定中就明确表示要建立高效覆盖全程、综合配套、高效的农业社会化服务体系。纵观改革开放前后六十多年来，中国农业社会化服务体系的建设和发展主要经历了四个历史阶段（见图3.1）。

---

[1] 杨汇泉、朱启臻、梁怡：《统一主体与多元主体：农业社会化服务体系组织的权变性建构》，《重庆大学学报》（社会科学版）2011年第2期。
[2] 孔祥智、楼栋、何安华：《建立新型农业社会化服务体系：必要性、模式选择和对策建议》，《教学与研究》2012年第1期。
[3] 李俏、王建华：《农业社会化服务中的政府角色：转型与优化》，《贵州社会科学》2013年第1期。

第三章 中国农业社会化服务体系的变迁与现状　　79

```
┌──────────┐    ┌──────────┐    ┌──────────┐    ┌──────────┐
│ 计划经济时期│ ⇒  │ 探索起步时期│ ⇒  │ 大力推进时期│ ⇒  │ 改进完善时期│
│ （1949—  │    │ （1980—  │    │ （1990—  │    │ 21世纪至今 │
│ 1979年） │    │ 1989年） │    │ 1999年） │    │          │
└──────────┘    └──────────┘    └──────────┘    └──────────┘
```

图3.1　中国农业社会化服务体系历史演进

资料来源：笔者根据宋洪远：《新型农业社会化服务体系建设研究》，《中国流通经济》2010年第6期和杨汇泉、朱启臻：《新中国成立60年来农业社会化服务体系组织建构回顾及研究述评》，《华南农业大学学报》2010年第1期修改而成。

一、农业社会化服务体系初步发展：20世纪50—70年代末

新中国成立至改革开放前30年间中国正处于计划经济体制中，中国已初步形成了"体制内循环"的农业服务组织为主导的农业社会化服务体系，[1]该农业社会化服务体系便是在"一大二公"的集体化经济制度发展方略下逐渐建立起来的。[2]然而在计划经济时代中国正处于内外矛盾交错时期，农业社会化服务体系建设尚处于摸索阶段，其政治经济背景决定了中国农业社会化服务体系完全在政府主导下进行相关农业服务，主要体现在以下方面：

农业社会化服务主要方向是提高粮食产业产出率，确保粮食供给。新中国成立至改革开放前，中国农业发展方略是以解决广大人民温饱问题为目标，坚持"以粮为纲"。[3]在这三十年中，中国农产品特别是粮食出现严重短缺，其生产产出无法供应全国人民的粮食需求。此时，中国的农业政策主要体现在"以粮为刚、全面发展"层面，其目的和任务在

---

[1]　杨汇泉、朱启臻：《新中国成立60年来农业社会化服务体系组织建构回顾及研究述评》，《华南农业大学学报》（社会科学版）2010年第1期。

[2]　穆娜娜、孔祥智、钟真：《农业社会化服务模式创新与农民增收的长效机制——基于多个案例的实证分析》，《江海学刊》2016年第1期。

[3]　陈建华、商秋红：《建立新型农业社会化服务体系的探讨》，《中国农学通报》2010年第23期。李俏、王建华：《农业社会化服务中的政府角色：转型与优化》，《贵州社会科学》2013年第1期。

于解决中国粮食供应不足、供不应求。为此农业社会化服务主要方向便是加大粮食产业产出率，通过相关服务加快粮食生产，从而缓解粮食供应不足的问题。

农业服务组织逐渐实现"互助组—初级农业合作社—高级农业合作社—人民公社"发展历程转变。中国自20世纪50年代初土地改革之后迅速转入农村集体化时期，其农村集体化旨在达到以下三个目标：一是增加农业生产，解决农业人口、城市与工业人口温饱问题；二是为工业化，特别是为重工业的发展提供原始资本等积累；三是实现农村社区大体均等，避免两极分化。[①] 这种集体化方式不仅是生产资料的集合，也是劳动力的集合，从而使得中国农业服务组织逐渐实现"互助组—初级农业合作社—高级农业合作社—人民公社"的发展历程转变。在此期间政府建立了农产品由供销社进行"统一收购、统一销售"的制度，并且还加强了农村自由市场的严格管制和高度集中的计划调节，农村自由贸易市场逐渐消失，中国的农业社会化服务逐渐变为政府控制。

农业社会化服务组织成为农业生产部门分工的附属机构，呈现"部门化"特点。农业全面支持工业化发展，为其提供原始资本积累。政府通过对主要农产品的垄断、限制城乡农产品流通发展、严禁长途贩运、以较低价格收购农产品等方式获取工农产品剪刀差。据统计，1954—1978年间国家通过工农不平等交换使得工农剪刀差幅度扩大44.92%，[②] 获取资金5100亿元。[③] 然而在此期间，中国的农业社会化服务体系的服务主体以及服务形式较为单一，逐渐在计划经济体制下形成了"统购统销"

[①] 黄季焜：《制度变迁和可持续发展：30年中国农业与农村》，上海人民出版社2008年版，第46页。

[②] 严瑞珍、龚道广、周志祥、毕宝德：《中国工农产品价格剪刀差的现状、发展趋势及对策》，《经济研究》1990年第2期。

[③] 杨德寿：《中国供销合作社发展史》，中国财政经济出版社1998年版，第358页。

的流通体制,① 农业社会化服务组织成为农业生产部门分工的附属机构,呈现"部门化"特点,② 并为以后"小农户"与"大市场"的矛盾埋下了隐患。

"体制内循环"的农业社会化服务体系的形成。新中国成立至改革开放前 30 年间,在计划经济体制下中国的主要农业社会化服务由国家涉农服务相关机构承担。此时期中国农业社会化服务体系在政府的强烈干预和实施下逐步建立起从农业的种子、植保、农机到林业、水利、畜牧兽医等较为齐全的服务组织系统,③ 并逐步建立起"县—人民公社—生产大队—生产队"四级农业发展网络④ 和"体制内循环"的农业服务组织。⑤ 据有关资料数据显示,新中国成立初期十几年间中国农业服务组织机构建设为农业发展奠定了基础,全国有 1100 多个县建立了农业科研院所,2.7万个公社建立了农科站,中国的农业技术推广站达到 1.6 万个,并配备干部 9.4 万人。⑥ 但这一时期所建立起来的服务网络主要由政府主导与控制,由国家统一经营、统一分配,自上而下的行政管理手段应用普遍,政令下达与服从较多,缺乏服务意识。⑦ 在中国"一大二公"的集体化经济运行背景下,人民公社的解体促使中国农业社会化服务体系遭受严重打击,

---

① 梁昊:《中国农村集体经济发展:问题及对策》,《财政研究》2016 年第 3 期。

② 杨汇泉、朱启臻、梁怡:《统一主体与多元主体:农业社会化服务体系组织的权变性建构》,《重庆大学学报》(社会科学版) 2011 年第 2 期。顾瑞兰、吴仲斌:《体制机制创新:新型农业社会化服务体系建设的核心》,《中国财政》2012 年第 22 期。

③ 王西玉:《中国农业服务模式》,中国农业大学出版社 1996 年版,第 13 页。李俏、王建华:《农业社会化服务中的政府角色:转型与优化》,《贵州社会科学》2013 年第 1 期。

④ 任晋阳:《农业推广学》,中国农业大学出版社 1997 年版,第 22 页。窦祥铭:《产权视角下中国农村土地制度变迁的实证分析——以皖西北太和县为考察对象》,《农村经济》2013 年第 3 期。

⑤ 樊亢、戎殿新:《论美国农业社会化服务体系》,《世界经济》1994 年第 6 期。马惊鸿:《农民专业合作社组织属性反思及法律制度创新》,《政法论丛》2016 年第 2 期。

⑥ 杨汇泉、朱启臻:《新中国 60 年来农业社会化服务体系组织建构回顾及研究述评》,《华南农业大学学报》2010 年第 1 期。

⑦ 李俏、王建华:《农业社会化服务中的政府角色:转型与优化》,《贵州社会科学》2013 年第 1 期。

诸多地区的农业服务体系面临"网破、线断、人散"的风险,[①] 直接暴露出计划经济体制下完全由政府及相关部门机构控制的农业社会化服务体系存在诸多弊端。[②]

二、农业社会化服务体系探索起步阶段：20 世纪 80 年代

1978 年改革开放以来，中国农村与农业改革和发展正处于政府对农村控制有所减弱和市场经济有所恢复的宏观环境中，农户在生产领域的相对价格差和市场化引起的相对差异性化导致了农业生产制度变革,[②] 从而直接导致中国"一大二公"的集体化道路和人民公社的逐步解体，使得中国农业社会化服务体系遭受严重破坏，为此，中国农业社会化体系建设便进入具有中国特色社会主义市场经济的摸索起步阶段，这时期农业社会化服务体系不仅作为一个独立概念被提出,[③] 并且农业社会化服务体系正逐步实现由"体制内循环"向"体制外循环"转变,[④] 主要体现在三个方面：

政府控制的农业社会化服务体系进入调整期。随着改革开放伊始家庭联产承包责任制的确立和实施，使得"小农户"成为农业生产的基本经营单位。[⑤] 然而家庭联产承包责任制度的实施使得农民生产积极性逐步提高和粮食产量大幅增加的同时，也带来了农技传播与推广体系某种

---

① 刘胤汉、刘彦随：《有关农业产业化与农业社会化服务体系问题探讨》，《人文地理》1996 年第 4 期。汤锦如、赵文明、管红良：《论市场经济条件下中国农业社会化服务体系的建设与发展》，《扬州大学学报》（人文社会科学版）2003 年第 1 期。
② 蔡立雄：《市场化与中国农村制度变迁》，社会科学文献出版社 2009 年版，第 50 页。
③ 杨汇泉、朱启臻：《新中国成立 60 年来农业社会化服务体系组织建构回顾及研究述评》，《华南农业大学学报》（社会科学版）2010 年第 1 期。
④ 樊亢、戎殿新：《论美国农业社会化服务体系》，《世界经济》1994 年第 6 期。马惊鸿：《农民专业合作社组织属性反思及法律制度创新》，《政法论丛》2016 年第 2 期。
⑤ 高强、孔祥智：《中国农业社会化服务体系演进轨迹与政策匹配：1978—2013 年》，《改革》2013 年第 4 期。

程度的破坏，集体层面上的统一经营日渐甚微，[1]小规模经营与大市场及社会化大生产之间的矛盾不断地被暴露出来。为解决农户在产前、产中、产后环节的服务需要，国家政府开始将"农业社会化服务"提上议事日程。[2]并且随着计划经济时期的统购统销方式逐渐破灭和人民公社逐步解体，使得以政府控制的农业社会化服务组织面临"网破、线断、人散"的风险，农业社会化服务体系正式进入调整期。

市场经济体制为农业社会化服务体系建立奠定基础。随着1981年党中央提出"决不放松粮食生产，积极发展多种经营"的方针以来，中国的粮食和其他农产品的产量迅速增长。至20世纪80年代中期中国的粮食增幅达到了新中国成立以来的最大高峰，1984年中国的粮食总产量超过1万亿斤，从一个粮食进口国转变为粮食净出口国。[3]基于此，政府通过各项农业政策对农业结构实施调整，从而逐步适应了由粮食供过于求所带来的粮食多样化消费需求，从而为中国农业结构转变奠定了现实基础。[4]基于市场机制的农业结构调整也为农业社会化服务体系的建立奠定了基础。

社会主义市场经济客观要求农业社会化服务体系保障商品生产。早在20世纪80年代，中央就曾将"发展农业社会化服务，促进农村商品生产发展"作为农村第二步改革的突破口。[1]1983年"中央1号文件"明确指出农业合作经济要面向产前、产中和产后领域；1984年"中央1号文件"指出"加强农业社会化服务，促进农村商品生产的发展"，农业服

---

[1] 黄婧、纪志耿：《完善中国特色农业社会化服务体系评析》，《现代经济探讨》2009年第4期。

[2] 李俏、王建华：《农业社会化服务中的政府角色：转型与优化》，《贵州社会科学》2013年第1期。

[3] 林毅夫：《小农与经济理性》，《中国农村观察》1988年第3期。黄季焜：《制度变迁和可持续发展：30年中国农业与农村》，上海人民出版社2008年版，第3页。史常亮、金彦平：《中国粮食供给与需求状况变迁：1978—2010》，《经济研究参考》2013年第56期。

[4] 杜青林：《中国农业和农村经济结构战略性调整》，中国农业出版社2003年版，第52页。

务是商品生产赖以发展的基础;1986年"中央1号文件"要求农业服务社会化。为此,中国农业社会化服务体系正逐步摆脱计划经济体制所带来弊端,并逐步探索在社会主义市场经济条件下的农业社会化服务体系建设,初步提出了发展具有中国特色社会主义市场经济体制的农业社会化服务概念,并对其内容、要求和途径进行了探索。[1]农业社会化服务的任务重点主要集中于有效利用组织资源、转化农业社会化服务机构职能,建立高效的农业服务组织。由此在各级政府及有关部门采取了一系列具体措施来实现农业服务组织职能转型(见表3.1)。

表3.1 农业社会化服务组织职能转变及措施

组织类型	服务措施
乡、村集体经济组织	统一供种、机耕、排灌、植保、收割等服务
农林水部门（农技站、经营管理站、农机站、林业站、畜牧兽医站、水管站等）	提供生产与管理技术、机械技术、医疗技术等,并提供与之相关的各项专业服务
信用社、供销社	提供运行资金、农产品以及生产资料等销售方面的服务
相关科研院所	主要开展农业技术咨询、相关集团承包、农业技术和管理人才培训等服务
专业技术协会	提供产前、产中和产后相关服务

资料来源:通过宋洪远:《新型农业社会化服务体系建设研究》,《中国流通经济》2010年第6期整理得到。

三、农业社会化服务体系大力推进阶段:20世纪90年代

自1978年改革开放至20世纪80年代末允许私营企业存在,鼓励它们发展,国家给予保护等一系列重大决策,从而促使个体私营经济迅

---

[1] 高强、孔祥智:《中国农业社会化服务体系演进轨迹与政策匹配:1978—2013年》,《改革》2013年第4期。

速恢复和发展。随着市场化改革进程日益加快,至 20 世纪 90 年代末中国初步形成了具有社会主义特色的市场经济,也为具有中国特色社会主义市场化推动的农业社会化服务体系的发展奠定了基础,在此期间迎来了中国农业社会化服务体系的主体推进阶段。进入 90 年代后,中央明确提出要"建立健全农业社会化服务体系",并将农业社会化服务提高到与稳定家庭承包经营同等重要的高度。[①] 在农业经历了由农村家庭联产承包责任制带来的农业空前发展后,党和政府便着手实施农业部门市场结构和价格自由化市场改革,并逐步实施农产品流通体制改革。但是对生产资料市场的市场化改革起步较晚,在 20 世纪 80 年代末和 90 年代初期,中国生产资料市场(诸如农业机械、化肥、农药等)的市场化改革才逐步开始实施,直至 90 年代中后期生产资料市场的价格机制终于替代了计划分配,从而使市场的竞争性逐步增强,大大提高了生产资料市场的市场效率,并随着农业科研与技术推广体制改革,[②] 使得在 20 世纪 90 年代末形成了较为全面的具有中国特色社会主义的市场经济。

党中央 1990 年和 1991 年在《关于 1991 年农业和农村工作的通知》及相关文件中对中国农业社会化服务体系作出了全面部署和安排,逐渐形成以集体合作组织为基础、专业技术协会组织为依托、农民自有服务为补充的多层次农业社会化服务体系。但到 20 世纪 90 年代末期,中国农村专业技术协会数量只有 15 万个,其带动农户只有 500 多万,占全国农户的 2%。[③] 中国农业社会化服务组织建设的带动力不强,农民参与率较低成为当期农业社会化服务体系的问题所在。

---

① 关锐捷:《构建新型农业社会化服务体系初探》,《毛泽东邓小平理论研究》2012 年第 4 期。
② 黄季焜:《制度变迁和可持续发展:30 年中国农业与农村》,上海人民出版社 2008 年版,第 3 页。
③ 宋洪远:《新型农业社会化服务体系建设研究》,《中国流通经济》2010 年第 6 期。

四、农业社会化服务体系改进完善阶段：21 世纪初至今

随着经济全球化和中国加入 WTO，为了使中国农业适应国际和国内两个市场的需求，必须加大进行农产品区域布局和农业生产力布局调整，在优势区域内形成具有较强竞争力的产业体系，从而提高农产品的国际竞争力，[①]并转变中国农业发展方式，以实现农业的多功能作用为目标，实现生态保护、观光休闲、文化传承等多功能性。

进入 21 世纪以来，中国政府已将农业社会化服务体系作为实施科教兴农战略的重要载体和依托力量，[②]并利用"绿箱政策"作为为农民提供无偿或抵偿服务的农业社会化服务方式之一。[③]另一方面，自 2004 年伊始中央连续 8 个"中央 1 号文件"都对农业社会化服务体系作出了详细部署。在党的十七届三中全会关于《中共中央关于推进农村改革发展若干重大问题的决定》明确提出了中国新型农业社会化服务体系的构建目标和总体框架，即"以公共服务机构为依托、合作经济组织为基础、龙头企业为骨干、其他社会力量为补充，公益性服务和经营性服务相结合、专项服务和综合服务相协调的新型农业社会化服务体系"，与之相应的要加快建设基于农户需求导向的以供销合作社和合作社、技术协会、农民经纪人、龙头企业等为主体的，包括农业技术推广体系、动植物疫病防控体系、农产品质量监管体系、农产品市场体系、农业信息收集和发布体系、农业金融和保险服务体系六大体系构成的新型农业社会化服务系统。

中国目前已初步形成省、地、县、乡、村多层次、多功能的农业社

[①] Carter C. A., Lohmar B., "Regional Specialization of China's Agricultural Production", *American Journal of Agricultural Economics*, No.3, 2002.
[②] 高强、孔祥智：《中国农业社会化服务体系演进轨迹与政策匹配：1978—2013 年》，《改革》2013 年第 4 期。
[③] 何军、张兵：《对中国农业社会化服务体系建设的几点认识》，《农村经济》2005 年第 1 期。

会化服务组织系统，并在此基础之上初步实现了在组织构成上具有社会性，在运行机制上具有灵活性，在服务内容上具有广泛性，在服务方式上具有多样性的农业社会化服务体系。

第二节　中国农业社会化服务体系主体与运行机制的现状分析

一、中国农业社会化服务体系的主体构成

目前中国多元主体、多元化服务的农业社会化服务组织体系已基本形成。[①]农业服务主体层次已从上向下逐步延伸至行政村一级。研究表明，通过政府、社会和市场三方组织力量的共同作用实现了公益性和营利性服务、专业性和综合性服务互补的农业社会化服务体系。就农业社会化服务组织结构而言，政府层面的农业服务组织主要在中国行政组织与管理体制下依靠全国、省级、地市、区县、乡镇、村集体和村民小组以及与之相对应的各个政府机构所设立的相关农业推广机构运行；社会层面主要依靠农业合作社、农业协会、科研所或者学校机构、信用合作社以及民间服务组织进行农业社会化服务；市场层面主要依靠龙头企业带动农户进行农业服务的推广发展（见图3.2）。

随着中国农业社会化服务体系发展改革，中国已初步形成了从中央到、省、地、市、县、乡、村多层次、多功能的农业社会化服务体系。截至2008年，中国农业社会化服务组织数量如下（见表3.2）：

[①] 孔祥智、徐珍源、史冰清：《当前中国农业社会化服务体系的现状、问题和对策研究》，《江汉论坛》2009年第5期。杨汇泉、朱启臻：《新中国成立60年来农业社会化服务体系组织建构回顾及研究述评》，《华南农业大学学报》（社会科学版）2010年第1期。关锐捷：《构建新型农业社会化服务体系初探》，《毛泽东邓小平理论研究》2012年第4期。

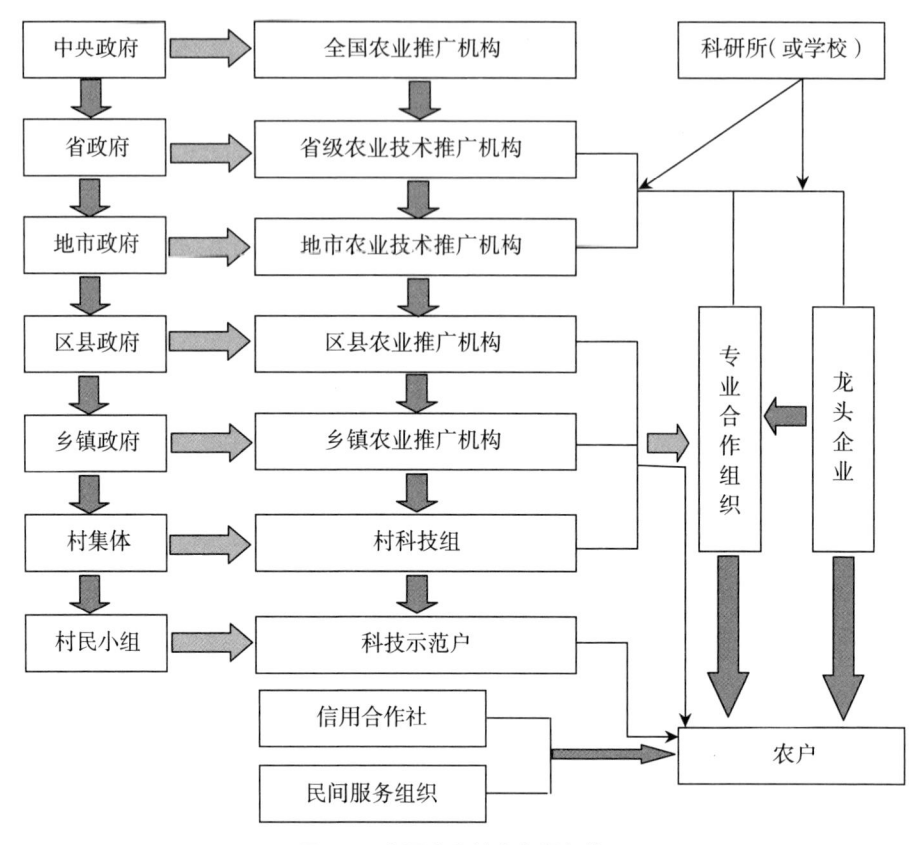

图 3.2 中国农业社会化服务体系

资料来源：孔祥智、徐珍源、史冰清：《当前中国农业社会化服务体系的现状、问题和对策研究》，《江汉论坛》2009年第5期。

表 3.2　2008 年中国农业社会化服务组织数量

服务组织类型	数量
县、乡两级种植业、畜牧兽医、水产、农机化、经营管理推广机构	15.1 万个
其中：县级推广机构	2.37 万个
乡级推广机构	2.76 万个
乡镇水利站	3.6 万个
乡村办水电站	4.44 万个
乡级林业工作站	3 万个
农业合作社与农业协会	18 万个

续表

服务组织类型	数量
农业产业化组织	15 万个
其中：龙头企业	约 7 万个
科技示范户和示范场	约百万个以上

资料来源：2009 年《中国农村统计年鉴》；董亚辉：《中国新型农业社会化服务体系建设研究》，《中国农村小康科技》2011 年第 2 期。

二、中国农业社会化服务体系的运行机制

农业社会化服务体系是运用政府、社会和市场三方面的力量，为农业生产经营等活动提供一系列的生产经营服务，使经营规模相对较小的农业生产单位适应市场经济体制的要求，为了克服和降低农户自身规模较小的弊端，获得大规模生产效益的一种社会化的农业经济组织形式。在党的十七届三中全会提出建立包含"农业技术推广体系、动植物疫病防控体系、农产品质量监管体系、农产品市场体系、农业信息收集和发布体系、农业金融和保险服务体系六大体系"的新型农业社会化服务体系宏观背景下，中国农业社会化服务提供的主体主要涉及政府、社会和市场三个方面，即提供各种政策、激励措施（补贴、转移支付、补助等）以及各项基础性服务的政府涉农部门和国家技术部门等；村集体经济组织和农业生产者自发组织的专业合作社和农业协会的社会性服务组织；以盈利为目的的龙头企业组成的市场服务组织，[1] 从而使得中国农业社会

---

[1] 张娟、张笑寒：《农业社会化服务的模式、机理及趋势分析》，《江苏农业科学》2011 年第 2 期。蔡志坚：《农村社会化服务：供给与需求》，中国林业出版社 2010 年版，第 1 页。杨汇泉、朱启臻：《新中国成立 60 年来农业社会化服务体系组织建构回顾及研究述评》，《华南农业大学学报》（社会科学版）2010 年第 1 期。孔祥智、徐珍源、史冰清：《当前中国农业社会化服务体系的现状、问题和对策研究》，《江汉论坛》2009 年第 5 期。夏江海：《论市场经济中的农业社会化服务》，《农村合作经济经营管理》1997 年第 2 期。王凯伦、张百放：《农业社会化服务各主要力量的分析和比较》，《经济纵横》1997 年第 4 期。楼栋、孔祥智：《新型农业经营主体的多维发展形式和现实观照》，《改革》2013 年第 2 期。关锐捷：《构建新型农业社会化服务体系初探》，《毛泽东邓小平理论研究》2012 年第 4 期。

化服务体系在政府、社会和市场三者共同作用下得到了良好发展（见图3.3），并为建立新型的农业社会化体系奠定了良好的组织基础。

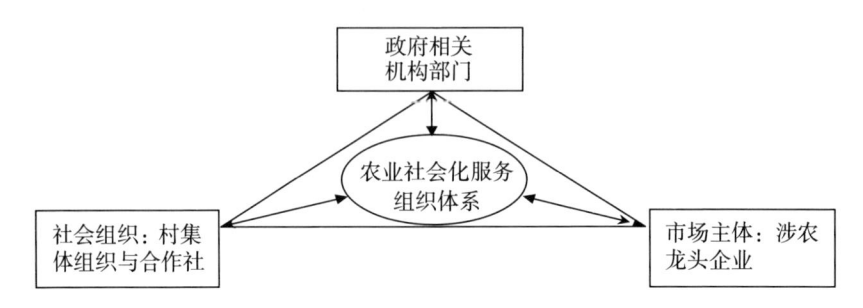

图3.3 中国农业社会化服务体系组织逻辑架构

（一）政府涉农部门构成的农业社会化服务供给主体与运行机制

政府相关部门和技术部门作为农业社会化服务的提供者主要由政府部门、农技站、农机站、水利和水保站等提供良种供应、农业技术推广和农业组织科学管理为重点的公益性服务，[1]所提供的农业服务具有公益性强、服务多样化、专业性强、非排他性和非竞争性的特点，[2]各级政府与涉农相关部门是中国农业社会化服务的重要组织力量。政府的农业服务既可以通过政府或非营利组织提供支持服务，也可以由政府通过支持私人组织来满足市场服务需求。[3]从政府服务内容看，各级政府和技术部门主要提供公益性强、覆盖面较广的政策性服务以及基础性服务等。

通过农业社会化服务体系的发展政策以及各项涉农相关政策引导中国农业社会化服务体系的发展方向，具有代表性和象征意义的是党的

---

[1] 夏江海：《论市场经济中的农业社会化服务》，《农村合作经济经营管理》1997年第2期。王凯伦、张百放：《农业社会化服务各主要力量的分析和比较》，《经济纵横》1997年第4期。高强、孔祥智：《中国农业社会化服务体系演进轨迹与政策匹配：1978—2013年》，《改革》2013年第4期。

[2] 杨凤书、高玉兰、卢小磊、陶佩君：《完善以不同主体为依托的农业社会化服务的对策分析》，《经济研究导刊》2011年第15期。

[3] Smith L. D., "Decentralisation and Rural Development: The Role of the Public and Private Sectors in the Provision of Agricultural Support Services", 1997.

十七届三中全会所提出的构建新型农业社会化服务体系的指导工作意见和自2004年以来党中央、国务院陆续出台8个指导"三农"工作的"中央1号文件"。2004年的三农工作以促进农民增收为主题，抓住"三农"工作的核心问题；2005年"三农"工作以提高农业综合生产能力为主题，抓住农业生产力发展问题；2006年"三农"工作以新农村建设为主题，抓住全面建设小康社会的根本问题；2007年"三农"工作以发展现代农业为主题，抓住新农村建设的首要问题；2008年"三农"工作以切实加强农业基础建设进一步促进农业发展农民增收为主题；2009年"三农"工作以促进农业稳定发展农民持续增收为主题；2010年"三农"工作以统筹城乡发展力度进一步夯实农业农村发展为主题；2011年"三农"工作以促进农村水利设施发展为主题。历年"中央1号文件"为全国农业发展和农业社会化服务体系建设奠定了坚实的政策基础和推动力量。

各级政府与相关部门主要提供公益性强的基础性服务。一是政府通过财政资金投入支持农村基础交通设施建设、综合农田整理、基础水利设施建设、基础电力设施建设、通信设施建设等农业工业发展，从而降低生产和交易成本，促进农业社会化服务体系良好发展。以便巩固中国农业的基础性地位，加快农村经济建设步伐和农村生产生活设施改善，这也是其他组织难以替代的基础性农业社会化服务。[1] 由于政府的投入具有强烈的导向性和制约性，为此必须在科学确定农业投入基础之上，增加政府对农业的基础性投入，从而着重建设以政府公益性基础设施服务为主体的农业社会化服务体系。二是通过政府加强农业教育、科研成果推广力度，提高高新技术推广和革新对农业经济的产出贡献率，积极建立健全农业技术推广体系。研究表明，技术创新和制度变迁是农业发展

---

[1] 王凯伦、张百放：《农业社会化服务各主要力量的分析和比较》，《经济纵横》1997年第4期。

的诱致性因素，其中技术是农业发展的核心因素。[①] 正是技术成果在工农业的广泛运用，使工农业生产过程中引入大量新型的服务项目。并且依靠技术进步改革和高新科技成果的转化，减轻和降低资源禀赋对农业生产发展的制约性，从而实现传统农业的改造，发展现代化农业。通过对国外农业技术推广体系研究表明，对农业教育、农业科技研究、推广农业技术等诸多方面的投入建设各国政府起到了极强的作用。[②] 诸如美国的"公共农业教育—科研—推广"体系，德国的农业推广咨询体系，韩国和日本的农业推广体系等都是由政府部门或技术部门组织建立和实施的公益性农业服务，其农业服务是主要是面向和惠及全部农民，一般是无偿性的公益性服务。

从政府服务运行机制来看，中国各级政府和技术部门主要采用行政体系的组织模式来提供公益性强、覆盖面较广的政策性服务以及基础性服务等。孔祥智研究表明，中国政府机构的农业社会化服务组织从中央到地方分别建立了各级农业技术服务中心、服务站，在村一级建立起了科技组和科技示范户，从而把实用的农业技术推广到农户中去。[③] 在对农业相关政策实施层面主要依靠各项政府以及相关部门，由上一级部门向

---

① 速水佑次郎、弗农·拉坦：《农业发展的国际分析》，郭熙保、张进铭等译，中国社会科学出版社2010年版，第101页。孔祥智、刘同山：《论中国农村基本经营制度：历史、挑战与选择》，《政治经济学评论》2013年第4期。

② 孔祥智、徐珍源、史冰清：《当前中国农业社会化服务体系的现状、问题和对策研究》，《江汉论坛》2009年第5期。郭翔宇、范亚东：《发达国家农业社会化服务体系发展的共同特征及其启示》，《农业经济问题》1999年第7期。王凯伦、张百放：《农业社会化服务各主要力量的分析和比较》，《经济纵横》1997年第4期。陶传友：《美国农业社会化服务体系（一）》，《林业财务与会计》1996年第5期。陶传友：《美国农业社会化服务体系（二）》，《林业财务与会计》1996年第6期。陶传友：《日本农业社会化服务体系（一）》，《林业财务与会计》1996年第7期。陶传友：《日本农业社会化服务体系（二）》，《林业财务与会计》1996年第8期。朱樊生、梁天福：《法国：农业社会化服务体系》，《农村经济与科技》1995年第12期。宣杏云、徐更生：《国外农业社会化服务》，中国人民大学出版社1993年版，第13页。孔祥智、楼栋、何安华：《建立新型农业社会化服务体系：必要性、模式选择和对策建议》，《教学与研究》2012年第1期。

③ 孔祥智：《中国农业社会化服务：基于供给和需求的研究》，中国人民大学出版社2009年版，第2页。

下一级部门逐步传达。针对农业服务组织而言，诸如省级以下的农业服务组织受到本级政府和上一级农业推广组织的双重领导，即逐步形成了行政上受到本级政府的领导，业务上受到上一级农业推广组织领导的形式（见图3.4）。

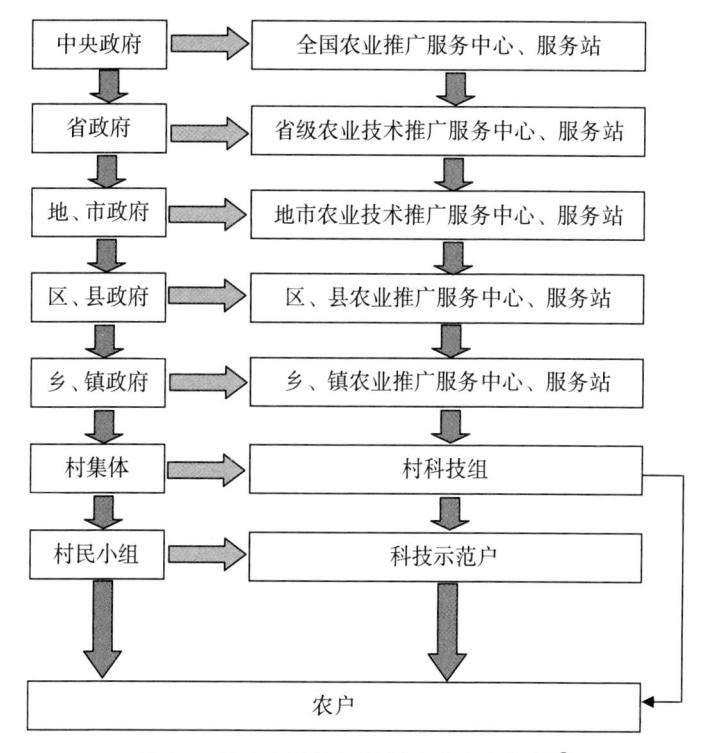

图3.4 政府主导的农业服务组织运行机制[1]

资料来源：依据孔祥智、徐珍源、史冰清：《当前中国农业社会化服务体系的现状、问题和对策研究》，《江汉论坛》2009年第5期修改而成。

（二）社会组织构成的农业社会化服务供给主体与运行模式

基于社会组织层面的农业社会化服务组织主要包括以下两个部分：一是利用脱胎于原人民公社生产大队的村集体经济组织，主要提供生产

---

[1] 依据孔祥智、徐珍源、史冰清：《当前中国农业社会化服务体系的现状、问题和对策研究》，《江汉论坛》2009年第5期，修改而成。

资料、农业作业等公益性的社区农业服务；二是由农业生产者组织起来的各类农业合作社、协会组织等。以上两者共同构成了中国农业社会化服务体系的社会组织供给主体。

村级集体经济组织构成了农业社会化服务供给主体。中国目前的村级集体经济组织脱胎于原人民公社的生产大队，是集体所有制的、社区性的合作经济组织。在计划经济时期，村级集体经济合作组织作为农业社会化服务体系的基本力量之一，在农业生产组织、原始资本积累和社区管理等方面发挥着重要作用。自1978年实施家庭经营联产承包责任制，开展具有中国特色社会主义市场经济以来，农户成为相对独立的生产经营主体，由于中国"小农经济"的限制使得农户游离于生产资料市场和农产品消费市场之外，[①]村级集体经济组织的职能便逐渐发生了改变。

村级集体经济组织的服务内容主要侧重于以下方面：一是统一购销和统一作业服务，主要是由集体统一为农户购买种子、化肥、农药和塑料薄膜等生产资料，统一组织为农户销售产品或对其统一机耕、机翻、机播、统一植保、管水等服务。[②]学者袁佩佳、涂甚伟对山东、山西和陕西三省的行政村调查研究显示，目前村级集体经济组织的服务主要以产前和产中服务为主，农业产后服务较弱，并且通过村级集体经济组织获得的农业社会化服务普遍较少，其农业服务以综合性服务为主，且服务项目之间的不均等化现象严重。[③]二是村级集体经济组织主要服务致力于公益性基础设施建设。通过村级集体经济组织集体投资和组织农民投资、投劳兴建农村乡、村范围内的道路、通讯、饮水、用电等生产和生活基

[①] 孙剑：《农户为中心的农产品营销渠道整合研究——基于农户交易行为与绩效的实证分析》，华中农业大学，博士论文，2009年，第9页。孔祥智、楼栋、何安华：《建立新型农业社会化服务体系：必要性、模式选择和对策建议》，《教学与研究》2012年第1期。

[②] 王凯伦、张百放：《农业社会化服务各主要力量的分析和比较》，《经济纵横》1997年第4期。

[③] 袁佩佳、涂甚伟：《村级集体经济组织与农业社会化服务体系建设——基于山东、陕西、山西三省27个村调查的分析》，《兰州学刊》2009年第8期。

础设施,为促进农村经济发展、社会进步、环境改善奠定了良好的发展基础。

村级集体经济组织具有覆盖面广、综合性强、服务成本低的特点,[①]所有从事农业生产的农民都是其成员。村级集体经济组织服务包括与农林牧副渔相关行业的供、产、加、销等各环节,它是农民的忠实代表,是一种"村集体直接服务于农户的农业服务模式"。村级集体经济组织通过建立村级综合服务站直接为农户提供各类农业生产服务,该综合服务站采取"民办民营"的运行模式,以技术为依托、农资经营为经济支撑,采取技物结合的方法,有偿为农户提供种子、化肥、农药等农用物资;[②]村级经济组织同样通过"村集体+中介组织+农户+基地"的服务模式直接服务于农户。在未来的经济发展过程中,村级集体经济组织仍是农业社会化服务体系中基础的、将长期发挥作用的重要组织力量。

各种专业合作组织、协会等构成了农业社会化服务模式的多种形式。"农协"在学术界主要是农业协同组合的简称,通过农业生产者和非农业生产者自愿入股参加,以组织协同主义思想为基础,为农业生产者服务的农户自己的农业组合体。[③]"农业中介组织"学术定义较多,[④]根据中国基本现状主要将其定义为在农业国际化和市场化进程下,坚持农业家庭经营制度,各有关交易主体为节省交易费用和维护农户基本利益,通过市场企业政府等组织形成专门以交易为主要功能、联结农户与市场的组

[①] 王凯伦、张百放:《农业社会化服务各主要力量的分析和比较》,《经济纵横》1997年第4期。陈美球、廖彩荣:《农村集体经济组织:"共同体"还是"共有体"?》,《中国土地科学》2017年第6期。

[②] 孔祥智、徐珍源、史冰清:《当前中国农业社会化服务体系的现状、问题和对策研究》,《江汉论坛》2009年第5期。

[③] 陶岳嵩:《日本"农协"及其在农业现代化中的作用》,《农业现代化研究》1982年第4期。张秀娟、胡雪梅:《日本农协的发展新趋势》,《经济纵横》2002年第1期。周应恒、胡凌啸、严斌剑:《农业经营主体和经营规模演化的国际经验分析》,《中国农村经济》2015年第9期。

[④] 张卓元:《政治经济学大辞典》,经济科学出版社1998年版,第553页。舒惠国:《农村市场经济学》,江西高校出版社1998年版,第107页。王颜齐、郭翔宇:《中介组织介入土地承包经营权流转分析》,《求是学刊》2012年第3期。

织团体。①"农业专业合作社"是指以中国家庭联产承包责任制为基础，由从事农业生产和非农生产的农民自愿组织，通过农户之间的联合，以增加合作社社员的收入和利益为目标，对农户产前、产中和产后各个环节给予一定的资金、市场信息、技术、流通等各方面的援助和支持的互惠性合作组织。②总的来说，以社会组织为依托的农业社会化服务通过农协、合作社等建立合作制或股份制等利益联结机制，从而带动农户从事专业生产、加工、销售等全过程。

以农业合作组织和农业协会等构成的农业社会化服务模式具有组织带动、利益协作、一体化服务和管理规范等特征。③从其提供的服务内容来看，它既不像从事经营性服务的组织那样以盈利为目的，也不像政府组织那样提供无偿性服务，以农业合作组织或农协为主体的社会化服务组织主要是以服务为宗旨，对外（市场）按照商品交换原则，对内（组织内）则坚持惠顾返利，不以营利为目的。④在整个生产经营过程中该组织基本上成为连接"小农户与大市场"的纽带，一是通过试验、示范、传播专门技能提高农户的劳动生产率；二是通过信息、加工、运销、销售等领域的服务将农户与市场连接起来增强参与市场的能力和竞争力，

---

① 池泽新：《中介组织主导型市场农业体制探索》，中国农业出版社2004年版，第56页。刘滨、左琳、康小兰、池泽新：《关于农业中介组织的内涵与起因探究》，《华东经济管理》2006年第9期。池泽新、周晓兰：《加快建立中国特色农业中介组织体系》，《农村经济》2006年第12期。

② 张广胜、周娟、周密：《农民对专业合作社需求的影响因素分析——基于沈阳市200个村的调查》，《农业经济问题》2007年第11期。周应恒、胡凌啸、严斌剑：《农业经营主体和经营规模演化的国际经验分析》，《中国农村经济》2015年第9期。楼栋、孔祥智：《新型农业经营主体的多维发展形式和现实观照》，《改革》2013年第2期。Bijman W. J. J., Hendrikse G. W. J., "Co-Operatives in Chains: Institutional Restructuring in the Dutch Fruit and Vegetables Industry", Erim Report, No.2, 2003.

③ 黄映晖、孙世民、史亚军：《北京都市型现代农业社会化服务体系创新模式研究》，《中国农学通报》2010年第20期。邓志红、危文高：《中国台湾农业合作组织发展的历史、经验及启示》，《世界农业》2014年第11期。

④ 曾福生、李小卉：《农村合作组织是农业社会化服务的主导力量》，《农业现代化研究》2002年第5期。

逐渐形成了"农户+农协+市场""农户+中介组织+市场""农户+合作社+市场"的农业社会化服务模式。[1] 由于这种服务组织是农民自己组织起来实行自我服务的利益共同体，该组织的发展前景十分广泛。

（三）市场主体（涉农企业）构成的农业社会化服务供给主体运行机制

经过改革开放40年来的发展，以政府为主导的农业社会化服务一家独大的一元化格局被打破，现阶段逐步呈现出以政府公共社会化服务为主体，各种农业产业化龙头企业、农民合作经济组织、农业协会及其他民间非政府组织进入农业社会化服务领域的多元化发展态势。各种农业产业化龙头企业、农民合作经济组织、农业协会及其他民间非政府组织等逐渐成为农业社会化服务体系的有益补充。[2] 在党的十七届三中全会所提出的《中共中央关于推进农村改革发展若干重大问题的决定》文件中，明确将涉农龙头企业作为实施中国新型农业社会化服务体系的骨干力量，为此龙头企业越来越成为中国农业社会化服务的重要力量和供给主体。

以市场主体即涉农龙头企业构成的农业社会化服务模式主要是指以盈利为目，具有公司性质的服务组织即涉农企业作为农业产业经营的组织者、劳动者、市场开拓者和营运中心，通过合同契约和股份合作等利益联结机制，运用其依托性和带动性功能指导农户生产经营，实现产、供、销一体化服务。[3] 该主体所提供的农业社会化服务一般以自身利益最大化为目标，为农户提供产前、产中和产后阶段相关的有偿服务。

---

[1] 许经勇：《农业专业化的新意义及其形式》，《中国经济问题》1987年第4期。池泽新：《中介组织主导型市场农业体制探索》，中国农业出版社2004年版，第56页。杜吟棠：《合作社：农业中的现代企业制度》，江西人民出版社2002年版，第25页。冯开文：《合作制度变迁与创新研究》，中国农业出版社2003年版，第28页。刘明国：《论中国农村经济制度暨模式发展方向——基于宏观和国家治理的视角》，《改革与战略》2017年第1期。

[2] 关锐捷：《构建新型农业社会化服务体系初探》，《毛泽东邓小平理论研究》2012年第4期。

[3] 杨凤书、高玉兰、卢小磊、陶佩君：《完善以不同主体为依托的农业社会化服务的对策分析》，《经济研究导刊》2011年第15期。谭智心、孔祥智：《新时期农业产业化龙头企业提供农业社会化服务的现状、问题及对策研究》，《学习论坛》2009年第11期。

就服务内容而言，一是涉农龙头企业对农民实施的农业社会化服务内容主要通过企业独立从事、与政府农技部门合作、与其他企业合作和与科研机构合作的渠道为农户提供产前、产中和产后技术指导和技术培训等服务；二是企业运用平面、立体、网络等方式为农户免费提供包括技术信息、价格信息、政策法律信息、生产资料供应信息、销售信息等；三是企业在资金服务方面主要集中于在资金贷款、农业保险等方面。并使得农户与企业之间逐步形成了"公司+基地+农户""公司+合作社（农协）+基地+农户""公司+政府机构+基地+农户""公司+村委会+基地+农户""公司+销、产地批发市场+基地+农户"的农业社会化服务模式，从而保障和维护了农民的基本利益。

第三节　中国农业社会化服务体系内部协调发展现状分析[①]

为了更加全面地了解中国现有农业社会化服务体系的发展现状，笔者运用典型调查和方便抽样相结合的方法，在江苏、湖北和四川三个省份选取农户作为本次的调查对象（代表中国发达地区和欠发达地区农业社会化服务的现状）。调查问题包括农户对农业社会化服务体系的组织结构职能现状、组织功能互补现状、组织服务方式协调现状的综合了解题项设计。运用SPSS17.0软件分析被调查农户的家庭背景特征（性别、年龄、文化程度、家庭人口、所在地区、从事产业、务农年限、农地面积、年购买农业生产资料次数、年销售生产资料次数、年农业生产支出总额、年农产品销售总额、家庭年总毛收入）的频率和百分比，以进一步了解中国农业从业人员的基本情况。调查中总共发放问卷923份，其中有效问卷728份，问卷有效率为78.9%。

---

① 该部分调查数据分别在2010年、2013年和2016年进行三次实地调查获得。

表 3.3 被调查者基本情况

农户家庭背景特征	百分比
性别	男 =68.6%, 女 =31.4%
年龄	20 岁以下 =0.6%, 21—30 岁 =6.4%, 31—40 岁 =15.4%, 41—50 岁 =36.1%, 51—60 岁 =32.1%, 61 岁以上 =9.5%
文化程度	文盲 =8.9%, 小学 =37.3%, 初中 =39.8%, 高中或中专 =9.7%, 大专 =3.5%, 本科以上 =0.7%
家庭人口	1 人 =1%, 2 人 =6%, 3 人 =12.6%, 4 人 =32%, 5 人 =29.1%, 6 人以上 =19.3%
从事产业	传统农业 =52.9%, 农副业 =32%, 农业服务业 =4.6%, 非农产业 =10.1%
务农年限	5 年以下 =6.7%, 6—10 年 =6.1%, 11—15 年 =7.4%, 16—20 年 =11%, 21—25 年 =16.7%, 26—30 年 =20.3%, 31 年以上 =31.8%
农地面积	5 亩及以下 =65.4%, 5—10 亩（不含 5 亩）=22.2%, 10—15 亩（不含 10 亩）=9.6%, 15—20 亩（不含 15 亩）=2.1%, 20 亩以上 = 0.7%
年购买农业生产资料次数	2—3 次 =54.2%, 4—5 次 =19.3%, 6—7 次 =11.4%, 8—9 次 =4.9%, 10 次以上 =10%
年销售农产品次数	2—3 次 =73.8%, 4—5 次 =12.3%, 6—7 次 =3.4%, 8—9 次 =1.7%, 10 次以上 =8.8%
年农业生产支出总额（元）	2000 元以下 =48.4%, 2001—4000 元 =14.3%, 4001—6000 元 =8.4%, 6001—8000 元 =6.2%, 8001—10000 元 =8%, 10001—12000 元 =6.2%, 12001—14000 元 =2.8%, 14001 元以上 =5.5%
年农产品销售总额（元）	2000 元以下 =15.8%, 2001—5000 元 =29.5%, 5001—8000 元 =14.4%, 8001—11000 元 =5.1%, 11001—14000 元 =4.3%, 14001—17000 元 =6.8%, 17001—30000 元 =18.2%, 30000 元以上 =5.8%
家庭年总毛收入（元）	2000 元以下 =3.5%, 2001—5000 元 =8%, 5001—8000 元 =12.4%, 8001—11000 元 =10.1%, 11001—14000 元 =7.2%, 14001—17000 元 =11.5%, 17001—30000 元 =24.5%, 30000 元以上 =22.8%

通过表 3.3 我们可以发现，样本性别特征中，男性占 68.6%，女性占 31.4%。样本年龄则主要集中在 41—60 岁，其中 93% 的被调查者所含的家庭人口在 3 人以上；从文化程度看，被调查者文化水平处于九年义务教育阶段的占 77.1%，高中学历占 9.7%，大专及以上占 4.2%；被调查者

之中大多数人都从事农业生产并且从业年限较久，其中从事工作或务农年限16—30年者达48%，从业年限31年以上者达到31.8%；而被调查者从事农业生产的类型方面，传统农业占52.9%，农副业占32%，农业服务业只占4.6%；被调查者每年购买生产资料达2—3次者有54.2%，4—7次者有30.7%，10次以上者占10%；各调查者在农业生产上的支出层次也不同，其中2000元以下者占到48.6%，达到近一半的比例，说明被调查者在农业支出上花费不大，比例较小，2001—4000元者有14.3%，4001—6000元者占8.4%，6001—14000元者有23.2%，14001元以上者占5.5%，反映出在农业支出方面投入较多的农户所占比例还是比较小的；农户每年销售农产品的次数也有所差别，其中每年销售农产品2—3次者占多数有73.8%，4—5次者有12.3%，6—9次者占5.1%，10次以上者仅占8.8%；从农产品的销售额来看，他们每年所有农产品的销售额2000元以下者占15.8%，2001—5000元者有29.5%，5001—8000元者占14.4%，8001—11000元者有5.1%，11001—17000元者占11.1%，17001—30000元者有18.2%，30000以上者占5.8%；被调查者的年收入层次不等，其中2000元以下者仅占3.5%，2001—5000元者有8%，5001—8000元者占12.4%，8001—11000元者有10.1%，11001—14000元者占7.2%，14001—17000元者有11.5%，17001—30000元的农户有24.5%；30000元以上者占22.8%，这与被调查者销售农产品的收入是基本匹配和吻合的。

一、农业社会化服务组织职能与功能发展现状分析

（一）农业社会化服务组织结构职能现状与期望差异分析

农业社会化服务的组织结构职能即是政府、企业、农协、合作组织、专业或局部服务系统等组织职能定位。表3.4为调查农户对现有农业社会化服务组织结构的职能现状，对其期望程度的调查结果，我们可以根据农户对现状的认知和期望差异分析现有农业社会化服务组织

结构的职能是否满足农户的需求。结果显示:(1)农户基本认同目前中国农业社会化服务机构的结构职能现状,其中49%的被调查者认为政府部门与民间组织这两个组织所提供的产品和服务具有差别性,占到被调查者人数的近一半,数据说明多数人还是认为政府和民间组织提供的服务是不同的,具有差别性;而在与农业相关的水、电、路等的服务上,61.7%的人认为它们是由政府主导的,由此发现中国水、电、路等与农业相关的服务是由政府主导提供的;有60.3%的被调查者认为民间组织提供了大部分的农业生产资料,然而对于政府部门与民间组织所提供的农业服务存在竞争性占到38.4%。(2)农户对中国农业社会化服务组织的结构职能有很高的期望,其中60.3%的被调查者认为现在的政府部门与民间农业服务在一定程度上满足了中国现有农业生产需求的问题。农户期望数据显示,88%的被调查者很希望政府部门与民间组织所提供的产品和服务有差别的,有63.2%的人很希望由政府主导服务与农业相关的水、电、路等的建设;在具体农业生产资料的提供上,63.6%的人希望是由民间组织提供的。而在政府部门与民间组织所提供的农业服务的问题上,希望二者存在竞争性的人占72%。88.9%的被调查者表示希望现在的政府部门与民间农业服务能够满足中国现有农业的生产需求,这组调查数据说明大多数人希望中国现有政府部门和民间农业服务组织所提供的服务能够满足农业生产要求。(3)农户期望值都高于农户对现状的认知值,其中农户对政府部门与民间组织所提供的产品和服务有差别的期望高于现状35.4个百分点,政府是否主导服务与农业相关的水、电、路等的建设的期望高于现状26.5个百分点,农业生产资料的提供是否由民间组织提供的期望高于现状2.9个百分点,政府部门与民间组织所提供的农业服务是否存在竞争性的期望高于现状28.5个百分点。

表 3.4　农业社会化服务组织结构职能现状、期望及其差异

项目	服务现状 是	服务现状 否/不确定	服务期望 是	服务期望 否/不确定	现状与期望差异 "是"项差异值
1. 政府与民间组织提供服务是否差异性	49.0%	51.0%	84.4%	15.6%	35.4%
2. 农业相关的水、电、路是否政府主导服务	61.7%	38.3%	88.2%	11.8%	26.5%
3. 农业生产资料是否民间服务组织提供	60.3%	39.7%	63.2%	36.8%	2.9%
4. 政府与民间组织提供农业服务是否有竞争	38.4%	41.6%	72.0%	28.0%	33.6%
5. 现政府与民间服务是否满足农业生产要求	60.3%	39.7%	88.9%	11.1%	28.5%

通过以上数据反映出超过半数的农户认同目前中国农业社会化服务组织的结构职能现状，但农户对当前中国农业社会化服务组织的结构职能的期望远远高于现状认知，特别是目前中国政府部门与民间组织提供的产品和服务的差异性还不够显著，对于政府部门和民间组织提供的农业服务也不能够满足农户的需要。为此要解决这些问题，就要加强政府部门与民间组织的分工，使二者各司其职，各自为农户提供具有差别性的农业服务，避免不必要的相互竞争，根据农户的实际需要为农户提供尽可能丰富的农业服务。

（二）农业社会化服务组织服务方式发展现状与期望差异分析

中国农业社会化服务组织服务方式主要分为综合性与专业性服务。这些服务机构是否为农户提供差异化的产品和服务，是中国农业社会化服务组织的服务功能实现的关键。表 3.5 结果显示：（1）农户对综合化和专业化的农业社会化服务组织提供的服务感知差异并不明显，例如仅有 42.9% 的被调查者认为二者提供的服务或产品是有差异的，在一定程度上说明中国综合性和专业性服务机构所提供产品和服务的差异性不够明显；对于中国综合性农业服务的全面性程度，40.6% 的人认为其全面性程度

高；对于中国专业性服务的专一性，仅 37.8% 的被调查者认为其专业性程度高，43.5% 的人认为其专业性程度不高，由此判断中国专业性服务组织的服务专一性有待提高。（2）农户对综合化和专业化的农业社会化服务组织提供的服务期望显著较高。其中 81.5% 的被调查者希望二者提供的服务或产品具有差异性，对于中国综合性农业服务，87.5% 的人表示希望提高其全面性程度，而对于中国专业性服务而言，高达 89.7% 被调查者希望提高其专业性程度。（3）农户对综合化和专业化的农业社会化服务组织提供的服务现实感知和期望之间差异显著。其中农户对综合性与专业性服务机构产品服务是否明显差异的期望高于现状 38.6 个百分点，对综合性农业服务全面性程度是否提高的期望高于现状感知 46.9 个百分点，对专业性服务专一性程度是提高的期望高于现状感知 51.8 个百分点。

表 3.5　农业社会化服务组织服务方式协调现状、期望及其差异

项目	服务现状 是	服务现状 否/不确定	服务期望 是	服务期望 否/不确定	现状与期望差异 "是"项差异值
1. 综合性与专业性服务机构产品服务是否差异	42.9%	57.1%	81.5%	18.5%	38.6%
2. 综合性农业服务是否全面性	40.6%	59.4%	87.5%	12.5%	46.9%
3. 专业性服务是否专业化	37.8%	62.2%	89.6%	11.4%	51.8%

以上数据表明，农户认为中国综合化和专业化农业社会化服务组织提供的产品或服务差异并不明显，综合性和专业化程度不高，超过 80% 的农户期望两者具有差异并期望综合化和专业化程度更高。因此，逐步加强综合性服务的全面性和提高专业性服务，并使二者具有明显的特色，更好地为中国的农业社会化服务，是实现农业服务方式协调发展的重要方面。

（三）农业社会化服务组织功能互补现状与期望差异分析

农业社会化服务组织提供服务互补性是农业社会化服务体系实现有

效体系功能作用的重要内容。从表3.6可以看出：(1)中国政府组织与民间服务组织提供农业服务具有一定互补性。54%的被调查者认为政府部门与民间组织所提供的产品和服务是具有互补性的，55%的人认为政府对整个农业服务具有影响，并有59.2%的被调查者认为中国政府部门所提供的服务并不完全为了赚钱，也是为了发展农业。而对于中国现有的民间服务机构是否灵活多样，是否能够满足市场农资产品的买卖这一问题，63.4%的人持肯定态度，这说明大多数认为现有的民间服务机构灵活多样，能够满足市场农资产品的买卖，而36.6%人认为民间组织不能满足市场农资产品的灵活买卖，进而说明了中国民间服务组织有待改进。(2)农户对于农业社会化服务组织功能互补的期望显而易见，期望政府主导农业公益性服务，而民间组织提供市场化的服务。高达87.9%的农户希望中国政府组织与民间服务组织提供的服务具有互补性，从而能够获得更加丰富多样的服务；有88.3%的人希望政府部门对于整个农业服务产生影响，有90.9%的人表示希望政府部门所提供的服务并不完全是为了赚钱，也为了发展农业贡献自己的力量；而对于中国现有的民间服务机构来说，有75.3%的人希望他们能够提供灵活多样的服务满足市场农资产品灵活买卖。

通过数据可以看出，中国还需加强政府部门与民间组织的职责分工，提高政府部门与民间组织对农业服务的互补性，提高政府部门对于农业服务中公益服务的影响，提高民间服务机构的灵活性和多样性，实现农资市场的灵活买卖。

表3.6 农业社会化服务组织功能互补现状、期望及其差异

项目	服务现状		服务期望		现状与期望差异
	是	否/不确定	是	否/不确定	"是"项差异值
1.政府与民间组织提供产品服务是否互补	54.0%	46.0%	87.9%	12.1%	33.9%

续表

项目	服务现状		服务期望		现状与期望差异
	是	否/不确定	是	否/不确定	"是"项差异值
2. 政府对整个农业服务是否有影响	55.0%	45.0%	88.3%	11.7%	33.3%
3. 政府服务为发展农业，不完全为了赚钱	59.2%	40.8%	90.9%	9.1%	30.8%
4. 民间服务机构是否多样能使市场农资产品灵活买卖	63.4%	36.6%	75.3%	24.7%	11.9%

二、农业社会化服务系统网络一体化现状与期望差异分析

农业社会化服务系统网络一体化即中国现有农业社会化服务综合性与专业性的协调和统一，不同的服务组织和专业服务系统在职能和功能上相互依存、相互促进。从表3.7可知：（1）农户对农业社会化服务系统网络一体化现状持肯定态度大于持否定态度。52.9%的被调查者认为政府与民间农业服务同时存在可以提高服务质量，而对于中国综合性与专业性服务机构同时存在对于农户需要是否有利的问题上，49.4%的被调查者持肯定态度。另一方面，政府、企业、协会和个体等农业服务组织的数量对农业发展影响的问题上，仅43.6%的人认为这些组织数量越多越好。（2）绝大多数农户期望农业社会化服务系统网络一体化。84%的被调查者希望政府与民间农业服务同时存在能提高服务质量，84.4%的人希望中国综合性与专业性服务机构同时存在能够有利于农户需要，53.2%的人很希望政府、企业、协会和个体等农业服务组织的数量越多越好。为此，中国应综合考虑农业发展的现状，调整政府、企业、协会和个体等农业服务组织的数量，使政府部门与民间组织都能满足农户需要，加强中国现有服务组织的数量和提高其服务质量。

表 3.7 农业社会化服务系统网络一体化现状、期望及其差异

项目	服务现状 是	服务现状 否/不确定	服务期望 是	服务期望 否/不确定	现状与期望差异 "是"项差异值
1. 政府与民间农业服务同时存在是否能提高服务质量	52.9%	47.1%	84.0%	16.0%	31.1%
2. 综合性与专业性服务同时存在是否有利于农户需要	49.4%	50.6%	84.4%	15.6%	35.0%
3. 政府、企业、协会和个体农业服务组织是否越多越好	43.6%	66.4%	80.9%	9.1%	37.3%

三、农业社会化服务区域特色优势协调现状与期望差异分析

农业社会化服务区域特色优势指不同农业发展地区客观存在的服务比较优势与区域特长。表 3.8 显示：（1）中国农业社会化服务区域特色优势水平较低。34.8% 的被调查者认为其所在地区与其他地区相比存在特色，但有 65.8% 的人认为与其他地区相比，本地区的农业服务并无特色，36.8% 的人认为本地的农业服务较其他地区并有优势。对于目前本地区农业服务特色与农业服务优势的结合好这一问题，有 30.9% 的人认为目前的结合是好的，而占到 69.1% 的人认为本地区目前结合得不好。（2）绝大多数农户期望本地区农业服务应具有特色和优势。94.0% 的被调查者希望其所在地区与其他地区相比存在特色，29.2% 的人比较希望本地区较其他地区的农业服务有特色，并且高达 94.5% 的人希望本地区的农业服务较其他地区存在优势，对于是否希望本地区农业服务特色与农业服务优势结合的问题，仍然有高达 90.4% 的人表示很希望或者比较希望二者结合，仅 0.8% 的人持有相反的意见。为此，中国需投入更多的精力在提高本地区的农业服务特色与优势上，以更好地为当地的农业发展服务。发展各地区各自的特色农业和优势农业，并因地适宜的使二者互相结合，使各区域的特色优势协调发展，更好地发展农业社会化服务体系。进而为发展本地区有效的特色农业和优势农业生产服务。

表3.8 农业社会化服务区域特色优势协调现状、期望及其差异

项目	服务现状		服务期望		现状与期望差异
	是	否/不确定	是	否/不确定	"是"项差异值
1. 与其他地区相比，本地区农业服务是否存在特色	34.8%	65.2%	94.0%	6.0%	59.2%
2. 与其他地区相比，本地区农业服务是否存在优势	36.8%	63.2%	94.5%	5.5%	57.7%
3. 目前本地区农业服务特色与本地服务优势结合好否	30.9%	69.1%	90.4%	9.6%	59.5%

四、农业社会化服务社会化整合现状与期望差异分析

农业社会化服务的社会化整合是指政府政策、行业制度、社会惯例等的有效结合，形成无缝制度支撑体系。表3.9显示：（1）农户对农业社会化服务的社会化整合现状认同程度较低。认为当地的农业服务存在有效政策的人数占45.6%，认为其农业服务并无有效政策的人占40.4%；而对于当地的农业服务是否存在有效的规范制度方面有更多的人持否定态度，占到被调查人数的41.56%，只有38.6%的人认为其存在有效规范制度，可见在中国农业服务方面应努力建立有效的规范制度，从而更好地为农业服务；而66.6%的被调查者认为当地民间不存在有效的社会习惯，28.8%的人认为将当地的农业服务政策、行业规范和习惯有效结合是好的，更多的人认为目前三者的结合并不好，占到被调查人数的45.4%，鉴于此这三者之间存在某种矛盾或者问题有待解决；就一体化而言，52.6%的人认为当地的农业服务不存在产前产中产后一体化的服务，仅32.4%的人认为当地存在产前产中产后一体化服务；对于国家与私人的农业服务而言，认为二者存在冲突的人数比不存在冲突的人数要多，分别占到被调查者的45.5%和32.3%；认为本地与外地的农业服务组织对农户有互补服务的人占39.7%，认为无互补服务的人占到38.1%，基本相当；超过半数的人认为政府通过企业为农户提供了优惠的农业服务。（2）农户对农业社会化服务的社会化整合期望程度很高。其中，希望当

地的农业服务能够存在有效政策的人数占94.9%，说明绝大多数人希望当地的农业服务存在有效政策的支持，只有0.4%的人表示很不希望当地的农业服务存在比较有效的政策；高达89.8%的人希望当地的农业服务存在有效的规范制度，可见在农业服务方面建立有效的规范制度势在必行；84.9%的被调查者希望当地民间存在有效的社会习惯；88.8%的人希望当地的农业服务政策、行业规范和习惯能有效结合；93.2%的人表示希望当地的农业服务有产前产中产后一体化的服务；88.7%的人不希望二者存在冲突；希望本地与外地的农业服务组织对农户有互补服务的人占到86.9%；高达90.7%人希望政府通过企业为农户提供优惠的农业服务；90.7%人希望政府支持企业协会为农户提供优惠的农业服务。（3）农户对农业社会化服务社会化整合的现状认同程度远远低于期望程度，8个题项的现状与期望之间平均相差超过50个百分点，其中对本地区民间是否存在有效的社会习惯现状认同与期望之间相差67个百分点。

以上对于农业社会化服务的社会化整合调查结果揭示了中国目前的农业社会化服务存在的问题，只有集中力量建立有效的农业服务政策和规范制度，实现农业服务产前、产中和产后一体化服务，协调好本地区与外地的农业服务，为农民提供优惠的农业服务，才能更好为中国农业发展提供社会化的服务。

表3.9 农业社会化服务社会化整合现状、期望及其差异

项目	服务现状 是	服务现状 否/不确定	服务期望 是	服务期望 否/不确定	现状与期望差异 "是"项差异值
1.本地区农业服务是否存在有效政策	45.6%	45.4%	94.9%	5.1%	49.3%
2.本地区农业服务行业是否存在存在有效的规范制度	38.6%	61.4%	89.8%	10.2%	61.2%
3.本地区民间是否存在有效的社会习惯	17.9%	82.1%	84.9%	15.1%	67.0%

续表

项目	服务现状		服务期望		现状与期望差异
	是	否/不确定	是	否/不确定	"是"项差异值
4. 本地区农业服务政策、行业规范和习惯结合好否	28.8%	71.2%	88.8%	11.2%	60.0%
5. 本地区农业服务是否有产前产中产后一体化服务	32.4%	67.6%	93.2%	6.8%	60.8%
6. 本地区国家与私人农业服务是否冲突	32.3%	67.7%	88.7%	11.3%	56.4%
7. 本地与外地农业服务组织对农户是否有互补服务	39.7%	60.3%	86.9%	3.1%	47.2%
8. 政府是否通过企业提供农户优惠农业服务	33.6%	66.4%	90.7%	9.3%	57.1%

第四节 中国农业社会化服务体系存在的问题与发展方向

目前中国已初步形成了从中央到省、地（市）、县、乡、村多层次、多功能、多元主体、多元化服务的农业社会化服务体系。[①]但基于政府、社会和市场三方面的各种组织的服务范围、服务功能与职能定位、服务方式、服务性质、服务内容等未形成良好的互补机制，农业社会化服务体系仍然存在诸多问题。

一、中国农业社会化服务体系现状问题

从调查结果看，中国农业社会化服务体系中政府部门与民间组织提供的产品和服务在一定程度上能够满足农业生产需要，且具有一定的差别性

---

① 孔祥智、徐珍源、史冰清：《当前中国农业社会化服务体系的现状、问题和对策研究》，《江汉论坛》2009 年第 5 期。杨汇泉、朱启臻：《新中国成立 60 年来农业社会化服务体系组织建构回顾及研究述评》，《华南农业大学学报（社会科学版）》2010 年第 1 期。杨汇泉、朱启臻、梁怡：《统一主体与多元主体：农业社会化服务体系组织的权变性建构》，《重庆大学学报（社会科学版）》2011 年第 2 期。农业部经管司、经管总站研究课题组、关锐捷：《构建新型农业社会化服务体系初探》，《毛泽东邓小平理论研究》2012 年第 4 期。

和互补性，能够满足部分农户的需要，民间服务机构也有一定的灵活性和多样性，能够在某种程度上实现农资市场的灵活买卖，综合性服务相较于专业性服务全面性程度高，而专业性服务的专一性程度高，被调查地区的农业服务有着一定的规范制度和社会习惯，也有相关的产前产中产后一体化的服务，政府通过其他形式为农户提供了一些优惠政策为农业生产服务。

但从这些农户期望来看，中国农业服务体系还需要很多加强的地方，如加大政府部门和民间组织提供产品和服务的差异性，使各司其职，发挥好各自的功能，为农业生产提供更多的互补性服务，尽可能满足农业生产的需要。同时，加大民间服务机构的多样性和灵活性，更好地实现农资市场灵活买卖，提高综合性服务的全面性程度和专业性服务的专一性，并且使二者有效结合，根据农户的实际情况，协调好政府、企业、协会和个体等农业服务组织的数量，使其尽可能好地为农户服务；要积极地发展当地的农业特色和农业优势，因地制宜，适时使二者结合，为当地的农业服务；制定更加有效的规范制度，引导形成良好的社会习惯，并形成有效的产前产中产后一体化的服务，建立新型农业社会化服务体系更好地为农业生产服务。

二、中国农业社会化服务体系运行过程存在的问题

（一）农业社会化服务组织逐步由"体制内向体制外"转变，但"部门化"严重

始于 20 世纪 50 年代的计划经济使得中国农业社会化服务体系实现了高度集中的政府主导型服务，[①] 使得中国农业社会化服务组织成为"体制内循环"的一部分，即农业社会化服务体系是农业生产单位内部的一个分工部门，承担着本单位直接生产过程以外的加工、运输、销售、农

---

① 李俏、王建华：《农业社会化服务中的政府角色：转型与优化》，《贵州社会科学》2013 年第 1 期。

业生产资料购买等职能。[①] 农业服务组织被国家完全控制，还负责协助国家完成工业资本积累的使命。然而自 1978 年改革开放和中国市场化改革以来，农业社会化服务体系被政府作为一个单独的概念提出，并逐步实现了"体制内循环"向"体制外循环"的转化。[②] 但是，研究表明农业服务组织的"部门化"依然严重，而要健全农业社会化服务体系以服务农业和农村发展，就必须革除"部门化"的弊端，真正做到"去部门化"。[③] 诸如高新才、中南财经大学农经系课题组和仝志辉等较为系统总结了政府农业社会化服务体系管理的"部门化"问题，他们认为各部门在中央一系列强调农业社会化服务体系的文件精神下，各自制订加强对农业服务的措施的同时，又在同一部门或机构内部又下设多个经济实体和服务站，以至于形成了部门化的多主体提供格局，但在促进服务专业化的同时也造成各种服务之间不能有效衔接。[④] 最终致使中国农业社会化服务组织体制不顺，使支农资金条块分割、社会化服务体系结构紊乱，"部门化"和"层级化"的服务组织因受相关利益驱使，从而争相进入利润高的服务领域，相关机构又难以进行有效监管和规范。[⑤]

（二）中国农业社会化服务体系"半社会化"和"去公益化"倾向明显

随着中国市场化和商品化改革至今，农业社会化服务体系的发展存在诸多误区，致使中国农业社会化服务体系"半社会化"和"半公益化"倾

[①] 樊亢、戎殿新：《论美国农业社会化服务体系》，《世界经济》1994 年第 6 期。樊亢、戎殿新：《美国农业社会化服务体系——兼论农业合作社》，经济日报出版社 1994 年版，第 77 页。

[②] 马惊鸿：《农民专业合作社组织属性反思及法律制度创新》，《政法论丛》2016 年第 2 期。

[③] 仝志辉：《"去部门化"：中国农业社会化服务体系构建的关键》，《探索与争鸣》2016 年第 6 期。

[④] 高新才：《论市场经济中的农业社会化服务体系》，《科学经济社会》1995 年第 2 期。中南财经大学课题组：《农业社会化服务体系的结构与层次研究》，《中南财经大学学报》1996 年第 5 期。仝志辉：《中国农村社会化服务体系的"部门化"及其改革》，《理论视野》2007 年第 8 期。

[⑤] 顾瑞兰、吴仲斌：《体制机制创新：新型农业社会化服务体系建设的核心》，《中国财政》2012 年第 22 期。

向明显。① 所谓"半社会化"是指当前中国农业社会化服务体系没有实现全面覆盖和综合配套,即体现在:一是服务方向只注重产前和产中服务,忽视产后服务;二是农业保险和农村金融服务缺失,造成农户对风险抵抗力较低,并且农户融资困难;三是组织提供的农业服务以营利性为主,并且价格过高,农户获得服务的成本过大,致使农户无法实施规模化、机械化和市场化生产经营。而"去公益化"主要体现在现阶段农业社会化服务组织逐渐以营利为目的,公益性职能逐渐丧失。研究表明,1978 年家庭联产经营承包责任制和 2000 年乡镇机构改革以及农村税费改革加剧了"去公益化"趋势,企业化和市场化模式受到了诸多鼓励。为此,在市场化趋势下诸多公益性服务机构部门进而使其"转制、转产、单干、挂靠",致使中国农业社会化服务机构部门的"去公益化"倾向加剧。在泛市场化的改革趋势下,部门化的多主体竞争进入利润高、缺乏有效监管的服务领域。在很多农业公共服务领域,如农田水利基础设施建设、气象服务、道路建设等,提供服务变成经营牟利行为,服务质量不高或者缺失。在经营性服务领域,如生产要素购买、生产作业、农产品销售等,由于存在部门垄断或不正当竞争,服务收益侵占了农户合理生产收益,或定价超出农户承受能力,使得部分农户无力购买,也有部分地区由于农户长远的购买能力被削弱,影响了经营性服务市场容量的拓展,甚至危及经营性服务主体的生存。②

由此可见,这种"半社会化"和"去公益化"的农业社会化服务体系制约了中国农业社会化服务的发展,从而使得目前的农业社会化服务体系不适合中国基本国情的发展需要,必须加快新型农业社会化服务体系的构建。

(三)政府、社会和市场三方组织职能定位缺失,三者之间缺乏联动互补机制

政府、社会和市场三方建立的"覆盖全程、综合配套、便捷高效"

---

① 黄婧、纪志耿:《完善中国特色农业社会化服务体系评析》,《现代经济探讨》2009 年第 4 期。
② 仝志辉:《"去部门化":中国农业社会化服务体系构建的关键》,《探索与争鸣》2016 年第 6 期。

的农业社会化服务体系应是一个"公共服务机构、合作经济组织和涉农企业等服务组织按照分工明确、定位清楚、合作共赢的组织体系"。[1]但是目前政府、社会和市场三方的服务组织职能角色明显错位,缺乏联动机制,无法使三者成为一个综合体,主要体现在以下几个方面:

第一,政府农业技术相关部门将应该承担的农业服务责任推给村级集体经济组织,并且插手由农业合作组织承担的部分职能,存在着"虚位、越位、错位"现象。政府相关部门作为农业社会化服务的主要供给者,其主要职责在于确定农业社会化服务政策发展方向,加强农业社会化服务体系建设投入和提供公益性农业社会化服务。但是研究表明政府在资金投入方面,某些财政支出困难的乡镇所属政府将农业服务组织承包或转包给个人,并对组织和市场管理不加以监督,服务意识和服务质量明显下降,使得这些以政府为依托的服务组织名存实亡,由于政府的"不作为和职能不清"导致了公益性农业服务极度缺乏。

第二,社会层面的供给主体包括村级集体经济组织、农业合作社和协会等。村级集体经济组织长期以来通过办理村级公益事业、调解民间纠纷、维护社会治安等在村民生产经营活动中扮演重要角色,但研究表明村级集体经济组织存在诸多问题,诸如中南财经大学农经系课题组(1996)、李炳坤(1999)、袁佩佳和涂圣伟(2009)、梁昊(2016)研究表明,中国村级集体经济组织在农村的主体地位不明确,经济实力普遍较为薄弱。[2]由于缺乏内部管理导致村级集体经济组织管理涣散,致使村级集体经济组织难以承担和发挥"统"的功能,弱化了村级集体经济组

---

[1] 宋洪远:《新型农业社会化服务体系建设研究》,《中国流通经济》2010年第6期。邱淑、罗光强:《中国新型粮食生产经营体系的社会化服务研究综述》,《经济问题探索》2014年第11期。

[2] 中南财经大学课题组:《农业社会化服务体系的结构与层次研究》,《中南财经大学学报》1996年第5期。李炳坤:《农业社会化服务体系的建设与发展》,《管理世界》1999年第1期。袁佩佳、涂甚伟:《村级集体经济组织与农业社会化服务体系建设——基于山东、陕西、山西三省27个村调查的分析》,《兰州学刊》2009年第8期。梁昊:《中国农村集体经济发展:问题及对策》,《财政研究》2016年第3期。

织对农业生产经营的指导和实施作用，并且缺乏外部支持，导致村级集体经济组织的农业社会化服务受到限制。[1]针对农业合作组织和农协来说，合作组织和农协发展不健全难以发挥基础性和中介作用。诸多农业合作社农户参合率低，合作社性质错位，没有真正体现以农户需求为导向的农业合作组织的带动力。

第三，市场层面的涉农企业作为农业服务的提供者与农户缺乏长期稳定的链接机制，各种涉农企业往往为利益争抢、责任推诿，使得农业服务缺位。有学者研究认为目前涉农企业大多数规模小、承担风险能力低，往往为了自身赢利，在农业社会化的服务内容、方向和形式等诸多方面与农户具体需求脱节。[2]在大多数农村由自然经济向市场经济逐步过渡中造成涉农企业与农户连接不牢，压榨和牺牲农户的基本利益的现象和行为较为普遍。[3]

基于此，农业社会化服务体系中政府、社会和市场三大层面的服务组织并未形成政府、企业、农协、合作组织等服务系统的组织结构主辅结合、公益性和经营性功能互补、综合性服务与专业服务方式的统一协调、各组织与功能的网络化协调关系以及政府政策、行业制度、社会惯例的有效结合，中国农业社会化服务体系尚未形成无缝制度支撑体系的社会化服务体系。

（四）中国农业社会化服务供求失衡矛盾突出

从中国农业社会化服务供需角度来说，据课题组调查显示农民对农

---

[1] 杨汇泉、朱启臻：《新中国成立60年来农业社会化服务体系组织建构回顾及研究述评》，《华南农业大学学报（社会科学版）》2010年第1期。梁昊：《中国农村集体经济发展：问题及对策》，《财政研究》2016年第3期。

[2] 夏英：《农业社会化服务问题的理论探讨》，《农业经济问题》1993年第6期。刘胤汉、刘彦随：《有关农业产业化与农业社会化服务体系问题探讨》，《人文地理》1996年第4期。蔡加福：《建立健全中国农业社会化服务体系的对策思考》，《福建论坛（人文社会科学版）》2005年第10期。肖卫东：《涉农企业开展农业科技创新的瓶颈因素与驱动机制》，《理论学刊》2016年第1期。

[3] 郭翔宇：《黑龙江省农业社会化服务体系问题探索》，《求是》2001年第5期。宋洪远：《新型农业社会化服务体系建设研究》，《中国流通经济》2010年第6期。阮池茵：《农业产业化发展与凉山彝族农民的贫穷——对凉山州苦荞产业发展的考察》，《开放时代》2017年第2期。

业服务的需求由单纯的生产环节服务逐步向生产与管理技术、人力资源服务、产品加工运输和销售服务、市场信息服务、资金信贷服务以及农业保险和法律咨询服务等方向转变。随着农村生产生活环境的逐步改善，农户对"水、路、电、气、房"各项基础设施的需求也越来越高。然而研究调查表明，在服务内容上现有农业服务都集中于产前和产中，产后服务较为薄弱，在公益性农业技术推广服务、动植物疫病防控和农产品质量安全监管服务等方面不能满足农民需求，致使中国农业社会化服务供给与需求逐渐失衡，并且农民对农业社会化服务质量的要求与所提供的农业服务之间存在较大差距。[①] 在服务性质上农户认为农业社会化服务应当给予较多的公益性服务，不应当直接或者间接商业化和市场化。然而，目前中国农业社会化服务体系正出现"半社会化""去公益化"特点，公益性服务比例缩小，并且服务质量逐渐低下。农业社会化服务供需失衡制约了中国社会化服务体系的发展和整合，在一定程度上也促使了现阶段中国建立新型农业社会化服务的决心，也为实现中国农业服务供给和需求相对等，建立以农户需求为导向的农业社会化服务供给体系提供了前提条件。

（五）中国农业社会化服务体系投入不足和监管法律制度不健全

中国农业社会化服务体系模式主要是政府导向型，与德国、加拿大、巴西等国家在诸多地方存在共同点。[②] 为此，中国农业社会化服务体系的公益性质在一定程度上决定了中国农业产业和农户需要政府的扶持和保护，要求中国政府加大农业社会化服务体系建设资金投入，需要建立完

[①] 宋洪远：《新型农业社会化服务体系建设研究》，《中国流通经济》2010年第6期。王定祥、李虹：《新型农业社会化服务体系的构建与配套政策研究》，《上海经济研究》2016年第6期。

[②] 朱院利、李双奎：《主要国家农业社会化服务体系述评》，《福建论坛（社科教育版）》2009年第12期。孔祥智：《中国农业社会化服务：基于供给和需求的研究》，中国人民大学出版社2009年版，第87页。高志敏、彭梦春：《发达国家农业社会化服务模式及中国新型农业社会化服务体系的发展思路》，《世界农业》2012年第12期。

善的法律制度来监督农业社会化服务体系的实施。一方面现阶段就中国农业投入而言，2005年财政支农资金占总财政收入的7.2%，2006年财政支农资金占总财政收入的7.9%，2007年财政支农资金占总财政收入的8.7%，2008年财政支农资金投入5955.5亿元，占总财政收入的9.5%。由此显示，中国的财政支农资金总额虽然逐年增加，但是整体水平并不高，在整个财政收入中农业支出只占很少的一部分，远远低于发达国家30%—50%的财政支出和补贴水平。研究表明，政府农业支出短缺是制约农业社会化服务建设发展和组织主体发育的一个根本性问题，其资金不能满足中国农业社会化服务体系的建设和农民农业服务的需求，从而致使农业组织的服务功能单一。[1]

另一方面，从政府服务政策扶持角度出发，中国农业社会化服务体系建设过程中法律制度建设相对滞后，从而使得中国大部分农村地区管理和社会化服务体系建设不健全，丧失了法律制度的监督作用，影响了农业社会化服务的实施和成效。

第五节 中国新型农业社会化服务体系发展方向

一、中国新型农业社会化服务体系发展的宏观架构

在党的十七届三中全会上，以《中共中央关于推进农村改革发展若干重大问题的决定》为基础提出了构建中国新型农业社会化服务体系的

---

[1] 蔡加福：《建立健全中国农业社会化服务体系的对策思考》，《福建论坛（人文社会科学版）》2005年第10期。黄佩民：《建立完善的农业社会化服务体系》，《农业科技管理》1997年第6期。高新才：《论市场经济中的农业社会化服务体系》，《科学经济社会》1995年第2期。孔令友：《论农业服务要素建设——完善农业社会化服务体系的几个问题》，《南京社会科学》1994年第9期。林小莉、邓雪霜、骆东奇等：《重庆农业社会化服务体系建设的现实困境与对策》，《农业现代化研究》2016年第2期。

[2] 依据张颖熙、夏杰长：《农业社会化服务体系创新的动力机制与路径选择》，《宏观经济研究》2010年第10期修改而成。

总体框架和构建目标。即"以公共服务机构为依托、合作经济组织为基础、龙头企业为骨干、其他社会力量为补充,公益性服务和经营性服务相结合、专项服务和综合服务相协调的新型农业社会化服务体系"。通过"政府推动、市场牵动、龙头带动"的手段,从而探索"城市延伸、农村靠拢、专业组织衔接"中国新型农业社会化服务体系发展路径方向,[①]即一是以政策措施等形成"双向推力"推动城市农业社会化服务供给者向农村提供农业专业化服务,推动农村生产要素向龙头企业聚集,提升农业产业化经营;二是运用高收入为手段和加快土地流转使农户走向组织化和规模化生产,用低成本吸引农村组织购买城市专业服务,形成城乡互补对接;三是政府加大对龙头企业和专业合作组织的政策、资金等相关扶持力度,使得龙头企业和专业合作组织成为连接城市农业服务和农户、市场与农户之间的关系纽带。[②]从而实现农业服务需求与供给的良好对接,具体见图 3.5。

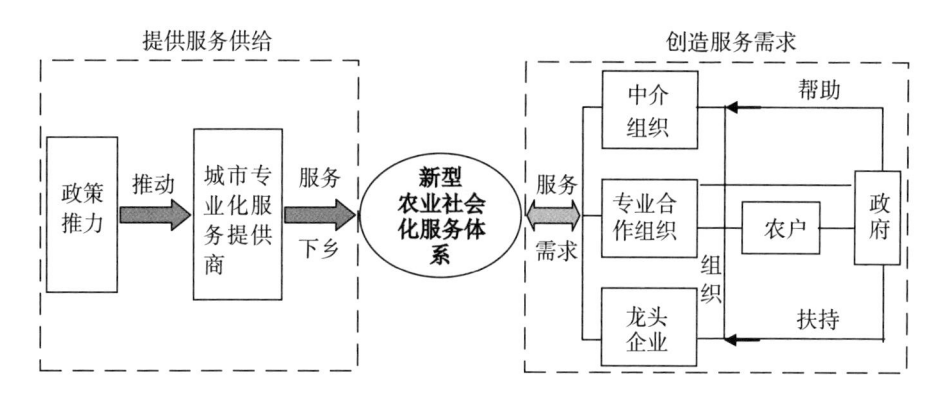

图 3.5 新型农业社会化服务体系宏观架构[①]

[①] 张颖熙、夏杰长:《农业社会化服务体系创新的动力机制与路径选择》,《宏观经济研究》2010 年第 8 期。

[②] 韩连贵等:《关于探讨农业产业化经营安全保障体系建设方略规程的思路》,《经济研究参考》2013 年第 3 期。

二、中国新型农业社会化服务体系发展方向

新型农业社会化服务体系的发展方向主要在于建设包含"农业技术推广体系、农业生产社会化服务体系、农产品质量监管体系、农产品市场体系、农业信息收集和发布体系、农业金融和保险服务体系六大体系"的新型农业社会化服务体系。中国新型农业社会化服务体系服务内容具体见图3.6。

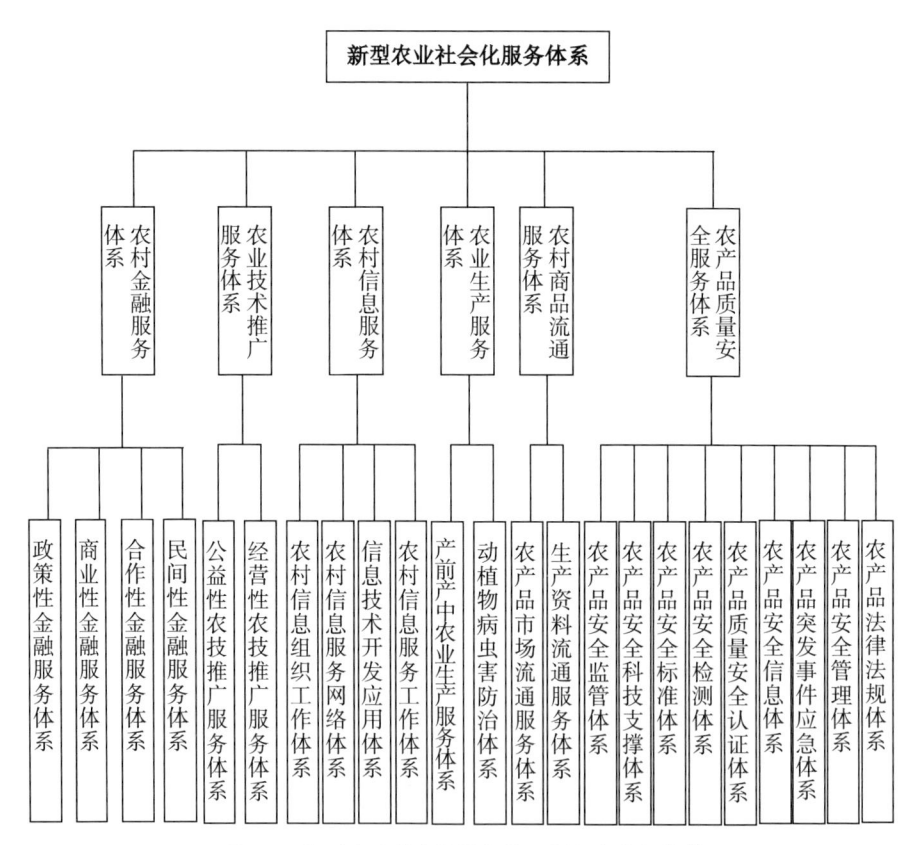

图 3.6 新型农业社会化服务体系服务内容架构[①]

---

① 根据党的十七届三中全会文件和农业部农村经济研究中心副主任陈建华与商秋红关于"建立新型农业社会化服务体系的探讨"修改而成。

第一,建立健全各级农业行政部门和涉农相关部门主导的,农业技术推广机构(村级服务站、科技示范户、基地等)、农业科研院所、农业教育单位、合作经济组织、龙头企业参与的农业技术服务推广方式,从而有效开展公益性和经营性农业技术推广服务,通过新技术引进和采用实现农业经济增长和农民增收。

第二,建立健全有各级相关部门和经济合作组织等所组成的产前、产中过程中的农业服务体系,并逐步加快建设由政府等相关部门主导的动植物病虫害防治防疫体系,从而完善中国农业生产性服务体系建设。

第三,建立健全中国的农村金融服务体系,加快建设由国家政策性银行和农业担保公司提供的政策性金融服务,加快建设由国家商业性银行、农村信用社、村镇银行所构成的商业性金融服务,加快建设由小额信贷公司和农业担保公司构成的合作金融服务,加快建设由农村资金互助组、农民资金合作社和民间基金组织构成的民间金融服务项目,通过建立一个政策性金融、商业性金融、合作金融和民间金融的相互配套、功能齐全互补、社会分工合理的农村金融服务体系,有助于实现中国新型农业社会化服务体系的构建和发展,实现城乡二元经济结构统筹发展。

第四,建立健全中国新型农村商品流通体系。目前中国流通体系是按照"生产—流通—农业生产—流通—市场"方式进行,为实现农户在生产资料市场和农产品交易市场的话语权和农户聚合能力,就必须提高农民的组织化程度,即通过农业合作社、中介组织和农业协会等提高农民的聚合能力,并帮助农户在购买生产资料和销售农产品时较少交易成本和费用,维护农民利益,实现流通体系的高效运作。

第五,建立健全农村信息服务体系,通过健全农村信息工作体系、网络体系、信息技术开发与运用体系等方面的内容,呈现出政府主导化、需求复杂化、渠道多样化、手段现代化、工作交织化、发展社会化的多元化趋势,最终形成农业信息化服务,合力建立一个信息务实开放的共享平台。

第六，建立健全中国农产品质量安全体系。通过建设农产品安全监管体系、安全科技支撑体系、安全标准体系、安全检测体系、质量安全认证体系、安全信息体系、突发事件应急处理体系、安全管理体系、法律法规体系等实现中国新型高效的农产品质量体系，从而保障农产品质量安全。

从六大方面入手建设中国新型农业社会化服务体系，是中国实现农业结构战略性调整的基础，是增加农民收入、促进农业可持续发展和提高农产品国际竞争力的重要手段，是实现中国国家经济发展和社会稳定的有效保障。

第四章 分工、演化与创新：新型农业社会化服务及其体系的形成机理

第一节 农业社会分工演进：农业社会化服务产生的机理

按生产力的性质和发展状况，农业可以划分原始农业、传统农业和现代农业三个发展阶段[①]，但也有学者分为农业原始农业、经验农业和科学农业三个阶段[②]，或者四阶段即原始农业、传统农业、近代农业和现代农业等。社会分工伴随农业发展阶段演进过程，原始农业形成是人类自然分工的结果，当人类从自然分工的采集和狩猎农业演化成农作物种植和动物饲养（种植业与畜牧业的分工）时，标志着农业进入了原始农业阶段；在原始农业阶段，当人类采用铁木制农具代替石器生产工具时，原始农业开始进入传统农业发展阶段，随着铁木制农具实行手工劳作（手工业与农业分工），传统农业得到发展。由于传统农业依靠世代相传的农事经验、要素投入和生产技术长期不变，即使出现了商人群体（第三次社会分工），但其生产力水平仍然一直很低，处于一种自给自足或半自给自足的发展水平。直到18世纪初，西欧和美国分别开始使用蒸

[①] 余汉新、李成贵：《试析农业发展的阶段特征及型态转变的内在规律》，《农业考古》1995年第3期。

[②] 冯有权：《农业科学技术史研究工作中的几个重要问题》，《中国农史》1981年第1期。

汽动力，以及后来以汽油内燃机取代了蒸汽机时，农业开始进入现代农业阶段。从社会发展形态看，存在原始农业服务、传统由农民自己直接承担的生产环节越来越多从农业生产过程中分离出来，成为独立的涉农经济部门或组织，这些部门或组织通过市场交换同农业生产建立稳定的相互依赖关系，形成一个庞大的经济系统、科技系统和社会系统的有机整体。[①]

农业社会化服务是社会分工、农业产业部门分工和农业产品内分工的产物，是农业生产力发展和商品化程度达到一定阶段的结果。图4.1显示，当原始农业演进到传统农业时，出现了人类社会的第二次、第三次大分工，手工业带来了农业生产工具服务，为传统农业提供了生产性社会化服务，商业为传统农业带来了农产品流通服务，但该时期的社会分工主要是产业间的社会分工，而产业内分工并没形成，农业生产力水平较低，小农经济是最适合的农业经营方式。转型农业发展阶段是传统农业向现代农业发展的过程，在该过程中传统农业与现代农业发展方式并存，农业产业内分工越来越深入，现代育种、化学科学、机械制造、农产品加工和农产品运销在农业发展中起到重要作用，形成了农业产业内外的生产性和非生产性农业社会化服务。随着技术的进步，农业产业内分工越来越深入，农业出现了产品内分工，形成了农业产业化，徐更生（1991）从农业产业过程界定农业社会化服务体系，他认为随着生产力水平提高、商品化程度提高和农业经营规模的扩大，越来越多的组织或个人专门从事为农业生产提供生产资料（产前服务），生产性服务（产中服务），农产品收购、储存、加工和销售（产后服务），并通过契约形式连接而成的体系。[②]

[①] 樊亢、戎殿新：《论美国农业社会化服务体系》，《世界经济》1994年第6期。樊亢、戎殿新：《美国农业社会化服务体系——兼论农业合作社》，经济日报出版社1994年版，第77页。

[②] 徐更生：《借鉴国外经验完善农业社会化服务体系》，《世界经济与政治》1991年第5期。

第四章 分工、演化与创新：新型农业社会化服务及其体系的形成机理　123

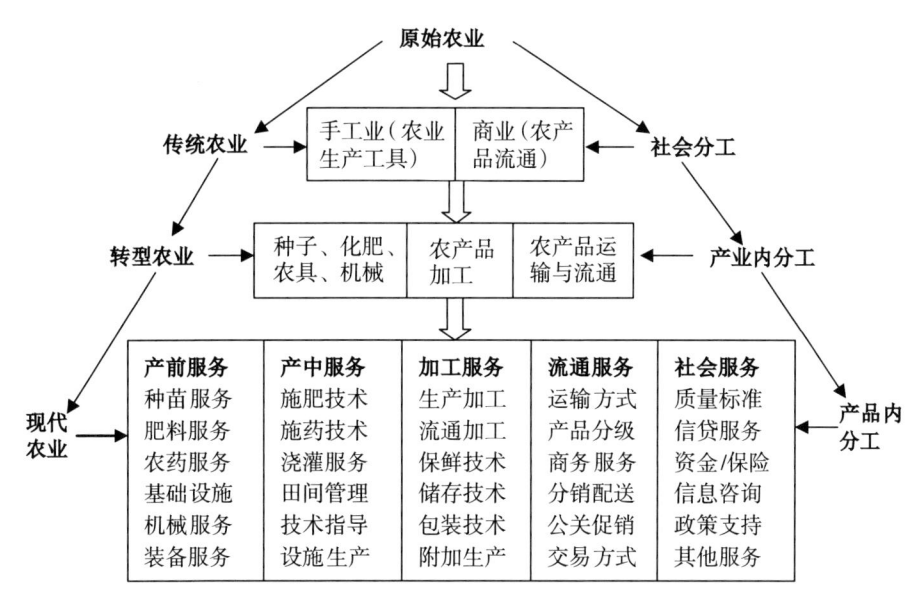

```
                        原始农业
                           ↓
传统农业 → ┌──────────┬──────────┐              社会分工
          │手工业(农业│商业(农产 │
          │生产工具)  │品流通)   │
          └──────────┴──────────┘
              ↓
转型农业 → ┌──────────┬──────┬──────────┐     产业内分工
          │种子、化肥│农产品│农产品运  │
          │农具、机械│加工  │输与流通  │
          └──────────┴──────┴──────────┘
                        ↓
        ┌──────┬──────┬──────┬──────┬──────┐
        │产前服务│产中服务│加工服务│流通服务│社会服务│
现代    │种苗服务│施肥技术│生产加工│运输方式│质量标准│  产品内
农业    │肥料服务│施药技术│流通加工│产品分级│信贷服务│  分工
        │农药服务│浇灌服务│保鲜技术│商务服务│资金/保险│
        │基础设施│田间管理│储存技术│分销配送│信息咨询│
        │机械服务│技术指导│包装技术│公关促销│政策支持│
        │装备服务│设施生产│附加生产│交易方式│其他服务│
        └──────┴──────┴──────┴──────┴──────┘
```

图 4.1　农业社会分工、演进与农业社会化服务

农业社会化服务是中国传统农业向现代农业转变的客观要求，也是农业走向市场化和现代化的现实选择。[①]农业社会化服务从生产角度可以分为产前、产中、产后服务；从服务内容看可以分为科技、信息、采购、销售、加工、信贷、生活等服务；从组织系统看可以分为公共服务系统、私人服务系统和合作服务系统。[②]布雷米尔（Breimyer，1962）提出农业部门的活动可以分为农民主要为家庭消费活动，或者完全为市场交换而进行的生产活动；不由农民从事而由供给者从事的农业要素生产；不由农民完成的销售、运输和加工的生产活动等。[③]戴维斯等（Davis et al.，

[①]　夏英：《农业社会化服务问题的理论探讨》，《农业经济问题》1993年第6期。刘焕鑫：《建立健全农村社会化服务体系》，《理论界》1995年第6期。傅殷才、陈昭方：《没有发达完善的农业社会化服务便没有农业的现代化——读樊亢、戎殿新主编的〈美国农业社会化服务体系——兼论农业合作社〉》，《经济评论》1995年第4期。金兆怀：《中国农业社会化服务体系建设的国外借鉴和基本思路》，《当代经济研究》2002年第8期。

[②]　樊亢、戎殿新：《论美国农业社会化服务体系》，《世界经济》1994年第6期。樊亢、戎殿新：《美国农业社会化服务体系——兼论农业合作社》，经济日报出版社1994年版，第77页。

[③]　Breimyer H. F., "The Three Economies of Agriculture", *Journal of Farm Economics*, No.44, 1962.

1957）在美国食品农工商综合体（Agribusiness）研究中，也描述了农业生产所存在的社会化服务系统（见图4.2）。该系统客观上是由农业生产和外部关联而产生的专业化、市场化和社会化的生产性和非生产性服务组成。[①] 虽然戴维斯等（Davis et al., 1957）在研究中主要考察消费者的食品消费是如何拉动农业综合体更大规模的生产（即消费拉动GDP的增长），但其结果也客观描述了食品生产的产前和产中的种子、肥料、饲料、商业批发、运输、电力、农机、汽车、集装箱和其他服务等生产供应服务组织，以及食品生产中的榨油、食品、纺织、木材、皮革等众多工业服务。该研究表明了农业作为基础产业，在国民生产中占据的核心地位，其生产过程包含了农工商产业的融合和协同。

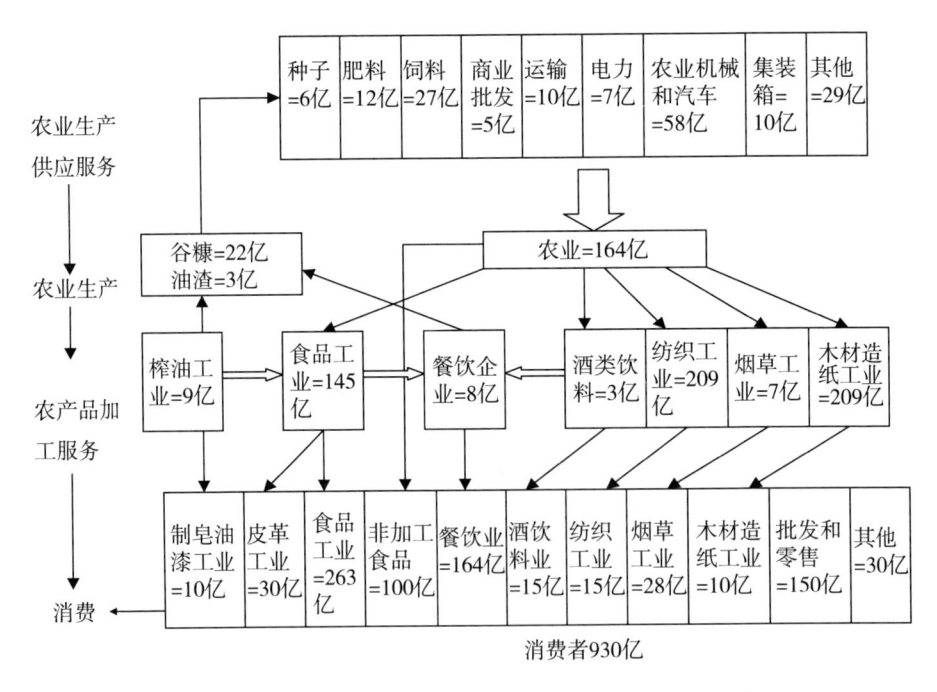

图4.2 美国食品农工商综合体的流程与服务产业体系[②]

---

① Davis J. H., Goldberg R. A., "A Concept of Agribusiness", *American Journal of Agricultural Economics*, No.39, 1957.

② 根据厉为民（2008）关于戴维斯（1957）的农高概念绘制图的修改。

第二节 农业现代化演进：新型农业社会化服务产生的机理

农业现代化是指从传统农业向现代农业转化的过程和手段。在这个过程中，农业日益用现代工业、现代科学技术和现代经济管理方法武装起来，使农业生产力由落后的传统农业日益转化为当代世界先进水平的农业。实现了这个转化过程的农业就叫作农业现代化的农业。农业社会化服务，是指在农业生产发展的过程中，以农村社区为基础，地域间行政、技术和物资部门通过实物或活劳动的形式为农业生产者提供种种便利条件。社会化服务体系必须为农民提供全方位的生产经营服务，才能实现农业生产的专业化和社会化，进而提高农业整体素质和市场竞争力。农业现代化的实现需要农业社会化服务业提供足够的人力以及技术等方面的支持。

从世界范围来看，农业社会化服务是伴随着各国农业现代化的进程而发展的，它经历了一个从产生、发展到趋于完善的过程。早在资本主义制度建立之初，成千上万的个体农民纳入资本主义大生产的体系中来，生产和非生产的农业社会化服务开始出现。随着资本主义的进一步发展，农业生产力迅速提高，商品经济在农业内部日益完善，许多国家完成了从传统农业向现代农业的转变。各国政府相继建立了相应农业服务组织，为农民提供各种所需的服务，促使农业劳动生产率显著提高、农场规模不断扩大、农产品的商品率大大提高、农业生产中的分工更加细化。同时也客观造成农民对外界服务体系的依赖性加强，只有更加完善的社会化服务，才能使农民完成整个农业现代化生产过程。因此，许多公益性和经营性的农业社会化服务企业或组织应运而生，规模越来越大，一体化和专业化发展方向成为发展趋势。农业现代化进程中存在三个主要路径衍生农业社会化服务产业，即农业与工业和服务产业的融合，农业产业内部部门分离成为社会化的农业服务主体，新型农业技术和信息产业的发展,从而形成农业社会化服务体系。

农业现代化过程中,建立在信息化、技术化、专业化、商品化和市场化的基础上,以科技和信息服务为核心的农产品工业化生产使现代农业成为第一、第二和第三产业的混合体,模糊产业间的界限。从现代农业产业链(见图1.1)和图4.3中可以看出,服务在整个农业产业链中占有很大比例,是三大产业(农业、工业和服务业)的集合体。农业、工业和服务业之间的交叉融合成为发展趋势,模糊了传统农业产业界限,形成了为农业服务的专门工业和服务业等产业。传统农业部分分离,如耕作服务公司、种子服务公司和收割服务公司等,从传统的纯生产部门转向为农业生产服务的服务部门,成为市场主体,形成了市场化、社会化和专门化的农业服务专门产业;同时,部分现代农业产业向服务产业转化,如农业生产演变为观光农业、生态旅游农业和体验农业等服务性产业。现代农业由劳动密集型生产向技术和资金密集型服务转变,而高技术、高消耗、高产出、高商品率和高社会化服务的现代农业使农业由劳动密集型生产向技术和资金密集型服务转变,如设施农业、转基因农产品和保健农产品的生产等新型农业服务产业。

现代农业的品牌经营和新的经营观念产生,不仅使农业经营在技术、质量、信息和文化等方面的集成,形成了独特的服务方式、服务环境、服务标志,在销售终端、互联网和电子商务中吸引顾客,培养忠诚顾客,提高产品价值和品牌价值,如雀巢咖啡、北京烤鸭等。而且现代农业服务化的趋势使传统农产品营销由交易观念向服务营销的关系观念转变,由传统的生产率观念向服务生产率观念转化。现代农业实际上是基于科技和信息服务的现代化产业,它由过去受生产要素和自然环境的约束转向受科技和信息等服务的约束,使农业生产经营从根本上改变了传统的方式,催生和促进了农业社会化服务的发展。

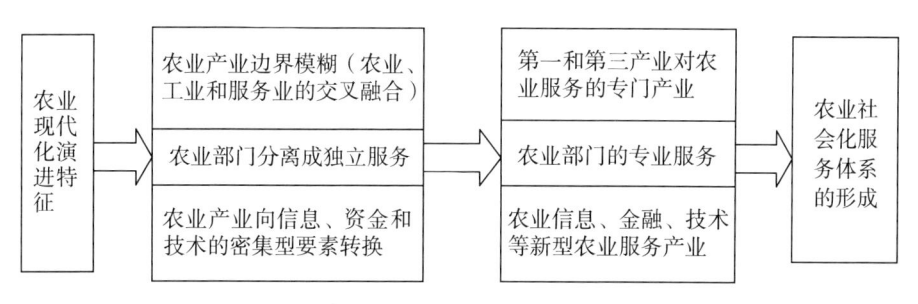

图 4.3　农业现代化演进中的新型农业服务社会化体系形成的路径

第三节　技术与管理创新：新型农业社会化服务体系产生的机理与特征

农业现代化相对传统农业来看，是一种农业生产方式、生产技术和制度的创新，这种创新不仅体现在生产技术上而且是服务观念和服务方式的创新，更是一个社会化服务系统的创新。农业社会化服务的创新主要包括服务观念创新、以硬技术为核心的服务创新、以软技术为核心的服务创新、制度和环境服务创新和技术产业服务创新等五个创新板块。五大板块创新相互作用集成农业现代化模式，也是促进现代农业发展的主要途径。见图 4.4。

农业社会化服务观念和制度服务创新。现代农业服务观念是指导农业经营活动的哲学和理念，从事农业生产经营的实际工作者，在总结传统农业实践经验基础上，树立现代农业服务观念、全面质量观念和品牌战略观念等，通过观念的创新使农业生产方式从思想上完全从传统营销向现代农业转变。农业社会化服务导致的农业经营制度和环境创新是围绕农业产业通过优化内部人、财、物等资源的配置，健全农业产业内部制度文化，创造适合现代农业发展的内部环境；对外谋求有利于现代农业发展的政策、法律、经济、文化和资源等外部良好环境。现代农业新型产业的创新和经营环境的创新不仅需要农业产业内部组织或个体运用

```
                    ┌─────────────────────────┐
         ┌─────────│   新型农业社会化服务体系   │──────────┐
         │         └────────────┬────────────┘          │
         │              ┌───────┴────────┐              │
    ┌────┴───┐         │ 现代农业服务观念方式 │         ┌────┴───┐
    │ 农      │         └───────┬────────┘          │ 农      │
    │ 业      │              ┌───┴────┐              │ 业      │
    │ 硬      │         │现代农业制度与管理创新│         │ 软      │
    │ 技      │         └───────┬────────┘          │ 技      │
    │ 术      │              ┌───┴────┐              │ 术      │
    │ 为      │         │  现代农业知识与管理  │         │ 为      │
    │ 核      │         └────────────────┘          │ 核      │
    │ 心      │         农业现代化的硬、软手段         │ 心      │
    │ 生      │                                    │ 管      │
    │ 产      │         ┌────────────┐             │ 理      │
    │ 型      │         │ 农业现代化的模式 │          │ 型      │
    │ 服      │         │(技术集成和商业化模式)│       │ 服      │
    │ 务      │         └────────────┘             │ 务      │
    └────────┘                                    └────────┘
```

图中内容（文字化描述表格形式）：

新型硬技术服务产业	现代化农业内容	新型软技术服务产业
农业生物技术服务产业 农业工程技术服务产业 农业环保技术服务产业 农业信息技术服务产业 农业材料技术服务产业 ……		农业商贸物流服务产业 农业文化运作服务产业 农业品牌运营服务产业 农业体验休闲服务产业 现代农业管理服务产业 ……

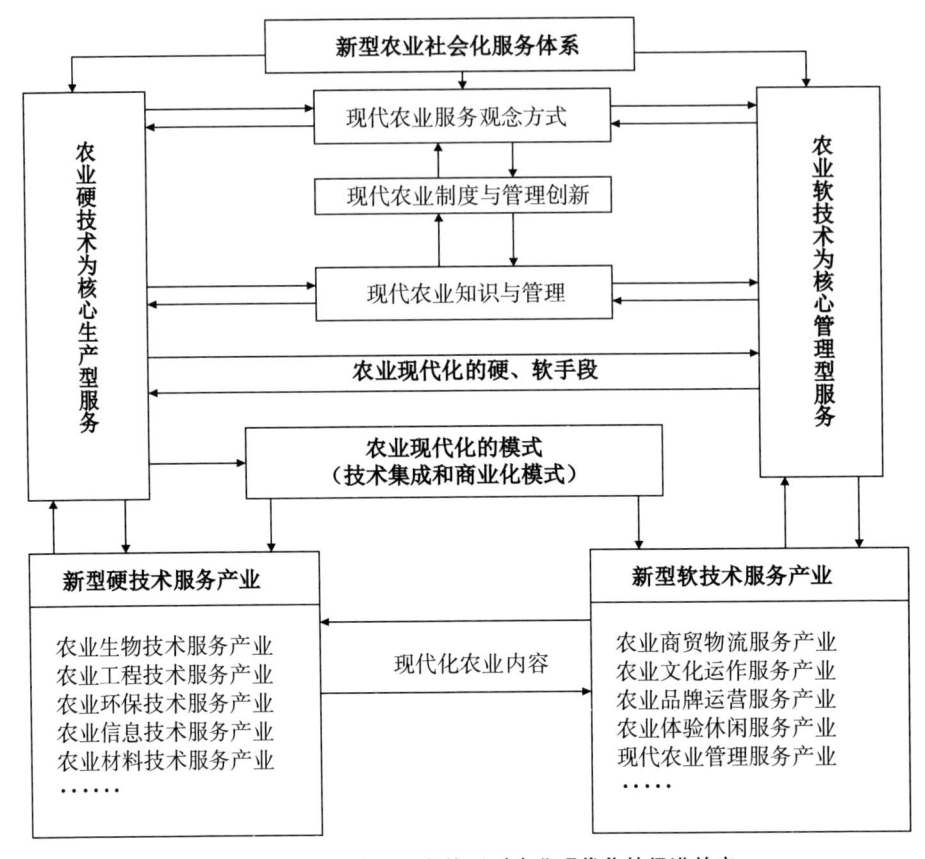

图 4.4　农业社会化服务体系对农业现代化的促进效应

内部环境优化来适应外部不可控环境，也需要政府、社会组织、行业组织、消费者和其他农业产业发展的利益相关者的共同作用，形成有利于现代农业发展的社会经济环境。

以硬技术为核心的农业社会化服务创新。一方面对农业硬技术进行软技术服务的创新，实现创造新的农业社会化服务新方法，并运用硬技术创造新的技术服务内容和技术服务产业，从而提高硬技术产品的价值和附加值。硬技术产业是指研究开发核心技术的物质生产部门，也属于服务领域。通过以硬技术为核心的农业社会化服务创新，实现硬技术的服务产业化，形成新型的高技术农业产业，如农业生物技术产业、农业工程技术产业、农业环保技术产业、农业信息技术产业、农业材料技术产业等。采用最先进的科学技术服务，使中国亿万农民真正采用先进的技术手段去从事农业生产活动。通过一系列的转化和应用，使之最终变为现实的生产力。用农业社会化服务体系将科学知识和生产技术普及到各县、各乡、各村，加强科学知识的讲解，同时加强农业生产的技术指导，使农业生产的技术真正被农民个人所掌握和应用，从而促进农业生产技术的现代化。

以软技术为核心的农业社会化服务创新。围绕农业软技术进行新服务技术、新服务手段和方法、新服务领域或内容的创新，可以有效协调管理新的服务产业，如生态农业、观赏农业、农产品网络咨询以及文化产业等。通过软技术服务的产业化，使农产业由传统的弱质性、薄利性农业部门转向技术含量高、附加值高的服务产业部门。软技术的新服务技术、新服务手段和方法就是科学管理方法和先进的管理手段、管理形式，运用该科学管理内容来管理农业的过程，不仅提高农业生产的社会化水平，而且能够科学合理地组织农业生产力，提高农业生产的经济效益。现代软技术的管理方法和技术手段根据现代化农业生产的特点，改进管理体制和管理方式，逐步利用电子计算机等现代化管理手段以及现代经济数学方法来加强管理，逐步建立一支有高度政治觉悟、具有农业现代化管理技能的队伍。农业生产管理现代化的实现，需要强有力的农业社会化服务体系提供各种软技术为核心的服务创新的支持，如帮助集体与经营者签订和履行各种承包合同；帮助指导一些合作经济组织管理财务，进行会计核算及收益分配；发展合作经济内部集体资金融通，提供审计及相关的咨询服务；通过农产品成本调查和农村经济统计等，提供经济信息和经营管理服务等；辅导、培训农村合作经济组织财会人员和其他管理人员；帮助指导农户记账以及核算等。通过社会化服务，改进农业生产管理，在等量的农业资金、物资和人力投入的情况下，使人尽其才、物尽其用，经营规模适度，生产结构优化，增加农业产出，提高劳动生产率。因此，农业社会化对于农业生产管理现代化具有重要意义。

新型农业技术和知识管理。中国人口中，一多半是农村人口，而中国农业生产所需的人力资源与当前中国农村已固有的人力资源并不是匹配的，中国农村有大批的农业剩余劳动力存在，而为了更快地推进农业现代化的进程，农村广大农业劳动力的素质也需要提高。根据调查，农村剩余劳动力的主要出路在于发展第三产业，而农业社会化服务业便是第三产业的一部分。发达国家第三产业产值占国民生产总值的60%—70%，发展中国家一般35%—40%，中国为27%，而在农村只有14%。农业社会化服务业如果发展更加完善，就会为农村剩余劳动力提供大量的就业机会。因此，发展农业社会化服务，是转移农村剩余劳动力和提高农村素质的重要保障。让更多的剩余劳动力加入农业生产社会化服务的队伍中，一方面缓解中国农村剩余劳动力，另一方面更好地发展社会化服务体系；同时，让农业社会化服务业为农民劳动力提供各种技术咨询和技术培训，提高农民劳动力的素质，使农民成为有文化、懂技术的新型农民。中国农村农民剩余劳动力问题的解决和农民劳动力素质的提高，将对加速中国实现农业现代化起到举足轻重的作用。

新型硬技术和软技术的农业社会化服务。图4.4中，农业部门内部技术和观念的创新是产生新型农业服务产业的关键。一方面，以农业硬技术为核心的农业服务创新，围绕硬技术创新成功，产生的新型非生产性的软技术服务，实现创造新的农业服务新方法和运用硬技术创造新的服务内容和服务领域（也可以称之非生产性服务），从而提高硬技术产品的价值和附加值；而硬技术产业是研究开发核心技术的物质生产部门，也属于服务领域，即生产性服务。通过这两个板块的创新，实现硬技术的服务产业化，提高农产品质量和健康安全程度，满足市场需求。另一方面，以软技术为核心的农业服务创新围绕软技术或软技术产业进行新服务技术、新服务手段和方法、新服务领域或内容的创新。运用硬技术手段开发和培育新的服务产业，如生态农业、观赏农业、农产品网络咨询以及文化产业等。通过软技术服务的产业化，使农业产业由传统的弱质性、薄利性农业部门转向技术含量高、附加值高的服务产业部门。农业硬技术和软技术产业服务的创新对新的农业技术产业或服务内容进行产业化的支持，促使农业新技术产业的成长。如转基因西红柿产业、转基因玉米产业、BT农药产业、生态旅游农业产业等都是由硬技术和软技术互相结合发展成为新兴的产业部门。

本书认为中国新型农业社会化服务内涵和本质应体现农户导向性（需求层面）和内部运作的协调性（供给层面）。现代农业是比传统农业更大规模的社会化系统，是在生产和经营中能够广泛运用现代科学技术和现代科学管理方法，将供、产、销的经营环节与市场紧密联系在一起，使农业产前、产中和产后紧密联系的高度发达的商品性农业，是一种高技术、高消耗、高产出、高商品率和高社会化服务的高效益农业。因此，农业社会化服务是现代农业内涵的一部分，它是因农业产业内分工和外部关联而产生的专业化、市场化和社会化的生产和非生产性服务。

第五章　1978—2016年中国农业社会化服务水平测评与农民收入增长实证分析

第一节　农业社会化服务水平评价的理论逻辑框架

改革开放使中国特色社会主义市场经济逐步发展和完善，但经济全球化使中国面临越来越多的国际竞争压力，特别是对以"分散的小农"为主体的农业经济的发展。为此，建立完善的农业社会化服务体系被学界公认为是克服分散经营的"小农经济"弊端的有效途径。[①] 改革开放以来，中国政府高度重视农业社会化服务体系建设工作，将其作为稳定和完善农村基本经营制度、深化农村改革的一项重要任务，并经历了"社会化服务"内涵拓展阶段（1978—1989）、"社会化服务体系"逐渐完善阶段（1990—2007）、"新型农业社会化服务体系"发展阶段（2008年至今）。[②] 党的十七届三中全会明确表示要建立覆盖全程、综合配套、高效的包含"农业技术推广、动植物疫病防控、农产品质量监管、农产品市场流通、农业信息收集和发布、农业金融和保险服务"的新型农业社会化服务体系，并且现阶段由政府、社会和市场三方组织力

[①] 杨汇泉、朱启臻、梁怡：《统一主体与多元主体：农业社会化服务体系组织的权变性建构》，《重庆大学学报（社会科学版）》2011年第2期。周娟：《土地流转背景下农业社会化服务体系的重构与小农的困境》，《南京农业大学学报（社会科学版）》2017年第6期。

[②] 高强、孔祥智：《中国农业社会化服务体系演进轨迹与政策匹配：1978—2013年》，《改革》2013年第4期。

量作用下的多元主体、多元化服务的农业社会化服务组织体系已基本形成。①农业服务组织体系的服务主体层次已从上向下逐步延伸至行政村一级,但该体系依然存在诸多问题:一是农业社会化服务主体建构缺失致使组织"部门化"严重、②"半社会化"和"半公益化"倾向明显,并且政府、社会和市场三方组织职能定位缺失,缺乏联动互补机制;③二是农业社会化服务供给与需求逐渐失衡;④三是农业社会化服务体系建设投入不足和监管法律制度不健全,致使其成为制约农业社会化服务建设发展和组织主体发育的一个根本性问题;⑤四是农业社会化服务种类单一、水平低下、公共服务缺失、信贷保险等诸多方面落后等;五是

---

① 孔祥智、徐珍源、史冰清:《当前中国农业社会化服务体系的现状、问题和对策研究》,《江汉论坛》2009年第5期。杨汇泉、朱启臻、梁怡:《统一主体与多元主体:农业社会化服务体系组织的权变性建构》,《重庆大学学报(社会科学版)》2011年第2期。杨汇泉、朱启臻:《新中国成立60年来农业社会化服务体系组织建构回顾及研究述评》,《华南农业大学学报(社会科学版)》2010年第1期。仝志辉、侯宏伟:《农业社会化服务体系:对象选择与构建策略》,《改革》2015年第1期。

② 樊亢、戎殿新:《论美国农业社会化服务体系》,《世界经济》1994年第6期。樊亢、戎殿新:《美国农业社会化服务体系——兼论农业合作社》,经济日报出版社1994年版,第77页。高新才:《论市场经济中的农业社会化服务体系》,《科学经济社会》1995年第2期。中南财经大学课题组:《农业社会化服务体系的结构与层次研究》,《中南财经大学学报》1996年第5期。仝志辉:《中国农村社会化服务体系的"部门化"及其改革》,《理论视野》2007年第8期。李春海:《新型农业社会化服务体系:运行机理、现实约束与建设路径》,《经济问题探索》2011年第12期。

③ 黄婧、纪志耿:《完善中国特色农业社会化服务体系评析》,《现代经济探讨》2009年第4期。中南财经大学课题组:《农业社会化服务体系的结构与层次研究》,《中南财经大学学报》1996年第5期。李炳坤:《农业社会化服务体系的建设与发展》,《管理世界》1999年第1期。夏英:《农业社会化服务问题的理论探讨》,《农业经济问题》1993年第6期。刘胤汉、刘彦随:《有关农业产业化与农业社会化服务体系问题探讨》,《人文地理》1996年第4期。陈义媛:《土地托管的实践与组织困境:对农业社会化服务体系构建的思考》,《南京农业大学学报(社会科学版)》2017年第6期。

④ 宋洪远:《新型农业社会化服务体系建设研究》,《中国流通经济》2010年第6期。王钊、刘晗、曹峥林:《农业社会化服务需求分析——基于重庆市191户农户的样本调查》,《农业技术经济》2015年第9期。

⑤ 蔡加福:《建立健全中国农业社会化服务体系的对策思考》,《福建论坛(人文社会科学版)》2005年第10期。黄佩民:《建立完善的农业社会化服务体系》,《农业科技管理》1997年第6期。高新才:《论市场经济中的农业社会化服务体系》,《科学经济社会》1995年第2期。孔令友:《论农业服务要素建设——完善农业社会化服务体系的几个问题》,《南京社会科学》1994年第9期。

农业社会化服务存在资源约束问题，不仅有总量供给问题，也有结构和服务质量问题。[1] 以上诸多问题使得中国农业社会化服务体系服务水平不高，没能发挥其应有的作用，逐渐成为阻碍中国农业经济发展的"瓶颈"。[2]

针对以上问题，国内诸多学者从组织体系、政策投入和制度层面对农业社会化服务的产生、发展、作用、机制、存在的问题和政策等方面作出了详尽的论述，取得了丰硕的成果，并有学者在此基础之上就如何构建中国新型的、高水平的农业社会化服务体系作出了相关阐述和设计。[3] 诸如杨汇泉和朱启臻（2010）从组织层面构建了"统一主体与多元主体相结合"的权变性农业社会化服务组织架构来发挥各种社会力量，从而有利于社会化服务组织适应复杂多样的现代化农业发展需求。[4] 陈建华和商秋红（2010）依据国家政策环境变化和农业发展内在要求，系统分析了新型农业社会化服务体系的时代背景并提出了构建新型农业社会化服务体系的框架内容。[5] 黄婧和纪志耿（2009）通过反思市场化取向改革弊端，从而提出构建"社会化和公益化"的"成本低廉、运作高效、覆

---

[1] 李春海：《新型农业社会化服务体系框架及其运行机理》，《改革》2011年第10期。

[2] 樊平：《2008农民发展报告》，《中国集体经济》2008年第Z2期。杨汇泉、朱启臻、梁怡：《统一主体与多元主体：农业社会化服务体系组织的权变性建构》，《重庆大学学报（社会科学版）》2011年第2期。

[3] 孔祥智、徐珍源、史冰清：《当前中国农业社会化服务体系的现状、问题和对策研究》，《江汉论坛》2009年第5期。谭智心、孔祥智：《新时期农业产业化龙头企业提供农业社会化服务的现状、问题及对策研究》，《学习论坛》2009年第11期。张颖熙、夏杰长：《农业社会化服务体系创新的动力机制与路径选择》，《宏观经济研究》2010年第8期。张娟、张笑寒：《农业社会化服务的模式、机理及趋势分析》，《江苏农业科学》2011年第2期。仝志辉、侯宏伟：《农业社会化服务体系：对象选择与构建策略》，《改革》2015年第1期。赵晓峰、赵祥云：《新型农业经营主体社会化服务能力建设与小农经济的发展前景》，《农业经济问题》2018年第4期。

[4] 杨汇泉、朱启臻、梁怡：《统一主体与多元主体：农业社会化服务体系组织的权变性建构》，《重庆大学学报（社会科学版）》2011年第2期。杨汇泉、朱启臻：《新中国成立60年来农业社会化服务体系组织建构回顾及研究述评》，《华南农业大学学报（社会科学版）》2010年第1期。

[5] 陈建华、商秋红：《建立新型农业社会化服务体系的探讨》，《中国农学通报》2010年第23期。

盖宽泛"的农业服务系统。①张颖熙和夏杰长（2010）则认为应当通过"政府推动、市场牵动、龙头带动"的手段将"城市延伸、农村靠拢、专业组织衔接方针"作为中国新型农业社会化服务体系发展的路径方向。②宋洪远（2010）则认为应该发挥市场机制的基础性作用，并加强政府的引导和扶持，按照重构公益性农业社会化服务机构，加快发展营利性和大力扶持非营利性农业社会化服务机构的总体思路。③孔祥智（2012）等认为通过制度建设、主体建设和市场建设来建立和完善中国新型农业社会化服务体系。④鲁可荣和周洁（2014）通过对浙江省178例农业生产组织的抽样调查，提出要培育和加强以农业生产性服务业为主体的新型农业社会化服务体系建设。⑤周娟（2017）认为需要更多扶持支持小农的社会化服务体系建设，从而使小农的社会化服务需求和供给也实现规模化。⑥

然而现阶段国内学术界针对中国农业社会化服务服务水平评价的研究并不多见，并且其研究主要局限于单一项目的农业服务领域，诸如向琳和李季刚（2010）深入分析了中国农业产业化服务效率及其影响因素，并且认为学界关于农业产业化研究主要集中于政府财税补贴政策效率层面。⑦杨印生（2008）等研究了农机服务作业组织水平及其影响因素。⑧

---

① 黄婧、纪志耿：《完善中国特色农业社会化服务体系评析》，《现代经济探讨》2009年第4期。
② 张颖熙、夏杰长：《农业社会化服务体系创新的动力机制与路径选择》，《宏观经济研究》2010年第8期。
③ 宋洪远：《新型农业社会化服务体系建设研究》，《中国流通经济》2010年第6期。
④ 孔祥智、楼栋、何安华：《建立新型农业社会化服务体系：必要性、模式选择和对策建议》，《教学与研究》2012年第1期。
⑤ 鲁可荣、周洁：《农业生产组织对农业社会化服务需求意向及实际满足度分析——基于对浙江省178例农业生产组织的抽样调查》，《福建论坛（人文社会科学版）》2014年第3期。
⑥ 周娟：《基于生产力分化的农村社会阶层重塑及其影响——农业社会化服务的视角》，《中国农村观察》2017年第5期。周娟：《土地流转背景下农业社会化服务体系的重构与小农的困境》，《南京农业大学学报（社会科学版）》2017年第6期。
⑦ 向琳、李季刚：《中国农业产业化效率及其影响因素》，《长安大学学报（社会科学版）》2010年第3期。
⑧ 杨印生、舒坤良、郭鸿鹏：《农机服务组织作业效率影响因素的实证分析》，《数理统计与管理》2008年第1期。

韩坚和尹国俊（2006）从农业生产性服务角度出发研究了投入与产出效率。① 国外学者研究领域主要集中于农业社会化服务组织效率与水平层面，主要内容涉及农业服务在市场制度安排和非市场制度安排中效率的比较、非营利组织与营利组织效率、政府与私人部门组织职能分散对农业服务效率的影响、中介服务组织对农业创新的影响、非国有组织的农业服务更有效等。② 史密斯（Smith，2001）还对农业技术推广领域、农业金融与投资领域、畜牧领域进行了分散服务研究。③ 研究认为通过分散服务形成合作伙伴关系有利于非营利性和营利性组织产生竞争合作，提高服务效率。④ 并在这一系列研究中认为提高农业管理效率，农业市场风险管理咨询成为农业管理的重要内容。⑤

依据系统理论的观点，农业社会化服务体系的评价虽然是一个复杂

---

① 韩坚、尹国俊：《农业生产性服务业：提高农业生产效率的新途径》，《学术交流》2006年第11期。

② Weisbrod B. A., *Toward a Theory of the Voluntary Nonprofit Sector in a Three-Sector Economy*, in Ehelps, E. (Eds.), *Altruism, Morality and Economic* Theory, Russell Sage, New York, pp.171-195. HansmanH. B., "The Role of Nonprofit Enterprise", *Yale Law Journal*, No.89, 1980. Haitham, El-Hourani, "The Role of Public and Private Sectors in Agriculture", *Representation Office of the Food and Agriculture Organization of the United in Jordan Organization of the United Nations in Jordan*, No.9, 2005. Klerkx L., Leeuwis C., "Matching Demand and Supply in the Dutch Agricultural Knowledge Infrastructure: The Emergence and Embedding of New Intermediaries in an Agricultural Innovation System in Transition", *Journal of the National Cancer Institute*, No.3, 2008. Luqman M., Shahbaz B., Ali T., "Impact of Agricultural Services Provided by Non-State Actors on Rural Livelihoods: A Case of Distrct Mansehra, Khyber Pukhtunkhwa", *Pakistan Journal of Agricultural Sciences*, No.53, 2016.

③ Smith L. D., "Reform and Decentralization of Agricultural Services: A Policy Framework", *FAO Agricultural Policy and Economic Development Series*, No.7, 2001.

④ Haitham, El-Hourani, "The Role of Public and Private Sectors in Agriculture", *Representation Office of the Food and Agriculture Organization of the United in Jordan Organization of the United Nations in Jordan*, No.9, 2005. David J. S., Klaus.V.G., "Public-Private Partnerships in Agricultural Research: An Analysis of Challenges Facing Industry and the Consultative Group on International Agricultural Research", *Environment and Production Technology Division Discussion Paper*, No.113, 2004.

⑤ Cabrini S. M., Stark B. G., Irwin S. H., "Efficiency Analysis of Agricultural Market Advisory Services: A Nonlinear Mixed-Integer Programming Approach", *Manufacturing & Service Operations Management*, No.3, 2004.

的研究课题,但是相对于一个农业社会化服务体系构建的理论和实践研究来说,农业社会化服务体系的评价却只是其中的一个部分。系统理论告诉我们,有机体、人类组织和社会组织或系统的矛盾问题需要通过环境决定的独特方式来解决。[1] 每一个社会经济系统中组织或个体扮演着各种角色,从事各种活动,彼此之间相互联系,系统中子系统是开放的,其他子系统或系统为其输送原材料、劳动力、资本、信息和情感的同时,它也同样向其他的子系统或系统输送同样要素。农业社会化服务体系(系统)是一个不断从外部环境输入信息,并输出物质或信息的开放系统。该系统外部的政治环境、文化环境、经济环境、社会环境、技术环境、自然环境、竞争环境和法律环境等因素的输入,能够造成系统的波动或内部组织的变革,通过整个系统波动和内部组织变革产生的新的农业服务组织功能,促使农业社会化服务体系更适应中国当前快速推进的农业现代化大环境。如果一个人认识到社会组织系统的子系统是如何相互联系的,他就能够明白开放系统理论提供的洞察力的重要性。[2]

从以上学者的研究中发现学界对农业社会化服务的产生、发展、作用、机制、存在的问题以及新型农业社会化服务体系构建等方面开展研究,但对农业社会化服务体系的整体服务效率与水平的定量研究很少,[3] 本书试图通过建立以学者、农户和农业专家认知基础的农业社会化服务服务水平宏观层面的指标测评体系,对1978—2016年间中国农业社会化服务服务水平进行分析,并深入探讨其制约农业社会化发展的诸多因素,

---

[1] Stacey R.D., *Strategic Management and Organisational Dynamics*, Pearson Education Limited, 1993, pp.448–450.
[2] Trist E. L., Bamforth K. W., "Some Social and Psychological Consequences of the Longwall Method of Coal-getting", *Human Relations*, No.1, 1951.
[3] 欧阳容辉:《农业社会化服务统计指标体系的设计》,《统计研究》1991年第6期。王瑞兰:《建立农业社会化服务统计指标体系》,《财贸研究》1994年第3期。彭建仿:《农业社会化服务供应链的形成与演进》,《华南农业大学学报(社会科学版)》2017年第4期。

从而得出提高中国新型农业社会化服务服务水平的基本发展方向。

农业社会化服务体系的综合评价主要分为两个方面：其一是基于中国农业社会化服务体系的现状，对中国农业社会化服务体系进行综合评价。通过综合评价了解中国目前农业社会化服务体系的时间和空间发展差异。其二主要是对中国农业社会化服务体系发展的制约因素进行诊断，揭示其发展的制约因素，发现在整个发展过程中存在的主要问题。具体研究框架（见图5.1）。

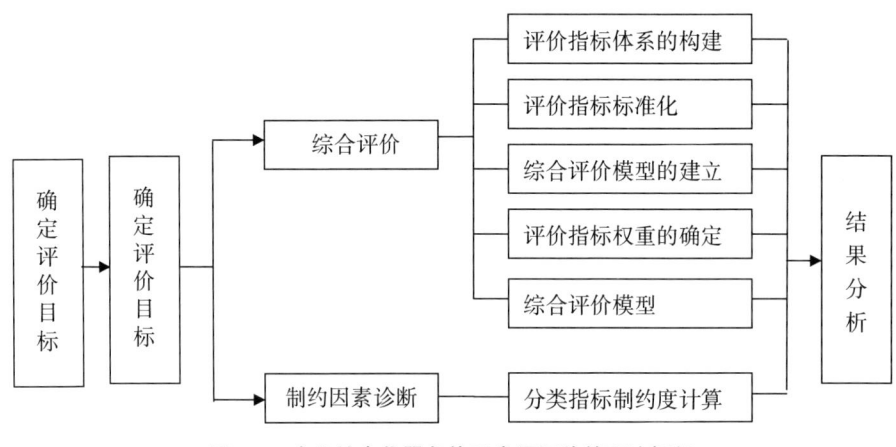

图5.1 农业社会化服务体系发展评价的理论框架

第二节 中国农业社会化服务水平评价目标、原则和指标体系构建

一、中国农业社会化服务水平评价目标

大力加强中国农业社会化服务体系建设有助于实现中国农业生产的专业化和市场化，提高农业生产和流通水平，实现资源的高效配置，最终提高农产品质量，通过农业服务组织聚合分散的小农户，提高农户的聚合力使之良好地参与市场，实现"小农户与大市场"的良好对接，实现中国的农业现代化，并为此破除"城乡二元经济结构体制"，实现城乡经济的统

筹发展，从而实现农业经济的可持续发展和农民持续增收。自中国逐步建立和完善中国特色社会主义市场经济以来，其农业社会化服务体系处于大力推进和逐步完善阶段，为此需要找到一种度量和监测中国农业社会化服务体系建设持续性走势的有效方法来评估中国农业社会化服务体系建立以来的各项政策和措施的实施效果，从而判断中国农业社会化服务体系未来的发展方向。中国农业社会化服务体系发展评价旨在对中国近40年的相关农业社会化服务投入和建设现状进行定量与定性研究，揭示中国目前农业社会化服务体系的发展程度和时间、空间差异，并评价发现全国和不同区域之间的农业社会化服务体系差异的主要制约因素，根据评价结果从而构建中国特色新型农业社会化服务体系的整合机制，实现新型工业化、信息化、城镇化、农业现代化同步发展，形成工农互促、城乡互补、全面融合、共同繁荣的新型工农城乡关系和农民持续增收。

二、中国农业社会化服务水平评价原则

评价指标的选取将直接影响中国农业社会化服务体系评价的结果。因此，为实现客观、公正、科学、有效地衡量中国农业社会化服务体系的发展现状，在设置评价指标体系和进行具体评价时，需遵循以下原则：

（一）系统性原则

评价指标体系设计最基本的原则就是系统全面原则，指标的设立要充分考虑到各个子系统构成的整体效应，使之尽可能系统全面，这样所分析的结果才是最全面的、最可信的。

（二）一致性原则

服务水平评级指标体系中相关指标的设计要与目的相一致，其目的主要分析中国农业社会化服务体系的服务水平，并分析中国农业社会化服务的制约因素，为中国以后的农业社会化体系的建设与发展奠定基础并指明新的发展方向。

(三)层次性原则

中国农业社会化发展体系主要由多个子系统构成,其各子系统之间又存在联系和差别,其体系评价主要是一个涉及农业社会化服务投入与产出的综合复杂系统,为此在进行农业社会化服务体系评价时要分层次进行,从宏观、中观到微观逐步过渡,从而保证各个指标之间的联系和独立性。

(四)可比性原则

农业社会化服务体系的评价最明显的特征就是历史性差异,在选取指标时既要考虑到地区差异的指标,又要保证各个指标的口径统一、计算方法和统一的量纲进行纵向比较,以便对其农业社会化服务体系发展时间规律进行分析研究,从而有利于对农业社会化服务系统进行整体把握。

(五)可行性原则

在设计评价指标时,每一项指标应含义明确、简便易算,在已有的统计指标、调查数据和实验数据上,能从现有的或者实际之中找到替代值,从而避免相同或者相近的变量重复出现。在评价时还要考虑到数据来源渠道的可靠性、考虑操作的成本,在一定程度上要做到简单易行,从而节省人力、物力和财力等资源。

三、农业社会化服务水平评价指标选择与体系构建

(一)准则层衡量指标选取与依据

以2007年"中央1号文件"中提出的现代农业内涵为契机,既要用现代物质条件装备农业,用现代科学技术改造农业,用现代产业体系提升农业,用现代经营形式推进农业,用现代发展理念引领农业,提高农业水利化、机械化和信息化水平来实现由传统农业向现代农业转型。随后,在党的十七届三中全会上又明确提出了建设覆盖全程、综合配套、便捷高效的新型农业社会化服务体系,更好地为现代农业服务,为此农业社会化服务已逐渐成为发展现代农业的必然要求。进入21世纪之后,对农业社会化服务水平提出了更高的要求,党的十八大明确提出要"构建集约化、专

业化、组织化、社会化相结合的新型农业经营体系"。在党的十九大报告中针对实施乡村振兴战略作出重要指示要求"健全农业社会化服务体系，实现小农户和现代农业发展有机衔接"。现如今已逐步建设包含"农业技术推广服务、农业生产服务、农产品质量监管服务、农产品市场流通服务、农业信息收集和发布服务、农业金融和保险服务六大服务"的新型社会化服务体系，[①]其农技推广、农机服务、农产品加工与流通服务等技术性服务是促进传统农业向现代农业的转变过程中的重要因素。[②]其生产资料、农业技术资金投入、农机作业服务和农业基础设施建设等生产性服务是提高农业能力和农业社会化服务水平的重要指标。[③]而市场发育建设、农业产业化经营、信息化建设、金融保险建设等是提高农业规模化和社会化服务水平的关键。[④]基于此，依据现代农业内涵和新型农业社会化服务体系的内容构建评价的一级指标，将农业基础设施配套服务、生产资料供应服务、农业机械化服务、农产品加工与流通服务、农业产业化服务、农业科技服务、农业信息服务、农业金融信贷服务、农业保险服务纳入到农业社会化服务水平测评体系中来，既能够全面并具有针对性的测评中国目前农业社会化服务服务水平现状，又为农业的现代化发展起到了支持和指导作用，符合科学发展观，并具有重要的现实意义和长远意义。

（二）指标层衡量指标选取与依据

农业基础设施配套服务方面。基础设施配套服务是农业生产立足之

[①] 陈建华、商秋红：《建立新型农业社会化服务体系的探讨》，《中国农学通报》2010年第23期。

[②] 关锐捷：《构建新型农业社会化服务体系初探》，《农业经济问题》2012年第4期。

[③] 韩坚、尹国俊：《农业生产性服务业：提高农业生产效率的新途径》，《学术交流》2006年第11期。罗伟雄、崔国忠：《中国农业经济学教程》，中国人民大学出版社1995年版，第25页。高湘媛、高炜：《构建新型农业社会化服务体系研究》，《学术交流》2015年第7期。

[④] 杨印生、舒坤良、郭鸿鹏：《农机服务组织作业效率影响因素的实证分析》，《数理统计与管理》2008年第1期。高志敏、彭梦春：《发达国家农业社会化服务模式及中国新型农业社会化服务体系的发展思路》，《世界农业》2012年第12期。齐力：《农业社会化服务体系运营效率评价》，《农业经济》2016年第10期。

本，其耕地、水利、道路等是限制农业生产和发展的重要瓶颈。2011年"中央1号文件"对农田水利建设尤为突出，2017年"中央1号文件"明确提出加大对农业基础设施的建设力度。近年来，农村水利建设投资不断加大，农田有效灌溉面积平稳增加。为此，本书设定以"农田水电建设投资金额"指标来体现国家对农业基础设施建设服务的水平，并利用"有效灌溉面积"指标集中反映农田水利化水平和水资源有效利用水平。交通便利程度在一定程度上决定了地区的经济发展状况，农村交通的便利使得区域资源机械化转移和高效配置成为可能，为此利用"农村道路通村数量"指标来反映农业基础设施建设力度，以上相关指标与夏英（1993）、汤锦如（2003）等、郭建军（2007）、齐力（2016）等学者的研究保持了一致。[①]

生产资料供应服务方面。农业生产资料是农业赖以生产和发展的资源，通过调研发现，农户对农业生产资料关心的问题主要集中农业生产资料的价格、农药、农用柴油、化肥以及农用塑料薄膜五个方面，这与学者诸如王瑞兰（1994）、欧阳荣辉（1991）、籍凤英（2017）等和殷月林（2017）等的研究相一致，[②]即把肥料、农药、农膜、农用柴油等农用产品的价格水平和使用量作为测量生产资料服务水平的相关指标。为此，本书选择农业生产资料价格指数、农药使用量、农用柴油使用量、化肥使用量用折纯量以及农用塑料薄膜使用量来评判生产资料服务水平。

农业机械化服务方面。2007年"中央1号文件"明确指出要以现代

[①] 夏英：《农业社会化服务问题的理论探讨》，《农业经济问题》1993年第6期。汤锦如、赵文明、管红良：《论市场经济条件下中国农业社会化服务体系的建设与发展》，《扬州大学学报（人文社会科学版）》2003年第1期。郭建军：《新时期农村基础设施和公共服务建设的发展与对策》，《农业展望》2007年第11期。齐力：《农业社会化服务体系运营效率评价》，《农业经济》2016年第10期。

[②] 王瑞兰：《建立农业社会化服务统计指标体系》，《财贸研究》1994年第3期。欧阳容辉：《农业社会化服务统计指标体系的设计》，《统计研究》1991年第6期。籍凤英、张蒙、郭婷等：《中国农业生产资料供应服务术语标准研制与分析》，《中国标准化》2017年第17期。殷月林、顾海军、王秀莹：《平罗县农业生产资料供应服务调研报告》，《种子科技》2017年第11期。

工业和物质条件装备农业，即以现代机械等工业产品提升农业机械化水平、降低农民劳动强度、提高农业劳动效率。在当前大力建设现代农业、推动"四化"同步的大背景下，农业机械化服务的重要性日益凸显，加快推进农业机械化服务发展也日趋迫切。[1]因此，本书选择"农业机械总动力"指标来体现目前农业总机械化水平以及在日常生产经营活动中采用机械的强度。[2]用"机耕面积""机播面积""机收面积"三个指标来体现机耕、机播和机收水平，体现在农业生产过程中机械的采用程度。[3]据调查表明，面对大型农机设备服务主要依靠自由市场购买机械或者付费享受农机作业服务组织的服务，这与前人学者研究相一致。[4]为此用"农机作业服务组织数量"来体现目前农业机械化服务组织的数量。[5]随着农机拥有量的迅速增长，农机维修难的问题日益突出，建立健全农机维修服务体系，促进农机维修行业健康发展非常重要，为此用"农机维修点数量"指标来体现农机维修服务的发展形势。[6]

农产品加工与流通服务方面。农业产量与商品化的不断提高的背景下，农产品加工与流通滞后的问题日趋突出，加快发展农产品加工与流通服务是推进当前农业产业化与现代化的关键所在。[7]本书选择"农产

---

[1] 梁祚青、李鹏：《健全完善新型农机社会化服务体系促进农业机械化和现代农业提质提速发展——关于新型农机社会化服务体系建设的思考》，《现代农机》2014年第2期。

[2] 杨杰：《中国生产性服务业与农业效率提升的关系研究——基于Malmquist指数中国省际面板数据的实证分析》，《经济与管理评论》2010年第5期。王瑜、范建荣：《西部农业农村基础设施发展水平综合评价及预测——以宁夏回族自治区为例》，《华中农业大学学报（社会科学版）》2011年第4期。谭爱花、李万明、谢芳：《中国农业现代化评价指标体系的设计》，《干旱区资源与环境》2011年第10期。

[3] 孔祥智、周振、路玉彬：《中国农业机械化道路探索与政策建议》，《经济纵横》2015年第7期。

[4] 孙剑：《农户为中心的农产品营销渠道整合研究——基于农户交易行为与绩效的实证分析》，华中农业大学，博士学位论文，2009年，第38页。

[5] 齐力：《农业社会化服务体系运营效率评价》，《农业经济》2016年第10期。

[6] 韦代荣：《加强基层农机维修服务体系建设的思考》，《广西农业机械化》2014年第5期。

[7] 欧广源：《加快发展农产品加工与流通推动农业再上新台阶》，《调研世界》1998年第11期。

品加工和农业生产服务项"指标来体现目前农产品加工与农业生产服务的发展水平。① 利用"农副产品加工动力机械"指标体现对农副土特产品进行初（粗）深（精）加工的机械设备的动力水平。② 利用"国家铁路粮食货运量""国家铁路棉花货运量"以及"主要港口粮食出港量"三个指标来体现在铁路运输量、港口运输量中粮食与棉花所占比例，体现中国农产品市场流通体系的建设发展水平。③ 农产品加工业是农业产业化发展的核心，是提高农业生产经营效率与促进农民增收的有效组织方式。④ 因此，本书用"农产品加工企业"指标体现农产品加工产业的发展规模与水平。

农业产业化服务方面。现代农业是市场化、规模化、一体化的农业，其农业服务体系发育水平关系到农业交易市场建设，乃至影响农业现代化进程的推进。在农业社会化服务体系中，农业产业化是现代农业的典型特征、表现形式、主要载体和核心内涵，⑤ 需要将农业生产、加工、流通等生产诸多环节联系起来，实现一体化发展。结合学者研究，本书用"参与产业化农户数量"反映农户参与产业化经营流通的数量，用"农业产业化龙头企业数量"来体现目前市场上产业化组织的数量。⑥ 而农业产业化服务的核心利益便是给农户所带来的增收程度，本书用"农户参与产业化经营增收额"这一指标来体现出目前农业产业化服务水平状况。

科技服务方面。（1）科学技术是第一生产力，是现代化的决定性因

---

① 王光坤：《着力推动农业综合开发战略性调整积极促进农业可持续发展》，《当代农村财经》2014 年第 7 期。
② 田恒增：《中国农副产品加工机械发展及调整意见》，《粮油加工（电子版）》2000 年第 1 期。
③ 高湘媛、高炜：《构建新型农业社会化服务体系研究》，《学术交流》2015 年第 7 期。
④ 李瑜：《农产品加工企业与农户经营组织模式选择的经济学分析》，《经济问题探索》2007 年第 5 期。
⑤ 谭爱花、李万明、谢芳：《中国农业现代化评价指标体系的设计》，《干旱区资源与环境》2011 年第 10 期。
⑥ 黄红球：《农业产业化经营评价指标体系设置及评价方法研究——基于广东省的证据》，《农业技术经济》2013 年第 7 期。

素，过去几十年间世界农业特别是中国农业的发展主要得益于科技进步、市场改革和农业投入。科技推动了农业服务和现代化水平的不断提高，选取"农业科技三项费用投入程度"指标集中反映农业服务的科技投入水平具有重要意义。（2）农业科技人员处在农业工作第一线，农业科学技术到达农户手中必须依靠相关的农业科技人员的指导才能实现整个农业生产技术变革和延续，农业生产队伍中科学文化素质的高低关系到农业现代化进程和农村经济发展，选取"农业技术人员数量"指标集中反映农业生产中农业科技人员配备的强度，体现了科技服务水平。[①]（3）科技投入的另外一个因素便是技术投入与产出率，即体现农业技术推广和科技转化的成果，从而体现科技服务的有效性，即选取"农业科技投入金额"和"农、林、牧、渔专利"指标反映农业生产的技术投入与转化成果。（4）农业劳动者的知识结构和知识水平高低直接关系到农业现代化的持续发展，选取"农业科研院所数量"和"农技协数量"指标主要反映农业劳动力的基本技术水平。

农业信息化服务方面。市场经济是信息引导的经济，随着人们生活水平的提高和经济交流领域的扩大，信息在人们生活中愈发重要。农业信息化服务可以有效地解决目前农户与市场的信息不对称和信息不及时现象，更有助于农户参与市场交换。研究学者诸如李旭辉、黄静（2015）和陈安茹（2016）采用"农业信息基础设施"和"农业信息技术应用"来测度农业信息化服务水平。[②] 本书将采用"农村投递路线""农村电话用户""农村宽带接入用户""农村移动电话基站"四个指标来反映"农业信息基础设施"，采用"开通互联网业务的行政村比重"和"农村移动电话普及率"来反映"农业信息技术应用"。

---

　　① 王瑞兰：《建立农业社会化服务统计指标体系》，《财贸研究》1994年第3期。
　　② 李旭辉、黄静：《基于ANP法的农业信息化水平测度体系研究》，《长春理工大学学报（社会科学版）》2015年第2期。陈安茹：《农业信息化发展水平测度指标体系的建设与测度措施探讨》，《黑龙江畜牧兽医》2016年第8期。

金融信贷服务方面。人民银行发布的《2017年中国区域金融运行报告》始终坚持高举服务"三农"、做强县域旗帜不动摇，始终坚持商业化服务"三农"不动摇，紧扣农业供给侧结构性改革要求，加大信贷投放力度，加快产品服务创新，完善三农金融事业部运行体系。在"三农"问题背景下认真贯彻落实中央政策精神，充分发挥对金融资源的配置功能，通过不断增加支农信贷投放力度、提高农业贷款比重、增加农业贷款的覆盖面积，以提高支农服务水平，[①]为夯实"三农"发展基础、扩大内需增长提供了强大助力。即设定"农业贷款总额""农村信用社贷款金额""农业保险保费"三个指标来体现中国农村金融服务体系的服务水平，提高支农金融服务的保障能力。

农业保险服务方面。农业保险是指对种植业、畜牧业以及林业等生产过程中可能遭受的自然灾害或意外事故造成的经济损失提供经济保障，[②]因此被认为是构建现代农业社会化服务体系支柱之一，也是WTO协议"绿箱"政策工具之一。中国是自然灾害频发的国家，再加上农业的弱质性和高风险性，对农业保险的投入和完善要求日益凸现。研究表明，农业保险服务水平的评价指标主要涉及农业保费金额、农业保险赔付率、农业保险农户的参保比例、信用社和保险公司数量等。[③]"农业保险赔款及给付"在一定程度上体现了中国农业保险力度和农户投保程度，"农业保险赔付率"体现了农业保险的赔付力度，"农业保险公司数量"体现了农业保险服务的基础水平。为此，本书从以上三个指标来衡量中国目前农业保险服务水平。

---

① 周小斌、李秉龙：《中国农业信贷对农业产出绩效的实证分析》，《中国农村经济》2003年第6期。杜晓山：《中国小额信贷十年》，社会科学文献出版社2005年版，第23页。黄祖辉、刘西川、程恩江：《中国农户的信贷需求：生产性抑或消费性——方法比较与实证分析》，《管理世界》2007年第3期。

② 朱启臻：《农业社会学》，社会科学文献出版社2009年版，第52页。

③ 王瑞兰：《建立农业社会化服务统计指标体系》，《财贸研究》1994年第3期。杨印生、舒坤良、郭鸿鹏：《农机服务组织作业效率影响因素的实证分析》，《数理统计与管理》2008年第1期。

(三)农业社会化服务水平评价指标体系构建

综上所述,依据前人研究的理论成果、实地调研成果以及咨询相关的农业专家意见,依据系统性、一致性、层次性、可比性和可行性原则,整合不同视角的研究成果,从而筛选农业社会化服务水平的系统评价指标,在此基础之上结合实际宏观数据的可获得性建立了本书农业社会化服务水平测评指标体系(见表5.1)。

表5.1 农业社会化服务水平评价指标体系

	准则层	指标层		准则层	指标层
农业社会化服务体系	农业基础设施配套服务	农田水电建设投资金额 C1	农业社会化服务体系	农业产业化服务	农业产业化龙头企业数量 C21
		有效灌溉面积 C2			参与农业产业化农户数量 C22
		农村道路通村数量 C3			农户参与产业化经营增收额 C23
	生产资料供应服务	农业生产资料价格指数 C4		农业科技服务	农业技术人员数量 C24
		农药使用量 C5			农、林、牧、渔专利 C25
		农用柴油使用量 C6			农业科技投入金额 C26
		化肥使用量用折纯量 C7			农业科技三项费用 C27
		农用塑料薄膜使用量 C8			农业科研院所数量 C28
	农业机械化服务	农业机械总动力 C9			农技协数量 C29
		机耕面积 C10		农业信息服务	农村投递路线 C30
		机播面积 C11			农村电话用户 C31
		机收面积 C12			农村移动电话基站 C32
		农机维修点数量 C13			农村移动电话普及率 C33
		农机作业服务组织数量 C14			开通互联网业务行政村比重 C34
	农产品加工与流通服务	农产品加工和农业生产服务项 C15			农村宽带接入用户 C35
		农副产品加工动力机械 C16		农业金融信贷服务	农业贷款总额 C36
		国家铁路粮食货运量 C17			农业保险费 C37
		国家铁路棉花货运量 C18			农村信用社贷款金额 C38
		主要港口粮食出港量 C19		农业保险服务	农业保险赔款及给付 C39
		农产品加工企业 C20			农业保险公司数量 C40
					农业保险赔付率 C41

第三节 中国农业社会化服务水平评价数据来源与计算方法

一、数据来源

中国农业社会化服务体系成立至今以逾40年的历史，中国历经计划经济时代和社会主义市场经济时代双重背景，使得中国农业社会化服务体系的发展在实践之中不断完善并且受到各方面因素制约。为更好地分析中国现阶段农业社会化服务体系的发展现状，笔者通过1978年至2016年共39年的服务水平数据进行评价，并分析中国农业社会化服务体系的制约因素和发展方向。

本数据主要来源于"中国统计年鉴""中国农业年鉴""中国农村统计年鉴""中国农业机械化年鉴"以及国家统计局、水利部、农业农村部、科技部等权威网站的统计公报数据和EPS数据库等。由于社会发展阶段和统计口径的变化，部分指标只能获取部分年限。农业保险保费C37、农村信用社贷款金额C38、农业保险赔款及给付C39、农业保险公司数量C40、农业保险赔付率C41数据仅从2000年获得；农村道路通村数量C3、农机维修点数量C13、农机作业服务组织数量C14、农产品加工企业C20、农业产业化龙头企业数量C21、参与农业产业化农户数量C22、农户参与产业化经营增收额C23、农业科研院所数量C28、农技协数量C29、农村移动电话基站C32、农村移动电话普及率C33、开通互联网业务的行政村比重C34、农村宽带接入用户C35数据仅从2005年获得；其余数据均为1978年到2016年完整数据。

二、计算方法

（一）评价权重的计算

目前关于社会发展水平、经济发展条件以及农业经济、领域等方面的分析与评价，可供选择的方法很多。本书运用近40年的全国面板数据进行纵向比较，主要采用熵值法求得本研究权重，其具体的测算步骤与原理如下：

1. 构建评价判断矩阵

构建 n 个事物 m 个评价指标的判断矩阵：

$$R=(x_{ij})_{nm}\begin{Bmatrix}i=1,2,\cdots,n\\j=1,2,\cdots,m\end{Bmatrix} \quad (5-1)$$

2. 初始值无纲量化

首先将第1年到第 n 年 m 个末级指标初始值组合成 $n\times m$ 阶举着记为 $X=(x_{ij})_{nm}$，$(i=1,2,\cdots,n;j=1,2,\cdots,m)$ $X=(x_{ij})_{n\times m}$，$(i=1,2,\cdots,n)$。为避免量纲和单位不同带来的不可共度性，将每个末级指标初始值利用下面的公式进行无纲量化，并将无纲量化的末级指标值矩阵记为 $X'=(x'_{ij})_{n\times m}$，即统一采取指标的最大值和最小值为标准化区间来进行无刚量化，计算公式如下：

设其标准化值为（X'_{ij}），其真实值为（X_{ij}）

对于效益型指标：

$$X'_{ij}=\frac{[X_{ij}-\min(X_{ij})]}{[\max(X_{ij})-\min(X_{ij})]},i=1,2,\cdots,n;j=1,2,\cdots,m \quad (5-2)$$

其中，$\max(X_{ij})$ 和 $\min(X_{ij})$ 分别表示指标的最大值和最小值。

对于成本性指标：

$$X'_{ij}=\frac{[\max(X_{ij})-X_{ij}]}{[\max(X_{ij})-\min(X_{ij})]},i=1,2,\cdots,n;j=1,2,\cdots,m \quad (5-3)$$

其中，$\max(X_{ij})$ 和 $\min(X_{ij})$ 分别表示指标的最大值和最小值。

本书主要指标只涉及效益型指标，并未涉及成本性指标，为此本书采取效益型指标标准化公式进行标准化处理。

由于在熵值法中运用到了对数，标准化后的数值不能直接使用。为了合理解决负数造成的影响，对标准化后的数值进行平移：

$$Z_{ij}=A+X_{ij'}$$

式中，Z_{ij}是平移后数值，A为平移幅度。

3. 熵值法权重设定

本书采用熵值法来求取权重，笔者依据熵值的定义，设定n个事物m个评价指标可以确定评价体系的熵为：

$$e_j = -k(\sum_{i=1}^{n} f_{ij} \ln f_{ij}), (i=1,2,\cdots,n; j=1,2,\cdots,m) \quad (5-4)$$

$$f_{ij} = \frac{x'_{ij}}{\sum_{j=1}^{m} x_{ij}} \quad (5-5)$$

其中，常数k与样本数m有关，$k=(\ln n)^{-1}, 0 \leq e \leq 1$。

依据熵值理论，信息熵e_j可测量J项指标的信息的效用价值，当$e_j=1$，e_j的信息对综合评价的效用值等于零。为此，本书中某项指标的信息效用价值主要取决于该指标的信息熵e_j与1之间的差值h_j大小。基于此，笔者认为采用熵值法计算权重，其本质在于考虑其价值系数$h_j=1-e_j$。

4. 熵权的计算

熵权$W=(w_j)_{1 \times m}$

$$w_j = h_j / (m - \sum_{j=1}^{m} h_j), \text{且满足} \sum_{j=1}^{m} w_j = 1 \quad (5-6)$$

（二）农业社会化服务体系评价分值计算

由于农业社会化服务体系的复杂性和层次性，农户社会化服务评价指标体系中的每一项指标都必须从不同层次与侧面反映农业社会化服务的状况。为此，笔者采用加权函数法进行计算，即：

$$S = \sum_{i=1}^{n} X_i W_i \quad (5-7)$$

其中，X_i代表各个单项指标的标准化值；W_i表示与各个指标对应的权重；S为农业社会化服务体系的综合水平得分。

（三）农业社会化服务体系制约度计算

中国农业社会化服务体系发展评价是对整体和区域性农业社会化服

务水平现状的考察，在综合评价的基础之上找出阻碍农业社会化服务发展的限制因素，从而对整体和地区的农业社会化服务项目以及政策进行相应调整。制约因素研究的具体方法是采用"因子贡献度""指标偏离度"和"制约度"三个指标计算得出。其中，"因子贡献度（U_j）"代表单项因素对总目标的影响程度，即单因素对总目标的权重；"指标偏离度（V_j）"代表单项指标与农业社会化服务体系发展目标之间的差距，设定为单项指标标准化值100%之间的差距；"制约度（M_j、B_i）"分别表示单项指标与分类指标对农业社会化服务体系发展的影响值，该指标便是农业社会化服务体系发展制约分析的目标和结果。具体计算公式如下：

$$U_j = R_j \times W_i \qquad (5-8)$$

其中，R_j 为第 j 分类指标权重；W_i 是第 j 项分类指标所属第 i 个单项子目标的权重。

$$V_j = 1 - X_j \qquad (5-9)$$

其中，X_j 为单项指标标准化值，该标准化值采用极值标准化方法得出。

$$M_j = V_j \times U_j / (\sum V_j \times U_j) \qquad (5-10)$$

$$B_i = \sum M_{ij} \qquad (5-11)$$

其中，M_{ij} 为各个单项指标的制约值；B_i 是分类指标制约度。通过对分类指标制约度 B_i 的计算，揭示出整体和区域农业社会化服务发展过程中的制约因素。

（四）中国农业社会化服务水平测度指标的无纲量化

为了避免量纲和单位不同带来的不可共度性，将每个末级指标初始值采用极值标准化进行初始无纲量化，即统一采取指标的最大值和最小值为标准化区间来进行无纲量化，并在此基础之上采用熵值法求得权重，其具体的数据结果见表5.2，计算得出所有指标的权重如表5.3所示。

表 5.2 中国农业社会化服务水平测度指标的无纲量化数据（1978—2016 年）

项目	1978	1979	1980	1981	1982	1983	1984	1985	1986	1987	1988	1989	1990	1991	1992	1993	1994	1995	1996	1997
C1	0.0000	0.0043	0.0088	0.0135	0.0184	0.0236	0.0290	0.0347	0.0408	0.0472	0.0540	0.0613	0.0692	0.0776	0.0868	0.0969	0.1081	0.1205	0.1346	0.2245
C2	0.8509	0.8387	0.8309	0.8098	0.7831	0.8150	0.8017	0.7737	0.7864	0.7983	0.7967	0.8325	1.0000	0.0073	0.0303	0.0000	0.0001	0.0221	0.0714	0.1098
C3	—	—	—	—	—	—	—	—	—	—	—	—	—	—	—	—	—	—	—	—
C4	0.0000	0.1661	0.3004	0.4330	0.4374	0.4616	0.5918	0.5014	0.4197	0.5477	0.7551	0.8125	0.5168	0.4594	0.4771	0.7065	0.8786	1.0000	0.5808	0.3844
C5	0.0000	0.0091	0.0188	0.0290	0.0400	0.0518	0.0646	0.0784	0.0936	0.1104	0.1292	0.1504	0.1750	0.2093	0.2351	0.2700	0.3717	0.4537	0.4946	0.5360
C6	0.0000	0.0066	0.0135	0.0209	0.0286	0.0368	0.0455	0.0549	0.0649	0.0757	0.0875	0.1004	0.1147	0.1306	0.1487	0.1605	0.1783	0.2546	0.2473	0.3438
C7	0.0000	0.0394	0.0750	0.0878	0.1225	0.1510	0.1666	0.1736	0.2045	0.2170	0.2448	0.2867	0.3321	0.3739	0.3982	0.4413	0.4737	0.5273	0.5729	0.6026
C8	0.0000	0.0046	0.0096	0.0148	0.0203	0.0262	0.0326	0.0395	0.0470	0.0552	0.0642	0.0743	0.0858	0.0993	0.1588	0.1273	0.2045	0.2167	0.2576	0.3224
C9	0.0000	0.0163	0.0300	0.0393	0.0487	0.0627	0.0775	0.0916	0.1120	0.1309	0.1483	0.1632	0.1696	0.1764	0.1856	0.2007	0.2206	0.2437	0.2680	0.3027
C10	0.0783	0.0545	0.0360	0.0329	0.0175	0.0000	0.0153	0.0099	0.0324	0.0547	0.0832	0.1023	0.1665	0.1884	0.2029	0.2418	0.2726	0.2258	0.2506	0.2759
C11	0.0723	0.0492	0.0306	0.0153	0.0085	0.0000	0.0047	0.0019	0.0128	0.0261	0.0439	0.0667	0.1235	0.1640	0.1849	0.2447	0.2993	0.2322	0.2644	0.2934
C12	0.0165	0.0099	0.0052	0.0000	0.0031	0.0034	0.0061	0.0059	0.0143	0.0213	0.0345	0.0466	0.0763	0.0834	0.1047	0.1278	0.1517	0.1407	0.1665	0.1931
C13	—	—	—	—	—	—	—	—	—	—	—	—	—	—	—	—	—	—	—	—
C14	—	—	—	—	—	—	—	—	—	—	—	—	—	—	—	—	—	—	—	—

第五章 1978—2016年中国农业社会化服务水平测评与农民收入增长实证分析

续表

项目	1978	1979	1980	1981	1982	1983	1984	1985	1986	1987	1988	1989	1990	1991	1992	1993	1994	1995	1996	1997
C15	0.0000	0.0003	0.0007	0.0014	0.0020	0.0027	0.0041	0.0061	0.0081	0.0115	0.0399	0.0095	0.0278	0.0372	0.0515	0.0724	0.1117	0.2004	0.3697	0.3561
C16	0.0000	0.0197	0.0216	0.0351	0.0352	0.0353	0.0657	0.0721	0.0673	0.0793	0.0888	0.0925	0.1027	0.1072	0.1104	0.1141	0.1187	0.1190	0.1292	0.1263
C17	0.0000	0.0414	0.0760	0.1072	0.1114	0.1219	0.1249	0.2266	0.2430	0.3422	0.3333	0.3172	0.3297	0.4168	0.4382	0.4601	0.5646	0.4717	0.3953	0.5135
C18	0.0584	0.0489	0.0775	0.1033	0.1345	0.1264	0.0666	0.0598	0.1508	0.2161	0.1033	0.0462	0.0245	0.0448	0.0652	0.0313	0.0000	0.0245	0.0204	0.0503
C19	0.0000	0.0077	0.0174	0.0241	0.0343	0.0193	0.0649	0.1453	0.1989	0.1756	0.2106	0.1993	0.1537	0.3047	0.3677	0.3649	0.3619	0.2120	0.1841	0.3280
C20	—	—	—	—	—	—	—	—	—	—	—	—	—	—	—	—	—	—	—	—
C21	—	—	—	—	—	—	—	—	—	—	—	—	—	—	—	—	—	—	—	—
C22	—	—	—	—	—	—	—	—	—	—	—	—	—	—	—	—	—	—	—	—
C23	—	—	—	—	—	—	—	—	—	—	—	—	—	—	—	—	—	—	—	—
C24	0.0000	0.0696	0.0387	0.0774	0.1547	0.2526	0.3208	0.3572	0.5847	0.3846	0.4160	0.4602	0.3559	0.5500	0.6488	0.7223	0.7780	0.5500	0.6488	0.7223
C25	0.0000	0.0008	0.0016	0.0026	0.0036	0.0048	0.0061	0.0076	0.0092	0.0100	0.0100	0.0102	0.0201	0.0229	0.0316	0.0252	0.0294	0.0367	0.0442	0.0510
C26	0.0000	0.0011	0.0025	0.0040	0.0057	0.0077	0.0100	0.0126	0.0127	0.0166	0.0207	0.0258	0.0318	0.0415	0.0499	0.0612	0.0812	0.0964	0.0805	0.0952
C27	0.0000	0.0166	0.0090	0.0043	0.0025	0.0270	0.0404	0.0321	0.0591	0.0440	0.0479	0.0512	0.0739	0.0674	0.0699	0.0699	0.0699	0.0699	0.1399	0.1593
C28	—	—	—	—	—	—	—	—	—	—	—	—	—	—	—	—	—	—	—	—

续表

项目	1978	1979	1980	1981	1982	1983	1984	1985	1986	1987	1988	1989	1990	1991	1992	1993	1994	1995	1996	1997
C29	—	—	—	—	—	—	—	—	—	—	—	—	—	—	—	—	—	—	—	—
C30	1.0000	0.9416	0.8616	0.7745	0.0262	0.0723	0.1612	0.2389	0.1741	0.1652	0.1056	0.0473	0.0207	0.0278	0.0312	0.0347	0.0205	0.0000	0.0133	0.0620
C31	0.0000	0.0002	0.0006	0.0005	0.0006	0.0007	0.0011	0.0017	0.0023	0.0021	0.0032	0.0047	0.0063	0.0087	0.0131	0.0217	0.0352	0.0631	0.0983	0.1473
C32	—	—	—	—	—	—	—	—	—	—	—	—	—	—	—	—	—	—	—	—
C33	—	—	—	—	—	—	—	—	—	—	—	—	—	—	—	—	—	—	—	—
C34	—	—	—	—	—	—	—	—	—	—	—	—	—	—	—	—	—	—	—	—
C35	—	—	—	—	—	—	—	—	—	—	—	—	—	—	—	—	—	—	—	—
C36	0.0000	0.0003	0.0010	0.0012	0.0016	0.0019	0.0041	0.0049	0.0074	0.0093	0.0113	0.0305	0.0373	0.0465	0.0610	0.0767	0.0167	0.0232	0.0293	0.0520
C37	—	—	—	—	—	—	—	—	—	—	—	—	—	—	—	—	—	—	—	—
C38	—	—	—	—	—	—	—	—	—	—	—	—	—	—	—	—	—	—	—	—
C39	—	—	—	—	—	—	—	—	—	—	—	—	—	—	—	—	—	—	—	—
C40	—	—	—	—	—	—	—	—	—	—	—	—	—	—	—	—	—	—	—	—
C41	—	—	—	—	—	—	—	—	—	—	—	—	—	—	—	—	—	—	—	—

表 5.2（续）中国农业社会化服务服务水平测度指标的无纲量化数据（1998—2016 年）

项目	1998	1999	2000	2001	2002	2003	2004	2005	2006	2007	2008	2009	2010	2011	2012	2013	2014	2015	2016
C1	0.2528	0.3053	0.3872	0.3687	0.4236	0.5533	0.7134	0.8363	0.8913	1.0000	0.8839	0.8827	0.8478	0.8151	0.6940	0.6487	0.5882	0.5695	0.4449
C2	0.1572	0.1958	0.2255	0.2447	0.2494	0.2341	0.2550	0.2796	0.3120	0.3464	0.4339	0.4693	0.5180	0.5777	0.6140	0.6580	0.7058	0.7655	0.8224
C3	—	—	—	—	—	—	—	1.0000	0.7695	0.7484	0.7008	0.7297	0.6440	0.5985	0.5895	0.4243	0.3190	0.1714	0.0000
C4	0.2741	0.3028	0.3756	0.3756	0.4065	0.4263	0.6293	0.5786	0.4285	0.5653	0.8433	0.3403	0.4594	0.6448	0.5190	0.4263	0.3756	0.4043	0.3977
C5	0.5635	0.6317	0.5998	0.5962	0.6239	0.6344	0.6806	0.7367	0.7952	0.8503	0.8979	0.9257	0.9630	0.9849	0.9994	0.9962	1.0000	0.9819	0.9907
C6	0.3975	0.4224	0.4543	0.5049	0.5188	0.5611	0.7153	0.7676	0.7803	0.8420	0.7583	0.8037	0.8435	0.8651	0.8967	0.9264	0.9399	0.9534	1.0000
C7	0.6227	0.6306	0.6349	0.6558	0.6724	0.6865	0.7303	0.7555	0.7869	0.8220	0.8475	0.8797	0.9103	0.9380	0.9642	0.9784	0.9948	1.0000	0.9925
C8	0.3419	0.3642	0.3972	0.4461	0.4811	0.5073	0.5452	0.5806	0.6163	0.6558	0.6857	0.7169	0.7570	0.8093	0.8473	0.8946	0.9320	0.9420	1.0000
C9	0.3347	0.3725	0.4083	0.4343	0.4619	0.4865	0.5229	0.5666	0.6079	0.6485	0.7046	0.7576	0.8105	0.8600	0.9083	0.9218	0.9633	1.0000	0.8551
C10	0.3002	0.3214	0.3233	0.3184	0.3143	0.3103	0.3404	0.3588	0.3857	0.4324	0.6340	0.7046	0.7600	0.8311	0.8697	0.9091	0.9506	0.9785	1.0000
C11	0.3392	0.3595	0.3591	0.3678	0.3758	0.3695	0.4154	0.4509	0.4919	0.5246	0.6267	0.6828	0.7351	0.7834	0.8332	0.8784	0.9253	0.9599	1.0000
C12	0.2165	0.2390	0.2506	0.2516	0.2586	0.2609	0.2958	0.3374	0.3869	0.4286	0.4811	0.5548	0.6275	0.6970	0.7552	0.8257	0.8918	0.9411	1.0000
C13	—	—	—	—	—	—	—	0.5052	0.7017	0.8498	0.9563	1.0000	0.9673	0.9975	0.8560	0.7151	0.5283	0.4280	0.0000
C14	—	—	—	—	—	—	—	0.0000	0.2076	0.3718	0.4130	0.7120	0.5928	0.5652	0.4562	0.5036	0.7056	0.9317	1.0000

续表

项目	1998	1999	2000	2001	2002	2003	2004	2005	2006	2007	2008	2009	2010	2011	2012	2013	2014	2015	2016
C15	0.2525	0.2668	0.2830	0.2925	0.3487	0.4516	0.2898	0.3555	0.4651	0.5599	0.6310	0.6385	0.6947	0.6317	0.5958	0.5504	0.8869	1.0000	0.7894
C16	0.1534	0.1352	0.3681	0.3861	0.3995	0.4293	0.4754	0.5600	0.6176	0.6665	0.7341	0.8006	0.8563	0.9035	0.9364	0.9412	0.9689	0.9907	1.0000
C17	0.3418	0.4443	0.6076	0.5138	0.6461	0.8522	0.9374	0.9570	0.8492	0.8892	1.0000	0.8285	0.8027	0.7900	0.8347	0.8864	0.6437	0.3472	0.3907
C18	0.0639	0.1644	0.1726	0.0747	0.1862	0.1522	0.2147	0.2405	0.3846	0.3809	0.3835	0.4575	0.3958	0.2307	0.3840	0.4492	0.5298	0.7475	1.0000
C19	0.3314	0.3971	0.5149	0.3923	0.5222	0.7018	0.4885	0.6440	0.5520	0.6205	0.5879	0.6485	0.7334	0.7772	0.8664	1.0000	0.9874	0.8547	0.9268
C20	—	—	—	—	—	—	—	0.0162	0.2482	0.2951	0.2906	0.5487	0.2599	0.2915	0.0000	0.4188	0.9720	1.0000	0.1877
C21	—	—	—	—	—	—	—	0.2418	0.0000	0.3433	0.7692	1.0000	0.3214	0.4398	0.3502	0.5960	0.7284	0.8378	0.5333
C22	—	—	—	—	—	—	—	0.0000	0.1766	0.1890	0.3658	0.5458	0.5262	0.6201	0.8547	1.0000	0.9529	0.7442	0.5664
C23	—	—	—	—	—	—	—	0.0000	0.2200	0.3521	0.4350	0.6239	0.3837	0.4558	0.6730	1.0000	0.8033	0.7193	0.5713
C24	0.7780	0.7967	0.8558	0.8661	0.8487	0.8861	0.9342	0.9368	0.9282	0.9271	0.9597	0.9573	0.8980	0.9567	0.9506	1.0000	0.9907	0.9743	0.9706
C25	0.0562	0.0623	0.0729	0.0846	0.1039	0.1077	0.1307	0.1529	0.1776	0.2016	0.2562	0.1244	0.1801	0.2254	0.4495	0.1118	0.1106	0.1770	1.0000
C26	0.1110	0.1322	0.1485	0.1659	0.1917	0.2174	0.2977	0.3646	0.4144	0.4880	0.5057	0.5328	0.5736	0.6178	0.6963	0.7535	0.8731	0.9357	1.0000
C27	0.2913	0.2909	0.3143	0.3324	0.3179	0.4099	0.5245	0.6791	0.7339	0.6555	0.6967	0.7370	0.7765	0.8153	0.8534	0.8909	0.9278	0.9641	1.0000
C28	—	—	—	—	—	—	—	0.0000	0.2165	0.3931	0.4266	0.6849	0.7583	0.9621	0.3910	0.4147	0.6967	1.0000	0.5996

第五章 1978—2016年中国农业社会化服务水平测评与农民收入增长实证分析　157

续表

项目	1998	1999	2000	2001	2002	2003	2004	2005	2006	2007	2008	2009	2010	2011	2012	2013	2014	2015	2016
C29	—	—	—	—	—	—	—	0.0000	0.0006	0.0009	0.8493	0.8721	0.8922	0.9255	0.9842	1.0000	0.9598	0.9601	0.8961
C30	0.0170	0.0024	0.0203	0.1596	0.1796	0.2021	0.2006	0.2383	0.2402	0.3169	0.3380	0.3587	0.3745	0.3115	0.4192	0.4334	0.4672	0.4456	0.4583
C31	0.2071	0.2867	0.4383	0.5821	0.6680	0.7817	0.8664	0.9454	0.9950	1.0000	0.9292	0.8692	0.0777	0.8009	0.7608	0.7023	0.6226	0.4906	0.4273
C32	—	—	—	—	—	—	—	0.0000	0.0143	0.0335	0.0595	0.1577	0.2102	0.2769	0.3360	0.4007	0.6074	0.8235	1.0000
C33	—	—	—	—	—	—	—	0.0000	0.0771	0.1742	0.2796	0.3981	0.5219	0.6625	0.7995	0.9193	0.9760	0.9524	1.0000
C34	—	—	—	—	—	—	—	0.0000	0.1528	0.2931	0.4210	0.5364	0.6411	0.7253	0.8096	0.8767	0.9308	0.9589	1.0000
C35	—	—	—	—	—	—	—	0.0000	0.0124	0.0794	0.1653	0.2512	0.3131	0.4281	0.5339	0.6252	0.6440	0.8544	1.0000
C36	0.0703	0.0760	0.0775	0.0909	0.1100	0.1348	0.1580	0.1854	0.2127	0.2488	0.2845	0.3494	0.3975	0.4636	0.5408	0.6307	0.7354	0.8576	1.0000
C37	—	—	0.0024	0.0000	0.0048	0.0048	0.0024	0.0096	0.0121	0.1177	0.2597	0.2925	0.3205	0.4123	0.5729	0.7321	0.7784	0.8968	1.0000
C38	—	—	0.0000	0.0138	0.0296	0.0542	0.0705	0.0947	0.1269	0.1673	0.2157	0.2964	0.3770	0.4559	0.5490	0.6565	0.7703	0.8879	1.0000
C39	—	—	0.0000	0.0000	0.0034	0.0000	0.0000	0.0101	0.0101	0.0905	0.2063	0.2543	0.3140	0.2660	0.4332	0.6479	0.6847	0.7903	1.0000
C40	—	—	0.0000	0.0208	0.0460	0.0767	0.1140	0.1224	0.1849	0.3725	0.4038	0.5601	0.5601	0.5914	0.7165	0.8103	0.8103	0.9354	1.0000
C41	—	—	0.8576	0.8339	0.8101	0.7863	0.8101	1.0000	0.6151	0.4060	0.4027	0.8356	0.7685	0.0000	0.3523	0.5638	0.4899	0.6634	0.6878

表 5.3 新型农业社会化服务体系评价指标权重及重要性排序

指标代码	评价指标	层次排序 权重	层次排序 排序
C1	农田水电建设投资金额（万元）	0.0240	16
C2	有效灌溉面积（千公顷）	0.0256	30
C3	农村道路通村数量（个）	0.0258	33
C4	农业生产资料价格指数（上年=100）	0.0268	39
C5	农药使用量（万吨）	0.0251	28
C6	农用柴油使用量（万吨）	0.0246	24
C7	化肥使用量用折纯量（万吨）	0.0260	34
C8	农用塑料薄膜使用量（吨）	0.0244	20
C9	农业机械总动力（万千瓦）	0.0251	27
C10	机耕面积（千公顷）	0.0246	25
C11	机播面积（千公顷）	0.0245	23
C12	机收面积（千公顷）	0.0237	14
C13	农机维修点数量（个）	0.0261	36
C14	农机作业服务组织数量（个）	0.0257	32
C15	农产品加工和农业生产服务项目（个）	0.0237	13
C16	农副产品加工动力机械（万台）	0.0241	18
C17	国家铁路粮食货运量（万吨）	0.0260	35
C18	国家铁路棉花货运量（万吨）	0.0244	19
C19	主要港口粮食出港量（万吨）	0.0253	29
C20	农产品加工企业（个）	0.0239	15
C21	农业产业化龙头企业数量（个）	0.0225	7
C22	参与农业产业化农户数量（万户）	0.0222	5
C23	农户参与产业化经营增收额（亿元）	0.0226	10
C24	农业技术人员数量（万人）	0.0263	37
C25	农、林、牧、渔专利（个）	0.0225	8

续表

指标代码	评价指标	层次排序 权重	层次排序 排序
C26	农业科技投入金额（亿元）	0.0229	11
C27	农业科技三项费用（亿元）	0.0237	12
C28	农业科研院所数量（个）	0.0257	31
C29	农技协（个）	0.0245	21
C30	农村投递路线（公里）	0.0241	17
C31	农村电话用户（万户）	0.0226	9
C32	农村移动电话基站（万个）	0.0198	1
C33	农村移动电话普及率（%）	0.0217	3
C34	开通互联网业务的行政村比重（%）	0.0224	6
C35	农村宽带接入用户（万户）	0.0209	2
C36	农业贷款总额（亿元）	0.0221	4
C37	农业保险保费（亿元）	0.0248	26
C38	农村信用社贷款金额（亿元）	0.0266	38
C39	农业保险赔款及给付（亿元）	0.0245	22
C40	农业保险公司数量（个）	0.0276	40
C41	农业保险赔付率（%）	0.0302	41

第四节　中国农业社会化服务水平整体发展态势和制约因素

一、中国农业社会化服务服务水平测评分析

依据以上中国农业社会化服务服务水平的测度指标，运用数学逻辑评价方法将1978—2016年的农业服务的总体服务水平和各单项农业服务水平的数学分析结果以及演进趋势（见表5.4、图5.2、图5.3）。

表 5.4 1978—2016 年中国社会化服务水平综合评价

年份	1978	1979	1980	1981	1982	1983	1984	1985	1986	1987	1988	1989	1990	1991	1992	1993	1994	1995	1996	1997
农业基础设施配套服务	0.0223	0.0220	0.0220	0.0215	0.0210	0.0219	0.0217	0.0211	0.0216	0.0220	0.0222	0.0233	0.0277	0.0025	0.0034	0.0028	0.0031	0.0040	0.0056	0.0087
生产资料供应服务	0.0013	0.0073	0.0123	0.0168	0.0184	0.0204	0.0250	0.0235	0.0229	0.0276	0.0348	0.0386	0.0331	0.0342	0.0379	0.0455	0.0559	0.0647	0.0565	0.0570
农业机械化服务	0.0051	0.0042	0.0035	0.0032	0.0029	0.0026	0.0036	0.0037	0.0052	0.0068	0.0086	0.0103	0.0142	0.0161	0.0177	0.0210	0.0242	0.0217	0.0243	0.0272
农产品加工与流通服务	0.0027	0.0042	0.0061	0.0080	0.0092	0.0089	0.0094	0.0142	0.0181	0.0221	0.0209	0.0181	0.0174	0.0244	0.0274	0.0277	0.0306	0.0271	0.0286	0.0356
农业产业化服务	0.0000	0.0000	0.0000	0.0000	0.0000	0.0000	0.0000	0.0000	0.0000	0.0000	0.0000	0.0000	0.0000	0.0000	0.0000	0.0000	0.0000	0.0000	0.0000	0.0000
农业科技服务	0.0010	0.0032	0.0032	0.0023	0.0053	0.0085	0.0107	0.0116	0.0183	0.0126	0.0138	0.0151	0.0133	0.0185	0.0216	0.0236	0.0256	0.0201	0.0242	0.0271
农业信息服务	0.0246	0.0232	0.0212	0.0191	0.0011	0.0022	0.0044	0.0063	0.0047	0.0045	0.0031	0.0017	0.0011	0.0013	0.0015	0.0018	0.0018	0.0019	0.0030	0.0053
农业金融信贷服务	0.0002	0.0002	0.0002	0.0002	0.0003	0.0003	0.0003	0.0003	0.0004	0.0004	0.0005	0.0009	0.0010	0.0013	0.0016	0.0019	0.0006	0.0007	0.0009	0.0014
农业保险服务	0.0000	0.0000	0.0000	0.0000	0.0000	0.0000	0.0000	0.0000	0.0000	0.0000	0.0000	0.0000	0.0000	0.0000	0.0000	0.0000	0.0000	0.0000	0.0000	0.0000
农业社会化服务总体水平	0.0570	0.0643	0.0676	0.0721	0.0581	0.0649	0.0751	0.0807	0.0912	0.0959	0.1038	0.1080	0.1078	0.0983	0.1109	0.1244	0.1417	0.1403	0.1431	0.1623

续表

年份	1998	1999	2000	2001	2002	2003	2004	2005	2006	2007	2008	2009	2010	2011	2012	2013	2014	2015	2016
农业基础设施配套服务	0.0106	0.0128	0.0156	0.0156	0.0170	0.0198	0.0241	0.0537	0.0499	0.0529	0.0511	0.0527	0.0509	0.0505	0.0483	0.0441	0.0411	0.0384	0.0325
生产资料供应服务	0.0571	0.0609	0.0638	0.0667	0.0698	0.0727	0.0851	0.0880	0.0874	0.0961	0.1039	0.0938	0.1007	0.1087	0.1081	0.1078	0.1082	0.1092	0.1116
农业机械化服务	0.0302	0.0327	0.0339	0.0347	0.0357	0.0361	0.0397	0.0568	0.0712	0.0833	0.0972	0.1123	0.1140	0.1199	0.1182	0.1198	0.1249	0.1318	0.1216
农产品加工与流通服务	0.0298	0.0365	0.0499	0.0426	0.0537	0.0660	0.0616	0.0709	0.0788	0.0861	0.0914	0.0982	0.0940	0.0911	0.0912	0.1066	0.1239	0.1220	0.1069
农业产业化服务	0.0000	0.0000	0.0000	0.0000	0.0000	0.0000	0.0000	0.0061	0.0096	0.0205	0.0359	0.0494	0.0283	0.0346	0.0428	0.0589	0.0564	0.0523	0.0382
农业科技服务	0.0322	0.0333	0.0360	0.0374	0.0376	0.0414	0.0478	0.0540	0.0624	0.0673	0.0923	0.0981	0.1020	0.1126	0.1069	0.1038	0.1134	0.1246	0.1335
农业信息服务	0.0056	0.0070	0.0109	0.0175	0.0199	0.0230	0.0249	0.0284	0.0352	0.0442	0.0506	0.0586	0.0485	0.0720	0.0819	0.0882	0.0941	0.0994	0.1068
农业金融信贷服务	0.0018	0.0019	0.0025	0.0031	0.0041	0.0053	0.0062	0.0076	0.0091	0.0136	0.0192	0.0236	0.0275	0.0334	0.0415	0.0503	0.0568	0.0656	0.0743
农业保险服务	0.0000	0.0000	0.0267	0.0266	0.0267	0.0267	0.0285	0.0347	0.0248	0.0256	0.0292	0.0478	0.0472	0.0237	0.0418	0.0561	0.0548	0.0660	0.0737
农业社会化服务总体水平	0.1672	0.1851	0.2393	0.2441	0.2645	0.2909	0.3178	0.4003	0.4285	0.4895	0.5708	0.6344	0.6131	0.6465	0.6808	0.7357	0.7736	0.8093	0.7990

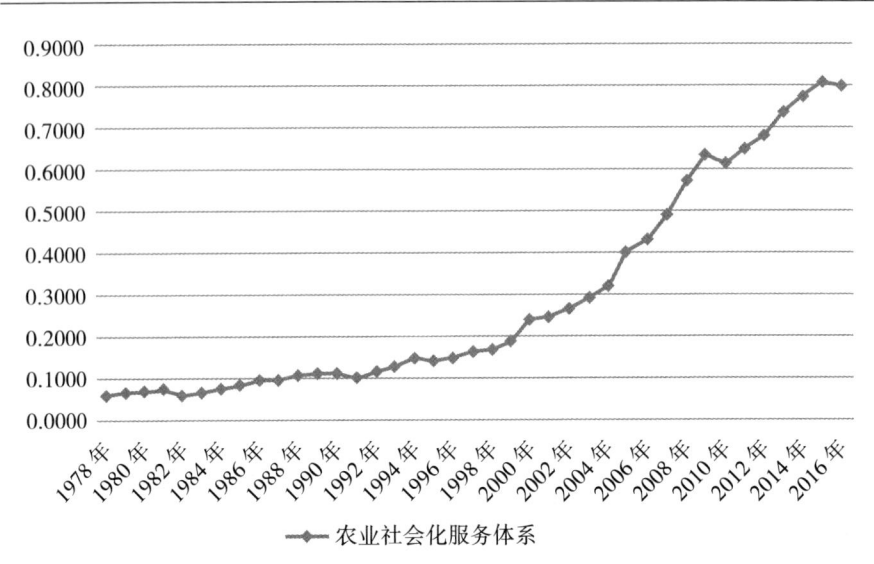

图 5.2　1978—2016 年中国农业社会化服务水平发展趋势

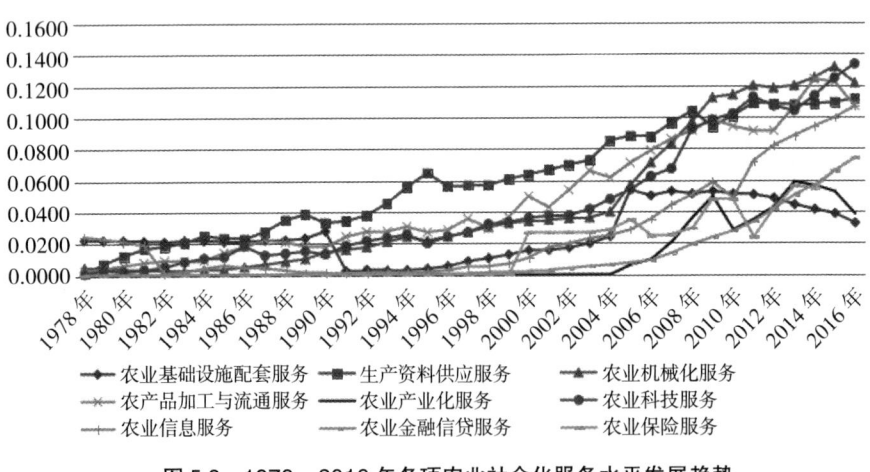

图 5.3　1978—2016 年各项农业社会化服务水平发展趋势

第一，从农业社会化服务体系中总体农业服务水平来看，自 1978 年以来的 39 年间中国农业社会化服务服务水平得到了飞速发展，随着政府加快农业综合生产能力建设和发展以来，呈现持续快速发展趋势。从表 5.4 来看，中国农业社会化总体服务水平由 1978 年的 0.0570 逐步增长到 2016 年的 0.7990，其增幅达到 929%。进入 21 世纪以来，尤其是党的十八大以来，在每年关于"三农"问题的"中央 1 号文件"的指导下，正逐步加强中国农业社会化服务体系相关建设，使得中国农业社会化服务体系迅速发展。

第二，从农业社会化服务体系中各单项农业服务水平来看，1978—2016 年来中国都呈现了不同程度的发展。一是在各单项农业服务中农业科技服务、农业机械化服务、生产资料供应服务和农业金融信贷服务服务水平在这 39 年中增长最快并持续攀高，该四项服务属于增长的第一梯队，这说明在实现中国农业现代化发展过程中农业科技服务、农业机械化服务、生产资料供应服务和农业金融信贷服务得到了重视，并得到了快速发展；二是农产品加工与流通服务、农业信息服务和农业基础设施建设服务服务水平属于第二梯队，且服务水平增长最快的是农产品加工与流通服务，从而为农业生产加工和流通提供了极大便利，这与中国政府逐步重视农产品加工产业与农产品市场流通体系建设以此加快农业综合生产能力建设息息相关；三是农业产业化服务和农业保险服务服务水平属于第三梯队，这两项服务增长并不明显，这是因政府从 2000 年后才开始重视农业产业化服务和农业保险服务的发展，从而在一定程度上制约了中国农业社会化服务体系的发展，阻碍了中国农业现代化进程。

二、中国农业社会化服务水平制约因素解构

随着中国农业社会化服务体系发展，其制约因素体现在各个方面，从现阶段来看，中国农业社会化服务水平制约度主要见表 5.5 和图 5.4。

表 5.5 中国社会化服务体系服务水平制约度因素分析（1978—2016 年）

年份	1978	1979	1980	1981	1982	1983	1984	1985	1986	1987	1988	1989	1990	1991	1992	1993	1994	1995	1996
农业基础设施配套服务	0.2531	0.2540	0.2544	0.2563	0.2531	0.2540	0.2544	0.2563	0.2589	0.2545	0.2555	0.2581	0.2559	0.2537	0.2531	0.2480	0.2274	0.3433	0.3395
生产资料供应服务	0.5888	0.5622	0.5397	0.5199	0.5888	0.5622	0.5397	0.5199	0.5124	0.5032	0.4827	0.4890	0.4911	0.4704	0.4380	0.4211	0.4446	0.4390	0.4219
农业机械化服务	0.6869	0.6913	0.6946	0.6963	0.6869	0.6913	0.6946	0.6963	0.6974	0.6988	0.6944	0.6937	0.6864	0.6792	0.6701	0.6620	0.6435	0.6345	0.6267
农产品加工与流通服务	0.6997	0.6927	0.6839	0.6747	0.6997	0.6927	0.6839	0.6747	0.6692	0.6706	0.6682	0.6466	0.6279	0.6095	0.6152	0.6283	0.6314	0.5993	0.5850
农业产业化服务	—	—	—	—	—	—	—	—	—	—	—	—	—	—	—	—	—	—	—
农业科技服务	0.7066	0.6962	0.7005	0.6962	0.7066	0.6962	0.7005	0.6962	0.6870	0.6722	0.6622	0.6584	0.6282	0.6539	0.6483	0.6421	0.6499	0.6263	0.6124
农业信息服务	0.5888	0.5957	0.6051	0.6153	0.5888	0.5957	0.6051	0.6153	0.7034	0.6980	0.6875	0.6783	0.6858	0.6869	0.6938	0.7005	0.7034	0.7023	0.7014
农业金融信贷服务	0.3533	0.3533	0.3532	0.3532	0.3533	0.3533	0.3532	0.3532	0.3531	0.3531	0.3528	0.3527	0.3524	0.3522	0.3520	0.3497	0.3489	0.3478	0.3461
农业保险服务	—	—	—	—	—	—	—	—	—	—	—	—	—	—	—	—	—	—	—

年份	1998	1999	2000	2001	2002	2003	2004	2005	2006	2007	2008	2009	2010	2011	2012	2013	2014	2015	2016
农业基础设施配套服务	0.3050	0.2943	0.2811	0.2811	0.2740	0.2606	0.2393	0.1041	0.1210	0.1066	0.1156	0.1081	0.1166	0.1188	0.1298	0.1494	0.1633	0.1759	0.2041
生产资料供应服务	0.3298	0.3119	0.2989	0.2852	0.2705	0.2572	0.2001	0.1862	0.1876	0.1477	0.1139	0.1571	0.1256	0.0893	0.0911	0.0916	0.0892	0.0846	0.0729
农业机械化服务	0.5664	0.5544	0.5486	0.5450	0.5405	0.5385	0.5212	0.4453	0.3790	0.3232	0.2572	0.1870	0.1775	0.1491	0.1556	0.1468	0.1219	0.0896	0.1348
农产品加工与流通服务	0.5720	0.5408	0.4774	0.5112	0.4590	0.4019	0.4233	0.3800	0.3396	0.3048	0.2794	0.2447	0.2658	0.2797	0.2806	0.2065	0.1191	0.1248	0.2008
农业产业化服务	—	—	—	—	—	—	—	0.3248	0.3066	0.2491	0.1684	0.0978	0.2083	0.1748	0.1321	0.0476	0.0607	0.0823	0.1565
农业科技服务	0.5610	0.5556	0.5427	0.5360	0.5344	0.5157	0.4844	0.4554	0.4156	0.3926	0.2715	0.2463	0.2263	0.1763	0.1973	0.2154	0.1697	0.1164	0.0629
农业信息服务	0.6802	0.6725	0.6526	0.6193	0.6068	0.5907	0.5809	0.5672	0.5309	0.4832	0.4484	0.4038	0.4547	0.3291	0.2757	0.2405	0.2063	0.1737	0.1312
农业金融信贷服务	0.3450	0.3444	0.3410	0.3410	0.3363	0.3305	0.3261	0.3192	0.3119	0.2904	0.2638	0.2428	0.2243	0.1964	0.1575	0.1155	0.0843	0.0421	0.0000
农业保险服务	—	—	0.2523	0.2527	0.2521	0.2517	0.2445	0.2199	0.2579	0.2510	0.2340	0.1590	0.1599	0.2523	0.1764	0.1152	0.1195	0.0719	0.0368

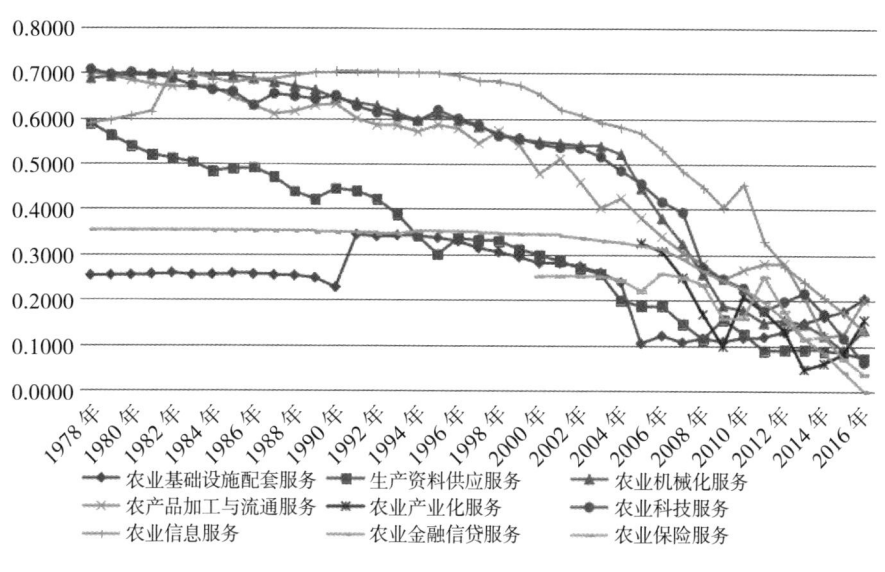

图 5.4 1978—2016 年各项农业社会化服务水平制约度分析

第一，就历年制约度变化情况而言，制约中国农业社会化服务水平的各项因素的制约度呈现逐步下降趋势。一是中国农业科技服务、农产品加工与流通服务、农业机械化服务和生产资料供应服务在 20 世纪 80 年初期是最重要的制约因素，这四大因素阻碍了中国农业现代化发展和农民增收，并使得当时农业生产科技落后、农产品流通不畅、机械化程度较低，严重制约了农户的生产效率、科技含量和可持续发展，以及"小农户与大市场"的流通对接。随着 40 年的社会发展，这种制约程度正逐步减小，而且农业科技服务限制下降最快，说明政府"科技兴农"政策取得很好效果。二是农业保险服务、农业金融信贷服务和农业产业化服务从 21 世纪后开始发展，并呈现逐步下降的趋势，说明国家部门对农业保险、金融信贷服务和产业化的支持力度较大。并能在一定程度上提高灾害发生后的经济保障，支农金融服务水平以及市场化水平。三是农业信息服务是 20 世纪 90 年代以来最主要的制约因素之一，进入 21 世纪后下降很快，说明政府对农业的信息化建设成效显著，但还需要继续加大信息产业服务投入。四是农业基础设施配套服务在1980年基本稳定，在1990年短暂上升后逐步下降，并在2004年大幅下降后基本稳定，最后在2010年后小幅上升，这反映了国家在20世纪年代在基础设施方面投入有限，20世纪90年代到2010年前后政府加大投入后制约度下降，2010年后因为基础设施配套建设已经相对完善，因此制约度出现了小幅上升。

第二，从2014—2016三年各项指标制约因素排序来看，中国农业社会化服务水平的最主要制约因素是农业基础设施服务、农业信息化服务和农产品加工与流通服务，然后是农业机械化服务、农业科技服务和农业产业化服务，最后是生产资料供应服务、农业保险服务和农业金融信贷服务。由此看来，现阶段整体制约着中国农业社会化服务体系的发展的因素是农业基础设施服务、农业信息化服务和农产品加工与流通服务。为此，要想提高中国农业社会化服务水平，就必须在以上三方面加大其投入和建设力度，从而降低其制约程度，建设中国高效的农业社会化服务系统。

第五节 农业社会化服务水平对农民收入影响的实证分析

一、变量选择与数据来源

在考察农业社会化服务体系与农民收入的互动关系时，本书选取1978年到2016年的年度数据对两者之间的互动关系进行研究。

农业社会化服务体系选择了9个指标：农业基础设施配套服务X_1、生产资料供应服务X_2、农业机械化服务X_3、农产品加工与流通服务X_4、农业产业化服务X_5、农业科技服务X_6、农业信息服务X_7、农业金融信贷服务X_8、农业保险服务X_9。农民收入Y选择农村居民家庭人均纯收入指数的指标，并以1978年为基数值100。

二、平稳性检验

对时间序列进行平稳性检验主要基于三方面考虑：一是因果检验对序列的平稳性非常敏感；二是许多宏观经济序列都是不平稳的；三是直接使用OLS进行估计容易产生虚假回归现象。因此，有必要在建模前对时间序列进行平稳性检验。本书选取的所有变量均为时间序列数据，使用Eviews软件进行回归分析，平稳性检验结果。由表5.6的检验结果可知，除了变量X_4在10%的水平下为平稳序列，其余变量序列在10%的水平下均为不平稳序列，一阶差分后在10%显著性水平下平稳，说明所用变量序列可以进行回归分析。

$$y = 0.0786X_1 + 1.1653X_2 - 0.7565X_3 + 0.4159X_4 + 0.0610X_5 + 0.6241X_6 - 0.2965X_7$$
$$= (1.1572) \quad (8.1645) \quad (-5.8980) \quad (2.1513) \quad (-0.5542) \quad (3.3132) \quad (-3.3922)$$
$$+ 0.6926X_8 - 0.0818X_9 + 3.9975$$
$$(4.9629) \quad (-1.0172) \quad (19.5431)$$
$$\overline{R}^2 = 0.9920 \quad F = 401.2107 \quad \text{Log likelihood} = 39.0965$$

（5-12）

由模型可知：长期来看，生产资料供应服务X_2、农产品加工与流通服务X_4、农业科技服务X_6、农业金融信贷服务X_8与农民收入存在共同变化趋势，农业机械化服务X_3、农业信息服务X_7与农民收入存在相反的变化趋势，农业基础设施配套服务X_1、农业产业化服务X_5、农业保险服务X_9对农民收入的影响不显著。在正向影响农民收入的四个变量中，生产资料供应服务对农民收入的影响最大，当生产资料供应服务变动1个单位时，农民收入变动1.1653个单位。

表5.6 变量的平稳性检验结果

变量	检验类型	ADF 统计量	10% 临界值	结论
Y	（C, T, 9）	−1.5314	−3.2217	不平稳
ΔY	（C, T, 7）	−3.2474*	−3.2184	平稳

续表

变量	检验类型	ADF 统计量	10% 临界值	结论
X_1	(N, N, 0)	−0.3813	−1.6115	不平稳
ΔX_1	(N, N, 0)	−6.2142*	−1.6113	平稳
X_2	(C, T, 1)	−3.0310	−3.2003	不平稳
ΔX_2	(C, T, 1)	−5.4371*	−3.2024	平稳
X_3	(C, T, 1)	−2.7446	−3.2003	不平稳
ΔX_3	(C, N, 1)	−3.3509*	−2.6103	平稳
X_4	(N, N, 4)	−4.5205*	−1.6109	平稳
X_5	(N, N, 0)	−1.5066	−1.6115	不平稳
ΔX_5	(C, T, 9)	−5.1717*	−3.2253	平稳
X_6	(C, T, 0)	−2.7880	−3.1983	不平稳
ΔX_6	(C, N, 0)	−7.4392*	−2.6103	平稳
X_7	(C, T, 0)	−2.3659	−3.1983	不平稳
ΔX_7	(C, T, 0)	−6.1398*	−3.2003	平稳
X_8	(C, T, 1)	−0.0521	−3.2003	不平稳
ΔX_8	(C, T, 0)	−3.5785*	−3.2003	平稳
X_9	(C, T, 0)	−0.2798	−2.6091	不平稳
ΔX_9	(C, N, 0)	−6.5759*	−3.2003	平稳

注：（1）主要数据期间为 1978—2016 年；（2）检验类型（C，T，K）表示单位根检验方程，其中的 C、T、K 分别表示单位根检验方程中的常数项、时间趋势和滞后阶数，N 是指不包括常数项 C 或者时间趋势项 T；（3）* 代表 10% 的显著性水平；（4）Δ 表示序列的一阶差分。

三、结果分析

农业基础设施配套服务 X_1 对农民收入的影响并不显著。其主要的原因在于：新的投资是对原有设施的完善或是对其功能的补充和改进，所以，农业基础设施对农民生产的支持还仅仅局限于原有的生产范围内。[①] 而且，因为农业基础设施的延展幅度较小，对新的产量和收入的引致性

---

① 方芳、钱勇、柳士强：《中国农业基础设施投资的实证分析》，《财经研究》2004 年第 2 期。

效应也不明显,所以,难以在实证数据中观察到这一特征。[①]农业基础设施投资布局不尽合理,表现在重复布局、位置不当、互不关联、相互矛盾和结构不良,导致在部分地区(例如西部地区),农业基础设施投资反而抑制了农民收入的增加。[②]

农业机械化服务 X_3 对农民收入的影响为负:农业机械化投资隶属于农业投资行为,农户作为从事农业生产的直接行动者,已经逐步成为农业机械化投资的基本主体,[③]其投资能力和预期收益对农业机械化投资产生根本性的影响。随着工业化的发展,经济水平逐渐提高,农村产业结构逐渐从劳动力向非劳动力转移,导致农村机械化需求越来越高。但目前,中国机械化水平总体偏低,农业机械化体系还存在许多问题和不足:一方面,许多农业机械化服务组织中由于信息不对称,个体农机户很少能获得农机的完整信息,从而造成农机具闲置,不能发挥农业机械的最大功效;另一方面,农业机械化推广服务体系队伍和农业劳动者的素质相对较低,很难适应新形势的要求。[④]因此,虽然农业机械化减少劳动力成本、增加劳动效率,但由于农业机械高成本低利用率导致机械化带来的农业收益反而低于成本,进而造成农业机械化与农民纯收入成负相关关系。

农业产业化服务 X_5 对农民收入的影响不显著。虽然通过理论模型分析可以得出农业产业化是有利于提高农民收入的,但实证研究的结果显

[①] 孔群喜、李敦瑞、许贵阳:《农业基础设施投资经济增长效应实证分析》,《西部论坛》2007年第6期。

[②] 陈文科、林后春:《农业基础设施与可持续发展》,《中国农村观察》2000年第1期。孙良:《中国农业基础设施存在的主要问题及对策》,《农业经济》2002年第4期。陈银娥、刑乃千、师文明:《农村基础设施投资对农民收入的影响——基于动态面板数据模型的经验研究》,《中南财经政法大学学报》2012年第1期。

[③] 吴昭雄、王红玲、胡动刚等:《农户农业机械化投资行为研究——以湖北省为例》,《农业技术经济》2013年第6期。

[④] 杨印生、刘子玉、盛国辉:《中国农业机械化促进体系的构建》,《农业机械学报》2005年第11期。

示，农业产业化服务与农民收入并未体现出理论上所具有的显著的收入影响效应。[1]原因是中国农业产业化起步晚、层次低、效益低，产业化组织辐射带动农户的能力较弱，农业产业化的发展仍处于初级阶段，农业产业化的实际进展与农民增收的要求相比有较大差距。[2]

农业信息服务X_7对农民收入的影响为负：现阶段农村信息化处于建设初期，中国在对农业信息化进行发展的过程中仍旧存在一定的滞后性，投资多，而收入少，导致农村信息化基础建设进展落后于本地经济水平，[3]信息资源和技术的利用率远远无法满足国内诸多农业种植区域的实际需求。[4]虽然信息技术在农业中的应用有利于资源的合理配置，在一定程度上推动农业向更好的方向发展、提高农村农业的生产率，有利于培育现代农民。但农村信息化所需要的机会成本与时间成本高，见效慢；[5]另外，在对信息资源进行开发的过程中存在许多不足，无论是数据库内容的缺失，还是信息传递由于机构职能划分不清而出现中断，或是农民由于文化水平较低因此无法理解信息资源的重要性，均会影响农业信息化的进程。[6]因此，虽然相对于长远来看信息化会促进农业的发展，但就目前现状来看，中国信息化水平还处于初级阶段，投入高于收入，导致目前信息化水平和农民纯收入呈现负相关关系。

农业保险服务X_9对农民收入的影响不显著。究其主要原因有以下几

---

[1] 王艳荣、刘业政：《农业产业集聚对农民收入影响效应研究》，《农业技术经济》2011年第9期。杨丽君：《农业产业集聚对农民收入的影响效应探讨》，《湖北农业科学》2013年第11期。

[2] 陈瑶：《农业产业化经营对农民收入的影响研究》，湖南农业大学，硕士学位论文，2008年，第13页。

[3] 王俊梅、王广斌、杨延敏：《山西省农村信息化水平对农民收入的影响》，《山西农经》2018年第4期。

[4] 张梦瑶、李明远、于文诗等：《中国农业信息化对农民收入影响分析——以四川蒲江县为例》，《现代商贸工业》2017年第7期。

[5] 陈瑶：《农业产业化经营对农民收入的影响研究》，湖南农业大学，硕士学位论文，2008年，第13页。

[6] 王俊梅、王广斌、杨延敏：《山西省农村信息化水平对农民收入的影响》，《山西农经》2018年第4期。

个方面：首先，中国农业保险起步晚、发展慢、过程跌宕起伏。[1] 其次，农业保险对农民收入的影响是从灾前效应和灾后效应两个方面发挥作用的。二者对农民收入作用的合力表现为促进了农民收入的增加，但作用力度较小。况且目前农业保险补偿比例较低，农民损失得不到充分补偿。[2] 再次，实证研究表明，农户福利增加项（即转嫁和分散农业风险、获得因灾赔款）增加的福利小于农户购买农业保险减少的福利。从农业保险政策来看，由于政策具有时滞性，农业保险保费补贴政策实施时间较短，政策效果没有完全体现。[3]

第六节 农业社会化服务水平测评结果与政策含义

本章建立了中国农业社会化服务服务水平测评的指标体系，运用熵值法通过39年的全国面板数据进行纵向比较推测出改革以来中国农业社会化服务服务水平的发展趋势和制约因素，结果表明中国农业社会化服务总体服务水平呈现逐年上升趋势，得到了飞速发展。从各项农业社会化服务指标来看，近40年来，农业科技服务、农业金融信贷服务和农业生产资料供应服务增长最快，有力地促进了中国农业社会化服务体系的发展。另外，通过农业社会化服务制约因素解构得出诸多因素随着40年的不断发展其制约度逐渐减小，但是农业信息化服务和农产品加工与流通服务依然制约着中国农业社会化服务水平的提高，严重制约了中国农业现代化发展。构建了农业社会化服务体系影响农民收入的理论模型，并使用1978—2016年的时间数据对假设进行验证，得出生产资料供应

---

[1] 高杰：《农业保险对于农民收入的影响及其政策含义》，《财政与发展》2008年第6期。
[2] 周稳海、赵桂玲、尹成远：《农业保险发展对农民收入影响的动态研究——基于面板系统GMM模型的实证检验》，《保险研究》2014年第5期。
[3] 梁平、梁彭勇、董宇翔：《中国农业保险对农民收入影响的经验研究》，《管理现代化》2008年第1期。侯代男、周慧秋、陈淑玲：《农业保险对农民收入影响的实证研究——基于黑龙江省面板数据》，《新疆农垦经济》2017年第6期。

服务、农产品加工与流通服务、农业科技服务、农业金融信贷服务对农民收入显著的正向影响，其中生产资料供应服务对农民收入的影响最大。政府需要加大在这四方面服务的投入力度，尤其是增加农药、柴油、化肥、农用塑料薄膜等生产资料供应服务的投入，更好地促进农民增收等结果。

根据研究结果提出如下相关建议：第一，大力加强农业信息化服务和农产品加工与流通服务，加大政府在农业信息基础设施农业技术应用的投入和推广，同时加快现代物流和深加工体系的构建，从而提高农业社会化服务服务水平，进而促进农业现代化飞速发展和农民增收。第二，实施农业社会化服务建设战略结构转型。逐渐实现向科技服务、信息服务、现代加工和流通转变，促进政府相关部门加大现代农业的"软实力"和相关配套设施建设，加强农业经营相关保障性措施建设，扩充农业社会化服务的"软实力"体系，从而实现科技化、信息化和高效化的现代化农业发展。

第六章 1978—2016年中国农业社会化服务体系演进与农业增长实证分析

第一节 农业社会化服务体系测度指标选取依据与指标体系

实施乡村振兴战略是全面建成小康社会、全面建设社会主义现代化国家的重大历史任务，是新时代"三农"工作的总抓手，而农业社会化服务体系是现代农业的重要部分，是因农业产业内分工和外部关联而产生的专业化、市场化和社会化的生产和非生产性服务，如何在中国工业化、城市化和农业现代化同步发展要求的形势下，建立起由社会主义市场化经济所推动的多元化新型农业社会化服务体系，从而实现政府公益性服务职能既能发挥主导作用，又能按照社会主义市场经济运行规律和要求加强市场化农业服务，最终构建中国市场化、专业化和社会化的新型农业社会化服务体系，并且把握好农业社会化服务体系的发展规律和演进趋势已成为中国农业现代化发展的关键问题。国内学者对农业社会化服务体系的研究以定性研究为主，聚焦在农业社会化服务体系的现状与模式[1]、农业社会化服务体系建设的主要问题与

---

[1] 郑文俊、张秀宽、刘元宝：《农业社会化服务体系现状及模式研究》，《乡镇经济》2001年第10期。蔡加福：《建立健全中国农业社会化服务体系的对策思考》，《福建论坛（人文社会科学版）》2005年第10期。王洋、殷秀萍、郭翔宇：《农业社会化服务供给模式分析与评价》，《农机化研究》2011年第11期。孔祥智、楼栋、何安华：《建立新型农业社会化服务体系：必要性、模式选择和对策建议》，《教学与研究》2012年第1期。丛晓娣、姚凤桐：《农业社会化服务体系研究现状综述》，《北方经济》2007年第3期。穆娜娜、孔祥智、钟真：《农业社会化服务模式创新与农民增收的长效机制——基于多个案例的实证分析》，《江海学刊》2016年第1期。

原因[①]、农业社会化服务体系构建的必要性、对策及实践道路等方面。[②]关于农业社会化服务体系的测度，学者主要对农业社会化服务水平展开研究。陈强强等（2011）从农业生产条件、农业经济发展和农村社会进步三个方面构建了县域农业社会化服务体系建设能力评价指标体系，运用主成分分析法测算了甘肃省75县（区、市）农业社会化服务体系建设能力。[③]钟亮亮等（2014）利用江西省2000—2012年数据，构建农业社会化服务评价指标体系，利用熵值权重法测度江西省农业社会化服务水平，提出从加大农业生产投资力度和加快农业科技成果转化两方面提升农业社会化服务水平。[④]齐力（2016）构建了一个涵盖1个总体指标、7个分类指标、22个群体指标的三层次综合评价体系，并实证分析了2000—2012年中国农业社会化服务运营效率，发现农业社会化服务总体水平提升较快，趋势向好，但各项服务不平衡。[⑤]智敏（2016）通过构建农业社会化服务水平评估体系，通过2005—2013年期间的面板数据运用熵值法

---

① 袁明珠、刘淑梅：《加强财政支持农业社会化服务体系建设》，《北方经贸》2001年第3期。罗开阳：《建立和完善贵州农业社会化服务体系的构想》，《贵州民族大学学报（哲学社会科学版）》2001年第4期。郁大海：《中国农业社会化服务体系改革创新研究》，《农业经济》2010年第1期。黎阳：《构建新型农业社会化服务体系思考》，《农村经营管理》2011年第10期。林小莉、邓雪霜、骆东奇等：《重庆农业社会化服务体系建设的现实困境与对策》，《农业现代化研究》2016年第2期。

② 王正强：《农业社会化服务体系存在的问题及对策思考》，《农村经济与科技》2000年第12期。孙永生：《建立健全庆阳市农业社会化服务体系》，《甘肃农业》2004年第12期。程富强、张龙：《关于完善中国农业社会化服务体系的思考》，《北京农业职业学院学报》2005年第19期。王定祥、李虹：《新型农业社会化服务体系的构建与配套政策研究》，《上海经济研究》2016年第6期。仝志辉、侯宏伟：《农业社会化服务体系：对象选择与构建策略》，《改革》2015年第1期。仝志辉：《"去部门化"：中国农业社会化服务体系构建的关键》，《探索与争鸣》2016年第6期。孔祥智：《健全农业社会化服务体系实现小农户和现代农业发展有机衔接》，《农业经济与管理》2017年第5期。彭勃文、杨宇：《发达国家农业社会化服务体系发展和趋势及对中国的借鉴》，《世界农业》2018年第2期。

③ 陈强强、刘勇、谈存峰等：《甘肃省县域农业社会化服务体系建设能力评价及类型区划》，《西北农林科技大学学报（社会科学版）》2011年第2期。

④ 钟亮亮、童金杰、朱述斌等：《江西省农业社会化服务水平测度及制约因素解构》，《广东农业科学》2014年第14期。

⑤ 齐力：《农业社会化服务体系运营效率评价》，《农业经济》2016年第10期。

对陕西的农业社会化服务水平进行测评。①

经典的现代化理论认为农业现代化是工业化的产物,是传统农业社会向工业社会的转变。② 技术创新和制度变迁是农业发展的诱致性因素。正是技术成果在工农业广泛的运用,使工农业生产过程中引入了大量的新型的服务项目。在20世纪最后25年里,制造业和农业发展主要依赖大量的相关服务产业的支持,传统的工业革命的思维方式也转向服务经济思维方式。③ 随着农业技术运用带来专业化分工的深入和农业产业链各环节协作的加强,现代农业发展逐渐拓展到市场服务和社会综合服务领域,农业现代化的内涵也开始出现以商品化、技术化、产业化、社会化、生态化等为特征的变革,形成了跨农业产业领域的复杂社会系统工程。④ 因此,以市场化、专业化和社会化为特征的农业社会化服务体系成为农业现代化的主要内容和发展趋势。

从以上学者的研究中可以发现,在研究内容上主要对农业社会化服务水平进行测评,缺乏对农业社会化服务体系演进趋势的研究;在研究对象上主要围绕个别省份进行测度评估,代表性和适用性差;在数据方面时间跨度短,研究结论有限;在研究方法方面,主要采用熵值法和主成分分析法。基于此,本书通过建立中国农业社会化服务体系的测度指标,运用交互方法对1978—2009年间中国农业社会化服务体系演进趋势进行分析。依据前人研究的理论成果以及咨询相关的农业专业意见,依据可操作性和全面性原则,整合不同视角的研究成果,从专业化、市场化和社会化三个方面构建了农业社会化服务体系测度的指标体系,如表6.1所示。

---

① 智敏:《陕西省新型农业社会化服务水平评估与分析》,《延安大学学报》(社会科学版) 2016年第6期。
② 艾森斯塔特:《现代化:抗拒与变迁》,中国人民大学出版社1988年版,第20页。舒尔茨:《改造传统农业》,商务印书馆1999年版,第38页。
③ Stahel W. R., *The Performance Economy*, Palgrave Macmillan, 2010, pp.123-131.
④ 卢良恕:《新时期中国农业与现在农业建设》,《食品工业科技》2004年第2期。柯炳生:《关于加快推进现代农业建设的若干思考》,《农业经济问题》2007年第2期。蒋和平:《中国现代农业建设特征与模式》,《中国农村观察》2007年第2期。

表 6.1 中国农业社会化服务体系测度的指标体系

准则层		指标层	指标含义	变量
我国农业社会化服务体系测度的指标体系	社会化	农田水电建设投资金额	指的就是在农田水电水利工程建设方面的投资金额	X_1
		有效灌溉面积	是地块比较平整，有一定水源、灌溉设施配套，在一般年景下当年能进行正常灌溉的农田面积	X_2
		农机购置补贴	指中央、地方财政为农民和农业生产经营组织购买国家支持推广的先进适用的农业机械给予的补贴	X_3
		农村移动电话基站	指在农村一定的无线电覆盖区中，通过移动通信交换中心与移动电话终端之间进行信息传递的无线电收发信电台	X_4
		国家财政用于农业的支出	指国家为了支持农业发展，从财政收入中拿出一定比例资金用于农业产业的支出	X_5
	市场化	农产品加工和农业生产服务项目	政府支持的有关农业生产和农产品加工的项目个数	X_6
		主要港口粮食出港量	指一定时期内通过主要港口指将腹地的粮食水运输送到粮食消费地的粮食数量	X_7
		国家铁路粮食货运量	指一定时期内使用铁路货车实际运送的粮食数量	X_8
		亿元以上农产品综合市场成交额	指在农业领域以经营农产品为主的规模以上市场交易额突破亿元的集各种农业服务于一体的成交额	X_9
		亿元以上农产品综合零售市场成交额	指在进行农业领域的各种产品、商务及零售业为主的市场交易且额度超过亿元的交易额	X_{10}
	专业化	农业技术人员数量	指通过参加培训、学习，经过实践掌握一门或者几门从事农业生产的专业化技术的人员数量	X_{11}
		农业科技投入金额	指国家财政用于农业领域的科学技术的研发及推广所给予的支持经费	X_{12}
		农业科技三项费用	指国家为支持科技事业发展而设立的新产品试制费、中间试验费和重大科研项目补助费	X_{13}
		农技协个人会员	指参加农业技术协会的拥有或者懂得农业技术的协会会员	X_{14}
		农业科技贡献率	指在整个农业生产所取得的收入中由技术所引起的效益增加变化的贡献额度所占比重	X_{15}

第二节 农业社会化服务体系测度的数据来源和计算方法

一、数据来源

本书通过 1978—2016 年的农业社会化服务体系数据，运用交互方法对农业社会化服务体系演进趋势进行实证分析。本书使用的数据主要来源于历年《中国统计年鉴》《中国农业年鉴》《中国农村统计年鉴》《中国农业机械化年鉴》等，以及国家统计局、水利部、农业农村部、科技部等权威网站的统计公报数据和 EPS 数据库等。由于统计口径伴随着社会发展出现变化，部分指标只能获取部分数据。其中农机购置补贴 X_3、农村移动电话基站 X_4、亿元以上农产品综合市场成交额 X_9、亿元以上农产品综合零售市场成交额 X_{10}、农技协个人会员 X_{14} 共 5 个指标的数据为 2005—2016 年，其余 10 个指标数据均为 1978—2016 年的完整数据。

二、研究方法

演化经济学作为现代西方经济学的一门新兴学科，主要借鉴生物进化的思想以及自然科学的最新研究成果，以动态的、演化的视角分析经济现象及规律。演化经济学的兴起和发展也促使许多经济学家从新古典的均衡分析转向趋向均衡或断点均衡的分析，并最终转向演化分析。[1]一些经济学家甚至认为，经济学正在从"均衡"范式走向"演化"范式，经济学理论即将迎来"第三次分叉"，而演化经济学在未来也可能成为主流经济学。近年来，演化经济学在制度创新研究[2]、产业演化研究[3]、科技金融研究[4]、

---

[1] 黄凯南：《演化经济学理论发展梳理：方法论、微观、中观和宏观》，《南方经济》2014 年第 10 期。
[2] 贾根良：《后发工业化国家制度创新的三种境界——演化经济学假说并与杨小凯教授商榷》，《南开经济研究》2003 年第 5 期。
[3] 刘志高、尹贻梅：《演化经济学的理论知识体系分析》，《外国经济与管理》2007 年第 6 期。
[4] 吴莹：《中国科技金融的体系构建与政策选择》，武汉大学，博士学位论文，2010 年，第 33—75 页。李颖：《中国科技创新现状与创新能力分析》，《科技促进发展》2015 年第 5 期。

复杂经济动态研究等方面得到广泛运用。[①]

演化过程中各种因素相互影响，在交互中不断进化，进而促进演化进程，因此众多学者采用交互作用来分析事物的演化进程。例如：贾根良（2003）通过人们的创造性活动与结构性制约条件交互作用来分析后发工业化国家制度创新的演进过程。王江波（2007）将复杂系统的经济动态演化过程看作多种微观主体的交互作用。李琳（2008）从演化经济学的视角通过地区特有的知识与能力的交互作用分析地区竞争力。[②] 李颖（2015）从演化经济学的视角分析中国小额信贷机构的演化，认为任何的经济行为和经济现象都不是孤立的，而是在与环境的交互中不断进化的。[③] 因此，本书也采用交互作用对农业社会化服务体系的演进趋势展开研究。

三、数据处理与分析

为避免量纲和单位不同带来的不可共度性，将每个末级指标初始值采用极值标准化进行初始无纲量化，即统一采取指标的最大值和最小值为标准化区间来进行无纲量化，其具体结果见表6.2。运用SPSS17.0软件计算，通过观测统计结果中公因子对样本方差的特征值和方差贡献，发现前面三个因子的特征值大于1，且累计方差贡献比率为93.416%。因此，后面的因子可以略去，提取前面3个公因子。为了确定因子的实际内容，还必须进一步旋转因子，使每一个变量尽量只负荷在一个因子之上，这是简单的结构准则。本书中利用方差最大化正交旋转得到载荷矩阵，公共因子F_1在指标上X_1、X_2、X_3、X_4、X_5，载荷值较大；F_2在指标X_6、X_7、X_8、X_9、X_{10}，载荷值较大；F_3在指标X_{11}、X_{12}、X_{13}、X_{14}、X_{15}，载荷值较大。通过交互方法，得到每年F值。农业社会化服务体系演进趋势如图6.1所示。

[①] 王江波：《经济演化及其突现机理初探》，华南师范大学，硕士学位论文，2007年，第18—32页。

[②] 李琳：《地区竞争力：一个演化经济学的分析视角》，《社会科学家》2008年第7期。

[③] 李颖：《中国小额信贷机构的演化研究》，安徽大学，博士学位论文，2015年，第78—87页。

第六章　1978—2016年中国农业社会化服务体系演进与农业增长实证分析　179

表 6.2　1978—2016 年中国农业社会化服务体系测度指标的年度无纲量化数据

年份	X_1	X_2	X_3	X_4	X_5	X_6	X_7	X_8	X_9	X_{10}	X_{11}	X_{12}	X_{13}	X_{14}	X_{15}
1978	0.0000	0.8509	—	—	0.0022	0.0000	0.0000	0.0000	—	—	0.0000	0.0000	0.0000	—	0.1045
1979	0.0043	0.8387	—	—	0.0035	0.0003	0.0077	0.0414	—	—	0.0696	0.0011	0.0166	—	0.1581
1980	0.0088	0.8309	—	—	0.0022	0.0007	0.0174	0.0760	—	—	0.0387	0.0025	0.0090	—	0.2118
1981	0.0135	0.8098	—	—	0.0000	0.0014	0.0241	0.1072	—	—	0.0774	0.0040	0.0043	—	0.2355
1982	0.0184	0.7831	—	—	0.0006	0.0020	0.0343	0.1114	—	—	0.1547	0.0057	0.0025	—	0.2593
1983	0.0236	0.8150	—	—	0.0012	0.0027	0.0193	0.1219	—	—	0.2526	0.0077	0.0270	—	0.2831
1984	0.0290	0.8017	—	—	0.0017	0.0041	0.0649	0.1249	—	—	0.3208	0.0100	0.0404	—	0.3068
1985	0.0347	0.7737	—	—	0.0023	0.0061	0.1453	0.2266	—	—	0.3572	0.0126	0.0321	—	0.3306
1986	0.0408	0.7864	—	—	0.0040	0.0081	0.1989	0.2430	—	—	0.5847	0.0127	0.0591	—	0.3544
1987	0.0472	0.7983	—	—	0.0046	0.0115	0.1756	0.3422	—	—	0.3846	0.0166	0.0440	—	0.0000
1988	0.0540	0.7967	—	—	0.0056	0.0399	0.2106	0.3333	—	—	0.4160	0.0207	0.0479	—	0.0298
1989	0.0613	0.8325	—	—	0.0084	0.0095	0.1993	0.3172	—	—	0.4602	0.0258	0.0512	—	0.3402
1990	0.0692	1.0000	—	—	0.0107	0.0278	0.1537	0.3297	—	—	0.3559	0.0318	0.0739	—	0.5811
1991	0.0776	0.0073	—	—	0.0128	0.0372	0.3047	0.4168	—	—	0.5500	0.0415	0.0674	—	0.6692
1992	0.0868	0.0303	—	—	0.0144	0.0515	0.3677	0.4382	—	—	0.6488	0.0499	0.0699	—	0.3572
1993	0.0969	0.0000	—	—	0.0179	0.0724	0.3649	0.4601	—	—	0.7223	0.0612	0.0699	—	0.2078
1994	0.1081	0.0001	—	—	0.0229	0.1117	0.3619	0.5646	—	—	0.7780	0.0812	0.0699	—	0.2697
1995	0.1205	0.0221	—	—	0.0252	0.2004	0.2120	0.4717	—	—	0.5500	0.0964	0.0699	—	0.3917
1996	0.1346	0.0714	—	—	0.0319	0.3697	0.1841	0.3953	—	—	0.6488	0.0805	0.1399	—	0.5516
1997	0.2245	0.1098	—	—	0.0355	0.3561	0.3280	0.5135	—	—	0.7223	0.0952	0.1593	—	0.6926

续表

年份	X_1	X_2	X_3	X_4	X_5	X_6	X_7	X_8	X_9	X_{10}	X_{11}	X_{12}	X_{13}	X_{14}	X_{15}
1998	0.2528	0.1572	—	—	0.0565	0.2525	0.3314	0.3418	—	—	0.7780	0.1110	0.2913	—	0.5908
1999	0.3053	0.1958	—	—	0.0528	0.2668	0.3971	0.4443	—	—	0.7967	0.1322	0.2909	—	0.6195
2000	0.3872	0.2255	—	—	0.0607	0.2830	0.5149	0.6076	—	—	0.8558	0.1485	0.3143	—	0.6044
2001	0.3687	0.2447	—	—	0.0729	0.2925	0.3923	0.5138	—	—	0.8661	0.1659	0.3324	—	0.6921
2002	0.4236	0.2494	—	—	0.0796	0.3487	0.5222	0.6461	—	—	0.8487	0.1917	0.3179	—	0.8091
2003	0.5533	0.2341	—	—	0.0890	0.4516	0.7018	0.8522	—	—	0.8861	0.2174	0.4099	—	0.8195
2004	0.7134	0.2550	—	—	0.1205	0.2898	0.4885	0.9374	—	—	0.9342	0.2977	0.5245	—	0.7706
2005	0.8363	0.2796	0.0000	0.0000	0.1266	0.3555	0.6440	0.9570	0.0000	0.0000	0.9368	0.3646	0.6791	0.0000	0.8018
2006	0.8913	0.3120	0.0535	0.0143	0.1658	0.4651	0.5520	0.8492	0.2218	0.4384	0.9282	0.4144	0.7339	0.1593	0.8310
2007	1.0000	0.3464	0.1153	0.0335	0.1783	0.5599	0.6205	0.8892	0.3034	0.5336	0.9271	0.4880	0.6555	0.3068	0.8579
2008	0.8839	0.4339	0.0004	0.0595	0.2400	0.6310	0.5879	1.0000	0.1725	0.1434	0.9597	0.5057	0.6967	0.4902	0.8828
2009	0.8827	0.4693	0.3930	0.1577	0.3866	0.6385	0.6485	0.8285	0.2498	0.2940	0.9573	0.5328	0.7370	0.5299	0.8990
2010	0.8478	0.5180	0.5020	0.2102	0.4340	0.6947	0.7334	0.8027	0.3529	0.5602	0.8980	0.5736	0.7765	0.6279	0.9169
2011	0.8151	0.5777	0.5893	0.2769	0.5319	0.6317	0.7772	0.7900	0.4504	0.7008	0.9567	0.6178	0.8153	0.7391	0.9437
2012	0.6940	0.6140	0.7637	0.3360	0.6421	0.5958	0.8664	0.8347	0.5296	0.7552	0.9506	0.6963	0.8534	0.9550	0.9616
2013	0.6487	0.6580	0.8200	0.4007	0.7165	0.5504	1.0000	0.8864	0.6521	0.8596	1.0000	0.7535	0.8909	1.0000	0.9741
2014	0.5882	0.7058	0.5674	0.6074	0.7611	0.8869	0.9874	0.6437	0.7965	0.9241	0.9907	0.8731	0.9278	0.9523	0.9884
2015	0.5695	0.7655	0.9477	0.8235	0.9347	1.0000	0.8547	0.3472	0.8775	1.0000	0.9743	0.9357	0.9641	0.9801	0.9884
2016	0.4449	0.8224	1.0000	1.0000	1.0000	0.7894	0.9268	0.3907	1.0000	0.9436	0.9706	1.0000	1.0000	0.9748	1.0000

表 6.3　1978—2016 年中国农业社会化服务体系 F 值

年份	农业社会化服务体系 F	社会化 F_1	市场化 F_2	专业化 F_3
1978	0.00000	0.28436	0.00000	0.02613
1979	0.00029	0.28216	0.01648	0.06137
1980	0.00058	0.28064	0.03136	0.06548
1981	0.00097	0.27445	0.04423	0.08029
1982	0.00139	0.26738	0.04924	0.10556
1983	0.00192	0.27994	0.04798	0.14258
1984	0.00304	0.27746	0.06463	0.16949
1985	0.00623	0.27025	0.12598	0.18312
1986	0.01051	0.27708	0.15003	0.25271
1987	0.00556	0.28339	0.17644	0.11130
1988	0.00715	0.28546	0.19460	0.12863
1989	0.01157	0.30076	0.17533	0.21938
1990	0.01279	0.35995	0.17041	0.20854
1991	0.00248	0.03259	0.28631	0.26562
1992	0.00319	0.04382	0.32352	0.22517
1993	0.00243	0.03826	0.29914	0.21225
1994	0.00363	0.04368	0.34610	0.23976
1995	0.00365	0.05591	0.29469	0.22161
1996	0.00713	0.07932	0.31638	0.28416
1997	0.01643	0.12327	0.39920	0.33389
1998	0.01700	0.15551	0.30857	0.35420
1999	0.02509	0.18464	0.36938	0.36786
2000	0.04044	0.22445	0.46850	0.38460
2001	0.03759	0.22877	0.39954	0.41128
2002	0.05499	0.25088	0.50567	0.43349
2003	0.09113	0.29215	0.66852	0.46658

续表

年份	农业社会化服务体系 F	社会化 F_1	市场化 F_2	专业化 F_3
2004	0.13113	0.36297	0.57189	0.63173
2005	0.09394	0.31064	0.48910	0.61830
2006	0.08907	0.28738	0.50530	0.61335
2007	0.12590	0.33469	0.58132	0.64709
2008	0.11596	0.32352	0.50696	0.70702
2009	0.17806	0.45785	0.53185	0.73121
2010	0.23964	0.50241	0.62877	0.75858
2011	0.30462	0.55817	0.67002	0.81453
2012	0.38599	0.60996	0.71634	0.88338
2013	0.47325	0.64879	0.78971	0.92369
2014	0.51831	0.64600	0.84773	0.94646
2015	0.63863	0.80818	0.81590	0.96852
2016	0.68386	0.85346	0.81011	0.98910

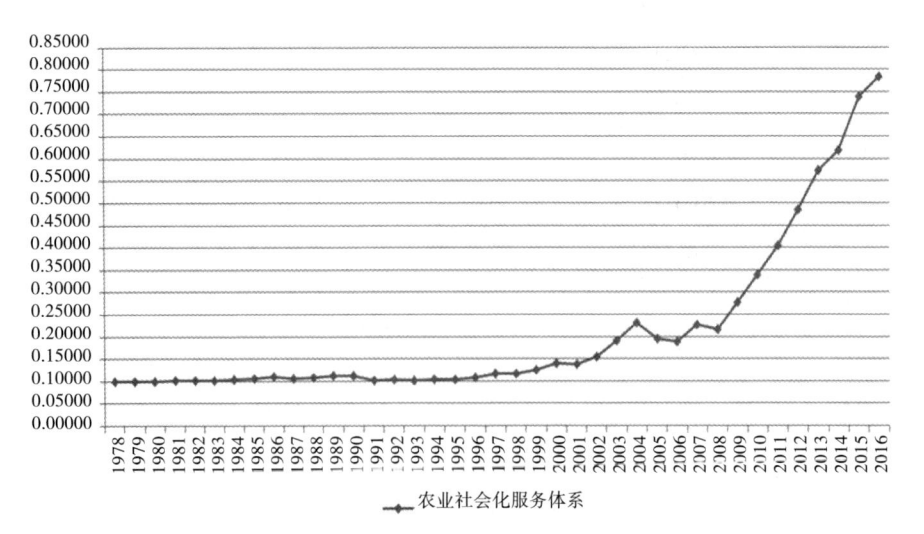

图 6.1　1978—2016 年中国农业社会化服务体系演进

注：曲线向上位移 0.1，不影响整体趋势。

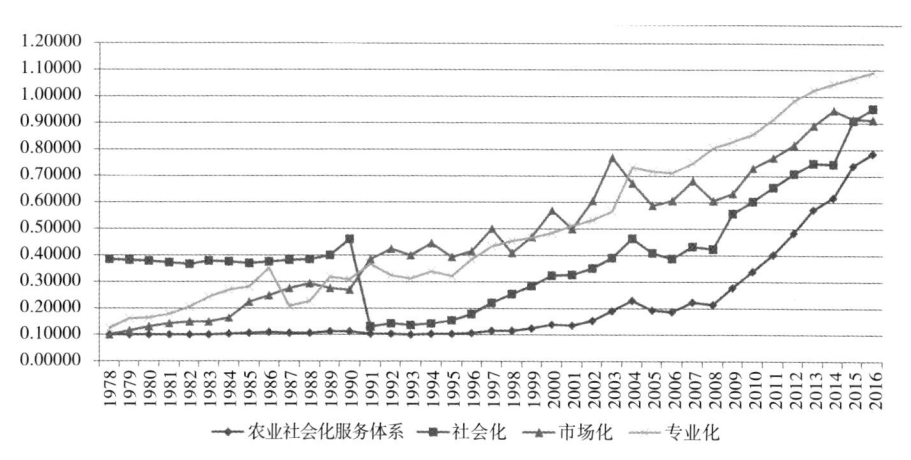

图 6.2　1978—2016 年中国各项农业社会化服务体系特征演进

注：曲线向上位移 0.1，不影响整体趋势。

第三节　1978—2016 年中国农业社会化服务体系演进趋势及解释

一、1978—2016 年中国农业社会化服务体系演进趋势的宏观解释

从农业社会化服务体系来看，自改革开放以来的 38 年间中国农业社会化服务体系得到了快速发展，并呈现逐步上升趋势。根据图 6.1 可以将 1978—2016 年间中国农业社会化服务体系的演进趋势划分为三个阶段，即 1978—1990 年、1990—2003 年、2003—2016 年。其中第一阶段中国农业社会化服务体系呈现微弱上升趋势，平均值为 0.00477，说明农业社会化服务体系处于起步阶段，发展缓慢。第二阶段中国农业社会化服务体系呈现快速上升趋势，平均值为 0.02348。与第一阶段相比，农业社会化服务体系的增长率为 392.302%，表明农业社会化服务体系取得突破性进展，逐步进入成长期。第三阶段中国农业社会化服务体系呈现飞速发展趋势，平均值为 0.30603。与第二阶段相比，农业社会化服务体系的增长率为 1203.167%，表明农业社会化服务体系取得迅猛发展，逐步进入

成熟阶段。上述中国农业社会化服务体系所呈现出的趋势规律，与农业所处的政策环境和农业社会化服务体系特征密切相关。本书按照三个阶段，分别对其演进趋势进行解释。

二、第一阶段（1978—1990年）：以社会化为主导驱动的发展阶段

这一阶段，中国农业社会化服务体系的最大值为1990年的0.01279，这表明农业社会化服务体系正处于起步阶段，发展进程缓慢。1978年党的十一届三中全会通过《中共中央关于加快农业发展若干问题的决定（草案）》肯定了"包工到作业组，联系产量计算劳动报酬"的责任制。1980年5月，邓小平同志认为包产到户效果很好，变化很快。同年9月，中央发出的《关于进一步加强和完善农业生产责任制的几个问题》充分肯定了专业承包联产计酬责任制，并基本肯定包产到户的做法。随后，生产责任制推广范围迅速扩大，各种联产责任制形式迅速发展，包产到户、包干到户发展迅速，到1981年10月，全国农村基本核算单位中，建立各种形式生产责任制的已占97.8%，其中包产到户、包干到户的占到50%。一方面，农业生产制度的变革直接导致了中国"一大二公"的集体化道路和人民公社的逐步解体，这使得以政府控制的农业社会化服务组织面临"网破、线短、人散"的风险，原有的农业社会化服务体系遭受严重破坏。[①]另一方面，家庭联产承包责任制带来了生产力的解放和商品生产的发展，迫切需要提供农业社会化服务以推动农村改革。[②]1982年1月，中共中央批转的《全国农村工作会议纪要》第一次明确地肯定了包产到户的社会主义性质。据1982年11月统计，实行家庭承包的生产队

---

① 蔡立雄：《市场化与中国农村制度变迁》，社会科学文献出版社2009年版，第236—250页。
② 高强、孔祥智：《中国农业社会化服务体系演进轨迹与政策匹配：1978—2013年》，《改革》2013年第4期。

已占到总队数的 78.8%。1983 年 1 月，中共中央发出《当前农村经济政策的若干问题》，在这一政策指引与召唤下，包产到户不仅在一般地区已经普及，而且在沿海经济发达地区和东北农业机械化程度较高的地区也有了迅速发展。到 1983 年年末，全国实行家庭承包的生产队已占到总队数的 97.8%。此后，家庭承包经营进入稳定完善阶段。因此，该阶段初步提出了具有中国特色社会主义市场经济体制的农业社会化服务概念，[①]农业社会化服务体系正处于起步阶段，发展进程缓慢。

从农业社会化服务体系特征来看，市场化、专业化和社会化的平均值分别为 0.09590、0.13497 和 0.28641，这表明农业社会化服务体系上升的主要因素是社会化的拉动。为了实现经济复苏和促进农业发展，政府投入资金加强农村基础设施建设以强化农业综合生产能力，包括因地制宜搞好农田基本建设，有计划地开垦荒地、围海造田，制定土地法等。同时，制定各项优惠政策以降低生产成本和交易成本，包括社队所造耕地从收获之年起，五年不计征购等，农业社会化服务体系开始上升。但是，政府投入力度具有强烈的导向性和制约性。随着基础设施建设的日益完善和基础设施的滞后效应，社会化呈现微弱下降的趋势。

从 1979 年起，国务院及有关部门开始启动城市经济体制改革以搞活农村商品流通，对农产品统购统销的范围和品种进行了重新规定，逐步减少了统购统销和限售的产品和数量，缩小了国家收购农产品的范围。除棉花以外的农产品在完成政府收购任务之后，可以根据市场供求，实行议购议销。逐步实施农产品流通体制改革使农村集贸市场和传统农副产品市场得到初步恢复和发展。而且，国家还将农业税由实物税改为现金税。但是农产品市场信息不透明、组织化程度低，交易成本高，市场化呈现缓慢上升趋势。与此同时，政府加强农业教育、科研成果推广力度，积极建立健全农业技术推广体系，例如 1982 年"中央 1 号文件"提

[①] 樊亢、戎殿新：《论美国农业社会化服务体系》，《世界经济》1994 年第 6 期。

出，在农业技术推广机构改革的基础上，提出要强化农业服务；1983年1月，中共中央发出的《当前农村经济政策的若干问题》文件中指出继续实行对农业的技术改造，改善农业生产条件，加强农业科学技术和教育工作；1985年中共中央《关于进一步活跃农村经济的十项政策》中提出科研推广单位、大专院校及城市企业，可以接受农村委托的研究项目，转让科研成果，提供技术咨询服务，或者与商品基地及其他农村生产单位组成"科研—生产联合体"，专业化有所增长但是增幅依然缓慢。由于占主导驱动力量的社会化呈现缓慢的下降趋势，市场化和专业化呈现缓慢的上升趋势，三者交叉作用，农业社会化服务体系上升幅度不大。

三、第二阶段（1990—2003年）：以市场化为主导驱动的发展阶段

这一阶段，中国农业社会化服务体系的最大值为2003年的0.09113，表明中国农业社会化体系取得突破性进展。从农业社会化体系特征来看，市场化、专业化和社会化的平均值分别为0.38350、0.13487和0.32311。这表明经过数年的农业部门市场结构和价格自由化的市场改革、农产品流通体制改革、农业科研与技术推广体制改革以及农业社会化服务体系建设的内容、原则以及基本框架的确立，市场化、专业化和社会化都呈现出良性发展，农业社会化服务体系呈现持续攀升趋势。

这一阶段，农业社会化服务体系上升的主要因素是市场化的拉动。1992年，党的十四大正式提出建立社会主义市场经济的改革目标，为农业服务市场化奠定了政策环境基础。随后，1991年出台了购销同价、保量放价，"米袋子"省长负责制，"菜篮子"市长负责制，专项粮食储备制度和风险基金等政策，加快了国家对农产品市场调控的改革，促进了农产品收购、批发、零售等多层次市场体系的基本建成。同时，政府重视发挥集体商业组织、农民合作组织、个体运销户的作用，允许工商企业、外资企业进入农产品流通领域，并加强农业服务的部分公益性职能

向市场化改革。至20世纪90年代末中国初步形成了具有社会主义特色的市场经济，也为具有中国特色社会主义市场化推动的农业社会化服务体系的发展奠定了基础。各级党委和政府要比过去任何时候都更加重视农业、农村和农民问题，进一步加强对农业和农村工作的领导。

四、第三阶段（2003—2016年）：以专业化为主导的驱动发展阶段

这一阶段，中国农业社会化服务体系的最大值为2016年的0.68386，表明中国农业社会化体系取得迅猛发展，逐步进入成熟阶段。从各项农业社会化的特征来看，市场化、专业化和社会化都呈现出不同程度的发展，平均值分别为0.65115、0.78715和0.51569。

这一阶段，中国农业社会化服务体系上升的主要因素是专业化的拉动。一方面，工业化、信息化、城镇化、市场化深入发展，农业资源环境和市场约束增强，要求加速转变农业发展方式，加快提升农业竞争力，对农业社会化服务体系提出新的要求。另一方面，随着农民收入从快速增长到增速放缓，中央将农民增收问题摆到了突出重要位置。中国逐步重视科技创新与技术进步在提高农业综合生产能力上的重要支撑作用，加大农业科技创新与技术推广体系建设，农业科技推广体制改革取得了重大进步，农业科技对农业发展的贡献率不断提高。例如，2007年国务院《关于切实加强农业基础建设进一步促进农业发展农民增收的若干意见》必须推动农业科技创新取得新突破，加强农业科技和服务体系建设，切实加强公益性农业技术推广服务；2008年"中央1号文件""提出加强农业科技和服务体系建设是加快发展现代农业的客观需要"；2010年"中央1号文件"再次提出"推动家庭经营向采用先进科技和生产手段的方向转变"；2012年"中央1号文件"将农业科技创新提到前所未有的战略高度，提出"提升农业技术推广能力，大力发展农业社会化服务"。此外，建立现代农技服务咨询平台、实施"农业科技进村入户"工程、实

施农技推广责任制等，中国农业社会化服务体系呈现上升趋势。

在加入 WTO 的国际背景下，为了提高农业对外开放水平，中国出台了"深化农业科技推广体制和供销社改革""支持龙头企业为农户提供培训、营销服务""允许和鼓励各类工商企业到农村以连锁方式经营化肥等农业生产资料"和"健全农产品市场和对农业的支持保护体系"等一系列政策推进市场升级改造，进一步完善了农业社会化服务机制和加深农业服务市场化进程。同时，农业企业为应对国际市场竞争和提高企业核心竞争力，积极引进国外先进技术、大力发展产品流通和推广电子商务等，以及为促进统一开放有序竞争市场的各项法律法规的出台，例如国家通过安排财政资金，以补助或贴息的方式，重点改造 100 家大型农产品批发市场、培育 100 家大型农产品流通企业，构建与国际市场接轨的农产品现代流通体系，既提高了农业市场流通的效率与规模性，也规范和完善了农业服务市场。国家不断加大对农业公共服务、农业科技服务、农业流通服务支持保护政策，农业社会化服务体系呈现加速上升趋势。

本书从社会化、市场化和专业化三个方面构建了中国农业社会化服务体系测度的指标体系，运用交互分析推测出 1978—2016 年间中国农业社会化服务体系的演进趋势，结果表明中国农业社会化服务体系与整个社会经济发展过程基本一致，受到市场化、专业化和社会化三者的交互影响，总体上呈现上升趋势。同时，按照驱动作用，中国农业社会化服务体系可以划分为以社会化为主导、以市场化为主导和以专业化为主导三个阶段。

第四节 1978—2016 年农业社会化服务体系演进与农业发展的关系分析

一直以来，农业经济增长都是学者所关注和研究的热点问题之一，不同历史时期学者对农业经济增长的源泉作出了不同的解释。现有文献对农业经济增长的影响因素的研究主要集中在以下三个方面：（1）制度变迁方面，尤其是家庭联产承包责任制对20世纪80年代的农业经济增长的影响及贡献力。林毅夫（1994）在研究中指出，农村经济体制改革释放了农业生产力，以家庭联产承包责任制为代表的农业经济体制改革促进了农业经济增长；[1]麦克米伦和朱（Millan and Zhu，2014）研究发现，制度变革是1978—1984年间中国农业增长的主要原因。[2]（2）政策因素方面，主要探讨政府对农产品价格的调整政策、财政支出对农业经济增长的重要作用。李焕彰、钱忠好（2004）利用格兰杰因果分析方法，得出财政支出中的支农支出和农业基本建设支出对农业总产值具有显著影响。[3]（3）科技进步和农业机械化方面，姚延婷等（2014）等在研究中发现，环境友好农业技术创新和推广对农业经济增长具有显著的正向影响。[4]王新利、赵琨（2014）对黑龙江农业机械化水平与农业经济增长之间的关系进行实证分析。[5]结果表明农业机械化发展与农业经济增长存在长期均衡关系，农业机械等生产性固定资产的投入能提高农机综合作业水平，进而提高农业总产值。

综上所述，虽然国内外学者认可制度变迁、政策、科技对农业经济增长的推动及促进作用，并取得了许多丰富的研究成果，为后续的研究提供了重要的启示。但是，大多研究局限于二者之间的研究，缺乏从系统的角度研究农业社会化体系特征的协同作用。只有厘清农业社会化服务体系与农业总产值之间内在的逻辑关系，才能为中国特色现代农业的发展提供指导。基于此，本书通过构建农业社会化服务体系影响农业总产值的理论模型，并采用1978—2016的时间序列数据对相关假说进行验证。

---

[1] 林毅夫：《制度、技术与中国农业发展》，上海三联书店1994年版，第50—75页。
[2] Mcmillan J., Whalley J., Zhu L., "The Impact of China's Economic Reforms on Agricultural Productivity Growth", *Journal of Political Economy*, No.4, 1989.
[3] 李焕彰、钱忠好：《财政支农政策与中国农业增长：因果与结构分析》，《中国农村经济》2004年第8期。
[4] 姚延婷、陈万明、李晓宁：《环境友好农业技术创新与农业经济增长关系研究》，《中国人口资源与环境》2014年第8期。
[5] 王新利、赵琨：《黑龙江省农业机械化水平对农业经济增长的影响研究》，《农业技术经济》2014年第6期。

一、农业社会化服务的基本特征与农业发展

（一）社会化对农业发展的影响

社会化是指政府为了克服市场缺陷在农业生产和经营过程中投放资源（物质资源和人力资源）进而形成资产或资本以达到预定的经济、社会和生态目标的经济活动过程，政府农业投资在整个农业投资中和实现农业社会化构建农业社会化服务体系的作用举足轻重。[1]理论上来说，农业总产值总体上反映农业的产出情况。农业本身是个弱势产业，其产出效果一方面取决于自然条件和人力资源等地域或农业活动参与者的素质，另一方面取决于政府对农业的公共投入，[2]尤其是政府对农业基础设施的财政支出如农田水电建设、农业灌溉设施、农村移动电话基站等以及对农户农机购置的补贴投入。相关实证研究也表明，财政投入影响农业总产值。例如：范（Fan，1997）认为政府对农业投资的增加对长期的农业经济增长发挥着重要的作用。[3]麦克米伦和朱在研究中发现，公共农业基础设施对中国农业经济增长的影响不可忽视。[4]王敏、潘勇辉（2007），赵璐、吕杰（2011），吴清华（2015）等在研究中指出通过支援农村生产支出和农林水利气象事业费、农业基本建设支出、农村救济费等项目来实现财政对农业的支持，农田水电建设以及农村基本设施建设投入增长对于农业增长具有一定的促进作用。[5]晁伟鹏、孙剑（2013）通过实证研

---

[1] 李芝兰：《中国农业增长中的政府投资影响》，《财经科学》2006 年第 3 期。
[2] 席雪红：《河南省农业财政投入产出的弹性分析：1978—2010》，《开发研究》2013 年第 1 期。沈国军：《财政支农对农业经济增长的实证分析——以河南省为例》，《湖南社会科学》2014 年第 1 期。
[3] Fan S.G., "Production and Productivity Growth in Chinese Agriculture: New Measurement and Evidence", *Food Policy*, No.3, 1997.
[4] Mcmillan J., Whalley J., Zhu L., "The Impact of China's Economic Reforms on Agricultural Productivity Growth", *Journal of Political Economy*, No.4, 1989.
[5] 王敏、潘勇辉：《财政农业投入与农民纯收入关系研究》，《农业经济问题》2007 年第 5 期。赵璐、吕杰：《财政支农结构对农业总产值影响的实证分析》，《统计与决策》2011 年第 8 期。吴清华、周晓时、冯中朝：《基础设施对农业经济增长的影响——基于 1995—2010 年中国省际面板数据的研究》，《中国经济问题》2015 年第 3 期。

究发现，有效灌溉面积对农业经济增长具有正向的显著作用。[1] 李农和万祎（2010）在研究中指出，农机购置补贴提高了农业机械化水平，进而促进了农业总产值的增长。[2] 综上所述，增加财政支农投入可以增加农业和农村发展资金的供给来源，促进农村和农业投资，从而促进农业总产值增长。

（二）市场化对农业发展的影响

市场化作为一种从计划经济向市场经济过渡的体制改革，不是简单的几项规章制度的变化，而是一系列经济、社会、法律制度的变革，[3] 或者说是一系列的大规模制度变迁。[4] 农产品市场化则是农业经济部门融入市场经济体系，并向各种行业全面开放的过程，[5] 包含要素投入市场化、生产过程市场化和产品销售市场化三个环节，各个环节过程中应包括对生产经营的开放和市场过程的融入过程。[6] 农产品市场化一方面可以提高农户组织化程度和生产积极性，促进生产资源的高效配置，从而提高农业生产效率；另一方面流通系统的完善增强了流通效率和流通规模，降低市场交易成本，进而增加农业生产总值。[7] 相关实证研究也表明，农产品市场化与农业总产值之间具有显著的影响关系。张怿（2004）通过回归分析发现市场化程度与当地农民收入之间有着很强的正相关关系。[8] 郭韶伟等（2011）使用面板协整分析法，利用1991—2009年间中国三省一

---

[1] 晁伟鹏、孙剑：《1990—2011年新疆农业生产要素投入对农业经济增长的贡献》，《贵州农业科学》2013年第11期。

[2] 李农、万祎：《中国农机购置补贴的宏观政策效应研究》，《农业经济问题》2010年第12期。

[3] 樊纲：《体制与体制转轨问题的理论分析》，《成都行政学院学报》2003年第5期。

[4] 樊纲、王小鲁、马光荣：《中国市场化进程对经济增长的贡献》，《经济研究》2011年第9期。

[5] 马玉立：《农产品市场化对农业经济的发展作用探析》，《农业经济》2012年第10期。

[6] 杨柳：《农产品市场化对农业经济的发展作用探析》，《辽宁行政学院学报》2014年第5期。

[7] 王春林：《以农产品市场化促进农业经济发展》，《畜牧与饲料科学》2014年第1期。温鑫：《农产品市场化对农业经济的发展作用》，《西部皮革》2017年第4期。庞红学：《现代商贸流通发展对浙江农业经济增长影响的实证研究》，《浙江农业学报》2013年第6期。

[8] 张怿：《市场化程度与农民收入关系的实证研究》，《现代情报》2004年第7期。

市的农业经济数据实证研究发现，农产品流通市场化程度与农业收入之间存在稳定的长期均衡关系，农产品流通市场化程度的提高对农业收入具有显著的正向影响。[①]王东辉（2011）使用浙江省1978—2008年数据，运用协整分析的计量方法分别对货运量、客运量与农业生产总值的关系进行了回归分析，发现浙江省物流运输显著促进了农业生产总值增长与农业经济发展。[②]庞红学（2013）选取浙江省1985—2011年时间序列数据，建立农业生产总值与现代商贸流通发展等相关影响因素之间的计量经济模型，发现现代商贸流通发展变量对农业生产总值变量具有积极的促进作用。[③]范天宇、孙庆祥（2015）选取山东省1997—2013年的数据，建立农业增加值与商贸流通、资本投入等相关影响因素间的计量经济模型，结果显示：商贸流通业发展与农业经济增长存在显著正相关关系，商贸流通发展的二次方变量与农业生产增加值间存在正相关关系，即商贸流通显著促进农业经济的增长。[④]张子璇（2016）通过建立农业生产总值与农业商贸流通发展等相关影响因素间的计量经济模型，发现农业商贸流通发展与当地的农业生产总值具有显著的正相关关系。[⑤]综上所述，市场化与农业总产值存在正相关关系。

（三）专业化对农业发展的影响

历次兴起的科技革命不断证实，经济增长与技术创新存在一种相互促进的关系。一直以来，科学技术是农业的第一生产力。2012年"中央

---

① 郭韶伟、唐成伟、张昊：《农产品流通市场化与农业收入增长：理论与实证》，《中国流通经济》2011年第11期。

② 王东辉：《浙江省物流运输与农业经济增长关系的协整分析》，《安徽农业科学》2011年第2期。

③ 庞红学：《现代商贸流通发展对浙江农业经济增长影响的实证研究》，《浙江农业学报》2013年第6期。

④ 范天宇、孙庆祥：《商贸流通业对山东省农业经济增长影响实证研究》，《商业经济研究》2015年第30期。

⑤ 张子璇：《商贸流通对沿海省市农业经济增长的影响分析》，《商业经济研究》2016年第22期。

1号文件"《关于加快推进农业科技创新持续增加农产品供给保障能力的若干意见》的出台,彰显了党中央、国务院通过发展农业科技促进农村经济发展的信心和决心。随着科技水平的提高和市场化进程加速,各地区农业逐渐由原来从事多种生产项目、生产多种产品转变为专门或主要从事某种或某几种生产项目或产品,甚至只从事农产品生产过程的某一个生产环节的生产活动,即农业的专业化逐渐显化,农业专业化形态也日趋多样。[1]列宁在《农业中的资本主义》指出农业专业化是"资本主义社会中农业进步的基本因素之一"。美国农业经济学家约翰逊也认为农业专业化是美国农业增长的重要因素。[2]一方面充分发挥专业化在集约降本、增产提质等方面的潜力,有利于节约投资,提高经营效益和提高农业产值,是中国农业发展的重要方向之一。[3]另一方面科技进步促使更多机械投入农业生产,为社会提供更多更好的产品,同时也吸取社会其他部门各种新的技术成果,充分地运用新技术,采用科学技术进步的最新成果,才能使我们的商品性农业能够提供更多、更好、更便宜的农产品,经济上也有显著效益。[4]农业总产值的增长依赖于农业专业化在农业上的应用。[5]同时,相关实证研究也表明专业化和农业总产值存在正向影响。袁军宝等(2008)认为科技代替人类形成的专业化可以有效提高生产效率。[6]福格尔(Fogel,1964)对美国内战前区域间贸易程度进行研究,发现农业专业化对经济增长会产生显著影响。[7]吴林海等(2013)认为农业科技

---

[1] 王留鑫、何炼成:《农业专业化分工:研究进展与述评》,《农林经济管理学报》2017年第3期。

[2] 丁浩金:《关于美国农业专业化的几个问题》,《世界经济》1979年第6期。

[3] 彭向宇、陶思琪、郭延昕等:《基于空间洛伦兹曲线与基尼系数论荆州视角下的湖北农业生产专业化》,《现代农业科技》2014年第1期。

[4] 许经勇:《农业专业化的新意义及其形式》,《中国经济问题》1987年第4期。

[5] 李国璋、周琦:《中国农业产值的影响因素分析》,《统计与决策》2007年第22期。

[6] 袁军宝、陶迎春:《论农业产业化:基于分工与合作的视角》,《科技管理研究》2008年第7期。

[7] Fogel R.W., "Reappraisals in American Economic History—Discussion", *American Economic Review*, No.59, 1964.

投入具有累积效应,投入时间越长,投入绩效越显著。[①] 综上所述,农业科技投入带来的农业专业化会增加劳动效率,进而增加农业总产值。

二、数据来源与平稳性检验

（一）数据来源

本书使用的数据主要来源于《中国统计年鉴》《中国农业年鉴》《中国农村统计年鉴》《中国农业机械化年鉴》等,以及国家统计局、水利部、农业农村部、科技部等权威网站的统计公报数据和 EPS 数据库等。

（二）平稳性检验

对时间序列进行平稳性检验主要基于三方面考虑:一是因果检验对序列的平稳性非常敏感;二是许多宏观经济序列都是不平稳的;三是直接使用 OLS 进行估计容易产生虚假回归现象。因此,有必要在建模前对时间序列进行平稳性检验。本文选取的所有变量均为时间序列数据,平稳性检验结果见表 6.4。

表 6.4 变量的平稳性检验结果

变量	检验类型	ADF 统计量	1% 临界值	5% 临界值	结论
Y	(C, T, 0)	−3.935386	−4.226815	−3.536601	平稳
X_1	(N, N, 0)	−0.943429	−2.627238	−1.949856	不平稳
ΔX_1	(N, N, 0)	−6.554463	−2.628961	−1.950117	1% 平稳
X_2	(C, T, 4)	−4.423749	−4.252879	−3.548490	平稳
X_3	(C, T, 6)	−2.310344	−4.273277	−3.557759	不平稳
ΔX_3	(C, N, 7)	−7.547628	−3.670170	−2.963972	1% 平稳
X_4	(N, N, 0)	−2.389375	−2.627238	−1.949856	平稳
X_5	(N, N, 0)	−1.899570	−2.627238	−1.949856	不平稳
ΔX_5	(C, N, 0)	−6.296969	−3.621023	−2.943427	1% 平稳

---

① 吴林海、彭宇文:《农业科技投入与农业经济增长的动态关联性研究》,《农业技术经济》2013 年第 12 期。

续表

变量	检验类型	ADF 统计量	1% 临界值	5% 临界值	结论
X_6	(C, N, 4)	−2.547580	−3.639407	−2.951125	不平稳
ΔX_6	(C, T, 3)	−5.730866	−4.252879	−3.548490	1% 平稳
X_7	(C, T, 0)	−1.604592	−4.219126	−3.533083	不平稳
ΔX_7	(C, T, 0)	−6.045873	−4.226815	−3.536601	1% 平稳

注：(1) 主要数据期间为 1978—2016 年；(2) 检验类型（C, T, K）表示单位根检验方程，其中 C, T, K 分别表示单位根检验方程中的常数项、时间趋势和滞后阶数，N 是指不包括常数项 C 或者时间趋势项 T；(3) * 代表 10% 的显著性水平；(4) Δ 表示序列的一阶差分。

平稳性判断是根据 ADF 检验值与 10% 显著性水平进行对比，如果检验值大于显著性水平则不平稳，小于显著性水平则平稳。由表 2.1 的检验结果可知，y、X_2 和 X_4 在 5% 的水平下为不平稳序列，一阶差分后在 1% 的显著性水平下平稳，说明所用变量序列均为一阶单整序列，这些变量之间可能存在协整关系，可以进行回归。

三、数据分析与结论

表6.5　农业社会化服务体系影响农业总产值模型回归结果

	模型 1 回归系数	模型 1 标准误	模型 2 回归系数	模型 2 标准误	模型 3 回归系数	模型 3 标准误
常数项	−0.1654	0.1415	0.0478	0.1356	0.2681***	0.1180
社会化	0.0326	0.1038	−0.3369	0.7454	−0.4262***	0.1183
市场化	0.4355***	0.1929	1.8262**	1.0762**	0.3115***	0.1431
专业化	1.0064***	0.2610	−2.6909*	1.6375*	0.3509*	0.2229
社会化 × 市场化	—	—	−2.4860*	1.6084	—	—
社会化 × 专业化	—	—	2.8456**	1.6506	—	—
市场化 × 专业化	—	—	1.2078***	0.3803	—	—

续表

	模型 1		模型 2		模型 3	
	回归系数	标准误	回归系数	标准误	回归系数	标准误
社会化 × 市场化 × 专业化	—	—	—	—	0.6528***	0.1182
R²	0.9357		0.974011		0.9693	
调整的 R²	0.9300		0.969138		0.9657	
F 值	165.0661***		199.8816***		268.8190***	

注：***、**、* 分别表示在 5%、10% 和 15% 的统计水平上显著。

使用 Eviews 软件进行回归分析，结果如表 6.5 所示。模型 1 的估计结果显示，市场化对农业总产值产生正向影响，回归系数是 0.4355，在 5% 的水平上显著。这与中国农业部门市场结构和价格自由化的市场改革以及农产品流通体制改革息息相关，也与李军等（2006）提出的特定的市场结构特征和市场运行特点促进农业增长[①]的观点相符合。专业化对农业总产值也产生正向影响，回归系数为 1.0064，在 5% 的水平显著。这是因为：第一，科技的发展促进了农业的机械化、规模化、科学化耕作，大大地提升了生产的效率，提高了农业的产出，在合理的区间上增加了大部分农民的收入；第二，无土栽培、育种技术和先进灌溉技术的发展，加强了农产品抵抗自然风险的能力，实现了单位面积的"高产出"与"低投入"；第三，土地改良技术与科学垦荒的发展，能够有效实现土地资源的合理利用。这与宋燕平和栾敬东（2005）提出的农业科研人员数量、农业技术推广投入、农业技术推广人员数量与农业总产值均呈正相关[②]的研究结论一致。虽然，社会化对农业总产值产生的影响没有通过显著性检验。从系数方向来看，社会化的回归系数（0.0326）为正。出现这种现

---

① 李军、葛宝山、马鸿佳：《基于工业化思维的吉林省农业市场结构优化对策研究》，《商业研究》2006 年第 13 期。

② 宋燕平、栾敬东：《中国农业科技投入与效果的关系分析》，《中国科技论坛》2005 年第 4 期。

象的原因可能有两个方面：一是政府的公共投入是一个整体的宏观投入，它对农业总产值的影响需要通过其他因素发挥作用，属于一种间接影响；二是政府的公共投入存在一个合理的限度，超出限度就会对农业增长产生不确定的影响。

在检验完各个自变量的直接作用后，模型2和模型3进一步对交互效应的影响进行检验。当加入社会化和市场化的交互项、社会化和专业化的交互项、市场化和专业化的交互项后，模型2显著（F=199.8816，p=0.0001）。从回归结果来看，社会化和市场化的交互项在15%的水平上显著，系数为–2.4860，说明社会化弱化了市场化对农业总产值的正向影响；从回归结果看，社会化和专业化的交互项以及市场化和专业化分别在10%和5%的水平上显著，系数分别为2.8456和1.2078，说明社会化加强了专业化对农业总产值的正向影响，市场化加强了科技化对农业总产值的正向影响。以上研究表明，在提高农业总产值方面，社会化和市场化存在"挤出效应"，这是因为社会公共投入通过降低经济生产成本挤出了私人投资。[①] 在提高农业总产值方面，社会化和专业化、市场化和专业化均存在"互补效应"。当加入社会化、市场化和专业化的交互项后，模型3显著（F=268.8190，p=0.0001）。从回归结果来看，三者交互的回归系数为0.6528，且在5%的水平上显著，说明以社会化、市场化、专业化为特征的农业社会化服务体系对农业总产值产生显著的积极影响。从主效应来看，市场化和专业化对农业总产值产生显著的积极影响，但社会化对农业总产值的正向影响不显著；从农业社会化服务体系特征的交互作用来看，在提高农业总产值方面，社会化和市场化存在"挤出效应"，社会化和专业化以及市场化和专业化之间存在"互补效应"；从农业社会化服务整体体系来看，农业社会化服务体系内部因素的协调作用对农业总产值存在显著的正向影响。

[①] 张勇、古明明：《公共投资能否带动私人投资：对中国公共投资政策的再评价》，《世界经济》2011年第2期。张光南、朱宏佳：《FDI对国内投资投入挤出效应的再检验——基于珠三角城市面板数据的实证研究》，《国际商务》（对外经济贸易大学学报）2013年第1期。

第七章 供给与需求：基于农户视角的实证分析

第一节 农业社会化服务供给与需求行为内涵和特征

一、农业社会化服务供给行为内涵和类型

党中央自 1986 年至 2018 年间陆续出台关于农业发展的"中央 1 号文件"，并在党的十七届三中全会提出为发展现代农业要建立新型农业社会化服务体系，这足以说明农业作为国计民生的第一产业在国民经济发展过程中的作用。农业社会化服务组织作为提供农业服务的有效载体，不同的农业社会化服务主体间所具有的利益动机、服务功能、方式和范围也有所不同。中国的农业社会化服务体系是在政府、社会和市场引导下为农业、农村和农民经济活动产前、产中和产后的各个环节提供服务的各类机构和个人所形成的网络。[①] 政府主要通过制定国家的各种政策、激励措施来实现农业社会化服务的有效供给；社会组织则是对农村提供教育、文化、医疗、卫生等实现农业社会化服务的供给保证。近年来不断发展壮大的市场组织在为农业生产、经营活动，农户的利益实现等方

[①] 孔祥智、楼栋、何安华：《建立新型农业社会化服务体系：必要性、模式选择和对策建议》，《教学与研究》2012 年第 1 期。仝志辉、侯宏伟：《农业社会化服务体系：对象选择与构建策略》，《改革》2015 年第 1 期。陈义媛：《土地托管的实践与组织困境：对农业社会化服务体系构建的思考》，《南京农业大学学报（社会科学版）》2017 年第 6 期。

面发挥了不可估量的重要作用。①政府要设计相应的政策组合,使市场激励机制在农业社会化服务体系构建中发挥作用。②中国农业社会化服务体系经过多年来发展不断完善,组织载体"多层次"、服务内容"多元化"、服务机制"多形式"格局基本形成。③各种不同性质的服务组织在农业社会化服务体系中占有不同的地位,各自发挥了不同的作用,成为中国农业社会化服务体系的重要组成部分。在当前的农业社会化服务体系发展过程中的供给主体主要分为三类:政府组织、社会组织、市场组织。

在农业社会化服务体系发展的初期,政府主要起着扶持作用,并在农业社会化服务体系的建设过程中居于主导地位,是国家对农业实行宏观调控的渠道和形式,其发展方向充分体现了国家农业的政策和方针。政府旨在通过农业服务组织运用行政手段在农业发展过程中积极发挥其为农业生产服务,高效地贯彻落实国家关于农业发展的政策措施,不断完善农业社会化服务体系的建设和发展,同时亦强化政府在农业现代化发展过程中的执政能力建设,实现社会效益、经济效益、生态效益的均衡发展。"三农"问题的主体是农民,政府高度关注农户的利益、生存和发展问题。中国农业体制是以家庭联产承包责任制为基础的统分结合的双层经营体制,农业经营的小生产规模决定了政府提供的农业社会化服务旨在为农业发展的全过程提供综合配套服务,激发农民从事和发展现代农业的积极性,加速农业科学技术的推广,提高农民的科学文化素质和科学经营管理能力,从而提高农业劳动的生产效率和服务的利用效率,提高农业产量和质量,实现农民持续增收。

农业社会化服务供给主体当中的社会组织是提供农村社会化服务的

---

① 蔡志坚:《农村社会化服务:供给与需求》,中国林业出版社 2010 年版,第 23 页。
② 王定祥、李虹:《新型农业社会化服务体系的构建与配套政策研究》,《上海经济研究》2016 年第 6 期。仝志辉:《"去部门化":中国农业社会化服务体系构建的关键》,《探索与争鸣》2016 年第 6 期。
③ 关锐捷:《构建新型农业社会化服务体系初探》,《农业经济问题》2012 年第 4 期。

最重要主体之一。各式各样的农业组织是计划经济的产物,是农业社会化服务体系中承上启下的中坚力量,随着市场化进程加剧,社会组织在农业社会化服务体系中发挥着重要的作用,以社有企业、为农服务社等具体形式进行社会化服务的农业社会化服务供给模式。① 其一,社会组织是从自身利益出发而建立的自助组织,对内实现多领域、多方面的自我服务,对外实现外部服务的吸纳和监督,充分发挥组织的自我发展和自我教育功能,进而有利于农业社会化服务体系的建立和完善;② 其二,是农业供给服务的目的在于有效打破市场的垄断、盘剥现象,维护农户利益和相关利益共同体,实现组织成员整体利益的最大化,有效的调整农业产业结构和发展方向;其三,是服务针对性强,社会组织往往有自己的经营范围,能够结合自身的具体需要提供针对性服务①;其四,就文化层面而言,农业社会化服务的目的旨在形成农户之间的自主经营、互助合作氛围,促进乡风文明建设。随着农业社会化服务体系的不断完善和发展,服务主体的多元化趋势日渐明显,社会组织逐渐顺应农业现代化发展的时代要求而成为农业社会化服务的供给主体之一。其动机旨在不断调整服务运行机制,完善农业服务内容,并整合现有农业服务形式以开拓多样化的服务渠道,从而提升组织的服务能力,逐步形成适应农业市场化要求、具有强大生命力的农业服务供给主体。在政府—农户—市场三个关系主体间发挥不可替代的作用,从而协调不同利益主体的利益分配,并不断壮大自身力量以增强市场竞争力。社会服务组织的动机旨在将农户与组织、农户与农户之间有机地联系起来,充分发挥社会组织"近农亲农"的强大优势,为农户提供自身无法实现、但需求迫切的农业社会化服务,从而冲破长期以来农业生产分散化、小规模经营的束缚,

---

① 蒋永穆、周宇晗:《农业区域社会化服务供给:模式、评价与启示》,《学习与探索》2016年第1期。

② 汪春霞、周月书:《完善农业社会化服务体系组织建设的思考》,《安徽农业科学》2004年第5期。

弥补农户个体面对市场竞争情况下自身经营能力不足的现状。在一定程度上提高了农户进入市场的组织化程度，并提升农户在农业发展过程中的市场谈判能力，增强农户个体抵御市场风险和不可预测性风险的能力，进而保证农户自身经济利益的实现。

随着市场经济的不断完善和发展，市场组织作为顺应农业现代化发展趋势的服务供给主体，在发达资本主义国家的农业现代化进程中起着不可估量的作用。市场组织在顺应农业经济市场化、现代化发展的前提下，参与农业社会化服务的供给并在此过程中不断发展壮大，为中国农业现代化发展提供了良好的组织保障和机制支持。市场组织是农业社会化服务体系的重要组成部分，是农业社会化的主要供给主体之一。就其经济动机而言，市场组织的目的在于发挥其在市场经济中的基础性作用，从而协调政府组织和社会组织，最终实现服务供给的市场化、竞争化和产业化发展，并为农工商一体化发展奠定了良好的基础，为农业商品化发展提供了良好保障。就其文化方面而言，市场组织旨在将市场机制和竞争机制引入到农业社会化服务过程中，从而提升各服务主体的经营能力和竞争能力，全面树立农业发展的市场理念和竞争意识，促进市场文化和竞争文化的全面发展。市场组织目标是实现组织利润最大化，并在市场化过程中不断发展、壮大组织规模，完善组织服务供给能力，整合农业服务内容，提升组织的运营能力。通过市场竞争提高服务效率，从而促进其他服务组织服务效率的提升，使组织能够捕捉到农业社会化服务市场的空白，填补政府服务实体和社会服务实体的服务盲点，进而完善农业社会化服务的内容和渠道。[①] 市场组织提供农业社会化服务的目的在于通过利润交换和利益补偿为农户提供内容丰富、形式多样、渠道广

---

① 汪春霞、周月书：《完善农业社会化服务体系组织建设的思考》，《安徽农业科学》2004年第5期。王定祥、李虹：《新型农业社会化服务体系的构建与配套政策研究》，《上海经济研究》2016年第6期。仝志辉：《"去部门化"：中国农业社会化服务体系构建的关键》，《探索与争鸣》2016年第6期。

泛、质量高、效率好、专业化的现代化服务，从而及时有效地满足农户对现代化农业服务的需求，提升农户的经营能力和农业生产的市场化能力，增强农户在市场交易中的竞争能力。

随着中国农业社会化服务体系的发展，中国农业服务组织的服务供给类型具有多样的特点，其供给主体主要包括政府组织、社会组织和市场组织三类。由此产生五种形式的供给模式：政府主导型农业社会化服务供给模式、集体经济组织主导型农业社会化服务供给模式、专业合作组织主导型农业社会化服务供给模式、涉农企业主导型农业社会化服务供给模式以及农业服务超市主导型农业社会化服务供给模式。[1] 政府组织主要包括与政府有关的专业经济技术部门、与农业直接相关的国家事业单位（如农业技术推广站、农机站、水利（水保站）、林业站、畜牧兽医站、水产站等）、农业科研院所等。[2] 政府组织主要通过制定各项政策、激励措施来促进农业社会化服务体系的发展，[3] 以提供公益性的农业社会化服务为主，其服务具有无偿性。[4]

根据组织自身的特点划分，政府组织提供的服务内容主要有农业基础设施建设服务（包括各种基础交通设施、水利设施、电力设施、农业灌溉系统设施建设服务以及农田综合治理服务等）、农业技术开发服务（种苗、化肥、农药、生产技术的开发服务）、农业科技推广及改造服务、农业信息服务设施建设（服务信息硬件设施和软件设施建设服务等）、通信服务、大型农业机械的供应服务、农业金融体系建设服务（农业发展的经济政策支持服务、农业银行的支农建设服务、农村信用合作银行的惠农支持服务、农业资金信贷服务、农业保险服务）、农产品加工服务、

---

[1] 蒋永穆、周宇晗：《农业区域社会化服务供给：模式、评价与启示》，《学习与探索》2016年第1期。
[2] 张颖熙、夏杰长：《农业社会化服务体系创新的动力机制与路径选择》，《宏观经济研究》2010年第8期。
[3] 蔡志坚：《农村社会化服务：供给与需求》，中国林业出版社2010年版，第25页。
[4] 姜利军、胡敏华：《论建立和完善农业社会化服务体系》，《中国农村经济》1997年第9期。

销售渠道开发服务、收购农产品服务、农村市场体系的培育与规范服务、农村教育服务、农村文化服务、农村医疗服务、卫生处理设施服务、农村社会福利服务等。[①]

社会组织主要是指农业经营者在政府支持下或自发组织起来形成的一个代表农户的利益的社会团体，为农民提供的农业社会化服务主要以综合性的服务为主。社会组织主要包括各级集体组织、农民专业合作社、专业协会、专业联合会等，同时龙头企业以及其他组织作为重要补充，[②]也包括农业技术推广站、畜牧兽医站、林业站、农机站、经管站、水利电力排灌站，主要为农户提供专家咨询服务、技术培训服务、信息收集服务、产品销售服务。针对整个农业生产过程来说，社会组织团体主要为农民提供生产资料供应服务、育苗服务、收割服务、加工服务、运输服务、农产品储存服务、植物保护服务、兴办农田水利设施的维护与管理服务、保护农田生态环境服务、大型病虫害防治服务、大型旱涝灾害服务、统一排灌服务、灌溉服务、统一机耕服务、农药、化肥的供应销售服务统一运销服务。[③]市场组织主要提供一些存在着较明显的排他性或竞争性的农业社会化服务，该组织主要包括私营部门或者企业，经营性的企业。[④]市场组织的服务供给涵盖了农业产前、产中、产后过程，并为农户提供农业生产资料供应服务、农产品销售服务、农机作业服务、农业机械的供给、农产品的加工服务、农产品的运输服务、农产品的销售

---

① 蒋永穆、周宇晗：《农业区域社会化服务供给：模式、评价与启示》，《学习与探索》2016年第1期。王洋：《新型农业社会化服务体系构建研究》，东北农业大学，博士学位论文，2010年，第47页。汪春霞、周月书：《完善农业社会化服务体系组织建设的思考》，《安徽农业科学》2004年第5期。

② 蒋永穆、周宇晗：《农业区域社会化服务供给：模式、评价与启示》，《学习与探索》2016年第1期。

③ 王洋：《新型农业社会化服务体系构建研究》，东北农业大学，博士学位论文，2010年，第47页。

④ 王洋：《新型农业社会化服务体系构建研究》，东北农业大学，博士学位论文，2010年，第47页。蒋永穆、周宇晗：《农业区域社会化服务供给：模式、评价与启示》，《学习与探索》2016年第1期。

服务、农产品流通服务农业商业保险服务、农业资金服务、农业市场信息服务，以专业性的服务为主。

二、农业社会化服务需求行为内涵和特征

对农业社会化服务需求内涵问题有诸多学者主要从专业社会化服务、综合社会化服务、农业信息化服务以及农业社会化服务主体等方面对其进行了深入研究。农业专业社会化服务需求方面，农户对水利设施服务、灌溉服务、购买农药、化肥和农机、购买良种、收购与销售服务的需求强烈，对养殖业社会化服务则偏好于选择饲养技术、畜禽防疫服务、优良种畜禽提供、畜禽治病及饲料供应服务。[①] 庞晓鹏（2006）研究也证实了农户在种植业各生产环节的单项服务需求中迫切需要购买良种、化肥、农药服务、畜禽防疫服务、饲料技术服务。[②]

农业综合社会化服务需求方面，夏蓓、蒋乃华（2016）通过对江苏扬州种植大户的分析发现，相对于一般农户而言，种粮大户出现了一些新的综合需求，具体包括农机配套服务和农资与粮食储存的综合服务，特别是对农业信贷与农机配套的综合服务具有较强的需求意愿。[③] 罗小锋等（2016）通过对浙江、黑龙江两省种植大户的调查发现，种植大户对农业社会化服务的需求主要集中在生产环节，对资金信贷服务外的综合服务需求相对较弱，其中服务质量评价、是否加入专业合作社、区域位置、劳均种植规模等因素显著影响种植大户对不同社会化综合服务的需求。[④] 贺梅英、庄丽娟（2012）对广东省粤西、粤中、粤东三大荔枝

[①] 孔祥智：《中国农业社会化服务：基于供给和需求的研究》，中国人民大学出版社2009年版，第57页。

[②] 庞晓鹏：《农业社会化服务供求结构差异的比较与分析——基于农业社会化服务供求现状的调查与思考》，《农业技术经济》2006年第4期。

[③] 夏蓓、蒋乃华：《种粮大户需要农业社会化服务吗——基于江苏省扬州地区264个样本农户的调查》，《农业技术经济》2016年第8期。

[④] 罗小锋、向潇潇、李容容：《种植大户最迫切需求的农业社会化服务是什么》，《农业技术经济》2016年第5期。

主产区进行的调查发现，户主的文化程度、收入比例、销售范围、经济发达程度等四个方面影响农户参与专业合作组织获得综合服务需求的意愿。[①]

农业信息服务方面，城郊农户对于农业科技信息、市场供求信息、家庭生活信息需求强烈，而山区的农户对于职业技术培训信息和外出务工信息需求较大。[②] 廖西元等（2004）就水稻生产的科技需求研究发现，农户对于水稻新品种的成果类型、高产技术成果、新农药技术成果、病虫害综合防治技术信息需求最为迫切。[③]

农业服务获得渠道与服务主体选择方面，新品种、新饲料、新农药的获取渠道从邻居、亲戚朋友处获得的比重较高，熊鹰（2010）对成都地区的农户研究发现，在销售渠道的选择上以契约或订单式销售、村集体组织的选择意愿最为突出。[④] 龚道广（2000）研究了湖南部分地区的农业服务，发现商品生产结构农户对农业社会化服务的需求强度明显高于传统生产结构农户，而在农业服务主体选择上偏好于选择政府性质的组织。[⑤]

经济发展水平对农户农业社会化服务需求影响方面，蔡志坚（2010）对重庆、安徽和江苏不同经济发展水平地区的研究发现，经济发达地区的农户对新品种的需求远高于经济不发达地区，农户的需求从强到弱依次是信息服务、技术服务、资金服务、保险服务。[⑥] 农户会因面临技术手

[①] 贺梅英、庄丽娟：《农户对专业合作组织需求意愿的影响因素——基于广东荔枝主产区的调查》，《华南农业大学学报（社会科学版）》2012年第1期。
[②] 雷娜：《农业信息服务需求与供给研究》，河北农业大学，硕士学位论文，2008年，第13页。
[③] 廖西元：《农民对科技需求的优先序研究——水稻生产科技需求实证分析》，《中国青年农业科学学术年报》2004年第13期。
[④] 熊鹰：《农户对农业社会化服务需求的实证分析——基于成都市176个样本农户的调查》，《农村经济》2010年第3期。
[⑤] 龚道广：《农业社会化服务的一般理论及其对农户选择的应用分析》，《中国农村观察》2000年第6期。
[⑥] 蔡志坚：《农村社会化服务：供给与需求》，中国林业出版社2010年版，第181页。

段不足、劳动力数量缺乏、资金短缺、抗风险能力弱以及交易费用过高等问题，需要从市场上购买相应的农业服务弥补自身不足。[1] 而且不同农户对于各类农业社会化服务的需求强度呈现显著的差异，受到家庭收入、农户特征等诸多因素的影响。[2] 研究表明不同经营类型的农户对于农业社会化服务的需求优先顺序是不同的，而不同的经济发展水平对于农业社会化服务需求也具有显著的影响，为此农户选择服务的主体也是不同的。

农户农业社会化服务需求选择行为特征。农户理性问题的分析是农户农业社会化服务选择行为的基础，目前的农户理论中存在着对农户经济行为的"理性化"和"非理性化"之争。以 A. 恰亚诺夫为代表的组织生产学派认为农户是惧怕风险的，在生产行为选择上以规避风险为首要原则。而以西奥金·舒尔茨为代表的理性小农学派认为在竞争的市场机制下农户经济行为是理性的，在权衡投入和利润水平下选择最优的经济行为，优化资源配置，并积极主动地追求利润最大化。[3] 通过对中国农户进行深入分析发现，中国农户在农业社会化服务需求过程中农户的选择行为有限理性的。[4] 从另一方面来看，农户所面临的风险指未来所可能面临的生产和生活方面的意外变化，从而导致收入或支出的意外变化，包括自然风险、市场风险、疾病风险、政策风险。小农经济特征决定了农

---

[1] Viaggi D., "Farm-Household Investment Behavior and the CAP Decoupling: Methodological Issues in Assessing Policy Impacts", *Journal of Policy Modeling*, No.33, 2011. Akudugu M. A., "Adoption of Modern Agricultural Production Technologies by Farm Households in Ghana: What Factors Influence Their Decisions?", *Journal of Biology, Agriculture and Healthcare*, No.2, 2012. Ahearn M., "Financial Position of Farm Operator Households", *Agricultural Outlook Forum*, No.126, 2012.

[2] Asfaw S., "Poverty Reduction Effects of Agricultural Technology Adoption: A Micro-Evidence from Rural Tanzani", *Journal of Development Studies*, No.48, 2012.

[3] 宋圭武：《农户行为研究若干问题述评》，《农业技术经济》2002 年第 4 期。周娟：《基于生产力分化的农村社会阶层重塑及其影响——农业社会化服务的视角》，《中国农村观察》2017 年第 5 期。

[4] 李容容、罗小锋、薛龙飞：《种植大户对农业社会化服务组织的选择：营利性组织还是非营利性组织？》，《中国农村观察》2015 年第 5 期。黄宗智：《农业合作化路径选择的两大盲点：东亚农业合作化历史经验的启示》，《开放时代》2015 年第 5 期。

户采取风险规避行为，以减少收入的变异性。[1]从农户的风险偏好来看，斯科特（Scott，1975）指出东南亚的小农经济是以生存为目的，在行为决策上倾向于尽量规避风险。[2]中国的农户是大多数属于风险厌恶型，在农业社会化服务的需求选择上大都偏保守，从而使得农户在选择农业社会化服务的供给主体时会偏向于选择政府组织、集体组织，因为农户认为政府或集体组织提供的服务更有保障，在服务类型选择上会倾向于选择公共性服务，在服务性质上农户会倾向于选择无偿性服务，亦或是低偿性服务，从而来降低其生产经营的成本，来规避市场风险问题。

第二节 农业社会化服务供给影响因素的调查分析

一、调查对象和方法

本书以湖北省三个县（市）下辖的6个镇（6村）的农户为调研对象，采用实地调研的数据来分析不同供给主体的供给行为。此次调研涉及湖北省天门市下辖的2个村镇，随州市随县下辖的2个村镇，蕲春市下辖的2个村镇。天门地处江汉平原，大部分地区以平原为主，在经济发展上属于平原农村地区。随州地处平原和山区的结合部，在经济发展上属于平原与山区结合部的农村区域。蕲春地处山区，经济发展上属于山区农村地区。

样本的选取方法。采用层次随机抽样和典型调查的方法相结合，首先对湖北省65个县市进行随机抽样，获得三个县市信息，再分别对三个县市的镇进行随机抽样，获得6个样本镇信息，最后按照便利的原则获得6个行政村作为本研的调查对象。笔者分别随机抽查三个县的一个自然村，

---

[1] 黄季焜、齐亮、陈瑞剑：《技术信息知识、风险偏好与农民施用农药》，《管理世界》2008年第5期。崔宁波、宋秀娟、于兴业：《新型农业生产经营主体的发展约束与建议》，《江西社会科学》2014年第3期。赵晓峰、赵祥云：《新型农业经营主体社会化服务能力建设与小农经济的发展前景》，《农业经济问题》2018年第4期。

[2] Scott J. C., *Peasant Society in a Changing Economy: Comparative Development in Southeast Asia and India*, University of Illinois Press, 1975, p.256.

共计三个自然村 600 户农户。调查对象主要是一个家庭的主要劳动力或者是家庭的决策者（当家人）。分别在湖北随州市随县、天门市及蕲春市进行了调查，发放问卷 600 份，有效问卷 541 份，问卷有效率为 90.2%。

问卷设计。问卷的内容主要包括农村技术推广服务、农村金融服务、农村信息服务、农业生产服务、农村商品流通服务、农业基础设施建设服务、农业自然灾害防治服务以及通信技术设施服务等 8 个方面的农业社会化服务，具体包括生产设备维修、农业生产技术、农业管理技术、知识培训、资金服务、农业保险、市场信息、法律服务、种苗、化肥、农药、塑料等资料、小生产设备、农机大设备、劳动雇佣、农产品加工、农产品运输、农产品销售、基础交通设施、综合农田整理、基础水利设施、基础电力设施、大面积病虫害、大面积水灾害、其他自然灾害、通信和技术推广等 25 个方面的农业服务项目。具体问题设计中，对是否能够提供农业服务问题，运用 0，1 进行测度，其中 0 表示否，1 表示是。对提供服务的满意度或期望程度，笔者运用 Likert 5 分量表测度，其中 1 表示很不满意或很不期望，5 表示很满意或很期望。对于农户对农业社会化服务主体的提供服务的影响因素主要包括质量保证、价格合理、售后服务、服务便利、服务及时、政策优惠、人员素质、技术水平和服务态度等 10 个方面的因素，笔者运用 Likert 5 分量表测度，其中 1 表示很不同意，5 表示很同意。

分析方法与工具。笔者具体运用 SPSS17.0 软件首先进行描述性统计分析，笔者把需要服务回答赋值为 1，不需要服务的回答赋值为 0，并且采用虚拟变量引入农户户主的性别属性（男赋值为 0，女赋值为 1）、年龄特征（18—65 岁的连续数据）、文化程度特征（0—17 年教育的连续数据）；对平原农村地区、平原与山区结合农村地区、山区农村地区的属性进行定类尺度测量，其中平原农村地区为 0，平原和山区结合农村地区为 1，山区农村地区为 2；对服务主体也进行定类测度，其中政府组织提供服务为 0，集体服务为 1，市场提供服务为 2。根据不同农业服务种类和服务主体进行描述性统计分析。

二、农业社会化服务提供主体的供给的调查结果分析

（一）不同地区的不同组织主体供给的服务类型结果分析

针对平原地区，基础交通设施、电力设施、水利设施服务是政府组织在提供农业基础设施服务建设过程中的供给重点，其比例分别占78.4%、75.6%、48.6%；以农业保险为主的金融服务占50%；以农业生产技术、管理技术和知识培训服务为主的农业技术推广服务以及通信与技术推广服务占25%以上；农业自然灾害防治服务所占比例较小。针对城乡接合部地区，基础交通设施、电力设施、水利设施服务依然是政府组织的供给重点，所占比例分别为58.6%、62.3%、43.1%；农业自然灾害防治服务政府组织供给比例占25%以上；以农业保险为主的金融服务占59.3%；以农业生产技术、管理技术和知识培训服务为主的农业技术推广服务以及通信与技术推广服务占25.4%以上；以种苗、农药和农机大设备为主的农业生产服务所占比例较高。针对山区来说，政府提供的农业服务主要集中在农业基础设施建设服务、以农业保险为主的农村金融服务、生产资料和生产机械设备服务领域，与其他两大地区不同点在于山区对种苗、农药、化肥和塑料薄膜等生产服务倾向于政府组织，这主要与山区经济、地理条件不发达有关。具体供给数据比例见表7.1。

社会组织主要包括村集体组织和传统方式两种方式。针对平原地区，村集体组织主要提供以法律为主的农村信息服务，比例占57.4%；通信技术推广服务比例占38.3%；知识培训、农业生产技术和农业管理技术也是村集体组织提供的重点。针对传统自我获得方式来看，诸如农业技术推广服务、资金融资服务、市场信息的搜寻、劳动雇佣和农产品流通服务以及自然灾害防治所占比例较高，由此看来中国农业社会化服务项目诸多都是依赖于利用传统的方式获得的。针对城乡接合部地区来看，村集体组织主要提供法律服务，比例占59.4%，另外村集体主要致力于交通和水利设施建设，其比例分别占28.8%、35.9%。然而，农业技术推广服务、资金服务、劳动雇佣、基础设施建设服务等都以传统方式获得。

针对山区来看，村集体组织主要提供法律服务、农业基础设施建设服务、知识培训、通信技术推广和农业保险服务；而与平原地区和城乡接合部一样，大部分农业服务主要依靠传统方式的自我获得。

市场组织主要提供一些存在着较明显的排他性或竞争性的农业社会化服务，该组织主要包括私营部门或者企业，经营性的企业等。从实地调研来看，不管是在平原地区，还是在城乡接合部或山区，三地区农业社会化服务供给存在着一个共同的特征。平原地区市场组织的农业社会化服务供给主要集中于生产设备维修服务、市场信息服务、农业生产服务和农产品销售服务层面，并且所占比例都较高；城乡接合部地区市场组织的服务供给类型不仅包括平原地区服务项目，还包括劳动雇佣和农产品加工服务项目，所占比例为48.4%和83%；针对于山区来说，在选择市场组织提供的农业社会化服务的比例要低于平原和城乡接合部地区，这可能与山区经济条件不发达导致农业市场化服务组织少有关。并且研究发现，由于山区交通等基础设施不便，有41.7%的市场组织为农户提供了有偿的农产品交通运输服务。

表7.1 不同地区的不同农业社会化服务主体服务类型供给

服务类别		市场组织供给主体			政府组织供给主体			社会组织供给主体		
		平原农村	山区平原结合部	山区农村	平原农村	山区平原结合部	山区农村	平原农村	山区平原结合部	山区农村
农村技术推广服务	生产设备维修	77.7%	70.7%	60.6%	0%	1.8%	6.7%	5.6%	2.4%	2.9%
	农业生产技术	13.3%	15.1%	13.2%	27.8%	25.5%	25%	2.2%	13.5%	12.5%
	农业管理技术	5%	9.5%	11.7%	25.1%	26.6%	24.8%	2.2%	13.1%	11.7%
	知识培训	6.8%	14.4%	12.6%	39.8%	25.4%	28.4%	2.8%	20.3%	29.5%
农村金融服务	资金服务	9.7%	8.9%	13.9%	25.7%	20.5%	13.9%	2.3%	5.5%	0.8%
	农业保险	0	5.8%	8.1%	50%	59.3%	58.1%	3.5%	20.9%	23.4%

续表

服务类别		市场组织供给主体			政府组织供给主体			社会组织供给主体		
		平原农村	山区平原结合部	山区农村	平原农村	山区平原结合部	山区农村	平原农村	山区平原结合部	山区农村
农村信息服务	市场信息	31.3%	23.2%	36.9%	10.1%	14.9%	12.1%	1.2%	4.1%	9.2%
	法律服务	2.1%	0.8%	1.2%	14.9%	25.8%	16.9%	2.3%	59.4%	73.5%
农业生产服务	种苗	95.6%	76.5%	56.3%	14.4%	28%	51.4%	1.2%	13%	6.9%
	化肥	99.4%	90%	70.3%	1.1%	7.5%	37.9%	10.6%	5.5%	2.1%
	农药	98.9%	88.1%	68.5%	1.7%	11.9%	39.9%	14.2%	5.5%	2.8%
	塑料等资料	97.2%	96.4%	77.7%	3.4%	1.5%	21.5%	12.6%	2.1%	1.5%
	小生产设备	94.4%	86.1%	83.3%	1.1%	4.1%	11.6%	20.9%	0.5%	1.4%
	农机大设备	96.5%	84.2%	80%	0.7%	10.2%	16%	9.7%	5.1%	4%
	劳动雇佣	27.2%	48.4%	40.5%	1.8%	0.5%	1.5%	7.1%	1.6%	0%
农村商品流通服务	农产品加工	15.3%	83%	67.6%	0.6%	0%	0%	8.2%	0%	6.9%
	农产品运输	25.7%	25.3%	41.7%	0.6%	0.5%	3.9%	1.3%	1%	3.9%
	农产品销售	82.1%	70.3%	56.8%	2.2%	11.3%	22.7%	38.3%	2.1%	4.5%
农业基础设施建设服务	基础交通设施	0	0	0	78.4%	58.6%	60.8%	5.6%	28.8%	38.5%
	综合农田整理	0	2.7%	0	19.2%	19.1%	14.6%	2.2%	15.8%	13.8%
	基础水利设施	0	1%	0	48.6%	43.1%	28.3%	2.2%	35.9%	38.6%
	基础电力设施	6.8%	10.1%	11.7%	75.6%	62.3%	70.3%	2.8%	18.6%	13.8%
农业自然灾害防治服务	大面积病虫害	0	0.6%	1.5%	18.1%	31.2%	21.4%	2.3%	11.8%	7.6%
	大面积水灾害	0	0	1.6%	19%	33.6%	26.8%	3.5%	13.2%	17.9%
	其他自然灾害	0	0	1.6%	32.5%	25.2%	24%	1.2%	9.2%	9.3%
通信技术设施服务	通信，技术推广	5.2%	13.6%	8.9%	26%	30.9%	29.8%	2.3%	20.4%	24.2%

（二）不同地区农业技术推广服务供给主体因素排序

针对农业技术推广服务来说，选择政府部门作为农业技术推广服务的供给者考虑的因素主要是质量水平、技术水平、政策优惠和价格合理，即农户认为政府提供的技术服务质量水平高、技术过硬、政策优惠措施力度大、并且价格合理；选择集体组织作为供给主体的农户主要考虑的因素是质量水平、便利程度、技术水平以及服务的及时性；选择企业市场组织作为供给主体的农户主要考虑的因素是质量水平、服务及时性、服务便利性以及售后服务；选择自我获得这种传统方式的农户注重技术推广服务的及时性和便利性。

表 7.2 农业技术推广服务的主体因素排序

地区	服务类型	质量保证	价格合理	售后服务	服务便利	服务及时	政策优惠	人员素质	技术水平	服务态度
平原	政府部门主体	4.45	3.52	3.27	3.38	3.42	4.64	3.62	4.30	3.24
	集体组织主体	4.30	3.45	2.64	4.42	4.02	2.92	3.27	4.15	3.02
	企业或市场主体	4.24	3.78	3.31	4.26	4.28	2.58	3.46	4.22	3.97
	亲朋供给主体	5.00	5.00	5.00	5.00	5.00	3.00	5.00	5.00	5.00
	自我获得	3.91	3.50	2.65	4.03	4.03	2.00	2.59	2.73	2.32
城乡接合部	政府部门主体	4.36	3.78	3.35	3.49	3.40	3.66	3.58	4.22	3.25
	集体组织主体	4.31	3.81	3.32	3.49	3.40	3.66	3.58	4.28	3.24
	企业或市场主体	3.69	3.40	3.15	4.27	3.92	2.54	3.63	3.88	3.50
	亲朋供给主体	3.90	3.58	3.80	4.83	4.03	3.30	3.40	3.28	3.30
	自我获得	3.50	3.23	2.86	4.32	4.26	2.28	2.71	2.97	3.05
山区	政府部门主体	4.49	3.57	3.35	3.54	3.41	3.73	3.56	3.65	3.16
	集体组织主体	4.51	3.64	3.45	4.31	4.22	3.99	3.49	4.11	3.27
	企业或市场主体	4.30	3.78	3.31	4.56	4.26	2.89	3.21	3.82	2.87
	亲朋供给主体	3.33	2.66	2.83	4.50	4.33	3.34	3.32	2.50	3.00
	自我获得	4.50	3.93	3.45	4.23	4.39	2.81	3.04	3.74	3.30

注：表中数字表示农户对该因素的重要性排序，分值越大表明影响你选择的程度越高，并且是依据李克特五分量表来设定，故分值大于3时才能表示具有正向影响作用。

（三）不同地区农业农村金融服务供给主体因素排序

表 7.3　农村金融服务的主体因素排序

地区		服务类型	影响因素								
			质量保证	价格合理	售后服务	服务便利	服务及时	政策优惠	人员素质	技术水平	服务态度
政府服务部门作为供给主体	平原	资金服务	4.36	3.84	3.18	3.65	3.52	3.94	3.30	3.46	3.27
		农业保险	4.59	3.90	3.33	3.35	3.36	3.95	3.17	3.41	3.20
	平原与山区结合部	资金服务	3.93	3.58	3.13	3.78	3.67	3.87	3.29	3.42	3.19
		农业保险	4.28	3.78	3.26	3.51	3.46	3.92	3.31	3.42	3.10
	山区	资金服务	4.46	3.86	3.45	3.56	3.46	4.21	3.46	3.58	3.33
		农业保险	4.56	3.80	3.47	3.50	3.71	4.02	3.52	3.62	3.25
集体组织部门作为供给主体	平原	资金服务	3.77	3.46	3.46	3.62	3.46	3.85	2.62	2.69	3.15
		农业保险	4.67	3.67	3.17	4.17	3.83	3.00	3.17	2.83	2.67
	平原与山区结合部	资金服务	3.93	3.58	3.13	3.78	3.67	3.87	3.29	3.42	3.19
		农业保险	4.28	3.78	3.26	3.51	3.46	3.92	3.31	3.42	3.1
	山区	资金服务	4.47	3.50	3.38	4.44	4.19	3.33	3.13	3.31	2.50
		农业保险	4.29	3.67	3.00	4.29	4.07	3.36	2.93	2.86	2.79
企业或者市场作为供给主体	平原	资金服务	3.64	4.27	3.00	4.64	4.64	2.73	3.00	3.09	3.36
		农业保险	5.00	5.00	4.00	5.00	5.00	2.00	2.00	4.00	5.00
	平原与山区结合部	资金服务	2.78	3.00	2.00	4.56	4.56	2.33	2.89	2.78	2.89
		农业保险	5.00	4.33	4.00	3.67	4.33	3.00	5.00	4.00	4.33
	山区	资金服务	3.80	3.50	2.90	4.30	4.10	3.40	3.10	2.90	2.90
		农业保险	3.67	3.50	3.50	3.67	3.33	2.83	2.17	2.17	3.00
亲朋作为供给主体	平原	资金服务	3.33	3.5	3.67	3.83	3.5	2.5	3.00	2.33	4.00
		农业保险	0.00	0.00	0.00	0.00	0.00	0.00	0.00	0.00	0.00
	平原与山区结合部	资金服务	3.35	4.06	3.00	4.59	4.47	3.12	2.94	3.00	3.71
		农业保险	0.00	0.00	0.00	0.00	0.00	0.00	0.00	0.00	0.00

续表

	地区	服务类型	影响因素								
			质量保证	价格合理	售后服务	服务便利	服务及时	政策优惠	人员素质	技术水平	服务态度
亲朋作为供给主体	山区	资金服务	4.54	4.23	3.62	4.69	4.62	2.77	3.00	2.92	4.23
		农业保险	0.00	0.00	0.00	0.00	0.00	0.00	0.00	0.00	0.00
自我获得作为供给主体	平原	资金服务	4.29	3.29	3.57	4.43	4.29	2.86	3.29	2.86	2.86
		农业保险	0.00	0.00	0.00	0.00	0.00	0.00	0.00	0.00	0.00
	平原与山区结合部	资金服务	4.00	4.00	2.20	3.60	3.20	3.40	2.60	3.40	3.20
		农业保险	1.50	2.50	4.00	2.00	4.00	2.50	3.50	3.50	1.00
	山区	资金服务	4.00	3.57	2.86	4.29	4.00	3.29	2.71	2.14	3.71
		农业保险	2.00	4.00	2.00	4.00	5.00	2.00	2.00	2.00	3.00

注：表中数字表示农户对该因素的重要性排序，分值越大表明影响你选择的程度越高，并且是依据李克特五分量表来设定，故分值大于3时才能表示具有正向影响作用。

针对农业金融服务来说，农户通过政府组织供给主体来选择农业信贷和农业保险的原因在于政府所提供的服务质量安全性较高，价格合理并带有较强的政策性优惠，其服务便利性和及时性程度较高。选择集体组织作为金融服务供给主体的原因在于质量水平较高，服务及时并且便利性程度高；农户选择企业或者市场组织来作为消费农业金融服务主要因素在于价格合理、服务便利性和及时性较高；亲朋好友作为供给主体时主要涉及资金服务问题，山区农户主要考虑到资金服务的便利性和及时性，平原农户主要考虑资金服务态度问题，城乡接合部农户主要考虑服务的便利性和价格。

（四）不同地区农业农村信息服务供给主体因素排序

表 7.4　农村信息服务的主体因素排序

<table>
<tr><th rowspan="2"></th><th rowspan="2">地区</th><th rowspan="2">服务类型</th><th colspan="9">影响因素</th></tr>
<tr><th>质量保证</th><th>价格合理</th><th>售后服务</th><th>服务便利</th><th>服务及时</th><th>政策优惠</th><th>人员素质</th><th>技术水平</th><th>服务态度</th></tr>
<tr><td rowspan="6">政府服务部门作为供给主体</td><td rowspan="2">平原</td><td>市场信息</td><td>4.32</td><td>3.58</td><td>3.11</td><td>4.09</td><td>3.65</td><td>3.57</td><td>3.02</td><td>3.43</td><td>2.85</td></tr>
<tr><td>法律服务</td><td>4.62</td><td>3.62</td><td>3.26</td><td>3.58</td><td>3.44</td><td>3.68</td><td>3.65</td><td>3.71</td><td>3.45</td></tr>
<tr><td rowspan="2">平原与山区结合部</td><td>市场信息</td><td>4.33</td><td>3.47</td><td>2.97</td><td>3.65</td><td>3.66</td><td>3.53</td><td>3.23</td><td>3.39</td><td>3.10</td></tr>
<tr><td>法律服务</td><td>4.54</td><td>3.36</td><td>3.07</td><td>3.65</td><td>3.45</td><td>3.48</td><td>3.69</td><td>3.69</td><td>3.46</td></tr>
<tr><td rowspan="2">山区</td><td>市场信息</td><td>4.43</td><td>3.73</td><td>3.00</td><td>3.57</td><td>3.48</td><td>3.59</td><td>3.32</td><td>3.46</td><td>3.02</td></tr>
<tr><td>法律服务</td><td>4.61</td><td>3.56</td><td>3.25</td><td>3.28</td><td>3.31</td><td>3.69</td><td>3.84</td><td>3.89</td><td>3.41</td></tr>
<tr><td rowspan="6">集体组织部门作为供给主体</td><td rowspan="2">平原</td><td>市场信息</td><td>4.19</td><td>3.43</td><td>3.04</td><td>4.15</td><td>4.04</td><td>2.85</td><td>3.10</td><td>3.40</td><td>3.06</td></tr>
<tr><td>法律服务</td><td>4.28</td><td>3.33</td><td>3.21</td><td>4.14</td><td>3.91</td><td>3.26</td><td>3.26</td><td>3.21</td><td>3.28</td></tr>
<tr><td rowspan="2">平原与山区结合部</td><td>市场信息</td><td>4.33</td><td>3.47</td><td>2.97</td><td>3.65</td><td>3.66</td><td>3.53</td><td>3.23</td><td>3.39</td><td>3.10</td></tr>
<tr><td>法律服务</td><td>4.54</td><td>3.36</td><td>3.07</td><td>3.65</td><td>3.45</td><td>3.48</td><td>3.69</td><td>3.69</td><td>3.46</td></tr>
<tr><td rowspan="2">山区</td><td>市场信息</td><td>4.22</td><td>3.49</td><td>3.19</td><td>4.59</td><td>4.43</td><td>3.22</td><td>3.49</td><td>3.49</td><td>3.46</td></tr>
<tr><td>法律服务</td><td>4.14</td><td>3.54</td><td>3.37</td><td>4.56</td><td>4.47</td><td>2.79</td><td>3.53</td><td>3.21</td><td>3.60</td></tr>
<tr><td rowspan="6">企业或者市场作为供给主体</td><td rowspan="2">平原</td><td>市场信息</td><td>3.88</td><td>4.00</td><td>2.82</td><td>4.18</td><td>3.88</td><td>2.47</td><td>2.59</td><td>3.00</td><td>2.94</td></tr>
<tr><td>法律服务</td><td>0.00</td><td>0.00</td><td>0.00</td><td>0.00</td><td>0.00</td><td>0.00</td><td>0.00</td><td>0.00</td><td>0.00</td></tr>
<tr><td rowspan="2">平原与山区结合部</td><td>市场信息</td><td>4.43</td><td>3.50</td><td>2.75</td><td>4.25</td><td>4.38</td><td>3.13</td><td>3.00</td><td>3.71</td><td>3.63</td></tr>
<tr><td>法律服务</td><td>0.00</td><td>0.00</td><td>0.00</td><td>0.00</td><td>0.00</td><td>0.00</td><td>0.00</td><td>0.00</td><td>0.00</td></tr>
<tr><td rowspan="2">山区</td><td>市场信息</td><td>4.37</td><td>3.79</td><td>3.16</td><td>4.16</td><td>4.16</td><td>2.63</td><td>2.74</td><td>3.05</td><td>2.58</td></tr>
<tr><td>法律服务</td><td>3.50</td><td>4.00</td><td>3.00</td><td>5.00</td><td>5.00</td><td>3.00</td><td>3.50</td><td>3.50</td><td>3.50</td></tr>
</table>

续表

地区	服务类型	影响因素							
		质量保证	价格合理	售后服务	服务便利	服务及时	政策优惠	人员素质	技术水平	服务态度
亲朋作为供给主体	平原	市场信息	4.33	3.00	2.67	4.83	4.67	3.17	2.67	3.17	2.5
		法律服务	0.00	0.00	0.00	0.00	0.00	0.00	0.00	0.00	0.00
	平原与山区结合部	市场信息	3.79	3.21	2.50	4.36	4.36	2.43	2.36	2.29	2.50
		法律服务	4.67	3.00	3.00	4.33	4.67	3.00	3.67	3.33	4.33
	山区	市场信息	4.86	3.71	3.71	4.57	4.00	3.29	3.71	3.71	3.29
		法律服务	1.00	4.00	1.00	2.00	5.00	5.00	5.00	3.00	3.00
自我获得作为供给主体	平原	市场信息	4.06	4.11	2.78	4.22	4.06	2.44	2.67	2.67	2.89
		法律服务	4.00	3.50	3.50	3.00	3.50	3.00	3.00	5.00	3.00
	平原与山区结合部	市场信息	3.79	4.00	3.32	4.05	4.21	2.58	2.74	2.74	3.53
		法律服务	3.20	1.60	2.20	2.20	2.40	1.40	2.20	2.40	1.20
	山区	市场信息	3.90	3.50	3.10	4.60	4.60	2.50	3.10	3.00	3.00
		法律服务	4.50	5.00	3.00	3.50	3.00	2.50	2.50	2.50	2.50

注：表中数字表示农户对该因素的重要性排序，分值越大表明影响你选择的程度越高，并且是依据李克特五分量表来设定，故分值大于3时才能表示具有正向影响作用。

针对农村信息服务体系，农户在选择政府作为服务供给主体时，农户看重的主要因素是农村市场信息的质量可靠性、服务信息的及时性和便利性等。选择集体组织作为农村信息服务的供给者主要原因在于农户看重集体组织所提供的信息的质量准确性、服务及时和便利。选择企业或市场组织的农户认为提供的信息在一定程度上能够真实地反映当前市场的需要，并具有及时、客观、可信的特点。选择亲朋好友或者自我获得方式主要是基于服务便利和及时性，从而实现农户对市场信息服务的需求。

（五）不同地区农业生产服务供给主体因素排序

表 7.5　农业生产服务的主体因素排序

地区	服务类型	质量保证	价格合理	售后服务	服务便利	服务及时	政策优惠	人员素质	技术水平	服务态度
平原农村地区	政府部门主体	4.62	4.05	3.34	3.17	3.01	3.98	3.06	3.57	2.98
	集体组织主体	4.59	4.31	3.30	4.40	3.96	3.38	3.02	3.45	2.88
	企业或市场主体	4.35	4.10	3.23	4.27	4.02	2.64	2.72	3.26	3.21
	亲朋供给主体	4.17	4.12	3.03	4.28	4.80	3.63	2.00	2.01	2.16
	自我获得	4.31	2.87	2.35	4.35	4.14	2.68	2.90	3.57	2.77
平原与山区结合部	政府部门主体	4.72	4.20	3.55	3.49	3.46	3.69	3.04	3.63	2.87
	集体组织主体	4.70	4.26	3.57	3.40	3.46	3.70	3.08	3.62	2.87
	企业或市场主体	4.25	3.99	3.05	4.32	4.08	2.55	2.86	3.10	3.53
	亲朋供给主体	2.98	2.12	1.70	3.42	2.77	1.78	1.79	2.79	3.22
	自我获得	4.34	4.01	3.02	4.64	4.42	2.62	3.12	3.67	3.44
山区农村地区	政府部门主体	4.67	4.01	3.21	3.42	3.35	3.75	2.91	3.45	3.09
	集体组织主体	4.67	4.20	3.39	4.47	4.32	3.21	3.28	3.56	3.31
	企业或市场主体	4.46	4.09	3.51	4.48	4.36	2.68	2.98	3.32	3.25
	亲朋供给主体	3.69	4.18	3.91	3.70	3.82	2.57	3.71	3.03	3.72
	自我获得	3.93	3.51	3.05	4.50	5.52	3.48	3.31	3.68	2.95

注：表中数字表示农户对该因素的重要性排序，分值越大表明影响你选择的程度越高，并且是依据李克特五分量表来设定，故分值大于3时才能表示具有正向影响作用。

通过对以上数据进行分析发现，选择去政府部门购买相关的农业生产服务的主要原因在于农户看中政府部门提供的产品诸如种苗、化肥、农业等生产资料和农机设备的质量和价格能得到合理保证，其次通过政府部门享受相关政策优惠，最后就是农业技术的保证。农户去村级集体经济组织购买相关的农业生产服务的主要决定因素是价格合理、质量保证，其次是产品服务的及时和便利，最后是集体组织提供的产品的科技水平有良好的保证。农户通过企业或市场进行服务购买时的主要因素是质量保证和市场化价格,其具有竞争性的市场所提供的农业生产服务更便利和及时。通过自我渠道获得诸如种苗等生产资料,其质量有一定保证,服务及时和便利,能够为农户的生产奠定良好的基础。

(六)不同地区农村商品流通服务供给主体因素排序

表7.6 农村商品流通服务的主体因素排序

主体类型	地区	服务类型	质量保证	价格合理	售后服务	服务便利	服务及时	政策优惠	人员素质	技术水平	服务态度
政府服务部门作为供给主体	平原农村地区	农产品加工	4.13	4.23	3.05	3.15	2.98	3.95	3.13	3.38	2.63
		农产品运输	3.92	4.33	3.08	2.89	2.86	3.97	2.97	3.28	2.86
		农产品销售	4.03	4.36	3.02	3.36	3.67	4.55	2.85	3.11	2.80
	平原与山区结合部	农产品加工	4.47	4.37	3.05	3.50	3.34	3.63	3.21	3.50	3.11
		农产品运输	4.16	4.24	3.04	3.76	3.31	3.36	2.93	3.13	2.82
		农产品销售	4.08	4.27	2.83	3.47	3.33	3.59	2.98	3.02	2.89
	山区农村地区	农产品加工	4.35	4.08	3.08	3.54	3.54	3.73	3.12	3.35	2.81
		农产品运输	4.06	4.06	2.94	3.85	3.82	3.73	3.12	3.30	2.82
		农产品销售	4.47	4.06	3.13	4.48	3.35	3.73	3.13	3.19	3.02
集体组织部门作为供给主体	平原农村地区	农产品加工	4.48	3.96	3.00	4.04	4.12	3.12	2.96	3.6	3.44
		农产品运输	3.5	3.96	2.88	4.29	4.21	2.88	2.88	2.92	3.04
		农产品销售	3.76	4.13	3.30	4.13	4.16	3.11	2.92	3.21	3.39
	平原与山区结合部	农产品加工	4.47	4.37	3.05	3.50	3.34	3.63	3.21	3.50	3.11
		农产品运输	4.16	4.24	3.04	3.76	3.31	3.36	2.93	3.13	2.82
		农产品销售	4.08	4.27	2.83	3.47	3.33	3.59	2.98	3.02	2.89
	山区农村地区	农产品加工	4.35	4.12	3.41	4.24	4.53	3.06	3.18	3.47	3.41
		农产品运输	4.27	4.07	3.47	4.47	4.33	3.27	3.20	3.53	3.33
		农产品销售	4.57	3.86	3.19	4.43	4.33	2.86	3.29	3.52	3.19

续表

主体类型	地区	服务类型	影响因素								
			质量保证	价格合理	售后服务	服务便利	服务及时	政策优惠	人员素质	技术水平	服务态度
企业或者市场作为供给主体	平原农村地区	农产品加工	4.24	3.88	3.38	4.19	4.17	2.55	3.10	3.45	3.60
		农产品运输	4.23	4.05	3.14	4.67	4.67	2.79	2.86	3.21	3.30
		农产品销售	3.65	4.52	2.97	4.41	4.39	2.64	2.77	2.96	3.05
	平原与山区结合部	农产品加工	4.20	4.11	3.05	4.41	4.41	2.48	3.09	3.35	3.62
		农产品运输	3.83	4.00	3.03	4.34	4.03	2.83	2.97	3.41	3.34
		农产品销售	4.00	4.07	3.26	4.61	4.40	2.88	3.00	3.35	3.67
	山区农村地区	农产品加工	4.32	3.93	3.34	4.34	4.36	2.55	3.28	3.62	3.55
		农产品运输	4.25	4.06	3.28	4.44	4.31	2.72	2.61	3.00	2.75
		农产品销售	4.32	4.14	3.08	4.35	4.32	2.69	2.86	3.17	2.92
亲朋作为供给主体	平原农村地区	农产品加工	3.00	4.00	4.00	3.00	4.00	3.00	3.00	3.00	3.00
		农产品运输	4.50	5.00	3.50	5.00	5.00	3.00	3.00	4.00	4.00
		农产品销售	0.00	0.00	0.00	0.00	0.00	0.00	0.00	0.00	0.00
	平原与山区结合部	农产品加工	4.67	3.33	3.00	4.00	3.67	2.33	3.67	4.00	3.33
		农产品运输	3.20	3.80	3.00	4.60	4.60	2.40	2.80	3.00	3.00
		农产品销售	3.00	3.75	2.50	4.50	4.75	2.25	2.50	2.75	2.75
	山区农村地区	农产品加工	5.00	5.00	3.00	5.00	5.00	3.00	3.00	4.00	3.00
		农产品运输	3.00	3.00	5.00	4.00	3.00	4.00	4.00	3.00	0.00
		农产品销售	0.00	0.0	0.00	0.00	0.00	0.00	0.00	0.00	0.00
自我获得作为供给主体	平原农村地区	农产品加工	4.50	3.75	3.19	4.44	4.33	2.89	3.44	3.78	3.26
		农产品运输	4.08	3.55	3.60	4.48	4.53	2.41	2.67	3.00	2.85
		农产品销售	4.00	3.80	2.90	4.30	4.10	2.60	2.70	3.00	2.90
	平原与山区结合部	农产品加工	4.22	4.42	3.22	4.30	4.24	2.57	3.55	3.45	3.23
		农产品运输	3.94	4.00	2.69	4.00	3.63	2.63	2.75	2.69	3.13
		农产品销售	3.65	4.08	2.89	4.32	4.42	2.51	2.96	2.94	3.09
	山区农村地区	农产品加工	4.05	4.10	3.10	4.67	4.71	2.43	3.29	3.62	3.24
		农产品运输	3.98	3.72	3.18	4.58	4.34	2.88	3.22	3.38	3.42
		农产品销售	4.13	3.47	3.13	4.53	4.13	2.53	2.80	2.73	2.93

农村商品流通服务是整个农业产业链条之中连接"生产资料市场—农户—农产品交易市场"的中间纽带，是实现生产和消费相互汇通的重要环节。将政府组织部门作为农村流通服务的供给主体的原因主要是农户认为政府提供的加工、运输和销售服务具有良好的质量保证，并且对农产品价格具有保护性倾向，政府组织对农业的相关政策也能够促使农户获得收益。选择集体组织部门和企业或市场组织的农户除了能够更好地获得质量和价格保证之外，还在服务的及时性和便利性上得到了良好的体现。自我获得方式来进行农产品的加工、运输和销售有助于使自身更好地了解市场行情，以便及时地处理农产品。

（七）不同地区农业基础设施建设服务供给主体因素排序

表7.7 农业基础设施建设服务的主体因素排序

地区		服务类型	影响因素								
			质量保证	价格合理	政策导向	财政保证	组织保证	效率保证	持续投资	责任明确	发展需要
政府部门作为供给主体	平原农村地区	基础交通设施	4.5	3.63	3.96	4.69	4.22	4.05	3.42	3.43	3.76
		综合农田整理	4.58	3.78	3.94	4.57	4.23	3.94	3.25	3.49	3.87
		基础水利设施	4.57	3.69	3.91	4.52	4.32	3.83	3.26	3.51	3.91
		基础电力设施	4.47	3.56	3.87	4.52	4.22	3.73	3.34	3.46	3.82
	平原山区结合部	基础交通设施	4.68	3.60	3.93	4.54	4.20	3.94	3.33	3.77	3.71
		综合农田整理	4.63	3.58	3.96	4.52	4.10	3.73	3.04	3.51	3.71
		基础水利设施	4.44	3.77	3.78	4.31	4.04	3.86	3.28	3.58	3.73
		基础电力设施	4.42	3.53	3.96	4.24	3.97	3.80	3.18	3.47	3.64
	山区农村	基础交通设施	4.68	3.37	4.03	4.56	4.34	4.00	3.69	3.65	3.95
		综合农田整理	4.58	3.44	3.97	4.37	4.54	4.29	3.24	3.59	4.14
		基础水利设施	4.55	3.32	3.98	4.44	4.32	4.00	3.64	3.64	4.01
		基础电力设施	4.63	3.36	3.95	4.46	4.36	3.90	3.55	3.45	4.04

第七章　供给与需求：基于农户视角的实证分析　221

续表

地区		服务类型	影响因素								
			质量保证	价格合理	政策导向	财政保证	组织保证	效率保证	持续投资	责任明确	发展需要
村集体作为供给主体	平原农村地区	基础交通设施	4.17	3.08	4.00	4.08	4.33	3.58	3.00	3.50	3.33
		综合农田整理	4.21	3.41	3.66	4.03	4.59	4.21	3.33	3.83	3.78
		基础水利设施	4.26	3.02	3.33	3.91	4.11	4.15	3.17	3.61	3.37
		基础电力设施	3.82	2.82	2.94	3.41	4.24	4.53	2.82	3.35	3.12
	平原山区结合部	基础交通设施	3.82	2.94	3.24	3.67	3.88	4.03	2.94	3.76	3.18
		综合农田整理	4.12	3.63	4.42	3.67	4.18	4.16	3.12	3.96	3.67
		基础水利设施	4.05	3.38	3.41	3.71	4.06	4.20	3.35	3.70	3.30
		基础电力设施	3.58	3.18	3.21	3.36	3.73	4.36	2.82	3.39	3.03
	山区农村	基础交通设施	4.33	3.17	3.83	4.38	4.58	4.25	3.54	3.67	3.63
		综合农田整理	4.25	3.29	3.53	4.00	4.28	4.37	3.55	3.98	3.98
		基础水利设施	4.37	3.46	3.76	3.98	4.39	4.27	3.51	3.78	4.00
		基础电力设施	3.91	3.45	3.82	4.09	4.64	3.91	3.45	3.09	3.64
经营性企业作为供给主体	平原农村地区	基础交通设施	5.00	1.00	2.00	5.00	5.00	5.00	1.00	2.00	1.00
		综合农田整理	4.50	3.00	2.00	3.00	2.50	4.00	3.00	3.50	4.00
		基础水利设施	0.00	0.00	0.00	0.00	0.00	0.00	0.00	0.00	0.00
		基础电力设施	4.50	2.75	4.25	3.50	4.00	4.50	4.00	4.00	3.00
	平原山区结合部	基础交通设施	3.00	3.33	3.33	2.33	2.67	3.67	3.00	3.00	2.33
		综合农田整理	5.00	4.00	3.00	4.00	4.00	3.00	3.00	4.00	5.00
		基础水利设施	4.33	4.33	4.00	3.67	4.33	4.67	3.67	3.67	3.67
		基础电力设施	4.89	3.44	2.78	2.89	3.67	4.11	3.56	4.44	4.56
	山区农村	基础交通设施	0.00	0.00	0.00	0.00	0.00	0.00	0.00	0.00	0.00
		综合农田整理	4.00	4.50	2.50	3.50	5.00	4.50	4.50	3.50	5.00
		基础水利设施	4.00	4.00	3.00	5.00	5.00	4.00	4.00	3.00	3.00
		基础电力设施	3.67	4.67	3.00	3.00	3.33	3.33	2.67	5.00	3.00

续表

地区	服务类型	影响因素							
		质量保证	价格合理	政策导向	财政保证	组织保证	效率保证	持续投资	责任明确	发展需要

地区	服务类型	质量保证	价格合理	政策导向	财政保证	组织保证	效率保证	持续投资	责任明确	发展需要
农户自行处理作为供给主体	平原农村地区 基础交通设施	0.00	0.00	0.00	0.00	0.00	0.00	0.00	0.00	0.00
	综合农田整理	4.36	2.73	2.23	2.50	3.18	4.59	2.73	3.86	2.64
	基础水利设施	3.00	1.50	1.50	3.50	2.00	4.00	1.50	3.00	2.00
	基础电力设施	4.50	2.00	1.00	3.50	1.50	4.00	2.00	1.50	2.50
	平原山区结合部 基础交通设施	4.40	2.40	2.40	2.20	3.20	4.60	2.40	3.40	3.00
	综合农田整理	4.11	3.07	2.33	2.40	3.13	4.36	2.73	3.76	2.82
	基础水利设施	2.60	2.40	2.60	2.40	2.80	3.80	2.40	3.00	2.80
	基础电力设施	3.25	3.00	3.25	3.75	4.00	4.50	3.00	4.00	4.00
	山区农村 基础交通设施	5.00	4.50	3.00	5.00	3.50	3.00	3.00	3.50	5.00
	综合农田整理	4.45	3.05	3.15	3.35	3.75	4.60	3.30	4.00	3.55
	基础水利设施	4.50	3.00	2.00	4.00	2.50	4.00	4.00	5.00	3.50
	基础电力设施	5.00	3.00	3.00	3.00	3.00	5.00	5.00	5.00	5.00

针对公共性农业社会化服务项目来看,当选择政府部门作为服务供给主体时,农户主要认为政府部门能够提供财政保证、质量保证、组织保证、效率保证,使其公共农业社会化服务得到良好的发展。村集体组织作为农业基础设施建设服务的供给主体,在一定程度上秉承了政府部门的相关特征,农户之所以认为基础设施建设服务要交给村级集体组织来完成的原因在于村集体能够给予更好的质量、效率、组织等保障,并且集体组织在实施基础设施服务过程中具有政策偏向性。经营性企业作为农业基础设施建设服务供给主体主要是从效率上给予保障。

（八）不同地区农业通信技术设施服务供给主体因素排序

表7.8 农业基础设施建设服务的主体因素排序

地区		服务类型	影响因素								
			质量保证	价格合理	政策导向	财政保证	组织保证	效率保证	持续投资	责任明确	发展需要
政府作为供给主体	平原农村	通信、科技推广	4.49	3.36	3.79	4.13	4.05	3.92	3.38	3.44	3.79
	平原山区结合部	通信、科技推广	4.51	3.43	3.82	4.08	3.72	3.44	2.96	3.16	3.45
	山区农村	通信、科技推广	4.60	3.46	4.06	4.46	4.13	3.91	3.64	3.63	4.15
村集体作为供给主体	平原农村	通信、科技推广	4.51	3.26	3.57	3.94	4.07	4.70	3.28	3.54	3.70
	平原山区结合部	通信、科技推广	4.02	3.21	3.47	3.81	4.58	4.47	3.02	3.95	3.60
	山区农村	通信、科技推广	4.38	3.04	3.92	4.16	4.18	4.14	3.30	3.68	3.82
经营性企业供给主体	平原农村	通信、科技推广	4.50	3.00	2.50	3.00	3.50	5.00	3.00	4.00	3.50
	平原山区结合部	通信、科技推广	4.25	4.25	2.75	2.50	3.00	4.00	3.50	3.75	3.50
	山区农村	通信、科技推广	3.67	4.00	3.00	4.00	4.00	2.33	2.67	1.67	4.33
农户自行处理作为供给主体	平原农村	通信、科技推广	5.00	3.00	4.00	3.00	4.00	4.00	3.00	4.00	4.00
	平原山区结合部	通信、科技推广	4.00	1.33	2.33	1.00	2.67	5.00	1.67	2.00	2.67
	山区农村	通信、科技推广	4.00	4.00	2.67	3.67	3.33	3.00	3.00	3.00	4.67

针对通信技术推广服务来看，农户选择政府组织作为通信、技术推广服务的供给者考虑的因素从高到低是质量保证、财政保证、组织保证、效率保证、政策导向或者发展需要、责任明确、持续投资、价格合理。农户在选择村级集体组织作为通信、技术推广服务的供给者考虑的因素主要是效率保障、质量保障和组织保障三个主要层面。农户在选择经营性企业作为服务的供给者主要考虑的是效率保证因素，然后再是质量保证因素。

第三节 农业社会化服务供给的农户满意度分析

一、农业技术推广服务供给服务满意度

农业技术推广服务主要包括农业设备维修、农业生产技术、管理技术和知识培训服务四个方面，平原地区的农户对农业设备维修服务满意度总和达 70.5%，对农业生产技术服务满意度达 58.5%，对农业管理技术服务满意程度达 60.2%，对知识培训服务的满意程度达到 58.8%，由此发现平原地区的农户对农业技术推广服务的总体满意度较高。城乡接合部地区的农户对农业设备维修服务满意程度近 70%，对农业生产技术服务满意程度接近 54%，对农业管理技术服务满意程度为 57%，对知识培训服务满意程度为 44%，由此判断城乡接合部的农户对农业技术推广服务的总体满意度较高，但整体满意度低于平原地区。山区对农业设备维修服务有超过 75% 的农户持满意态度，对农业生产技术服务持满意态度的比例超过一半，对农业管理技术服务有 58% 的农户持满意态度，对知识培训服务有超过 56% 的农户持满意态度，由此可见农户对农业技术推广服务持总体满意的态度。

表 7.9 不同地区农业技术推广服务的满意度

地区	服务类型	满意度				
		满意	比较满意	一般	不太满意	不满意
平原农村地区	生产设备维修	17.1%	53.4%	24%	4.8%	0.7%
	农业生产技术	18.2%	40.3%	25%	14.2%	2.3%
	农业管理技术	23.4%	36.8%	25.9%	12.6%	1.1%
	知识培训	21.4%	37.4%	21.4%	14.5%	5.3%
平原山区结合部	生产设备维修	26.4%	42.9%	26.4%	3.7%	0.6%
	农业生产技术	22.6%	30.6%	39.2%	6.5%	1.1%
	农业管理技术	22.6%	34.4%	36.6%	3.8%	2.7%
	知识培训	10.3%	32.8%	37.9%	16.4%	2.6%

续表

地区	服务类型	满意度				
		满意	比较满意	一般	不太满意	不满意
山区农村	生产设备维修	22.2%	53.7%	20.4%	3.7%	0
	农业生产技术	29.6%	31%	25.4%	14.1%	0
	农业管理技术	25.2%	32.9%	25.9%	15.4%	0.7%
	知识培训	24.2%	31.9%	36.3%	3.3%	4.4%

二、农村金融服务供给服务满意度

针对农村金融服务来说，平原地区农户对资金服务满意程度比例为56%，对农业保险服务的满意度为48.4%；城乡接合部地区的农户对以上两种服务的满意度分别为55.4%和46.9%，山区的农户对以上两种服务的满意度分别为51.3%和45.2%，由此可见农户对农村金融服务整体较为满意。

表7.10 不同地区农村金融服务的满意度

地区	服务类型	满意度				
		满意	比较满意	一般	不太满意	不满意
平原农村地区	资金服务	24.5%	31.5%	25.2%	14%	4.9%
	农业保险	24.2%	24.2%	21.2%	12.1%	18.2%
平原山区结合部	资金服务	20.6%	34.8%	31.9%	9.9%	2.8%
	农业保险	14.8%	32.1%	32.1%	16%	4.9%
山区农村	资金服务	13%	38.3%	32.2%	8.7%	7.8%
	农业保险	20.2%	25%	22.6%	13.1%	19%

三、农村信息服务供给服务满意度

针对农村信息服务来说，平原地区农户对市场信息服务满意程度比例为52.6%，对农业保险服务的满意度为54.9%；城乡接合部地区的农户对以上两种服务的满意度分别为51.1%和62.1%，山区的农户对以上两种服务的满意度分别为53.6%和76.1%，由此可见农户对农村信息服务整体较为满意，并且山区农户对信息服务的满意度略高于平原和城乡接合部的农户。

表7.11 不同地区农村信息服务的满意度

地区	类型	满意度				
		满意	比较满意	一般	不太满意	不满意
平原农村地区	市场信息	15%	37.6%	26%	17.3%	4%
	法律服务	10.8%	44.1%	28%	12.9%	4.3%
平原山区结合部	市场信息	18.7%	32.4%	30.8%	14.3%	3.8%
	法律服务	23.4%	38.7%	23.4%	8.1%	6.5%
山区农村	市场信息	13%	40.6%	28.3%	11.6%	6.5%
	法律服务	19%	57.1%	15.5%	4.8%	3.6%

四、农业生产服务供给服务满意度

农业生产服务主要涉及种苗、化肥、农药以及塑料薄膜等生产资料、生产工具以及劳动力雇佣等。通过实地调研发现，平原地区有65%以上的农户对种苗、化肥、农药和塑料等生产资料服务持满意态度。对生产工具服务的满意度来说，具有72%以上的农户对小生产设备和大设备具有较高的满意度，总的来看，平原地区农户对生产服务具有很高的满意度。对于城乡接合部地区来看，农户对生产资料服务的满意度都超过了60%，并且有74%的农户对农机大设备的满意程度较高。然而，对山区进行调查发现，有超过74%以上的农户对农业生产性服务持有较高满意度，并且满意比例超过了平原与农业结合部两大地区。

表7.12 不同地区农业生产服务的满意度

地区	服务类型	满意	比较满意	一般	不太满意	不满意
平原农村地区	种苗	21.1%	52.8%	15%	10.6%	0.6%
	化肥	14%	53.4%	20.8%	9.6%	2.2%
	农药	16.2%	49.2%	18.4%	12.8%	3.4%
	塑料等资料	18.2%	51.1%	22.7%	7.4%	0.6%
	小生产设备	18.2%	54.7%	18.8%	6.5%	1.8%
	农机大设备	17.4%	60.4%	19.4%	2.8%	0
	劳动雇佣	32.7%	47.1%	19%	1.3%	0
平原山区结合部农村地区	种苗	21.4%	50.2%	22.4%	6%	0%
	化肥	13%	48.5%	32%	5.5%	1%
	农药	15%	44.5%	32.5%	7.5%	0.5%
	塑料等资料	14.6%	49%	32.8%	3.1%	0.5%
	小生产设备	17.6%	46.8%	29.8%	5.9%	0
	农机大设备	22.5%	52%	18.5%	5.2%	1.7%
	劳动雇佣	33.7%	43.4%	20.6%	2.35%	0
山区农村	种苗	28.5%	56.9%	9.7%	4.9%	0
	化肥	21.4%	56.7%	17.9%	4.1%	0
	农药	22.7%	56%	16.3%	5%	0
	塑料等资料	21.9%	53.9%	21.1%	3.1%	0
	小生产设备	25.2%	49.6%	23%	2.2%	0
	农机大设备	21.8%	52.7%	20%	5.5%	0
	劳动雇佣	24.4%	47.3%	24.4%	3.8%	0

五、农村商品流通服务供给服务满意度

针对农村商品流通服务来说，平原地区的农户普遍对农产品的加工、运输和销售服务具有较高的满意度，其比例分别占66.3%、71.7%、60.5%。而城乡接合部地区的农户对农产品加工、运输和销售具有较高的满意度，其比例占66.9%、73.3%、67.5%。山区等地农户对农产品加工、运输和销售服务持满意的分别占72%、70.7%和60.4%。

表 7.13　不同地区农村商品流通服务的满意度

地区	服务类型	满意	比较满意	一般	不太满意	不满意
平原农村地区	加工	30.4%	35.9%	21.7%	9.8%	2.2%
	运输	26.5%	45.2%	22.3%	4.2%	1.8%
	销售	25%	35.5%	27.9%	8.1%	3.5%
平原山区结合部	加工	22.5%	44.4%	27.8%	4.6%	0.7%
	运输	35%	38.3%	21.9%	4.9%	0
	销售	23.2%	44.3%	23.2%	7%	2.2%
山区农村	加工	30%	42%	21%	6%	1%
	运输	26%	44.7%	21.1%	7.3%	0.8%
	销售	21.6%	38.8%	21.7%	11.9%	6%

六、农业基础设施建设服务供给服务满意度

农业基础设施建设服务主要包括交通设施、综合农田治理、基础水电、电力四部分。调查表明，平原地区有 82.2% 的农户对基础交通设施服务满意，64.9% 的农户对综合农田治理服务满意，59.2% 的农户对基础水利设施服务满意，81.6% 的农户对基础电力设施服务满意。对于城乡接合部地区的农业基础设施建设服务来说，农户对其都具有较高的满意度，其比例分别为 70%、61.5%、64.6%、78.6%。通过对山区的基础设施建设服务调研发现，82.6% 的农户对基础交通设施服务持满意态度，对农田综合整理、水利、电力的满意比例占 64.3%、65%、79.3%。

表 7.14　不同地区农业基础设施建设服务的满意度

地区	服务类型	满意	比较满意	一般	不太满意	不满意
平原农村地区	基础交通设施	45.1%	37.1%	7.4%	8%	2.3%
	综合农田整理	23.2%	41.7%	22.6%	8.3%	4.2%
	基础水利设施	28.4%	30.8%	15.7%	13.4%	11.6%
	基础电力设施	47.1%	34.5%	13.2%	4%	1.1%

续表

地区	服务类型	满意度				
		满意	比较满意	一般	不太满意	不满意
平原山区结合部	基础交通设施	28.9%	41.1%	15.2%	8.1%	6.6%
	综合农田整理	28.2%	33.3%	28.2%	7.3%	2.8%
	基础水利设施	20.3%	44.3%	19.3%	12%	4.2%
	基础电力设施	37.7%	40.9%	15.2%	5.2%	1%
山区农村	基础交通设施	46.9%	35.7%	7.7%	7.7%	2.1%
	综合农田整理	27%	37.3%	18.3%	15.1%	2.4%
	基础水利设施	26.4%	38.6%	15%	12.9%	7.1%
	基础电力设施	37.9%	41.4%	15%	4.3%	1.4%

七、通信技术设施服务供给服务满意度

平原地区的农户对通信、技术推广服务满意的比例占50.3%，城乡接合部地区的农户对通信、技术推广服务满意的比例占49.6%，山区的农户对通信、技术推广服务满意的比例占58.6%。三个地区农户的满意度从高到低依次是山区、平原地区、城乡接合部。

表7.15 不同地区通信技术设施服务的满意度

地区	服务类型	满意度				
		满意	比较满意	一般	不太满意	不满意
平原农村	通信技术推广	17.6%	32.7%	26.1%	15%	8.5%
平原山区结合部	通信技术推广	16.1%	33.5%	28%	17.4%	5%
山区农村	通信技术推广	22.8%	35.8%	26.8%	7.3%	7.3%

第四节 农户农业服务购买意愿影响的实证分析

农业服务是实现农业小生产与大市场的有效对接的关键，是中国传

统农业向现代农业转变的客观要求。[1] 加大农民需求导向的农业服务体系的建设力度，是政府和社会的一项重要公益职能和社会职能。农业服务体系涉及农业的产前、产中和产后等各个方面，1981年美国有一定规模的农业服务组织就达到10352个，其中供销服务组织6211个，占农业服务组织的60%，具体农业服务包括信贷服务、机械设备服务、加工服务、生产服务、流通服务、综合性服务组织及其他法律、教育、会计、技术、保险、医疗卫生和文化等服务。[2] 可见农业服务涉及社会经济领域十分广泛，对社会经济发展起到十分重要的作用。农业服务分为公益性和盈利性两类。安妮和范（Anne and Van，2000）认为公益性的农业服务要体现普通大众从农业服务中获得更多收益，政府实施公益服务能够体现成本效益、政策效益和政府社会责任感。[3] 但在实际中，本茨（Bentz，1997）认为政府公益性的农业服务往往缺乏针对性、影响力、公平性、效率和效益，[4] 所以公共农业服务部门应该不断提高商品化和私有化的比重（提高营利性农业服务比重），使农业服务更具活力。无论是公益性农业服务还是营利性农业服务，农业服务内涵和本质应体现农户需求导向特征，在研究中不仅要重视从社会和政府宏观的角度供给导向的农业服务研究，更要重视农户需求出发的微观需求导向的农业服务研究。

---

[1] 孔祥智、穆娜娜：《实现小农户与现代农业发展的有机衔接》，《农村经济》2018年第2期。周维松：《市场经济国家农业社会化服务组织的类型和现状》，《中共四川省委省级机关党校学报》2003年第2期。郭翔宇：《发达国家农业社会化服务体系发展的共同特征及其启示》，《商业研究》1999年第5期。刘焕鑫：《建立健全农村社会化服务体系》，《理论界》1995年第6期。

[2] 蒋永穆、周宇晗：《农业区域社会化服务供给：模式、评价与启示》，《学习与探索》2016年第1期。仝志辉、侯宏伟：《农业社会化服务体系：对象选择与构建策略》，《改革》2015年第1期。周维松：《市场经济国家农业社会化服务组织的类型和现状》，《中共四川省委省级机关党校学报》2003年第2期。樊亢、戎殿新：《论美国农业社会化服务体系》，《世界经济》1994年第6期。

[3] Anne W., Van B. D., "Different Ways of Financing Agricultural Extension", *Agricultural Research and Extension Network*, No.7, 2000.

[4] Bentz R.P., "Acquiring and Managing Financial Resources", Rome(Italy), FAO, 1997, pp.143-149.Rivera W. M., "Agricultural Extension in Transition Wordwide", *Public Administration and Development*, No.16, 1997.

从微观消费者农业服务购买行为看,艾尔斯纳(Elsner,2003)、格里高利(Gregory,1997)和斯托勒(Storer,1998)认为人们的购买行为与个人背景属性(特征)有很大关联性。[1]罗伯特(Robert,1980)和基德(Kidd,2000)研究发现农业推广服务与人口背景也具有很强的相关性。[2]农户作为微型的经济组织是中国农业服务的购买主体,[3]人均耕地不到0.57公顷,而且30年不会有很大变化,[4]农户户主(当家人)成为农户经营的主要决策人,因此农户的农业服务购买行为受户主的人口背景特征的直接影响。伊斯特林(Easterlin,1980)与瓦格纳(Wagner,1984)研究发现组织中的人口背景特征(如性别、年龄、种族、受教育程度和地理分布等)对组织的结果具有实质性影响。[5]有学者认为人口背景特定属性的分布特征是影响购买满意度和忠诚度的关键因素。[6]目前关于农户户主人口背景对农业服务市场需求影响的研究还不多见。

虽然西方学者奥尔福德和比斯瓦斯(Alford and Biswas,2002)和苏丹(Sultan,1999)等认为服务产品属性、产品价格、产品的品牌、销售

---

[1] Elsner R.J., "Changes in Eating Behaviour during the Ageing Process", *Eating Behaviours*, No.1, 2003.Gregory N.G., "Meat, Meat Eating and Vegetarianism: A Review of the Facts", *Proceedings of the 43rd International Congress of Meat Science and Technology*, 1997.Storer C.E., Soutar G.N., Hawkins M. H., "Meat Consumption Patterns of Meat Consumption: Some Australian Evidence", *Australian Agribusiness Review*, No.6, 1998.

[2] Robert D., *Measuring Benefits of Govement Investment*, The AEL Press, 1980, p.12.Kidd A. D., Lamers J. P. A., Ficarelli P. P., Hoffmann V., "Privatising Agricultural Extension: Caveat Emptor-A Sectoral Analysis with Some Thoughts on Accountability, Sustainability and Evaluation", *Journal of Rural Studies*, No.16, 2000.

[3] 孔祥智、穆娜娜:《实现小农户与现代农业发展的有机衔接》,《农村经济》2018年第2期。

[4] 关锐捷:《构建新型农业社会化服务体系初探》,《农业经济问题》2012年第4期。

[5] EasterlinR. A., *Birth and Fortune: The Impact of Numbers on Personal Welfare*, New York: Basic Book, 1980, p.136.Wagner W. G., Pfeffer J., O'Reilly C. A., "Organizational Demography and Turnover in Top-Management Groups", *Administrative Science Quarterly*, No.29, 1984.

[6] Sirdeshmukh D., Sabol S. B., "Consumer Trust, Value, and Loyalty in Relational Exchanges", *Journal of Marketing*, No.66, 2002.Kamakura M. W. A., "Satisfaction, Repurchase Intent, and Repurchase Behavior: Investigating the Moderating Effect of Customer Characteristics", *Journal of Marketing Research*, No.38, 2001.

便利性等对（农户）服务需求有直接购买意愿的影响。[①] 但这些是影响农户购买行为的外部因素，相关研究较多。而作为市场细分变数和影响农户农业服务购买的内部因素（农户背景特征）的研究并不多，所以本书主要探讨农户背景特征（内部因素）对农户农业服务购买意愿影响。具体要回答如下问题：农户自身的背景特征和农业服务需求意愿总体现状如何？哪些具体背景特征影响农户农业服务购买意愿？该实证分析结论包含了哪些政策含义？回答这些问题为中国农业服务体系建设和政府的农业服务政策制定提供了重要依据。

一、研究方法

样本的选取。采用典型调查的方法，为了使样本更具有代表性，笔者分别选取了经济发展水平不同的三个县市进行调查。这三个县市分别是：江苏的新沂市代表社会经济较发达地区，湖北中北部的随州市代表社会经济发展一般的地区，湖北西部竹溪县代表经济发展较落后的西部地区。这三个县市按照国家的行政区划在地理区位上分别属于东部、中部、中部偏西。笔者分别随机抽查三个县的一个自然村，共计三个自然村300户农户。调查对象主要是一个家庭的主要劳动力或者是家庭的决策者（当家人）。分别在湖北随州市、竹溪县及江苏新沂市进行为期一个星期的调查，发放问卷300份，有效问卷261份，问卷有效率为87%。

问卷设计。问卷的内容主要包括农业产前的种苗、肥料等物资、雇工、基本工具等服务、产中的农产品加工、农业管理技术、农业机械等服务，产后的运输服务、销售服务、信息等服务，其他的信贷、法律、保险、书籍资料和培训服务等15个方面的农业服务项目。具体变量设计中，质性

[①] Alford B. L., Biswas A., "The Effects of Discount Level, Price Consciousness and Sale Proneness on Consumers' Price Perception and Behavioral Intention", *Journal of Business Research*, No.55, 2002. Sultan, Fareena, "Consumer Preferences for Forthcoming Innovations: The Case of High Definition Television", *Journal of Consumer Marketing*, No.1, 1999.

变量是否有需要购买农业服务问题，能否获得农业服务的问题，购买后的满意度问题（Likert 5 分量表）。农户户主的背景特征依据艾尔斯纳（Elsner，2003）、格里高利（Gregory，1997）和斯托勒（Storer，1998）的观点和研究结论设计了农户户主性别、年龄、文化程度、收入来源、年收入是否增加、所在区域分布和从事主要产业等特征变量。[①] 共计 74 个变量。

研究方法与工具。笔者具体运用 SPSS17.0 软件包首先进行 Chi-square 检验分析农户背景特征现状。其次把需要服务赋值为 1，不需要服务赋值为 0，运用均值（mean）分析农户农业服务购买意愿现状和趋势特点。最后，在影响农户购买意愿因素分析中，考虑农户背景特征变量多为质性变量，而 Logistic 模型的运用不需要因变量数据的连续性，我们把因变量的需要服务回答赋值为 1，不需要服务的回答赋值为 0，并且我们采用虚拟变量引入农户户主的性别属性（男赋值为 0，女赋值为 1）、年龄特征（18—65 岁的连续数据）、文化程度特征（0—17 年教育的连续数据）、居住地区分布属性（东部地区赋值为 0，中西部赋值为 1）、收入来源（非传统农业收入来源赋值为 0，传统农业收入来源赋值为 1）、收入变化（收入减少赋值为 0，收入增加赋值为 1）和购买方式（根据不同农业服务种类进行虚拟变量的数据的设计）等自变量进行二元的 Logistic 回归分析（Logistic Regression），来考察农户户主特征对农业服务意愿的影响。然后结合实证分析结论归纳政策含义。

二、农户农业服务购买意愿的总体现状分析

（一）农户户主背景特征分布分析

调查样本统计发现，样本中的性别特征男性占 78.2%，女性 21.8%，

[①] Elsner R.J., "Changes in Eating Behaviour during the Ageing Process", *Eating Behaviours*, No.1, 2003. Gregory N. G., "Meat, Meat Eating and Vegetarianism: A Review of the Facts", *Proceedings of the 43rd International Congress of Meat Science and Technology*, 1997. Storer C. E., Soutar G. N., Hawkins M. H., "Meat Consumption Patterns of Meat Consumption: Some Australian Evidence", *Australian Agribusiness Review*, No.6, 1998.

由于调查对象主要是一个家庭的决策者和当家人,所以性别特征反映了中国农村男人主要当家的社会现象。从年龄特征看,农户的当家人主要集中在 31—50 岁(占样本总数的 71.1%)这个年龄段。从文化特征来看,高中以下文化程度占 77.3%,高中和高中以上文化程度只占 23.7%,其中文盲仅仅 5%,大专以上占 3.4%,可以看出农村劳动力的文化程度主要集中在九年义务教育水平阶段。农户从事的产业分布中可以看出绝大多数集中在传统种植业(36.5%)和与传统农业相关的农副业(54.4%),从事其他产业比率很小,因此我们的调查对象基本是以农业服务需求的主要对象。样本的区域特征中 30.3% 来自湖北随州,33.3% 的样本来自湖北的竹山县,36.4% 的样本来自江苏的新沂市,三县市样本数量差异不大。收入变化特征中,逐年增加的占 79.9%,下降的占 20.1%,说明农户收入水平整体上是持续提高的。收入来源主要来自传统种植业和农副业(占 76.1%),说明农户收入以农业为主,其生产服务也主要来自农业服务。由于不同农业服务的购买方式不同,故没在此一一分析。

笔者用卡平方(Chi-square)对样本特征进行检验,发现农户户主性别特征、年龄特征、文化特征、产业分布特征、收入来源分布特征、收入变化特征等组内均呈现显著差异($p < 0.05$),该差异性有利于分析户主特征差异对农业服务购买行为的影响,其中年龄特征、文化特征呈现明显的正态函数分布。样本的地区分布并没有明显的差异($p=0.479 < 0.05$),表明三个地区样本数量没有明显差异性,符合研究的需要。

(二)农业服务购买意愿的总体现状分析

从表 7.16 可以看出,农业服务需求的意愿均值只有农业培训服务和雇工的均值低于 0.5(由于我们把需要服务赋值为 1,不需要服务赋值为 0,所以 0.5 成为分界值,均值小于 0.5 的说明不需要服务为多数,均值大于 0.5 表明需要服务为多数,以下的分析同样以 0.5 为分界值),其他农业服务的需求均值都高于 0.5,其中农业工具、农业信息等服务均值分别为 0.92 和 0.91,几乎接近 1,说明农户对农业工具和信息的需求愿望很强烈。

表 7.16 农业服务购买意愿总体现状的均值（Mean）统计表

是否需要服务类别	ValidN	Mean	Std.D	是否需要服务类别	ValidN	Mean	Std.D	是否需要服务类别	ValidN	Mean	Std.D
种苗	253	0.55	0.499	加工	256	0.68	0.466	书籍	261	0.75	0.433
农资	258	0.79	0.410	农机	256	0.85	0.360	培训	254	0.29	0.455
工具	260	0.92	0.273	销售	257	0.53	0.500	信贷	251	0.52	0.501
雇工	254	0.41	0.493	运输	261	0.82	0.385	保险	234	0.71	0.455
技术	252	0.71	0.453	信息	254	0.91	0.282	法律	261	0.68	0.467

其次是农业生产资料、农业机械、农业运输和农业中介组织等服务的均值也分别达到 0.79、0.85、0.82 和 0.85，说明农户对该四种农业服务要求意愿也比较强烈，农户对种苗、技术、加工、销售、书籍、信贷、法律等服务的需求意愿均值也分别为 0.55、0.71、0.68、0.53、0.75、0.52 和 0.68。也都超过 0.5 的分界值，存在普遍需求愿望。只有雇工服务和农业培训服务需求意愿的均值为 0.41 和 0.29，低于 0.5 为分界值，需求愿望较低。从上述的分析可以看出，农户对种苗、工具、农资、技术、加工、销售、运输、农机、运输、信息、保险、法律和贷款等 13 种农业服务有普遍需求。对雇工服务和农业培训服务需求意愿不强，这与中国农业生产规模小和农业技术推广不够有密切关系。

三、影响农户农业服务购买意愿的农户背景因素分析

表 7.17 中的模型（1）至模型（15）分别表示对种苗、农资、工具、雇工、技术、加工、农机、销售、运输、信息、书籍、培训、信贷、法律和保险等 15 种农业服务购买意愿的 Logistic 回归模型。模型的整体适配度采用 Hosmer and Lemeshow Test 检定，除模型（12）的 Chi-Square 数值显著外，其他均不显著，说明各模式适配度良好，依变量可以有效地被自变量解释或预测。Nagelkerke R^2 值中，除模型（13）（14）（15）小于 0.10 外，其他都大于 0.10，Cox & Snell R^2 值中大多数都达到 0.07

以上。说明各模型的依变量与自变量之间有相关关系,由于依变量为非连续变量,所以不能代表解释力(Hair,1998)。

(一)农户背景特征对农业产前的主要服务购买意愿影响分析

产前的农业服务主要包括种苗、农资、工具、信贷和雇工等服务。模型(1)检验了种苗购买意愿与农户背景特征的关系,结果发现种苗购买意愿与农户地区分布属性有很强的负相关关系(系数 B 值极显著),说明经济社会水平越低地区的农户对种苗购买的意愿越高。种苗购买意愿与农户购买方式有很强负相关关系(系数 B 值很显著),说明非正式组织或个人购买方式比集体和政府组织的购买方式更能促进农户购买意愿,市场自由购买成为农户购买种苗的主要方式。模型(2)表明农户对农资的购买与农户户主性别属性、收入变化、地区分布、购买方式都有相关关系,其中女性比男性对农资购买意愿强,女性更重视生产物资的投入。经济水平越低的地区对农资购买意愿越强,表明农资对该地区农户农业生产影响较大。非正式组织或个人购买方式比集体和政府组织的购买方式更能提高购买意愿,体现农资市场购买趋势。随着收入的增加,农户对农资购买意愿增强,表明经济收入与农户农资投入成正相关系。模型(3)表明农业工具的购买意愿仅仅与户主文化程度正相关,农户户主文化程度越高,对工具购买意愿程度越强,说明文化程度高的农户注重运用先进工具来提高生产效率。模型(4)表明农户对雇工需求地区分布呈负相关,与雇工服务获得方式呈正相关。说明经济水平高的东部比经济水平低的西部地区对雇工需求程度高。农户更愿意从劳动力市场获得雇工,对以亲朋帮助的方式获得雇工的意愿在降低。模型(13)表明农户对信贷服务意愿与收入来源、收入变化相关。其中传统农业收入来源的农户更需要贷款,说明主要从事传统农业的农户收入较低,生产资金短缺。农户随着收入水平增加更倾向于通过信贷提高生产水平来获得收入持续增加。

(二)农户背景特征对农业产中的主要服务购买意愿影响分析

产中农业服务主要包括生产管理技术服务、农产品加工服务、农业机械服务等。模型（5）表明农业技术管理的服务意愿与户主的年龄、收入来源呈负相关。年龄越大的户主更倾向经验，对技术服务需求意愿较低，而年轻的户主缺乏农业生产经验，对技术管理则有明显的需求意愿。收入来源于传统农业的户主比收入来源于非传统农业的户主对技术服务需求愿望低。模型（6）表明农户对加工服务需求意愿与年龄呈负相关系，与加工服务获得方式呈负相关，年龄越小的户主对加工服务需求下降，更多愿意通过市场交换来代替加工服务。农户更愿意从市场获得加工服务，对集体提供的加工服务的意愿在降低。模型（7）表明农业机械服务的购买意愿仅仅与农户地区分布呈高度负相关，经济发展水平高的地区比经济发展低的地区更对农业机械的要求强烈。

（三）农户背景特征对农业产后的主要服务购买意愿影响分析

农业产后服务主要包括运输服务、销售服务和市场信息服务。模型（8）表明农户对销售服务需求意愿与农户地区分布、文化程度呈正相关。其中经济越落后的中西部地区农户越迫切需要农产品销售服务，表明在经济比较落后的中西部地区农产品销售难的问题比东部较发达地区突出，农户与市场连接不紧密。文化程度越高的户主越希望获得销售服务，说明文化程度高的农户比文化程度低的农户更关注农产品销售问题，对农产品销售渠道的需求更加迫切。模型（9）表明运输服务的购买意愿仅仅与农户户主文化程度呈正相关，文化程度越高的户主越希望获得运输服务，表明提高文化程度有利于农村农产品运输流通的发展。模型（10）表明农户对农业信息需求意愿与农户地区分布呈负相关，与农户户主文化程度呈正相关。表明经济发展低的地区对农业信息服务的要求强烈，这与东部农业信息化水平较高，而中西部信息发展水平落后有关。文化程度越高的户主更希望获得农业服务信息来说明提高农户文化水平有利于发展农业信息化。

（四）农户背景特征对与农业相关的其他农业服务影响分析

与农业相关的其他农业服务主要包括农业科技书籍服务、农业培训服务、法律服务与农业保险服务等。模型（11）表明农户对科技书籍购买意愿与书籍的获得方式、年龄呈负相关，与文化程度呈正相关。其中市场自由选择购买方式更能促进农户需求程度。表明年龄越小、文化程度越高的户主注重科技知识学习，更愿意购买书籍，而年纪大和文化程度低的农户更注重传统经验依赖，对科技知识书籍的需求不强烈。模型（12）表明农户对培训服务需求意愿与农户年龄呈负相关，年龄越小的户主更愿意参加培训，这与年轻人对技术重要性的认识和接受科技的能力有关系，而年龄大的农户更相信经验或对新技术认识不够造成对技术培训需求意愿低下的原因。模型（14）表明农户对法律服务的需求与农户背景特征相关程度很低，呈现不显著，主要是农村法律意识淡薄，加上传统民间纠纷调解习惯，很少人希望用法律来解决纠纷。模型（15）表明农户对农业保险购买意愿与农户户主性别相关，女性比男性更倾向于购买保险，表明女性具有农业风险规避性特点。但也与农村保险宣传和保险服务发展不够有关系。

表7.17 影响农户购买农业服务意愿的模型最大似然估计

独立变量	Logistic Regression Model						
	（1）	（2）	（3）	（4）	（5）	（6）	（7）
常数	0.422	0.524	3.561	-0.411	2.814*	0.647	-2.904*
	(0.801)	(0.981)	(1.831)	(2.291)	(1.339)	(1.123)	(1.240)
性别变数		1.186**					
		(0.399)					
地区分布变数	-1.904****	-0.867*			-3.789***	1.120*	-2.205****
	(0.295)	(0.359)			(1.133)	(0.484)	(0.492)
购买方式变数	-0.803***	-1.581****		2.342*		-1.171*	
	(0.286)	(0.417)		(0.968)		(0.494)	
年龄变数					-0.836***	-0.467*	
					(0.247)	(0.223)	
文化程度变数			0.774*				
			(0.368)				
收入来源差异变数					-1.240**		
					(0.472)		
收入增加变数		1.057*					
		(0.415)					
Cox & Snell R²	0.134	0.169	0.064	0.310	0.240	0.088	0.135
Nagelkerke R²	0.180	0.263	0.164	0.519	0.353	0.147	0.234
Chi-Square	8.735	8.126	2.535	3.367	5.511*	9.648	4.932

续表

独立变量	Logistic Regression Model							
	(8)	(9)	(10)	(11)	(12)	(13)	(14)	(15)
常数	-1.683*	-1.259	2.649	1.839	1.241	-0.391	1.117	0.100
	(0.892)	(0.988)	(1.906)	(1.091)	(1.034)	(0.750)	(1.029)	(0.870)
性别变量								0.916*
								(0.376)
地区分布变数	1.475****		-1.315*					
	(0.333)		(0.654)					
购买方式变数				-0.900*			0.419**	
				(0.445)			(0.163)	
年龄变数				-0.470	-0.531**			
				(0.219)	(0.216)			
文化程度变数	0.657****	0.576*	0.577*	0.441**				
	(0.186)	(0.213)	(0.551)	(0.449)				
收入来源差异变数						-0.714*		
						(0.329)		
收入增加变数						-0.705*		
						(0.357)		
Cox & Snell R²	0.222	0.061	0.052	0.170	0.086	0.052	0.052	0.050
Nagelkerke R²	0.298	0.101	0.146	0.272	0.115	0.070	0.076	0.071
Chi-Square	12.788	4.982	9.317	1.674	24.193*	5.415	7.832	7.706

注：括号内表示标准差。* 表示 $p<0.05$; ** 表示 $p<0.01$; *** 表示 $p<0.005$; **** 表示 $p<0.001$，由于虚拟变量设计的不同会产生B值可能为负。不显著的B值本表未列出。

从上述的分析结果可以看出，影响农户农业服务购买意愿主要背景因素包括农户地区分布、农户教育程度、农户户主年龄、服务购买方式和农户文化程度等特征因素，这些因素对不同农业服务购买意愿有普遍影响。性别特征、收入来源和收入变化也影响部分农户农业服务购买。所以说，农户的户主背景特征对农村农业服务购买意愿的影响是很普遍的。

（五）结论与政策含义

农村农业服务市场购买者或决策者具有明显客观的个体特征差异，农户对农业服务是有普遍需求的。农户背景特征对农户农业服务购买意愿有明显影响。整体来看女性户主比男性户主更倾向对农资和农业保险的购买；经济较发达的东部地区农户对种苗、农资、雇工、农机、农业信息等服务购买意愿比经济发展较落后的中西部地区的农户更强,但中西部农户比东部农户对农产品销售服务的购买意愿更强烈。在购买方式上农户更愿意在市场上自由购买种苗、农资、加工、雇工和书籍等服务,降低对政府、集体和亲朋服务帮助,说明农户对该农业服务的市场化交易的需求。年龄越小的户主比年龄大的户主更愿意获得管理技术、农业书籍和农业培训。但年龄大的农户更愿意获得农产品加工服务,而年轻户主则倾向于通过农产品交换代替农产品加工服务。文化程度越高的农户越希望获得生产工具、销售服务、运输房屋、农业信息服务和农业书籍等。以传统农业为主要收入来源的农户更需要农业管理技术和银行贷款。农户收入越增加就越希望增加农资投入和贷款服务。

结合农户购买意愿统计数据均值(见表7.16)和影响农户购买农业服务意愿的模型最大似然估计结果(见表7.17),本书获得以下政策启示:一是加大区域经济协调发展、发展并完善农村服务市场、提高农村教育水平、加大农村传统农业科技投入、提高农民收入是建设农业社会化服务体系的关键。二是加强农民的法律知识和农业保险知识宣传,提高农户自我利益的保护意识。三是政府应该在交通运输、农业科技、市场信息、市场体制和市场规制等公共平台进行重点投入建设。四是在农业服务组织的运行机制中,要体现市场规律要求和农户利益或意愿导向。

第五节 农户农业服务渠道选择行为与影响因素的实证分析

农业服务是实现农业市场化、国际化的重要依靠力量。农业服务的本质是属于农业专业化分工的范畴,不同的市场主体独立进行专业化的生产或服务,各自完成农产品生产的一部分环节,然后通过市场把这些环节有机联结成一个完整的社会生产总过程。[①] 通过农业服务，使农户的部分生产职能转移到高效率的专业服务部门，不仅能够提高生产力，而且通过服务交换实现农业生产的市场化，[②] 甚至是整个农产品供应链的市场化和国际化的发展。

　　农业服务与生产是相对的，通常人们是站在农业部门的立场，把农产品从生产到消费的社会生产总过程中不属于动植物自然生长过程且由生产者自己完成的那部分生产环节叫服务。[③] 农业服务包括与农业相关的信贷服务、机械设备服务、加工服务、生产资料服务、流通服务、综合性服务及其法律、教育、会计、技术、保险、医疗卫生和文化等服务。[④] 在中国农业服务的购买主体是农户，从经济学角度来看，农户家庭经营是农业经济组织的一种具体形式。目前，在世界绝大多数国家，农户经营都是农业中占绝对统治地位的经营形式。在美国农业中，农户经营（也称农场主）一直是占统治地位的经营形式。中国农户作为微型的经济组织，人均耕地不到0.57公顷，而且30年不会有很大变化，[⑤] 农户户主（当家人）是农户经营形式的主要决策人，因此农户的农业服务购买行为受户主的背景特征的直接影响。那么农户户主自身的特性是否存在差异性？

[①] 仝志辉、侯宏伟：《农业社会化服务体系：对象选择与构建策略》，《改革》2015年第1期。熊鹰：《农户对农业社会化服务需求的实证分析——基于成都市176个样本农户的调查》，《农村经济》2010年第3期。龚道广：《农业社会化服务的一般理论及其对农户选择的应用分析》，《中国农村观察》2000年第6期。

[②] 仝志辉：《"去部门化"：中国农业社会化服务体系构建的关键》，《探索与争鸣》2016年第6期。罗永泰：《面向新农村建设的农业社会化服务体系》，《科学管理研究》2006年第6期。

[③] 仝志辉、侯宏伟：《农业社会化服务体系：对象选择与构建策略》，《改革》2015年第1期。龚道广：《农业社会化服务的一般理论及其对农户选择的应用分析》，《中国农村观察》2000年第6期。

[④] 夏蓓、蒋乃华：《种粮大户需要农业社会化服务吗——基于江苏省扬州地区264个样本农户的调查》，《农业技术经济》2016年第8期。周维松：《市场经济国家农业社会化服务组织的类型和现状》，《中共四川省级机关党校学报》2003年第2期。

[⑤] 关锐捷：《构建新型农业社会化服务体系初探》，《农业经济问题》2012年第4期。仝志辉：《中国农村社会化服务体系的"部门化"及其改革》，《理论视野》2007年第8期。牛若峰、夏英：《农业产业化经营的组织方式和运行机制》，北京大学出版社2000年版，第261页。

农户农业服务渠道选择的基本现状和趋势如何？哪些农户背景特征对农业服务购买的渠道选择有直接影响？这些问题的研究结论为政府健全农村服务体系和企业进行农村服务营销活动提供重要依据。[①]

一、研究方法

样本的选取。采用典型调查的方法，为了使样本更具有代表性，笔者分别选取了经济发展水平不同的三个县市进行调查。这三个县市分别是：江苏的新沂市（农业经济较发达的东部地区），湖北中北部的随州市（农业经济发展一般的中部地区），湖北西部竹溪县（农业经济发展较落后的西部地区）。从农民人均纯收入水平来看，新沂市的农村经济水平排在第一，随州市排在第二，竹溪县第三，竹溪县是"八七扶贫攻坚计划"的国家级贫困县，这三个县市按照国家的行政区划在地理区位上分别属于东部、中部、中部偏西。笔者分别随机抽查三个县的一个自然村，共计三个自然村300户农户。2007年2月分别在湖北随州市、竹溪县及江苏新沂市进行了为期一个星期的调查，调查对象主要是一个家庭的主要劳动力同时也是家庭的决策者和当家人。发放问卷300份，有效问卷261份，问卷有效率为87%。

问卷设计与变量界定。问卷的内容主要包括农业产前、产中和产后三个环节的种苗服务、肥料等物资、人力、农业技术、农业基本工具、农产品加工、农业机械服务、运输服务、销售服务、信贷服务、法律服务、保险服务和培训服务等13个方面的农业服务项目。其中有是否对农业服务有需求的问题，能否获得农业服务的问题，是否对购买渠道进行选择的问题，农户户主的特征主要包括性别、年龄、文化程度、收入来源、年收入是否增加、所在区域分布和从事主要产业等特征。共计74个问题。

部分农业服务渠道变量的界定：政府渠道指政府职能部门的非盈利的公益服务组织；集体渠道是指村一级非营利的集体服务组织；企业渠

---

① 张朝华、黄扬：《家庭农场发展中若干关键问题的调查研究》，《经济纵横》2017年第7期。

道主要是指地方或其他农业"龙头"企业进行的"企业+农户"的契约化的服务渠道；市场中介主要是指以盈利为目的从事农业服务的中介公司；技术渠道设计根据农村访谈实际，除政府部门公益服务外，具体包括家庭内部父辈的代级传授、乡村技术能人的指导和帮助、户主通过书籍自学技术、盈利中介组织的培训等。根据不同农业服务特点和农村实际，进行不同农业服务渠道的内容设计。

基本分析方法与工具。本书运用归纳研究方法，通过试调查和专家咨询设计调查问卷，然后进行实证研究获得结论并依据结论提出现实含义。我们首先运用SPSS17.0软件的卡平方（Chi-square）检验农户户主基本特征（性别、年龄、文化程度等）和渠道选择的差异性，分析农户农业服务购买渠道选择的总体现状和趋势；其次我们对是否选择不同渠道购买农业服务的频次程度（因变量）和农户的背景特征（自变量）引入虚拟变量，进行逐步回归分析（Linear Stepwise Regression）方法分析农户背景特征对农业服务渠道选择的影响。

二、农户背景特征与农户农业服务购买渠道选择总体状况分析

（一）农户户主背景特征分析

表7.18的农户户主的背景特征中，样本中的男性占78.2%，女性21.8%，由于调查对象主要是一个家庭的决策者和当家人，所以性别特征反映了中国农村男人主要当家的社会现象。从年龄特征看，农户的当家人主要集中在31—50岁（占样本总数的71.1%）这个年龄段。从文化特征来看，高中以下文化程度占77.3%，高中和高中以上文化程度只占23.7%，其中文盲仅仅5%，大专以上占3.4%，可以看出农村主要劳动力的文化程度主要集中在九年义务教育水平阶段。农户从事的产业分布中可以看出绝大多数集中在传统种植业（36.5%）和与传统农业相关的农副业（54.4%），从事其他产业比率很小，因此我们的调查对象基本是农业服务需求的主要对象。收入变化特征中，逐年增加的占79.9%，下降的

占 20.1%，说明农户收入水平整体上是持续提高的。收入来源主要来自传统种植业和农副业（占 76.1%），说明农户收入以农业为主，其生产服务也主要来自农业服务。样本的区域特征中 30.3% 来自湖北随州，33.3% 的样本来自湖北的竹山县，36.4% 的样本来自江苏的新沂市，三县市样本数量差异不大。

表 7.18　农户户主背景特征

特征类别	特征描述	频次（百分比）	卡平方值（P值）	特征类别	特征描述	频次（百分比）	卡平方值（P值）
性别特征（N=261）	男 女	204（78.2%） 57（21.8%）	82.793**** （0.000）	产业分布特征（N=257）	种植业 农副业 养殖业 加工业 服务业	93（35.6%） 142（54.4%） 21（8.0%） 2（0.8%） 3（1.1%）	299.670**** （p=0.000）
收入变化特征（N=259）	逐年增加 逐年减少	207（79.9%） 52（20.1%）	92.761**** （p=0.000）
年龄特征（N=260）	18—30 岁 31—40 岁 41—50 岁 51 岁以上	42（16.1%） 97（37.2%） 65（24.9%） 56（21.5%）	25.138**** （p=0.000）	收入来源分布特征（N=259）	种植业 农副业 养殖业 服务业 务工	154（59.5%） 43（16.6%） 13（5.0%） 31（12%） 18（6.9%）	355.896**** （p=0.000）
文化特征（N=257）	文盲 小学 初中 高中 大专以上	13（5.0%） 82（31.4%） 100（38.3%） 53（20.3%） 9（3.4%）	127.883**** （p=0.000）	地区分布特征（N=261）	鄂中 鄂西 苏北	79（30.3%） 87（33.3%） 95（36.4%）	1.474 （p=0.479）

注：**** 表示 p＜0.001。

笔者用卡平方（Chi-square）对样本特征进行检验，从表 7.17 可以看出农户户主性别特征、年龄特征、文化特征、产业分布特征、收入来源分布特征、收入变化特征等组内均呈现显著差异（p＜0.05），该差异性有利于本书分析户主特征差异对农业服务购买行为的影响，其中年龄特征、文化特征等呈现明显的正态函数分布。样本的地区分布并没有明显的差异（p=0.479＞0.05），表明三个地区样本的数量差异不大，符合研究的需要。

（二）农户户主基本特征下的农户购买农业服务渠道选择总体情况和趋势分析

农户户主的基本特征主要包括年龄、性别、文化程度和地区分布。根据表7.18中的农户背景特征分布特点，笔者按性别特征分成男女两组，年龄特征以40岁（调查中发现农村40岁以上和40岁以下的户主在教育程度和观念上有比较明显差异）为界限分成两组，文化特征以高中为界限分成两组，由于中西部差异相对较小，笔者把地理分布特征分成东部和中西部两组。调查发现农户对种苗、工具、农资、技术和农机等基本农业服务渠道关注程度较高，因此笔者以此五项农业服务为例，探讨在农户户主基本特征下的农户购买种苗、工具、农资、技术和农机等五项农业服务产品购买渠道选择的总体情况。通过上述的基本特征分组进行两个独立样本的频率分析，并用卡平方（Chi-square）检验两个独立样本的差异性。

从表7.19中的农业服务获得渠道的频率和优先顺序看，农户购买种苗的渠道的选择分别是市场选购、集体渠道、政府渠道、农户团购和企业渠道，其选择比率分别约为40%、37%、13%、7.5%和2.5%，其中前三者占90%，由于主要的粮食等农作物如种苗直接影响农户一季甚至一年的收成，种苗的质量安全对农户来讲非常重要，因此，依靠村委会集体安排购买和政府种苗服务部门购买，以保证种苗的可靠性，其他农副业相关种苗多是在市场个人选择购买。

工具的购买渠道选择主要是政府渠道（约44.5%）、集体渠道（约25%）、企业渠道（约14%）、市场购买和其他购买渠道，总计约16.5%，农户购买渠道集中在政府和集体渠道（约占80%）。工具对农业服务产品来讲是一种农业生产的耐用品，影响农户长期农业生产效率，质量是农户渠道选择的关键，农户相信通过政府和集体渠道购买，比市场和其他渠道购买更具有质量保证。

农业生产资料购买渠道依次是市场选购（约46%）、企业渠道（约29%）、政府渠道（约16%）、农户团购（约8%）和集体渠道（约1%），可以看出农业资料购买渠道的选择相对分散，但市场购买是主要渠道。由于生产资料逐渐成为农业服务产品市场的便利品和选择品，产品种类多，使用周期短，农户具备质量识别能力，农户多从方便性和个人偏好进行市场自由选购，所以对集体和政府的依赖不大。

技术服务获得渠道分别为政府渠道（约38%）、村能人指导（约34%）、父辈代级传授（约18%）、农户自学书籍（约7%）和市场中介培训（约3%），农户技术主要来源于政府的公益性技术服务，许多技术也来自农户相互学习和长辈的传授，来自市场和专业科技部门的技术转让比率很小，可以看出，农村政府公益性技术服务占主导，而有偿性技术服务发展很不够。

农业机械服务主要来自专业个体户（约45%）、农机公司（约32%）、集体渠道（约12%）和市场中介（约11%），专业个体户和农机公司是农户的主要选择（约占77%）。由于农业机械服务受到技术和资金的约束，少数有技术和资金的个人或企业才能提供农业机械服务，所以农户的农业机械的服务主要来自专业户和专业公司。

整体来看，表7.19显示农户对主要农业服务的购买渠道选择呈现趋同性（选择渠道顺序的一致性很明显）。卡平方（Chi-square）检验发现性别特征、文化特征、年龄特征差异对渠道趋同性选择影响不大。性别差异特征仅仅影响农机服务渠道选择（$p<0.05$），年龄差异特征也只影响种苗渠道选择（$p<0.05$），不同文化差异特征仅仅影响技术服务获得渠道相关（$p<0.05$），农户的地区分布差异特征影响种苗（$p<0.001$）、工具（$p<0.001$）、技术（$p<0.05$）和农机（$p<0.001$）等购买渠道选择，说明不同经济和文化背景的地区对农业服务渠道选择有明显影响。

表 7.19 农户户主基本特征下的农业服务购买渠道选择的基本情况

农业服务	购买农业服务渠道选择	性别特征 占总数百分比(%) 男	性别特征 占总数百分比(%) 女	卡平方值	年龄特征 占总数百分比(%) 40岁以下	年龄特征 占总数百分比(%) 40岁以上	卡平方值	文化特征 占总数百分比(%) 高中以下	文化特征 占总数百分比(%) 高中以上	卡平方值	地区分布特征(%) 中西部	地区分布特征(%) 东部	卡平方值
种苗	政府渠道	9.1(3)	4.3(3)	5.207	7.9(3)	5.2(3)	21.331*	10.8(3)	2.4(3)	16.724	4.0(4)	9.5(3)	32.379 ****
	集体渠道	30(2)	7.1(2)		19.4(2)	17.8(2)		25.7(2)	12(1)		24.5(2)	12.6(1)	
	企业渠道	2.0(5)	0(5)		1.6(5)	0.4(5)		2.0(5)	.00(5)		1.2(5)	0.8(5)	
	市场选购	31.6(1)	8.7(1)		20.2(1)	20.4(1)		31(1)	8.8(2)		28.5(1)	11.9(2)	
	农户团购	4.7(4)	2.4(4)		4.4(4)	2.8(4)		6.0(4)	1.2(4)		4.4(3)	2.8(4)	
工具	集体渠道	20.3(2)	5.0(2)	6.145	16.9(2)	8.1(2)	11.992	17.3(2)	8.2(2)	19.548	13.4(2)	11.9(2)	34.411 ****
	企业渠道	11.9(2)	2.3(4)		7.3(3)	7.0(2)		11.7(3)	2.4(3)		9.2(3)	5.0(3)	
	政府渠道	33(1)	11.5(1)		21.5(1)	23.9(1)		33.5(1)	11.2(1)		30.3(1)	14.9(1)	
	市场中介	3.4(5)	0.4(5)		1.2(5)	2.7(5)		3.5(5)	.00(5)		3.8(5)	.00(5)	
	其他	8.8(4)	2.7(3)		6.5(4)	5.0(4)		9.7(4)	2.0(4)		6.9(4)	4.6(4)	
农资	政府渠道	12(3)	4.4(3)	2.611	11.2(3)	5.2(3)	20.325	12.6(3)	4.0(3)	7.088	6.4(3)	10(2)	12.970
	集体渠道	0.8(5)	.00(5)		0.4(5)	.00(5)		0.8(5)	.00(5)		.00(5)	0.8(5)	
	企业渠道	23.6(2)	5.6(2)		12.8(2)	16.4(2)		21.8(2)	7.7(2)		20.4(2)	8.8(3)	
	市场选购	37.2(1)	8.4(1)		23.3(1)	22.5(1)		36(1)	9.3(1)		32(1)	13.6(1)	
	农户团购	4.8(4)	3.2(4)		6.0(4)	2.0(4)		5.2(4)	2.4(4)		4.4(4)	3.6(4)	
技术	政府渠道	28.7(1)	8.7(1)	3.645	20.8(1)	16(1)	15.329	25.4(2)	13.1(1)	48.785*	22(1)	15.3(2)	22.147 *
	父辈家传	12(3)	6.0(3)		12.1(3)	6.1(3)		15(3)	2.8(3)		6.7(3)	11.3(3)	
	村能人指导	25.3(2)	8.0(2)		20.1(2)	13.5(2)		26(1)	6.8(2)		16.6(2)	16.7(1)	
	中介培训	2.7(5)	0.7(4)		.00(6)	3.3(4)		2.1(5)	1.4(5)		2.0(5)	1.3(5)	
	自学书籍	6.0(4)	0.7(4)		5.4(4)	1.4(5)		4.8(4)	2.1(4)		2.7(4)	4.0(4)	
	其他	0.7(6)	0.7(4)		0.6(5)	0.7(6)		.00(6)	0.7(6)		1.3(6)	.00(6)	
农机	农机公司	25.9(2)	6.6(2)	2.609*	20.7(2)	12(2)	14.072	21.7(2)	10.9(1)	12.385	20.5(2)	11.9(2)	24.035 ****
	专业个体	34.6(1)	10.3(1)		21.5(1)	23.2(1)		34.2(1)	10.9(1)		30.5(1)	14.4(1)	
	市场中介	7.8(4)	2.5(3)		5.8(4)	4.6(4)		7.4(4)	2.9(2)		4.5(4)	5.8(4)	
	集宜渠道	11.1(3)	1.2(4)		6.6(3)	5.8(3)		10.9(4)	1.3(3)		6.1(3)	6.2(3)	

注：表中括弧内的数字表示选择渠道优先顺序。* 表示 $p < 0.05$；** 表示 $p < 0.01$；*** 表示 $p < 0.005$；**** 表示 $p < 0.001$。

三、农户户主背景特征对农户农业服务购买渠道选择的影响分析

上述研究结论发现农户农业服务购买渠道存在显著的趋同趋势。在农村市场上影响农户农业服务渠道选择的因素很多,如价格问题、质量问题、便利问题和销售服务问题等等,但也与农户户主的本身的背景特征有密切关系。伊斯特林(Easterlin,1980)和瓦格纳(Wagner,1984)研究发现组织中的人口背景特征(如性别、年龄、种族、受教育程度和地理分布等)对组织的结果具有实质性影响。[1] 镰仓(Kamakura,2001)与苏丹(Sultan,1999)认为人口背景特定属性的分布特征是影响购买的关键因素。[2] 因此本章节从农户户主的背景特征角度探讨农户农业服务渠道选择趋同影响因素。对农户在购买种苗、农资等7个服务产品中是否选择不同的渠道购买问题(其中经常选择为5,偶尔选择为4,很难说为3,很少选择为2,从不选择为1)为因变量,并且笔者还采用虚拟变量引入农户户主的性别属性(男赋值为0,女赋值为1)、年龄特征(18—65岁的连续数据)、文化程度特征(0—17年教育的连续数据)、居住地区分布属性(东部地区赋值为0,中西部赋值为1)、收入来源(非传统农业收入来源赋值为0,传统农业收入来源赋值为1)、收入变化(收入减少赋值为0,收入增加赋值为1)和购买方式(根据不同农业服务种类进行同上的虚拟变量的数据设计)等自变量进行逐步回归分析(Linear Stepwise Regression)方法分析农户背景特征对农业服务渠道选择趋同的影响。

---

[1] EasterlinR. A., *Birth and Fortune: The Impact of Numbers on Personal Welfare*, New York: Basic Book, 1980, p.136.Wagner W. G., Pfeffer J., O'Reilly C. A., "Organizational Demography and Turnover in Top-Management Groups", *Administrative Science Quarterly*, No.29, 1984.

[2] Kamakura M. W. A., "Satisfaction, Repurchase Intent, and Repurchase Behavior: Investigating the Moderating Effect of Customer Characteristics", *Journal of Marketing Research*, No.38, 2001. Sultan, Fareena, "Consumer Preferences for Forthcoming Innovations: The Case of High Definition Television", *Journal of Consumer Marketing*, No.1, 1999.

表 7.20 影响农户农业服务渠道选择行为的户主背景特征因素的回归

		系数 b	Std.D	Beta	t 值	p 值	Tolerance	VIF
种苗购买渠道选择影响因素	常数项	4.238	0.363		11.686****	0.000		
	收入变化因素	−0.530	0.174	−0.196	−3.047***	0.003	0.991	1.009
	地区分布因素	0.2216	0.082	0.170	2.639**	0.009	0.991	1.009
	文化程度因素	−0.145	0.071	−0.131	−2.030*	0.044	0.990	1.010
		$R=0.296$ $R^2=0.088$ 校正 $R^2=0.076$ $F=7.128$**** $p=0.000$							
农资购买渠道选择影响因素	常数项	2.119	0.368		5.758****	0.000		
	购买方式因素	−0.165	0.058	−0.179	−2.830**	0.005	0.993	1.007
	性别差异因素	0.433	0.162	0.168	2.671**	0.008	0.997	1.003
	收入变化因素	0.369	0.177	0.132	2.084*	0.038	0.990	1.010
		$R=0.830$ $R^2=0.080$ 校正 $R^2=0.068$ $F=6.716$**** $p=0.000$							
技术购买渠道选择影响因素	常数项	3.730	0.453		8.236****	0.000		
	收入变化因素	−0.678	0.288	−0.206	−2.354*	0.020	1.000	1.000
	地区分布因素	0.257	0.123	0.183	2.092*	0.038	1.000	1.000
		$R=0.277$ $R^2=0.077$ 校正 $R^2=0.061$ $F=5.028$*** $p=0.008$							
加工购买渠道选择影响因素	常数项	5.062	0.361		14.022****	0.000		
	收入变化因素	−0.830	0.126	−0.251	−3.842****	0.000	0.995	1.005
	购买方式因素	−0.335	0.095	−0.232	−3.548****	0.000	0.989	1.011
	收入来源因素	0.119	0.050	0.157	2.389*	0.018	0.984	1.016
		$R=0.373$ $R^2=0.139$ 校正 $R^2=0.126$ $F=10.914$**** $p=0.000$							
农机购买渠道选择影响因素	常数项	4.226	0.428		9.877****	0.000		
	收入变化因素	−0.569	0.255	−0.152	−2.236*	0.026	0.998	1.002
	地区分布因素	0.252	0.117	0.147	−2.160*	0.032	0.994	1.006
	收入来源因素	0.113	0.057	0.135	1.985*	0.049	0.994	1.006
		$R=0.256$ $R^2=0.066$ 校正 $R^2=0.052$ $F=4.748$*** $p=0.003$							
运输购买渠道选择影响因素	常数项	5.206	0.338		15.389****	0.000		
	收入变化因素	−0.753	0.218	−0.236	−3.453***	0.001	0.999	1.001
	地区分布因素	−0.275	0.102	−0.184	−2.693**	0.008	0.999	1.001
		$R=0.302$ $R^2=0.091$ 校正 $R^2=0.082$ $F=9.816$**** $p=0.000$							
信贷购买渠道选择影响因素	常数项	2.176	0.210		10.347****	0.000		
	地区分布因素	0.480	0.094	0.327	5.114****	0.000	1.000	1.000
		$R=0.327$ $R^2=0.107$ 校正 $R^2=0.103$ $F=26.156$**** $p=0.000$							

注：* 表示 $p<0.05$；** 表示 $p<0.01$；*** 表示 $p<0.005$；**** 表示 $p<0.001$，由于虚拟变量设计差异产生了 Beta 负值。

从表 7.20 的整体上看调整后的判定系数比较小，说明客观存在影响农户对不同的农业服务渠道选择的因素不仅仅是农户户主背景特征，还存在其他质量、价格等因素（在本书中不做分析）。但通过回归分析结果可以看出，农户户主的背景特征对农业服务渠道选择行为存在显著影响，其中 F 检验值和 T 检验值都呈现显著或极显著，各回归效果和共线数据都表明可以进一步解释研究的可行性。具体分析如下：

影响农户种苗服务渠道选择行为的农户特征因素依次为收入变化、地区分布和文化程度（由逐步回归依次进入回归方程的先后顺序判定，Beta 值分别为 -0.196、0.170、-0.131。以下分析相同），具体说，农户收入增加反而使农户选择不同渠道购买种苗服务的意愿下降，愿意通过稳定的渠道购买；西部农户比东部农户更加注重对种苗服务渠道选择，说明经济水平越高地区农户种苗渠道选择单一；户主文化程度越高对种苗服务渠道选择越稳定。表明地区经济和农户文化水平越高、农户收入增加越高，使农户越愿意在单一稳定的渠道购买农业服务。

影响农资服务渠道选择的农户特征因素依次为购买方式、性别差异和收入变化等特征因素（Beta 值分别为 -0.179、0.168、0.132），其中政府或集体组织购买方式中，农户农资服务渠道不同选择意愿比团体或个人购买方式中的选择意愿程度低，表明有政府等组织的购买层次越高，对农户农资服务渠道选择趋同性的影响越大。女性比男性更趋向单一稳定的农资服务渠道购买。随着收入的增加对农资要求更高，对农资服务渠道不同选择意愿也越高。

技术和运输的服务渠道选择行为的影响依次为收入变化和地区分布等特征因素（关于技术影响因素的 Beta 值分别为 -0.206、0.183。关于运输影响因素的 Beta 值分别为 -0.236、-0.184），其中随着农户收入的增加，也降低了对技术和运输的服务渠道多样选择的意愿，农户在收入增加情况下，不愿意重新选择其他技术或运输服务，体现农户的理性特点。中西部农户比东部农户对技术服务购买渠道不同选择意愿明显较高，这与西部农业技术推广较落后有关。而中西部对运输渠道选择的比较稳定单一，主要原因是经济越发达地区运输发达，有较多的运输方式提供，而中西部农村运输手段单一。

影响加工服务渠道选择的农户特征因素依次为收入变化、购买方式和收入来源等特征因素（Beta 值分别为 -0.251、-0.232、0.157），其中随着收入的增加使农户选择加工渠道稳定性；政府组织和集体组织购买方式降低了农户对渠道多样选择，而团体和个人购买方式增加了对不同渠道的选择；传统种植农业或种植农副业为主要收入来源的比其他非传统农业（养殖业、农产品加工业和服务业等）为主要收入来源的农户对加工渠道选择更多样化，主要原因是非传统农业产品加工更专业化且加工渠道相对较少。

农机服务渠道选择的农户特征影响因素依次为收入变化、地区分布和收入主要来源等（Beta 值分别为 -0.152、0.147、0.135），随着收入的增加农户对农机服务渠道选择更加稳定。西部农户更愿意对农机服务的多样选择，而东部农户对农机服务渠道选择比较稳定，说明经济水平高的地区的农机服务质量和价格差异不大，农户没必要更换农机服务渠道。以传统种植农业或种植农副业为主要收入来源的比其他非传统农业（养殖业、农产品加工业和服务业等）为主要收入来源的对农机服务渠道的多样化选择程度高，这与非传统农业农机服务的专业化和数量较少有关系。信贷服务渠道主要受农户地区分布特征因素的影响（Beta 值为 0.327），中西部农户在信贷服务渠道选择上更倾向多样化的，主要原因是中西部农户家庭资金短缺，希望从不同渠道（亲朋借贷、农村信用社、农村银行和农村基金组织）获得资金，而东部农户较富裕，当缺乏资金时也仅仅在稳定信贷服务渠道获得资金。

从上述的分析结果可以看出，影响农业服务购买渠道选择的主要因素包括收入变化、地区分布、收入来源、性别、教育程度和购买方式等特征因素。其中收入变化和农户地区分布特征影响大部分农业服务购买渠道的选择，性别和文化程度也分别只影响一项服务渠道选择且不是主要因素，而年龄特征根本不影响农业服务渠道的选择。所以说，农户的户主背景特征对农村农业服务购买渠道选择存在显著影响，而且农户收入的变化、农户收入来源、地区经济发展水平成为农业服务渠道选择的重要影响因素。

四、研究结论与政策含义

实证研究结果表明农村农业服务市场购买者或决策者具有明显客观的个体背景特征差异，农户对种苗、工具、农资、雇工、技术和农机等基本农业生产要素服务渠道选择有明显趋同性，整体来看农户服务购买渠道选择的趋同性与农户户主基本特征（如性别、年龄、受教育程度等）相关性不是很强。但收入变化、地区分布、收入来源、购买方式等特征因素对农村农业服务购买渠道选择的影响是很普遍的，反映出农户农业服务渠道趋同选择与农户收入水平、农户收入来源差异、地区经济整体发展水平等有显著的相关性。

研究发现农户对种苗、工具、技术等农业生产的耐用品或重要的农业服务产品的购买渠道选择是政府和集体渠道，趋同性选择程度较高，其主要原因是政府和集体渠道比市场和其他渠道购买更具有质量保证，但随着农户收入和文化水平提高、地区经济发展以及购买方式的组织化程度提高都对农户农业服务购买渠道选择产生趋同的影响。对于生产资料多为便利品或选择品，产品种类多，农户多从方便性和个人偏好进行市场自由选购，对集体和政府的依赖不大，但收入来源的产业专业化程度越高对该项服务渠道选择越趋同。收入变化几乎影响回归模型中所有农户农业服务购买渠道的选择，农户地区分布特征也影响大部分农户农业服务购买渠道的选择，表明农户收入水平和地区经济发展水平是影响农户农业服务渠道趋同选择的关键因素。从农户农业服务渠道选择现状看，除农资和农机是市场自由购买为主，其他大多数农业服务是政府公益农业服务渠道在农村市场占主导地位，表明企业或其他赢利服务组织进行农村服务营销具备市场空间。影响农户农业服务购买渠道选择的因素能为政府加强农村农业服务市场建设提供针对性措施。

第八章　驱动与阻碍：构建新型农业社会化服务体系内外因素分析

自20世纪70年代末逐步实施改革开放和市场化改革以来，中国正处于计划经济体制向中国特色社会主义市场经济体制转型过程中。纵观全球农业社会化服务建设发展，国外发达国家在资本主义市场经济体制下伴随着工业化发展，实现了适应现代农业的社会化服务体系建设，即工业化推动了发达国家的农业社会化服务体系。然而对于中国来说，改革开放前中国正着力于实现工业化，农业最初主要为发展工业奠定原始资本积累；然而随着市场化体制改革以来，中国的农业社会化服务体系是基于市场化建设过程中所发展起来的，其特色主要在于市场化推动了中国农业社会化服务体系的建设和发展。目前中国已初步形成从中央到省、地、市、县、乡、村多层次、多功能、多元主体、多元化服务的农业社会化服务体系，组织载体"多层次"、服务内容"多元化"、服务机制"多形式"格局基本形成。[1]但是由政府、社会和市场三方建构成的农业社会化服务体系存在诸多问题，比如农业社会化服务组织不健全、服务内容与农民的需求差距大、生产要素配置不合理等，三者之间组织职

---

[1] 关锐捷：《构建新型农业社会化服务体系初探》，《农业经济问题》2012年第4期。孔祥智、徐珍源、史冰清：《当前中国农业社会化服务体系的现状、问题和对策研究》，《江汉论坛》2009年第5期。杨汇泉、朱启臻：《新中国成立60年来农业社会化服务体系组织建构回顾及研究述评》，《华南农业大学学报（社会科学版）》2010年第1期。杨汇泉、朱启臻：《统一主体与多元主体：农业社会化服务体系组织的权变性建构》，《重庆大学学报（社会科学版）》2011年第2期。

能定位缺失，缺乏互补机制。为此，基于农户需求导向的农业社会化服务体系整合研究迫在眉睫。[①] 研究表明，农业社会化服务体系整合往往受到多种因素的制约，不同制约因素具有不同的影响力度，同一制约因素在不同区域、不同时间段内所产生的影响程度往往不尽相同。为此，本书认为有必要从宏观、中观和微观三个角度予以深入探讨。宏观层面主要涉及政治法律、社会经济、制度等因素；中观层面主要涉及农业社会化服务系统、农业社会化服务体系组织协作和区域协作等；微观层面主要涉及农业社会化服务的供求差距以及提供主体与受体特征等。通过构建新型农业社会化服务体系整合的影响因素及对这些影响因素的分析，为中国基于农户需求导向的新型农业社会化服务体系整合与发展提供政策参考和发展方向。

第一节 农业社会化服务的外部宏观影响因素

一、政治法律因素

依据马克思的"经济基础决定上层建筑，上层建筑又反作用于经济基础"观点，即从一般意义上讲即没有离开经济的政治，也没有离开政治的经济，二者相互促进，紧密地联系在一起。中国农业经济的发展是建立在强大而健全的农业社会化服务体系之上的，必然也会受到各个区域内外的政治体制作用，即呈现"政治拉动经济发展逻辑"。在中国社会主义市场经济体制下的农业经济发展和农业社会化服务体系建设必然烙印下政治的足迹，其农业社会化服务体系建设和发展与国外一般经济模式区别在于：一是农业社会化服务体系的发展是实现中国农业经济发展的基础，追逐国

[①] 孔祥智、徐珍源、史冰清：《当前中国农业社会化服务体系的现状、问题和对策研究》，《江汉论坛》2009年第5期。孔祥智、楼栋、何安华：《建立新型农业社会化服务体系：必要性、模式选择和对策建议》，《教学与研究》2012年第1期。仝志辉、侯宏伟：《农业社会化服务体系：对象选择与构建策略》，《改革》2015年第1期。

家、社会、人民的共同利益,其最终目的是实现国家、社会和人民的共同富裕;二是农业社会化服务体系的运行和发展并不是靠一方驱动,而是在政府相关部门主导下,由政府、社会和市场三方互补组成统一的有机联合系统进行综合驱动,从而实现利益最大化和资源优化配置。

从法律制度角度来看,农业社会化服务体系的建设离不开政府、社会、市场三个层面的作用,政府主要目的在于提供良好的政策引导和制度保障,从而使农业社会化服务体系更好更快发展。发达国家的农业社会化服务体系建设经验表明,不断完善新制度和相关政策法律是确保农业科技创新体系、农业社会化服务体系发展的重要保障。[1]

美国是世界上通过立法对农业保护和实行社会化服务力度最大的国家,其公共农业服务系统是建立在3个法律制度基础之上,即1862年制定的《莫里尔法》、1887年制定的《海琪法案》(农业试验站法)和1914年制定的《斯密—利弗法》(农业推广法),并以此为依据形成了完整的"农业教育—农业科研—农业推广"的公益性公共农业服务体系。[2] 从美国农业投入立法层面看,1933年制定的《农业调整法》规定政府对休耕的土地提供补贴,为农作物生产提供无追索权贷款,并为其建立农产品正常储备。[3] 1996年制定的《美国联邦农业改善和改革法》就农业投入

---

[1] 彭勃文、杨宇:《发达国家农业社会化服务体系发展和趋势及对中国的借鉴》,《世界农业》2018年第2期。Sumner D. A., "American Farms Keep Growing: Size, Productivity, and Policy", *Journal of Economic*, No.1, 2014. 刘燕华、靳晓明、武夷山:《国外支持农业科技创新的典型做法与经验借鉴》,科学技术文献出版社2008年版,第84页。

[2] 许先:《美国农业社会化服务体系发展的经验与启示》,《山东大学学报(哲学社会科学版)》2003年第4期。丁自立、焦春海、郭英等:《国外立法情况对中国建立新型农业社会化服务体系的启示》,《农业科技管理》2010年第6期。田小平:《美国、日本农业社会化服务体系经验借鉴——以中国河南省为例》,《世界农业》2016年第4期。高峰、赵密霞:《美国、日本、法国农业社会化服务体系的比较》,《世界农业》2014年第4期。Sumner D. A., "American Farms Keep Growing: Size, Productivity, and Policy", *Journal of Economic*, No.1, 2014.

[3] 杜鹰:《农业法制建设》,中国农业出版社2001年版,第34页。陈志兴、周利秋:《日美国家农业立法的发展趋势及启迪》,《中国农学通报》2005年第2期。Sumner D. A., "American Farms Keep Growing: Size, Productivity, and Policy", *Journal of Economic*, No.1, 2014. 周婕:《国外农业经营方式的比较研究:以美国和日本为例》,《世界农业》2017年第12期。

和农业信贷等方面作出了相关规定，从而建立起农业投入与信贷法律体系。从农村商品市场流通层面来看，通过制定农产品价格支持法律、农产品流通法律、"农业计划"以及《美国联邦农业改善和改革法》，强化了农产品价格支持、农产品流通和农产品贸易服务。从农业生产服务层面来看，通过土地立法诸如《新地开垦法》《联邦土地管理法》等依法保护土地开发和利用。[①] 为此，美国逐步依据农业基本法律对其农业社会化服务体系相关层面制定农业保护和支持措施，实现了"依法治农"。

日本在法律、政策和资金等方面为农业科技创新和推广工作提供了有力的制度保障，[②] 并将1961制定的《农业基本法》作为日本农业立法的基本准则，该法于1999年被《食品、农业、农村基本法》取代。从农业推广组织体系层面来看，1948年制定的《农业改良促进法》建立了自上而下的农业推广组织体系。[③] 而针对农业投入层面，日本则进行单项立法确立了农业资本投入的重要性，并制定《农业中央金库法》《农业信用金法》《农业现代化资金促进法实行令》保障了日本农业资本投入机制体系建设。从农村商品流通层面来看，通过制定《农产品批发市场法》《农产品价格稳定法》《稳定蔬菜交易法》等诸多相关法律以确保农户与农协能够进入市场，建立公平交易的市场与规则、加强管理监督和振兴农产品出口贸易。从生产社会化服务层面来看，1952年建立的《土地法》《农业用地改良法》等加大了农地改良和资源保护，从而合理利用作为农业基本生产手段的土地和水利，从而提高了农业综合生产力。基于此，日本

[①] 耿娜：《发达国家农业社会化服务管理体系建设研究》，《才智》2014年第30期。李建黎：《美国经验对完善长三角农业社会化服务体系的启示》，《江南论坛》2017年第5期。

[②] 李水山、梁小伊：《日本农业科研教育推广的创新体系》，《职业技术教育（教科版）》2005年第25期。田小平：《美国、日本农业社会化服务体系经验借鉴——以中国河南省为例》，《世界农业》2016年第4期。FAO, "World Wensus of Agriculture: Analysis and International Comparison of the Results(1996-2005)", *FAO Statistical Development Series 13*, 2013.

[③] 王学忠：《美国、日本农业技术推广体系立法的经验与借鉴》，《科技与法律》2009年第2期。田小平：《美国、日本农业社会化服务体系经验借鉴——以中国河南省为例》，《世界农业》2016年第4期。

通过完善立法建立起高度法制化和市场化的农业经济，从而促进了农业的稳定和发展。

法国是欧洲的农业大国，为实现现代农业发展，法国政府于1955年制定了《农业法典》，建立了土地制度、家畜和植物保护、农业职业团体、农业金融制度，并对农业教育和农业科研给予了特别关注。[①]而1960年制定的《农业指导法》确立了农业发展的基本目标，农场经营、经济组织、农业教育等方面的原则，并实现了务农人员收入与从事其他行业人员收入平衡。通过1967年制定的《农业合作社调整法》和1995年制定的《农业现代化法》促进了农业企业现代化发展，成为农村社会保障制度改革的基础。[②]农业法律体系的建立致使法国逐步实现了"依法治农"，凭借自身的经济、技术等优势，合理而充分地利用农业资源，克服其人均耕地面积狭小的缺陷，集中发展中小型家庭农场，[③]并逐步完善了农业社会化服务体系，振兴了农业的发展。

然而对于中国来说，中国耕地资源仅占世界的7%，水资源占世界的6.4%，而水土光热配比的耕地不足国土面积的10%。在计划经济体制向社会主义市场经济体制转型背景下，由于人口与资源配比的不平衡导致了2/3的中国人生存资源极度缺乏，与生存息息相关的农业社会化服务体系却处于摸索之中。在法律保障体系方面中国农业法律缺失，以分散的《基本农田保护条例》《中华人民共和国种子法》《中华人民共和国动物防疫法》《中华人民共和国农业法》保障着中国农业服务体系的发展。从需求层面来看，农业社会化服务体系受体是广大的农户，农业社会化服务

---

① 丁关良：《农村法制》，中国农业出版社2000年版，第3页。王有强、董红：《国外农业立法的启示和借鉴》，《西北农林科技大学学报（社会科学版）》2003年第3期。汤洪俊：《中国农村土地规模经营存在的问题及国际经验借鉴》，《世界农业》2016年第11期。

② 王有强、董红：《国外农业立法的启示和借鉴》，《西北农林科技大学学报（社会科学版）》2003年第3期。

③ 丁忠民、雷俐、刘洋：《发达国家家庭农场发展模式比较与借鉴》，《西部论坛》2016年第2期。

法律体系尚未形成以农户需求为导向的服务机制，而农民在整个社会中处于弱势地位，无法参与市场交换或进行自由土地流转和生产，从而限制了农民、农业的发展壮大。从法律系统体系层面来看，中国关于农业发展和农业社会化服务体系建设最主要、最具特色的便是每年的"中央1号文件"，从而作为实现中国农业可持续发展和农民增收的指导性纲领。尽管如此，在促进和保障农业社会化服务体系建设方面具有针对性的法律制度缺失，仍然成为制约农业社会化服务体系建设和发展的"瓶颈"。

为此，中国必须修改和完善农业社会化服务体系相关的法律法规，在整个农业发展过程中依据法律制度来保障中国农业社会化服务体系建设，从而建立健全农业社会化服务保障体系（见图8.1）。

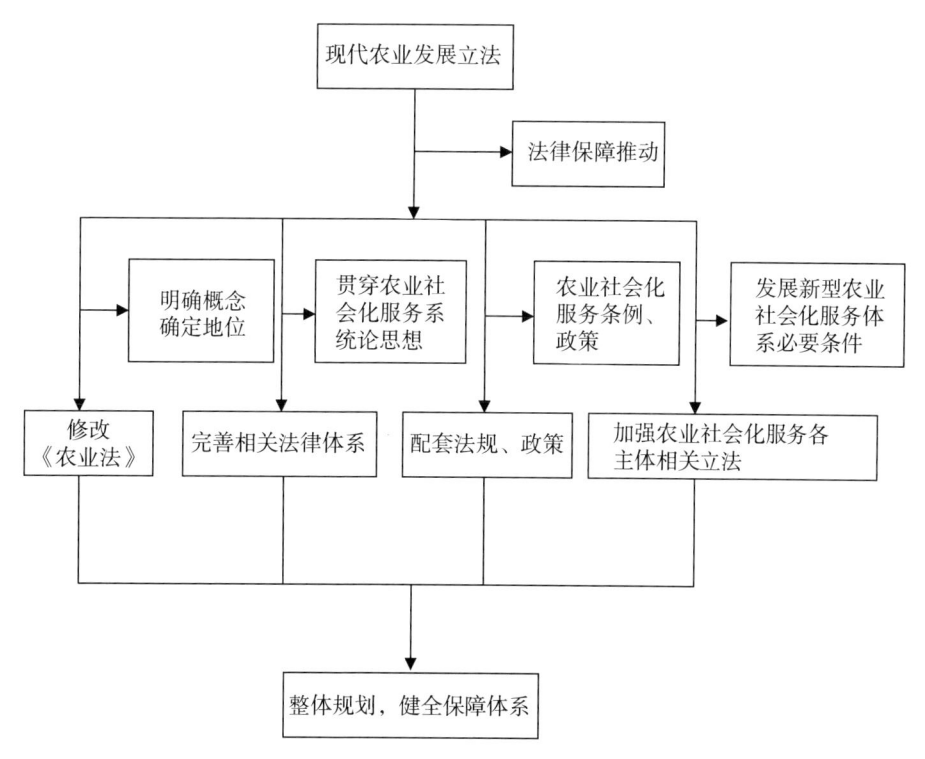

图 8.1 农业社会化服务系统立法架构

二、社会经济因素

人类以木棒和石器进行渔猎采集至今有两百余万年的历史,在不同的社会发展阶段其农业的发展模式也不尽相同。农业发端于距今一万年的新石器时代,即原始农业时代。该时期的农业生产力极其低下,对大自然无能为力。但总的来说农业的产生是人类历史上伟大的转折点,是人类社会历史上的第一次革命,标志着人类对自然界进行改造的开端。最早的农业随着技术进步和收获物的增多,对人类的物质文明和社会文明发挥着巨大作用。随着五千年前青铜的出现,人类社会步入传统农业时代。随着社会经济的发展人们的物质和文化需求日益增大,为满足人们的生存与生活需要,逐渐实现了农业技术的革新,并以此引发了劳动工具、土地加工、水利灌溉、施肥改土、耕地制度等一系列革命性进展,逐步形成了精耕细作的农业技术体系,将原始农业推进到传统农业时代,从而创造了四千年辉煌的农业文明。17—18世纪由于资本主义的发展和工业革命的兴起,社会经济得到飞速发展,此时西方社会进入工业革命时期,人类的生活水平和思想意识得到了飞跃。为了降低自然资源和人口压力的负面影响,人类在细胞学、进化论、生物学等基础之上逐步利用科技实现了农业的良种化、机械化、化学化,使得农业生产力和农业经济得到了飞速发展,人们获得了强大的改造自然的能力。但是,农业的化学化也使得生态环境遭受严重破坏。随着自然资源逐步匮乏、能源过度消耗、生态环境逐步恶化,导致传统农业向现代农业转变,要求建立和发展以现代生物技术和传统技术相结合、现代工业装备与信息技术相结合、以深加工等技术为动力的可持续发展农业。基于此,在计划经济向社会主义市场经济转型背景下,为实现现代可持续农业的发展,建立新型农业社会化服务体系是历史的必然选择。

三、制度因素

制度安排和市场机制是实现农业社会化服务体系和农业经济良好发

展的两个重要推动力量,当前中国农业社会化服务体系是建立在计划经济向中国特色社会主义市场经济转型过程中,只有通过制度安排才能实现农业社会化服务体系的公益性,也只有通过市场机制才能使农业社会化服务体系具有生机和活力,具有较强的竞争力。目前中国农业社会化服务体系尚处初级建设和摸索阶段,身受市场经济的主体推动作用,也受到计划经济体制的制约。从中国目前的国情来看,中国需建立"以公共服务机构为依托、合作经济组织为基础、龙头企业为骨干、其他社会力量为补充,公益性服务和经营性服务相结合、专项服务和综合服务相协调的新型农业社会化服务体系",通过"政府推动、市场牵动、龙头带动"的手段探索中国新型农业社会化服务体系发展路径方向,[1]并运用政府、社会和市场三方面的力量为农业生产经营等活动提供一系列的生产经营服务,科学处理公益性服务与经营性服务、专业服务和综合服务、阶段性服务和全程性服务、支持农业生产性服务主体与支持其服务体系建设之间的关系,[2]使经营规模相对较小的农业生产单位适应市场经济体制的要求。为此,新型农业社会化体系的建设和发展若没有政府和立法机构的强力干预和保障,市场机制将无法充分发挥其作用,即通过利用正式制度如正式的法律法规和政策、非正式制度如行业规范、道德准则、价值观等来实现制度的整合功能、规范功能、导向功能和动员功能,通过制度建设、主体建设和市场建设来建立和完善中国新型农业社会化服务体系。[3]但是,目前中国农业社会化服务体系还面临着许多制度方面的限制,主要表现在以下几个方面:

---

[1] 张颖熙、夏杰长:《农业社会化服务体系创新的动力机制与路径选择》,《宏观经济研究》2010年第8期。王定祥、李虹:《新型农业社会化服务体系的构建与配套政策研究》,《上海经济研究》2016年第6期。仝志辉:《"去部门化":中国农业社会化服务体系构建的关键》,《探索与争鸣》2016年第6期。

[2] 姜长云:《关于发展农业生产性服务业的思考》,《农业经济问题》2016年第5期。

[3] 朱启臻:《农业社会学》,社会科学文献出版社2009年版,第62页。孔祥智、楼栋、何安华:《建立新型农业社会化服务体系:必要性、模式选择和对策建议》,《教学与研究》2012年第1期。

（一）制度安排问题

中国现行的制度安排中，有许多方面制约着农业社会化服务体系建设和发展。从农业社会化服务供给角度来说，主要涉及政府、社会和市场三方。其一，就政府制度安排而言，各部门在中央一系列强调农业社会化服务体系建设的文件下，各自制定了发展农业服务的相关措施，在同一部门或机构内部又设置多个经济实体和服务站，从而形成了部门化的多主体供给格局。然而该组织机制在促进服务专业化的同时也造成各种服务之间不能有效衔接，从而致使农业社会化服务组织体制不顺，使支农资金条块分割、社会化服务体系结构紊乱。"部门化"和"层级化"的服务组织因受利益驱使进入利润高的服务领域，难以进行有效监管和规范。[1] 为此，政府行政制度安排不合理等制约了中国农业社会化服务体系的整合和发展。其二，就社会组织层面而言，虽然国务院1991年下发《关于加强农业社会化服务体系建设的通知》中明确强调村级集体经济组织在农业社会化服务体系建设中的基础性作用，但是，由于行政体制制约使中国村级集体经济组织经济实力薄弱、功能与职能定位出现缺失，导致服务传接者角色不清。针对农业合作社等社会组织来说，政府对农业合作组织建设和发展中相关的政策、法规等方面的支持显著不足。依据国际经验来看，许多国家和地区的政府都对合作经济组织给予资金、技术以及政策上的优惠和扶持。然而，中国政府对农业合作组织的扶持力度和优惠政策都无法跟上时代要求，尤其是市、县两级具体的、可操作性强的扶持政策较少。并且由于合作组织所提供的服务具有正外部性，组织内部制度排他性不强，容易产生"搭便车"行为，在没有公共政策的强力支持下合作社很难自发

---

[1] 高新才：《论市场经济中的农业社会化服务体系》，《科学经济社会》1995年第2期。仝志辉：《中国农村社会化服务体系的"部门化"及其改革》，《理论视野》2007年第8期。仝志辉：《"去部门化"：中国农业社会化服务体系构建的关键》，《探索与争鸣》2016年第6期。

产生。①其三，针对营利性市场组织而言，企业属于市场上独立的经济法人，自身固有的逐利动机使得一切行为都要服从自身的经济利益，其服务带有利益趋向，但是目前制度政策仅局限于加强龙头企业农业产业化建设，尚未制定企业与农户制约机制的相关法律法规，从而无法保障农户的基本利益，致使农民在市场交换中处于弱势地位，没有达到农户参与企业产业化经营实现农民增收的目的。

从农业社会化服务需求角度来说，研究调查表明农户对农业市场信息（国家粮棉收购价格需求程度为62.3%、集贸市场价格信息需求程度为55.2%、新品种信息需求程度为39.5%、新技术信息需求程度为38.2%、加工企业的收购信息需求程度为20.9%、产品订单信息需求程度为19.6%、生产资料价格信息需求程度为38.1%）、金融信贷服务、农村商品质量安全体系服务（生产资料质量信息需求程度为31.4%）、农业保险（农情、灾情预报需求程度为45.1%、气象信息需求程度为39.4%）等服务需求程度较高。②随着市场经济发展，从事肥料、农药、种子、兽药等农业生产资料的经营户数量逐渐增加，但是由于市场制度、信息披露制度以及农村商品质量检验制度的不完善，使得无证个体经营比较严重，经营户进货渠道混乱，假冒伪劣产品充斥市场，损害了农民的利益。2004年不断出现的诸如"水果大战""棉花大战""羊毛大战""蚕丝大战"、"倒奶"事件、"大白菜贱卖"等现象也反映了对目前市场信息制度的制约，农户无法快速准确地参与市场。

总体而言，政府、社会以及市场的制度安排缺失制约着中国农业社会化服务体系建设和发展。因此，要实现新型农业社会化服务的整合构

---

① 徐旭初：《农民专业合作组织立法的制度导向辨析——以〈浙江省农民专业合作社条例〉为例》，《中国农村经济》2005年第6期。李俏、王建华：《农业社会化服务中的政府角色：转型与优化》，《贵州社会科学》2013年第1期。仝志辉：《"去部门化"：中国农业社会化服务体系构建的关键》，《探索与争鸣》2016年第6期。

② 见 http://www.fsa.gov.cn/web_db/sdzg2006/MAP/BGQ/gqqbg065.htm。

建，必须加强中国农业社会化服务制度保障体系建设，从制度层面消除对农业社会化服务体系建设的制约，并使其成为引导和保障农业社会化服务体系发展的重要推动力量。

(二) 旧制度的路径依赖机制阻碍着新制度的建立

关于制度的研究争论主要是以新旧制度经济学派为基础，研究者康芒斯认为制度是一种精神态度，集体控制个体的行为准则；[①]然而诺斯认为制度是由非正式约束（道德、习惯、传统）和正式约束（政策、法令、产权等）所构成的约束个体行为规则。[②] 在国内，如汪丁丁（2003）、卢现祥（2000）、李艳（2009）、姜长云（2016）、孔祥智（2012）等众多学者认为制度由制度安排和制度环境两个层次构成，由组织、法律习俗和意识形态等综合在一起的行为准则。[③] 关于制度的概念，学界并没有一个统一的、确切的界定。卢现祥认为在集权和政府管制较多的国家中，政府主体是决定制度供给形式、方向的主要力量。中国政治体制的限制决定了中国制度变迁是由政府少数精英人士所推动的，涉及当时社会的主流价值观，目的在于维护稳定，实现经济增长，人们生活水平的提高。[④]

保罗·大卫在研究制度变迁机制特征时首先提出了"路径依赖"这一概念，认为在给定的报酬递增条件下，一旦一个技术沿着某一个具体的路线前进，则其他可能的路径和技术都有可能被忽视。如果发展方向一直沿着其中某一条路径前进，那么引起技术革新或者改变其发展路径

---

① 康芒斯：《制度经济学（中译本）》，商务印书馆1962年版，第5页。凡伯伦：《有闲阶级论：关于制度的经济研究》，商务印书馆1964年版，第2页。

② 诺思：《制度、制度变迁与经济绩效》，格致出版社2008年版，第99页。

③ 汪丁丁：《中国经济学——2002》，上海人民出版社2003年版，第134页。卢现祥：《论制度变迁中的制度供给过剩问题》，《经济问题》2000年第10期。李艳、罗小川：《中国关于制度变迁的理论性研究及其评价》，《云南社会科学》2009年第4期。姜长云：《关于发展农业生产性服务业的思考》，《农业经济问题》2016年第5期。孔祥智、楼栋、何安华：《建立新型农业社会化服务体系：必要性、模式选择和对策建议》，《教学与研究》2012年第1期。

④ 罗必良：《现代农业发展理论——逻辑线索与创新路径》，中国农业出版社2009年版，第135页。卢现祥：《论制度变迁中的制度供给过剩问题》，《经济问题》2000年第10期。

方式时，就会受到原有路径的影响，其新路径就会产生制约性效果，即新的制度安排要受到旧制度安排所形成的运行变迁轨迹或路径依赖的影响。一个旧制度的创立和发展是适合于当时社会经济环境的，并且该制度历经长时间的完善和运用，通过自身的报酬递增和自我强化，进而出现现在的部分决策会影响到未来的决策，过去的某种决策必然影响了现在的某种决策现象一样，从而产生制度的路径依赖现象。并且一项制度的产生伴随着诸多组织机构的建立和协作，并依赖于利益集团和政治组织，该团体也成为新制度难以创立发展的制约因素之一。又有学者诸如布雷恩·阿瑟进一步指出，一个系统具有局部正反馈的自我强化机制，从而致使某些较先发展起来的技术占据先天优势从而运用自我增强机制进入良性循环。反之，后天发展以来的技术由于时间差异而落后，虽然技术可能更先进，但是由于没有足够的追随者而陷入"恶性循环"，从而被锁定。

旧制度的路径依赖是指新的制度演变和发展会沿着旧制度的发展路径前进，然而一旦走上某种路径，它就会在既定目标中得到自我强化，并形成新的利益集团和政治团体，阻碍新的路径。诸如中国始于20世纪50年代的计划经济使得中国农业社会化服务体系实现了高度集中的完全政府主导型服务，使得中国农业社会化服务组织成为"体制内循环"的一部分，即农业社会化服务体系是农业生产单位内部的一个分工部门，承担着本单位直接生产过程以外的加工、运输、销售、农业生产资料购买等职能。[①]农业服务组织被国家完全控制，还负责协助国家完成工业资本积累的使命。然而自1978年改革开放和市场化改革以来，农业社会化

---

① 樊亢、戎殿新：《论美国农业社会化服务体系》，《世界经济》1994年第6期。孔祥智、楼栋、何安华：《建立新型农业社会化服务体系：必要性、模式选择和对策建议》，《教学与研究》2012年第1期。仝志辉、侯宏伟：《农业社会化服务体系：对象选择与构建策略》，《改革》2015年第1期。陈义媛：《土地托管的实践与组织困境：对农业社会化服务体系构建的思考》，《南京农业大学学报（社会科学版）》2017年第6期。

服务体系被政府作为一个单独的概念提出,并逐步实现了"体制内循环"向"体制外循环"的转化,[①]但是,研究发现中国农业社会化服务体系建设和发展依然受到计划经济体制条件的强烈制约和阻碍,影响中国农业社会化服务体系的整合和创新。

第二节　农业社会化服务的市场中观影响因素

中观层面主要介于宏观和微观层面之间,主要以组织和系统层次作为分析中国农业社会化服务体系整合的影响因素。

一、农业社会化服务系统整合

农业社会化服务体系是一个复杂的科技系统、社会系统和经济系统。[②]中国的农业社会化服务体系是在政府、社会和市场引导下为农业、农村和农民经济活动产前、产中和产后的各个环节提供服务的各类机构和个人所形成的网络。[③]从农业社会化服务体系中组织服务内容属性看,具有明显的专业化、社会化和商品化特性。从整体系统的基本特性看,农业社会化服务系统存在相互作用的大量元素和突发性基本特性。农业社会化服务系统与一般复杂系统一样,由大量相互作用的元素组成,如主体元素包括农户、中介组织、合作组织、企业、政府相关部门,还包

[①] 樊亢、戎殿新:《论美国农业社会化服务体系》,《世界经济》1994年第6期。高强、孔祥智:《中国农业社会化服务体系演进轨迹与政策匹配:1978—2013年》,《改革》2013年第4期。仝志辉:《"去部门化":中国农业社会化服务体系构建的关键》,《探索与争鸣》2016年第6期。

[②] 樊亢、戎殿新:《论美国农业社会化服务体系》,《世界经济》1994年第6期。

[③] 蔡志坚:《农村社会化服务:供给与需求》,中国林业出版社2010年版,第15页。孔祥智、楼栋、何安华:《建立新型农业社会化服务体系:必要性、模式选择和对策建议》,《教学与研究》2012年第1期。仝志辉、侯宏伟:《农业社会化服务体系:对象选择与构建策略》,《改革》2015年第1期。陈义媛:《土地托管的实践与组织困境:对农业社会化服务体系构建的思考》,《南京农业大学学报(社会科学版)》2017年第6期。

括诸多子系统，如职业教育与技术培训系统、技术推广系统、生产合作组织系统、水利和机耕服务系统、农业物资供应系统、加工、储存、包装、运输和销售系统，以及市场信息系统等经济要素的组合等主体要素。[1]同时，要素之间相互作用产生众多的交易关系、网络关系以及其他社会经济关系等。各主体之间关系导致系统具有动态非线性性。农业社会化服务复杂系统还表现出突发性特性等。农业社会化服务体系是一个开放的系统，通过外部环境输入（或驱动），使系统内部的供应服务组织、生产服务组织、加工服务组织、销售服务组织等要素通过对农业产业产前、产中、产后的服务，彼此之间产生相互作用的关系，并产生结果，形成新的农业社会化服务系统模式。

从农业服务内容上看，中国农业社会化服务体系主要由农业技术推广体系、农业生产社会化服务体系、农产品质量监管体系、农产品市场体系、农业信息收集和发布体系、农业金融和保险服务体系六大体系构成（党的十七届三中全会）。其中，包括以各级农业行政部门和涉农相关部门主导的，农业技术推广机构（村级服务站、科技示范户、基地等）、农业科研院所、农业教育单位、合作经济组织、龙头企业参与的农业技术服务推广体系；以各级相关部门和经济合作组织等所组成的产前、产中过程中的农业生产服务体系和政府等相关部门主导的动植物病虫害防治防疫体系；以国家政策性银行和农业担保公司提供的政策性金融服务，国家商业性银行、农村信用社、村镇银行所构成的商业性金融服务，小额信贷公司和农业担保公司构成的合作金融服务，农村资金互助组、农民资金合作社和民间基金组织构成的民间金融服务等构成的金融服务体

---

[1] 梁鸿飞：《农业生产社会化服务体系内涵功能辨析》，《经济科学》1991年第10期。孔祥智、楼栋、何安华：《建立新型农业社会化服务体系：必要性、模式选择和对策建议》，《教学与研究》2012年第1期。仝志辉、侯宏伟：《农业社会化服务体系：对象选择与构建策略》，《改革》2015年第1期。陈义媛：《土地托管的实践与组织困境：对农业社会化服务体系构建的思考》，《南京农业大学学报（社会科学版）》2017年第6期。

系；以农村信息工作体系、网络体系、信息技术开发与运用体系构成的信息服务体系以及农产品的质量安全体系。

通过构建农业社会化服务系统使得主体和受体得以通过服务内容等联系起来，从而实现组织、技术、资金、信息和劳务等的流动，形成系统内的自我循环发展。各自区域系统体系不仅受到技术水平、资源禀赋、社会经济等的影响，也受到其他子系统体系的影响，从而使得整个农业社会化服务体系系统需要协作发展，需要进行系统整合才能实现系统完整运作。

二、农业社会化服务体系组织协同

党的十七届三中全会提出建设新型农业社会化服务体系，就是建立一个新的农业服务系统以适应农业现代化进程，然而当前中国农业社会化服务体系处于新旧交替时期，如何通过外力或培植系统主体结构，有效诱致农业社会化服务体系顺应农业现代化进程的发展成为关键问题。新型农业社会化服务体系实质是人们期望的稳定系统涌现，从静态截面视角看，该期望系统存在期望中的系统结构和运行特征。

现代科技技术成果农业广泛的运用，使得农业生产也转向服务经济思维方式。[1]农业技术的运用使农业生产专业化分工更加深入。从科学的逻辑来看，农业社会化服务首先是从农业部门内部诞生的，并为农业内部服务，然后延伸到市场，为其他农业部门服务。因此，在农业内部刚刚诞生的农业服务与农业其他部门之间是协同关系，但当该服务延伸到市场为其他外部农业部门服务时，就可能产生不协同的关系。农业社会化服务体系中组织协同是组织间相互作用或相互依赖形成的有机关系。

---

[1] 苏振锋：《构建现代农业经营体系须处理好八大关系》，《经济纵横》2017年第7期。Walter R. S., *The Performance Economy*, Palgrave Macmillan, 2006. Giarini O., Stahel W.R., *The Limits to Certainty, Facing Risks in the Nnew Service Economy*, Boston, London: Kluwer Academic Publishers, Dordrecht, 1992.

群体组织之间的有机关系会形成协同体或系统，系统运行中产生的正效应可以促进系统功能最大化，系统运行中产生的负效应可以矫正系统运动方向。农业社会化服务组织体系是由庞大且复杂的个体组织或联合组织构成，这些复杂的组织在农业社会化服务体系内部与外部两方面因素复杂非线性的相互作用下，某些组织或联合组织偏离服务体系稳定状态的涨落得以放大，从而在服务体系中产生更大范围的、更强烈的相关影响，导致组织自发行动起来，使服务体系从无序到有序，从低级到高级有序演化，从而诱导农业社会化服务体系进行组织内部协同整合，提升农业社会化服务组织的服务能力，实现农业社会化系统整合。

三、农业社会化服务体系区域协作

人类生产活动是在分工与协作、专业化与社会化的矛盾过程中不断向前发展的，从客观上讲人类既有分工和专业化的本质需求，又有协作化和社会化的内在动力。从协作化和社会化层面来看，它要求各个组织单元在产前、产中、产后都要密切协作、相互配合、相互促进。然而由于中国地大物博，东中西部经济发展极不平衡，农业大省分布不均衡，为此，促进中国农业社会化服务体系协同发展存在必要性。区域协作旨在区域之间通过优势互补、优势共享、优势叠加等措施把分散的经济活动组织起来，发挥地区或者产业的潜在优势。区域合作建立在分工和专业化基础之上，以区域合作互补实现资源生产要素的区域流动和优化配置，从而提高区域的整体性和协调能力。

调查研究表明，不同区域的农业社会化服务存在显著差别。其一，经济发达地区与不发达地区相比，发达地区的农业社会化服务显著优于经济欠发达地区；其二，地区与地区之间的农业协作和优势互补情况不佳，没有形成良好的资源要素的流动；其三，区域内商品、要素、技术和信息等诸多方面存在分割和封锁，难以实现一体化发展；其四，区域整体开发与发展规划和政策注重形式和政治影响，没有形成统筹规划方略，没有形成协同规划体系，并且产业机构等诸多雷同，区域协调性低。为此，中国农业社会化服务体系区域协调发展显著不够，未产生协同合力，从而加剧了中国农业社会化服务体系整合的必要性和急迫性。

第三节 农业社会化服务系统内部微观影响因素

一、农户需求视角下的农业服务供求差距因素

从中国农业社会化服务供需角度来说，据调查显示农民对农业服务的需求由单纯的生产环节服务逐步向生产与管理技术、人力资源服务、产品加工运输和销售服务、市场信息服务、资金信贷服务以及农业保险和法律咨询服务等方向转变。随着农村生产生活环境的逐步改善，农户对"水、路、电、气、房"各项基础设施的需求也越来越高，学者宋洪远的研究表明中国公益性农业技术推广服务、动植物疫病防控和农产品的质量安全监管服务等方面不能满足农民需求，并且现有农业服务都集中于产前和产中，产后服务则较为薄弱。[1] 基于农户角度的农业社会化服务应当给予较多的公益性服务，不应当直接或者间接商业化和市场化。然而，现阶段中国农业社会化服务体系正出现"半社会化""去公益化"趋势，公益性服务比例缩小，其服务质量逐渐低下。由此看来，中国农业社会化服务供给与需求逐渐失衡，农业社会化服务供给远不能满足现阶段农民对农业服务的需要，农业服务供求失衡促使现阶段中国有建立新型农业社会化服务的决心，从而建立起供给和需求相对等的农业社会化服务是当前的重中之重。[2]

---

[1] 宋洪远：《新型农业社会化服务体系建设研究》，《中国流通经济》2010年第6期。
[2] 仝志辉：《"去部门化"：中国农业社会化服务体系构建的关键》，《探索与争鸣》2016年第6期。仝志辉、侯宏伟：《农业社会化服务体系：对象选择与构建策略》，《改革》2015年第1期。熊鹰：《农户对农业社会化服务需求的实证分析——基于成都市176个样本农户的调查》，《农村经济》2010年第3期。

二、农业社会化服务体系参与主体特征因素

中国农业社会化服务的参与主体主要由四部分构成,即农户、企业、政府和中介组织。其中,农户与企业是农业社会化服务发展最直接的参与主体;农业中介组织是促进企业、政府与农户合作和沟通的有效联结主体;政府主要是监督、扶持和指导的引导主体(见图8.2)。因此,我们必须充分发挥政府、企业、中介组织与农户的联结作用,通过"政府推动、市场牵动、龙头带动"的手段形成以公共服务机构为依托、合作经济组织为基础、龙头企业为骨干、其他社会力量为补充,公益性服务和经营性服务相结合、专业化服务和综合服务相协调的新型农业社会化服务体系。

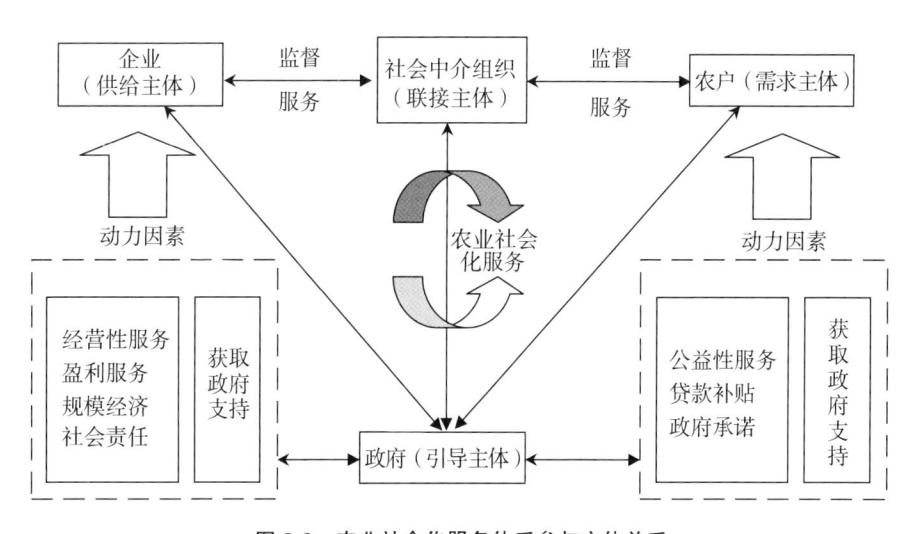

图8.2 农业社会化服务体系参与主体关系

(一)农业社会化服务体系受体特征

中国是一个农业大国,也是一个农民大国,从某种意义上来说中国人从骨子里散发出浓厚的农民情节和根深蒂固的农民意识。[1]学者认为农

---

[1] 朱启臻:《农业社会学》,社会科学文献出版社2009年版,第7页。

民就是指长期生活在农村小区,并以土地、家庭劳动力等农业生产资料长期从事农业生产劳动,并且拥有生产剩余控制权,经济生活和家庭的关系密切结合所形成的多功能社会经济单位组织或农业经济的基本组织单元,[①]是农业产业的"第一车间",是现代农业和市场农业的微观经济基础。[②]由中国独特的"差序格局"所造成的家庭关系构成了农民的社会行为基础,农户注重"情和理",家庭、亲戚朋友通过社会网络构成了自身的社会资本。[③]然而,农民的经济行为则体现在理性的思想基础之上,现实生活中的诸多被视为非理性的小农行为却恰恰是外部条件限制下的理性表现,[④]他们追求投入与产出比例、追求效益,这足以说明农民是一个理性的行动者,在追求经济效益的同时也在寻求社会、文化、政治效益等,所以说农民行为是一个社会与经济性质的理性行动。

针对中国农户来说,家庭联产承包责任制已成为中国农业制度的基础,有限理性农户作为中国基本的农业生产组织已经通过国家法律的形式固定下来,这种农业制度在初期为农业生产的快速发展奠定了基础,以激励机制实现了农业产出和生产力的巨大增长。[⑤]但是自20世纪90年代以来,在中国逐渐由计划经济向社会主义市场经济转型、加入WTO组织等过程中,中国农户的分散经营与"大市场"的矛盾越发突出,[⑥]使得中国农业社会化服务受体,即农户无法适应大市场的环境,各方面小农

---

① 仝志辉、侯宏伟:《农业社会化服务体系:对象选择与构建策略》,《改革》2015年第1期。朱启臻:《农业社会学》,社会科学文献出版社2009年版,第16页。尤小文:《农户:一个概念的探讨》,《中国农村观察》1999年第5期。龚道广:《农业社会化服务的一般理论及其对农户选择的应用分析》,《中国农村观察》2000年第6期。陈传波、丁士军:《中国小农的风险及风险管理研究》,中国财政经济出版社2005年版,第21页。

② 张朝华、黄扬:《家庭农场发展中若干关键问题的调查研究》,《经济纵横》2017年第7期。牛若峰、夏英:《农业产业化经营的组织方式和运行机制》,北京大学出版社2000年版,第16页。

③ 费孝通:《乡土中国》,上海世纪出版集团2005年版,第23页。

④ 林毅夫:《小农与经济理性》,《中国农村观察》1988年第3期。

⑤ 黄季焜:《制度变迁和可持续发展:30年中国农业与农村》,上海人民出版社2008年版,第78页。

⑥ 朱启臻:《农业社会学》,社会科学文献出版社2009年版,第98页。仝志辉:《"去部门化":中国农业社会化服务体系构建的关键》,《探索与争鸣》2016年第6期。

户无法真正参与大市场交换,主要体现在以下方面:一是家庭分散经营与农业专业化生产和规模化经营相矛盾;二是小农户无法良好地参与大市场,单个农户对市场信息难以做出正确反应,导致社会需求与供给出现矛盾;① 三是小农户分散经营与大市场集中需求不对等。②

总的来说,中国农业经济是"小农经济",并且农户个人所占土地有限,是"两头在外"的组织群体,游离于农产品大市场和农业生产资料市场之外。为使农户更好地参与市场交换,我们必须加强农业社会化服务体系整合,通过建设中间组织系统,增强农户的聚合力,使农户更好地参与市场交换,实现农民的持续增收。

(二)农业社会化服务体系供给主体特征

中国农业社会化服务供给主体主要涉及政府、社会和市场三个层面,即提供各种政策、激励措施(补贴、转移支付、补助等)以及各项基础性服务的政府涉农部门和国家技术部门等;村集体经济组织和农业生产者自发组织的专业合作社、专业协会和产销一体化的社会性服务组织;以盈利为目的龙头企业组成的市场服务组织。③

---

① 孔祥智、楼栋、何安华:《建立新型农业社会化服务体系:必要性、模式选择和对策建议》,《教学与研究》2012年第1期。卢良恕等:《新时期中国农业发展与现代农业建设》,《中国工程科学》2004年第1期。王方红:《产业链视角下现代农业服务模式研究》,中南大学,博士论文,2007年,第131页。

② 周娟:《基于生产力分化的农村社会阶层重塑及其影响——农业社会化服务的视角》,《中国农村观察》2017年第5期。

③ 蒋永穆、周宇晗:《农业区域社会化服务供给:模式、评价与启示》,《学习与探索》2016年第1期。王定祥、李虹:《新型农业社会化服务体系的构建与配套政策研究》,《上海经济研究》2016年第6期。仝志辉:《"去部门化":中国农业社会化服务体系构建的关键》,《探索与争鸣》2016年第6期。关锐捷:《构建新型农业社会化服务体系初探》,《农业经济问题》2012年第4期。张娟、张笑寒:《农业社会化服务的模式、机理及趋势分析》,《江苏农业科学》2011年第2期。蔡志坚:《农村社会化服务:供给与需求》,中国林业出版社2010年版,第10页。杨汇泉、朱启臻、梁怡:《统一主体与多元主体:农业社会化服务体系组织的权变性建构》,《重庆大学学报(社会科学版)》2011年第2期。孔祥智、徐珍源、史冰清:《当前中国农业社会化服务体系的现状、问题和对策研究》,《江汉论坛》2009年第5期。夏江海:《论市场经济中的农业社会化服务》,《农村合作经济经营管理》1997年第2期。王凯伦、张百放、林雁:《农业社会化服务各主要力量的分析和比较》,《经济纵横》1997年第4期。

1. 政府主体特征

中国在以政府为主导的农业社会化服务体系建设下，政府组织及其相关部门作为农业社会化公益性服务的主要提供者和农业政策的制定者，对农业社会化服务具有主导作用。为实现国家的发展和进步，主要是靠统治者阶级的国家政策引导，[①]在政府的管理监督之下运用"看不见的手——市场机制"和"看得见的手——政府协调"。二者相互作用，才能实现一国的经济发展和振兴。

从服务内容上看，政府相关部门以提供良种供应、技术推广和科学管理为重点的公益性、政策性和基础性服务，[②]所提供的农业服务具有公益性强、服务多样化、专业性强、非排他性和非竞争性的特点，[③]各级政府与涉农相关部门成为中国农业社会化服务的重要组织力量。政府作用主要体现在以下方面：一是中国农业社会化服务体系建设需要政府部门和相关机构政策、法规的引导和管制，才能保证农业社会化服务体系稳步推进；二是政府政策是决定农业社会化服务体系的发展方向，任何一个相关政策的出台都会对农业社会化服务体系发展产生影响。为此，政府的相关法律、法规、政策是影响农业社会化服务体系发展的重要因素。

从政府服务运行机制来看，中国各级政府和技术部门主要采用行政体系的组织模式来提供公益性强、覆盖面较广的政策性服务和基础性服

---

① 舒尔茨：《改造传统农业》，商务印书馆1999年版，第86页。
② 仝志辉、侯宏伟：《农业社会化服务体系：对象选择与构建策略》，《改革》2015年第1期。高强、孔祥智：《中国农业社会化服务体系演进轨迹与政策匹配：1978—2013年》，《改革》2013年第4期。夏江海：《论市场经济中的农业社会化服务》，《农村合作经济经营管理》1997年第2期。王凯伦、张百放、林雁：《农业社会化服务各主要力量的分析和比较》，《经济纵横》1997年第4期。
③ 王定祥、李虹：《新型农业社会化服务体系的构建与配套政策研究》，《上海经济研究》2016年第6期。仝志辉：《"去部门化"：中国农业社会化服务体系构建的关键》，《探索与争鸣》2016年第6期。杨风书等：《完善以不同主体为依托的农业社会化服务的对策分析》，《经济研究导刊》2011年第15期。

务等。孔祥智研究表明,中国政府机构的农业社会化服务组织从中央到地方分别建立了各级农业技术服务中心、服务站,在村一级建立起了科技组和科技示范户,从而把实用的农业技术推广到农户中去。[①] 在对农业相关政策实施层面主要依靠各项政府以及相关部门实施,由上一级部门向下一级部门逐步传达。针对农业服务组织而言,诸如省级以下的农业服务组织受到本级政府和上一级农业推广组织的双重领导,即逐步形成了行政上受到本级政府的领导,业务上受到上一级农业推广组织的领导。由此看来,农业社会化服务体系组织"部门化"严重。

2. 社会主体特征

中国农业社会化服务体系的社会组织群体主要由村级集体经济组织和中介组织诸如农业合作社、农业协会等构成。中国目前的村级集体经济组织脱胎于原人民公社的生产大队,是集体所有制、社区性的合作经济组织。就农业服务内容而言,一是村级集体经济组织的服务内容主要侧重于统一购销和统一作业服务和公益性基础设施建设,并具有覆盖面广、综合性强、服务成本低的特点,[②] 其所有从事农业生产的农民都是其成员,是农民的忠实代表,现阶段正逐步形成"村集体直接服务于农户模式";二是通过建立村级综合服务站为农户提供各类农业生产服务。在着力于解决"最后一公里"问题上,村级集体经济组织起到了不可磨灭的作用,深入到农户田间地头,为农户的产前、产中和产后提供各项服务,为其发展奠定了良好的组织基础。基于此,在未来的经济发展过程中,村级集体经济组织仍然是农业社会化服务体系中一种基础的、将长期发挥作用的重要组织力量。

[①] 孔祥智:《中国农业社会化服务:基于供给和需求的研究》,中国人民大学出版社2009年版,第97页。

[②] 蒋永穆、周宇晗:《农业区域社会化服务供给:模式、评价与启示》,《学习与探索》2016年第1期。汪春霞、周月书:《完善农业社会化服务体系组织建设的思考》,《安徽农业科学》2004年第5期。王凯伦、张百放、林雁:《农业社会化服务各主要力量的分析和比较》,《经济纵横》1997年第4期。

而中国农业中介组织主要通过农民个人自愿组织起来,在农业经营基础之上通过资金、信息、技术指导实现产前、产中、产后的互助合作,连接农户与市场,其目的在于增加农民收入。该组织主要包括农业合作组织、专业技术协会、专业技术研究会等诸多农业社会化服务组织。农业中介组织主要以服务为宗旨,不以营利为目的,是连接农户与市场的中介组织主体和纽带,具有组织带动、利益协作、一体化服务和管理规范等特征。从农业中介组织作用来看主要体现在:一是通过试验、示范、传播专门技能提高农户的劳动生产率;二是通过信息、加工、运销、销售等领域的服务将农户与市场连接起来,增强市场参与的能力和竞争力,在整个过程中扮演着信息传递与反馈、组织带动和技术传递与扩散等方面的作用,是连接政府、企业、农户的重要桥梁和纽带。由于这种服务组织是农民自己组织起来实行自我服务的利益共同体,有福同享、有难同当,因而也成为农业社会化服务组织中最具生命力的一种组织形式,发展前景十分迅速。

3. 市场主体特征

企业是经济运行的基础组织载体之一,是农业社会化服务重要的参与主体,涉农企业是发展中国新型农业社会化服务体系的一个重要的战略切入点,其行为的转变和发展对于中国新型农业社会化服务体系的构建具有重要的指导和实践意义。

在发展农业社会化体系过程中,承担着重要战略作用的涉农企业为农业产业化和规模化发展奠定了良好的组织基础。涉农企业的营利性与农业社会化服务的公益性时常发生冲突,以市场主体的涉农企业构成的农业社会化服务模式主要是以盈利为目的,与农业生产者处于平等地位的公司性质的服务组织即涉农企业作为农业产业经营的组织者、劳动者、市场开拓者和营运中心,通过合同契约和股份合作等利益联结机制,运用其依托性和带动性功能指导农户生产经营,实现产、供、销一体化服务。[①]该主体所提供的农业社会化服务一般以自身利益最大化为目标,为农民提供运输、加工、销售等方面的有偿服务。该企业行为的出发点是利己的,所以企业行为的目标与社会化服务的社会性目标不一致。从另一方面来看,市场层面的涉农企业作为农业服务的提供者与农户缺乏长期稳定的连接,各种涉农企业往往为利益争抢、责任推诿,使得农业服务缺位。目前涉农企业大多数规模小、承担风险低,为盈利造成在服务内容、方向和形式等诸多方面与农户需求脱节。[②]在大多数农村由自然经济向市场经济逐步过渡过程中,农业市场体制不完善,从而造成涉农企业与农户连接不牢,压榨和牺牲农户利益现象和行为较为普遍,[③]并且企业和农户的违约性都比较严重,从而制约着农业社会化服务体系的建设发展。基于此,必须通过政策加快涉农企业职能发挥和监管,从政策和制度层面加强涉农企业的政策利益激励机制,使企业产生实现的激励效果,才能使得以涉农企业为参与主体的农业社会化服务体系链条相对稳定,服务于广大的农民。

为此,为实现中国农业社会化服务体系的发展,必须加强中国农业社会化服务体系整合,通过宏观政治、经济、法律、制度层面来制定中

[①] 谭智心、孔祥智:《新时期农业产业化龙头企业提供农业社会化服务的现状、问题及对策研究》,《学习论坛》2009年第11期。蔡志坚:《农村社会化服务:供给与需求》,中国林业出版社2010年版,第186页。杨风书等:《完善以不同主体为依托的农业社会化服务的对策分析》,《经济研究导刊》2011年第15期。孔祥智、楼栋、何安华:《建立新型农业社会化服务体系:必要性、模式选择和对策建议》,《教学与研究》2012年第1期。仝志辉、侯宏伟:《农业社会化服务体系:对象选择与构建策略》,《改革》2015年第1期。陈义媛:《土地托管的实践与组织困境:对农业社会化服务体系构建的思考》,《南京农业大学学报(社会科学版)》2017年第6期。

[②] 夏英:《农业社会化服务问题的理论探讨》,《农业经济问题》1993年第6期。刘胤汉、刘彦随:《有关农业产业化与农业社会化服务体系问题探讨》,《人文地理》1996年第4期。蔡加福:《建立健全中国农业社会化服务体系的对策思考》,《福建论坛(人文社会科学版)》2005年第10期。王钊、刘晗、曹峥林:《农业社会化服务需求分析——基于重庆市191户农户的样本调查》,《农业技术经济》2015年第9期。

[③] 郭翔宇:《黑龙江省农业社会化服务体系问题探索》,《求是》2001年第5期。宋洪远:《新型农业社会化服务体系建设研究》,《中国流通经济》2010年第6期。孔祥智、穆娜娜:《实现小农户与现代农业发展的有机衔接》,《农村经济》2018年第2期。

国农业社会化服务体系发展方向,通过中观层面来实现农业社会化服务体系系统间、组织间和区域间协同作战,通过微观供给与需求差异和政府、社会、市场、农户的相关特征和性质来最终实现中国农业社会化公益性与经营性服务相结合、综合性与专业性服务相结合等。从而依靠政府、社会和市场三方建立起"组织结构和职能主辅互补、服务方式相协调、区域特色相互补、政策制度社会化"的"覆盖全程、综合配套、便捷高效"的农业社会化服务体系。

第四节 农业社会化服务体系中组织协同和服务能力关系的实证分析

建立新型农业社会化服务体系不仅是中国传统农业向现代农业转变的客观要求,也是农业现代化的主要内容。技术创新是农业发展的核心因素,[①]技术成果在农业中的广泛运用,使农业生产过程中引入大量的新型服务项目。随着农业技术的广泛运用,带来了农业产业专业化分工的深入和农业产业链间各环节协作的加强,农业发展逐渐从农业部门内部的分工服务,拓展到市场服务和社会综合服务领域,农业现代化的内涵也开始出现以商品化、技术化、产业化、社会化、生态化等为特征的变革。[②]农业社会化服务组织协同性是现代农业社会化服务体系建设的核心问题,农业产前、产中、产后各个环节需要生产性和非生产性服务的各类组织、机构和个人等主体的协同服务,形成网络服务系统。目前中国政府公益性服务组织是农业服务的主要力量,政府主要通过政府农业社

---

① 速水佑次郎、弗农·拉坦:《农业发展的国际分析》,郭熙保、张进铭译,中国社会科学出版社2010年版,第23页。姚延婷、陈万明、李晓宁:《环境友好农业技术创新与农业经济增长关系研究》,《中国人口·资源与环境》2014年第8期。

② 卢良恕:《新时期中国农业与现在农业建设》,《食品工业科技》2004年第2期。柯炳生:《关于加快推进现代农业建设的若干思考》,《农业经济问题》2007年第2期。

会化服务组织开展农业技术推广等农业服务活动,而绝大多数政府服务组织的服务理念、方式和内容与中国特色的社会主义市场经济体制不协调,出现政府农业社会化服务组织服务动力和能力不足,不能满足日益市场化、专业化和社会化发展的现代农业需求,农业社会化服务体系经过多年来发展不断完善,组织载体"多层次"、服务内容"多元化"、服务机制"多形式"格局基本形成,但是农业社会化服务组织不健全、服务内容与农民的需求差距大、生产要素配置不合理矛盾凸显等问题仍然存在。[①]

随着中国社会经济的快速发展和农业现代化进程的加快,现代技术广泛运用于农业产业各领域,农业发展的专业化程度不断深入,使现代农业打破传统农业领域,拓展到第三产业的科学技术研究和推广、教育与培训和信息等领域,以及第二产业的现代农业机械制造、水电工程建设和其他农业生产设备等领域,形成了以农业服务为核心的生产性服务组织和非生产性服务组织。党的十九大报告中针对实施乡村振兴战略做出重要指示,要求健全农业社会化服务体系,实现小农户和现代农业发展有机衔接,逐步建设包含农业技术推广服务、农业生产服务、农产品质量监管服务、农产品市场流通服务、农业信息收集和发布服务、农业金融和保险服务等六大新型社会化服务体系。农业现代化的发展客观上要求发展社会化、专业化和市场化的农业服务的系统工程。因此如何围绕现代农业发展对服务的需求,促进农业服务体系中农业社会化服务组织协同性程度,提高服务的高效性和针对性,解决当前农业服务体系建设的盲目性和低效性问题,成为促进中国农业现代化发展的关键问题。

本书试图建立一个农业社会化服务体系中组织协同和服务能力关系

[①] 仝志辉:《"去部门化":中国农业社会化服务体系构建的关键》,《探索与争鸣》2016年第6期。孔祥智:《中国农业社会化服务:基于供给和需求的研究》,中国人民大学出版社2009年版,第1页。关锐捷:《构建新型农业社会化服务体系初探》,《农业经济问题》2012年第4期。

的分析框架,揭示该框架各个构面之间的逻辑关系,进而试图回答如下问题:第一,农业社会化服务体系中组织协同与服务能力有什么样的关系存在?第二,组织协同和服务能力的建设对构建农业社会化服务体系有什么影响?

一、文献回顾与研究框架

中国的农业社会化服务体系是在政府、社会和市场引导下为农业、农村和农民经济活动产前、产中和产后的各个环节提供服务的各类机构和个人所形成的网络系统,[①]是职业教育与技术培训系统、技术推广系统、生产合作组织系统、水利和机耕服务系统、农业物资供应系统、加工、储存、包装、运输和销售系统以及市场信息系统等经济要素的组合。[②]从生产角度可以分为产前、产中、产后服务,从服务内容看可以分为科技、信息、采购、销售、加工、信贷、生活等服务,从组织系统看可以分为公共服务系统、私人服务系统和合作服务系统。[③]

"协同"一词来源于希腊文,意为共同工作。20世纪70年代由德国理论物理学家哈肯(H.Haken)创立了协同学。该理论认为协同系统是一个拥有许多能够以自组织方式运动的子系统组成的有序结构的开放系统。该系统在外部环境力量或自身内部系统相互作用力量驱动下,在宏观尺度上形成空间、时间和功能上有序结构的条件和规律。农业社会化服

[①] 蔡志坚:《农村社会化服务:供给与需求》,中国林业出版社2010年版,第13页。孔祥智、楼栋、何安华:《建立新型农业社会化服务体系:必要性、模式选择和对策建议》,《教学与研究》2012年第1期。仝志辉、侯宏伟:《农业社会化服务体系:对象选择与构建策略》,《改革》2015年第1期。陈义媛:《土地托管的实践与组织困境:对农业社会化服务体系构建的思考》,《南京农业大学学报(社会科学版)》2017年第6期。

[②] 梁鸿飞:《农业生产社会化服务体系内涵功能辨析》,《经济科学》1991年第10期。仝志辉、侯宏伟:《农业社会化服务体系:对象选择与构建策略》,《改革》2015年第1期。

[③] 樊亢、戎殿新:《论美国农业社会化服务体系》,《世界经济》1994年第6期。陈义媛:《土地托管的实践与组织困境:对农业社会化服务体系构建的思考》,《南京农业大学学报(社会科学版)》2017年第6期。

体系是一个复杂的科技系统、社会系统和经济系统。现代科技技术成果在农业中广泛的运用，使得农业生产也转向服务经济思维方式。[①]农业技术的运用使农业生产专业化分工更加深入。从科学的逻辑来看，农业社会化服务首先是从农业部门内部诞生的，并为农业内部服务，然后延伸到市场，为其他农业部门服务，因此，在农业内部刚刚诞生的农业服务与农业其他部门之间是协同关系，但当该服务延伸到市场为其他外部农业部门服务时，就可能产生不协同的关系。

农业社会化服务体系在形成新的农业社会化服务系统模式后，必然产生客观的服务能力结果。农业社会化服务组织的服务能力，要依据农业服务的供求特点，考察服务对象对服务组织服务的技术结果和服务过程的感知。根据格罗鲁斯（Gronroos，1990）关于服务营销能力和服务生产率理论观点界定的农业社会化服务组织服务能力，农业社会化服务组织的服务能力主要体现在服务过程中该组织如何将投入的资源转化为顾客价值效率，而传统的组织能力更多体现在保持特定的持续质量水平的前提下，从生产资源到产出的转化比率或生产过程中的产出和投入的比率。[②]农业社会化服务组织的服务能力主要包括在特定的生产资源内，如何有效地制造产出，即内部效率，也是服务组织基本的能力；其次是在给定数量的生产资源下，如何有效又经济地让顾客感知服务质量，即外部效率，也是服务组织对服务对象提供可感知的服务价值；服务提供者依靠顾客感知的服务质量的性能创造的销售额和收益的程度，才能获得收益。本书认为，农业社会化服务组织的服务能力是指服务组织如何将生产能力有效服务于顾客，在考虑内部效率、外部效率和综合能力的

[①] Walter R. S., *The Performance Economy*, Palgrave Macmillan, 2006. Giarini O., Stahel W.R., *The Limits to Certainty*, *Facing Risks in the New Service Economy*, Boston, London: Kluwer Academic Publishers, Dordrecht, 1992.

[②] Gronroos C., "Service Management and Marketing", *Business Book Review Library*, No.11, 1990.

前提下，有效利用生产资源转化为服务对象价值的能力，根据隆和维克斯－科赫（1995）企业核心能力观点，[①] 我们认为农业社会化服务组织同样存在门槛服务能力（Threshold Capabilities），即所需具备的基本资源等支持能力和执行业务所需的基本服务能力；专属服务能力（Critical Capabilities），即具有明显差异竞争优势的技能及系统；发展服务能力（Cutting Edgecapabilities），即企业为维持未来竞争优势，所必须发展的服务能力。

农业社会化服务体系是一个开放的社会经济系统。正如史黛丝（Stacey，1993）指出，每一个社会经济系统中组织或个体扮演着各种角色，从事各种活动，彼此之间相互联系，系统和系统中的子系统或组织也是开放的，系统与外界发生输入与输出关系，系统中的子系统或组织相互输送原材料、劳动力、资本、信息和情感。[②] 同时系统中的子系统或组织的输出内容将影响整个系统结构。但系统的输出能够产生新的系统能量并丰富系统环境。根据开放系统的理论，本书认为农业社会化服务体系中组织协同必然受到内部其他组织和系统外部环境力量的驱动作用，在该作用下产生协同的关系结构和运行特征。对于组织或系统的影响因素，马坦达和费里曼（Matanda and Freeman，2006）认为是市场不确定造成的，当现有的理论不能够解释或预测当前的市场问题或发生事件时，市场的不确定性就产生了。[③] 市场波动的因素包括政府的管制和政治、市场、技术等。而政府的政治和管制主要表现为政策的变化，因此市场剧烈变动的主要因素是政策变化、市场需求变化和技术变化。

[①] Long C., Vickers-Koch M., "Using Core Capabilities to Create Competitive Advantage", *Organizational Dynamics*, No.24, 1995.

[②] Stacey R. D., *Strategic Management and Organisational Dynamics*, Pearson Education Limited, 1993.

[③] Matanda M., Freeman S., *Using Buyer-seller Relationshipsto Manage Perceived Environmental Uncertainty in Export Markets: Perspectives of Suppliers in Developing Countries*, All Publications, 2006.

中国政府在农业社会化服务体系建设中起到重要的推动作用。宋洪远（2010）研究指出，20世纪80年代初，政府为了发展农村商品生产，提出农业社会化服务体系的概念，政府利用原有组织资源发展新的服务组织，在政府直接支持和间接引导下，中国农业社会化服务体系基本形成，主要模式有"村集体+中介组织+农户""公司+基地+农户""公司+合作社+基地+农户""公司+政府机构+基地+农户""农户+农协""农户+企业""农户+中介组织""农户+合作社"等农业社会化服务组织系统。[1] 孔祥智（2009）的研究结果表明，在农业技术信息服务方面，政府机构服务占70%，政策法律信息方面政府服务超过70%，在水利设施和灌溉等方面政府服务超过60%，畜禽防疫和饲养技术服务方面政府分别占57%和73%。[2] 说明政府在农业社会化服务体系中具有重要作用。结合国内外政府在农业社会化服务体系中直接和间接的作用，本书认为在农业社会化服务体系建设中，政府对农业社会化服务组织的协同结构和运行特征具有直接的影响作用，并对农业社会化服务体系中组织的服务能力和效率有影响效应。

农业社会化服务体系中组织协同的另一个主要动力因素是技术进步和扩散。段大恺（1990）认为农业社会化服务内容既包括机械设备、技术创新、信息产业、水利工程等"硬服务"，同时还包括观念更新、政策支持等"软服务"。[3] 正是现代科技技术农业成果广泛的运用，才使得农业社会化生产过程由工业化思维向服务经济思维方式转变。[4] 技术是农业发展的核心因素，技术创新诱致性因素促进农业部门内部产生新的服务

---

[1] 宋洪远：《新型农业社会化服务体系建设研究》，《中国流通经济》2010年第24期。
[2] 孔祥智：《中国农业社会化服务：基于供给和需求的研究》，中国人民大学出版社2009年版，第124页。
[3] 段大恺：《强化农业社会化服务促进农村经济全面发展》，《中国农村经济》1990年第9期。
[4] Walter R. S., *The Performance Economy*, Palgrave Macmillan, 2006. Giarini. O., Stahe W. R., *The Limits to Certainty, Facing Risks in the New Service Economy*, Boston, London: Kluwer Academic Publishers, Dordrecht, 1992.

组织系统。[①] 农业部门内部技术和观念的创新产生新型农业服务产业，在硬技术创新发展过程中，产生的新型非生产性的软技术服务（也可以称之非生产性服务），软技术服务又促进硬技术的物质生产部门的创新，实现硬技术的服务产业化，产生诸如生态农业、观赏农业、农产品网络咨询以及文化产业等等，这些新型的产业部门彼此交叉服务，形成了现代农业服务体系，同时市场围绕新型的服务交叉体系完善其必须发展的政策、法律、经济、文化制度环境。结合国内外研究成果，以及在农业社会化服务体系形成过程中市场需求、技术进步和市场组织竞争的作用，本书认为在农业社会化服务体系建设中，市场需求、技术进步和市场竞争对农业社会化服务组织的协同结构和运行特征具有直接的影响作用。并对农业社会化服务体系中组织的服务能力和效率有影响效应。

农业社会化服务体系中组织协同的内生因素主要有两个方面：一是基于降低交易成本，二是基于组织学习理论的组织创新。两者目标一致，即实现组织活动效率的最大化，提高市场服务能力。前者主要是基于成本效率，也就是传统组织内部实现投入产出的效率最大化，后者体现外部效率最大化，即通过组织学习，促进组织创新，有效支持内部高效投入产出转化为市场长期服务能力。

组织学习理论存在两派不同的观点，一派以系统动力学的观点强调学习是发生在个体的心智或组织的系统结构中，另一派则以社会学的观点强调学习和知识通过人与人之间的对话和互动，[②] 前者强调系统内结构元素中的自行处理讯息或调整组织行为的主流认知，后者则强调学习者

---

① 姚延婷、陈万明、李晓宁：《环境友好农业技术创新与农业经济增长关系研究》，《中国人口·资源与环境》2014年第8期。

② Edmondson A., Moingeon B., "Learning, Trust and Organizational Change", *Harvard Business Review*, 1999. Gherardi S., Nicolini D., "To Transfer is to Transform: The Circulation of Safety Knowledge", *Organization*, No.7, 2000.

乃是在特定的社会文化和现实环境中透过人际互动学习认知的社会人。都强调学习是不断进步改善的根基。组织学习是组织内部和外部基于知识的整合，主要与外部技术知识、中间商、社会大众、顾客等主体之间基于知识的关系整合，或者是组织内部不同单位与不同层级部门、员工等之间基于知识管理整合。[①]麦吉尔等（McGill et al.，1992）、班尼特（Bennett，1992）和布莱恩（O'Brien，1994）则强调组织学习就是帮助组织内部成员创造新的智慧，促进内部相互了解以及持续改善自我与产出的学习方式，包括适应型学习和创新型学习。[②]其中适应型学习强调科层化组织结构的特性，维持组织稳定的现况；创新型学习则强调机动、弹性、团队互补式的组织结构特性，追求组织的改变、创造、自我管理。奥利尔（O'Neil，1995）也特别强调以组织机制、结构和文化来说明与衡量组织学习的程度。[③]本书由于探讨农业社会化服务体系中组织协同问题，因此也重点讨论农业社会化服务体系内部的组织间的学习，强调农业服务系统内学习活动。通过农业服务体系内部组织间的学习，产生和谐的协同系统结构，以适应当前农业现代化发展的进程。结合国内外关于组织成本效率理论和组织学习理论的研究成果，本书认为在农业社会化服务体系建设中，农业社会化服务组织交易成本和组织学习行为对农业社会化服务组织的协同结构和运行特征具有直接的影响作用，并影响农业社会化服务体系中组织的服务能力和效率。

[①] Iansiti M., Clark K. B., "Integration and Dynamic Capability: Evidence from Product Development in Automobiles and Mainframe Computers", *Industrial & Corporate Change*, No.3, 1994. Petroni A., "The Analysis of Dynamic Capabilities in a Competence-Oriented Organization", *Technovation*, No.18, 1998.

[②] Mcgill M. E., Slocum J. W., Lei D., "Management Practices in Learning Organization", *Organizational Dynamics*, No.21, 1992. Bennett J. K., O'Brien M. J., "The Building Blocks of the Learning Organization", *Training*, No.31, 1994.

[③] O'Neil J., "On Schools as Learning Organizations: A Conversation with Peter Senge", *Educational Leadership*, No.52, 1995.

农业社会化服务组织协同中，其形式表现为组织协同的关系结构的社会性结构（社会化的结果）、合作结构（专业化结果）和规范化的结果（市场机制的产物）。沙利文和斯凯尔谢尔（Sullivan and Skelcher，2002）把组织协同结构形式分为组织关系网络、协同的伙伴关系、组织联盟等四种类型。[①] 非协同的组织关系就是纯粹市场交易，双方在既定的市场规范中进行的交易，在农业社会化服务市场中，服务组织主体必须按照市场规范进行交易行为。为了满足最终市场的需求，交易的组织双方在市场机制下，彼此依赖相互信任，共享资源、长期合作和联盟，形成了组织协同关系。

在农业服务市场，组织之间的行为存在着市场和非市场约束机制。一是非协同组织之间的关系行为是依据市场协调机制，或者是价格机制。[②] 二是基于合作关系机制。合作主要是优势互补，共生发展。农业社会化服务体系中组织协同形式无论是短期关系、长期关系或联盟关系，服务组织间都存在部分或完全的相互依赖或共生关系，因此农业社会化服务组织的合作关系结构本质上是依赖和共生互补关系结构。布林克霍夫（Brinkerhoff，2002）合作关系的各个行动者基于共同目标，在理性原则下划分工作合作，相互影响，达到综合效应与自主效应之间的平衡。[③] 同时，合作者之间为了维持合作关系，合作者之间必须相互尊重、公平决策、相互监督以及决策透明化等。一个以上的合作组织共同结合为联盟形式，产生水平或垂直关系。在不确定性环境中，彼此能够共同运用资源，或建构一个共享平台，形成不同规模、形式与目的结合体。该联盟具有正式的规范契约内容及终止日期，不会形成永久的组织

---

① Sullivan H., Skelcher C., *The Collaborative Agenda*, 2002.
② Coase R H., "The Nature of the Firm", *Economica*, No.4, 1937.
③ Brinkerhoff J. M., "Assessing and Improving Partnership Relationships and Outcomes: A Proposed Framework", *Evaluation & Program Planning*, No.25, 2002.

群体。①多组织合作包括四个特点：一是组织间存在契约关系，该契约由正式明文契约到非正式的关系契约构成；二是组织之间相互需求，组织间的关系具有互惠性，双方相互承诺，化解利益或文化冲突问题；三是组织合作，各合作组织相互妥协，积极参与合作范围的活动，但对未合作的范围，合作者各自仍然保持独立性；四是具有合作目标，合作组织为合作目标存在，具有组织特性。因此，农业社会化服务组织之间的合作关系，是合作双方或多方之间有共同的目标和资源共享的协议。②合资与农村农户合伙经营、建立合作组织等非常相似。③

三是农业社会化服务组织之间的关系无论是两两协同或网络协同，必然存在非市场关系的嵌入，即农业社会化服务组织协同的社会性。例如，格拉克和林肯（Gerlach and Lincoln，2000）把网络组织看作一群界定清楚的成员（包括个体、群体），通过社会关系相互连接而形成组织群。④网络中的组织行动者定位在该网络体系中，依照有秩序的正式权威、尊重、信任、承诺等社会关系（非市场的经济关系）与网络中的其他组织连接并产生互动。根据安道尔和配基（And and Page，1998）网络的社会特性观点，笔者认为农业社会化服务组织协同的网络社会性主要表现在四个方面：一是服务组织的学习功能，网络可快速传递信息和知识，促进服务组织相互学习；二是服务组织在网络中取得正当性与地位，网络中的行动者可以借由密切关系取得正当性与地位；三是通过网络关系资本增进经济利益，网络服务组织协同的稳定的网络社会关系有助于降

---

① Borys B., Jemison D. B., "Hybrid Arrangements as Strategic Alliances: Theoretical Issues in Organizational Combinations", *Academy of Management Review*, No.14, 1989. Harrigan K. R., "Joint Ventures and Competitive Strategy", *Strategic Management Journal*, No.9, 2010.

② Dimitratos P., *Management of Internationalization Ventures: Should International Partners be "Agents" or "Stewards"?*, Internationalization, Palgrave Macmillan UK, 2003.

③ 孙剑：《农户为中心的农产品营销渠道整合研究——基于农户交易行为与绩效的实证分析》，华中农业大学，博士论文，2009年，第53页。

④ Gerlach M. L., Lincoln J. R., "Economic Organization and Innovation in Japan: Networks, Spin-offs and the Creation of Enterprise", *Knowledge Creation*, 2000.

低交易成本；四是农业社会化服务组织通过网络适应非预期的环境变迁带来的市场不确定性。①

农业社会化服务体系组织协同的关系结构的差异性，使世界不同国家或地区在农业现代化进程中形成了差别性的农业社会化服务体系和服务能力水平。不同结构的农业社会化服务体系的功能和服务能力得以显现。关于农业社会化服务体系中服务组织协同的规范化，主要是协同中的制度结构和关系契约。无论是何种合作关系都存在彼此规范的契约，即使合作成员对社会的承诺或对利益相关者的承诺，也都存在规范化的形式和内容。因此，笔者认为，农业社会化服务体系中组织协同关系合作结构、社会结构和规范结构产生不同的系统运作方式，并与服务能力关系密切。根据上述分析，笔者认为在农业社会化服务体系建设中，农业社会化服务组织的协同结构影响其运行特征，并对农业社会化服务组织的服务能力具有直接的影响作用。

许多学者认为组织的协同行为伴随运作效率、运作范围和运作弹性等特征，主要观点表现在组织内部和组织外部协同的运行特征。关于组织内部协同的运行特征。迪克斯特胡斯和沃伯达（Dijksterhuis and Volberda，1999）认为企业为强化内部文化、价值的一致性等采取的协同行为，有利于提升工作效率与系统运作。②塔明（Tamin，2003）等强调协同活动的效率与外部密切相关。③蒂斯（Teece，1988）认为利用内部整合来增进新产品概念商品化执行的效率，使新产品的开发更快更多是很重要的。④关于组织外部整合的运行特征。尹安西提和克拉克（Iansiti

---

① And J. M. P., Page K L., "Network Forms of Organization", *Annual Review of Sociology*, No.24, 1998.

② Dijksterhuis M. S., Volberda H W., *Where do New Organizational Forms Come from? Management Logics as a Source of Coevolution*, INFORMS, 1999.

③ Tamin, Oliver, Dillmann R., *KaViDo: A Web-Based System for Collaborative Rresearch and Development Processes*, Elsevier Science Publishers B. V., 2003.

④ Teece D. J., "Capturing Value from Technological Innovation: Integration, Strategic Partnering, and Licensing Decisions", *Organizational Capabilities*, 1988.

and Clark，1994）认为组织吸收外部技术知识、中间商、社会大众、顾客方面提供相关的知识之后加以整合，进而提升经营绩效。[1] 佩特罗尼（Petroni，1998）进一步强调组织协同与核心能力的联结关系，他认为当厂商的核心能力是基于厂商的知识累积。[2] 外部组织协同是为了反应外部环境的不确定而建构所需的能力活动；而组织内部协同活动则是对程序、例规、方法等特定技巧、知识和管理的整合。

农业社会化服务体系中组织协同效果的好坏往往是由组织协同的范围、弹性和效率而定。本书根据格兰特（Grant，1996）关于企业提升竞争优势的协同特征观点，认为农业社会化服务组织协同的主要运行特征包括三个方面。第一方面是组织协同的运作效率，主要指农业社会化服务组织协同活动能够达到预期目标的程度；第二个方面是组织协同的范围，主要是指农业社会化服务组织协同活动能有效运作的层次；第三个方面是农业社会化服务组织协同的运作弹性，主要指农业社会化服务组织协同活动的时效性和相互支持或替代的程度。[3] 卢因和沃伯达（Lewin and Volberda，1999）则强调组织的不同结构形式存在不同的协同运作的特性，而且明确指出组织关系结构形态不同与组织协同的运作特性的差异性相关。[4] 例如功能性的组织系统可以通过规模经济、技术上的协同结构获得组织协同的效率。如果是地理区域为主的组织系统，组织协同的弹性比功能式组织要高，但组织协同的范围可能会被限制在某一地理范围。蔡尔德（Child，1984）指出矩阵结构的组织系统中，可用的工具和

---

[1] Iansiti M., Clark K. B., "Integration and Dynamic Capability: Evidence from Product Development in Automobiles and Mainframe Computers", *Industrial & Corporate Change*, No.3, 1994.

[2] Petroni A., "The Analysis of Dynamic Capabilities in a Competence-oriented Organization", *Technovation*, No.18, 1998.

[3] Grant R. M., "Prospering in Dinamically-Competitive Environments: Organizational Capability as Knowledge Integration", *Organization Science*, No.7, 1996.

[4] Lewin A. Y., Volberda H. W., "Prolegomena on Coevolution: A Framework for Research on Strategy and New Organizational Forms", *Organization Science*, No.10, 1999.

人才可被分配至不同的项目或计划，使组织协同的范围和弹性增加，但由于工具和人员往往来自不同的组织或部门，组织协同的效率并不能显著提高。[①] 安孚夫和勃兰登堡（Ansoff and Brandenburg, 1971）则认为创新结构的组织系统拥有知识协同的高度范围和弹性，并且拥有令人满意的协同效果。[②] 结合国内外关于组织结构功能理论和组织协同理论的研究成果，本书认为农业社会化服务体系中服务组织的协同运行特征对组织服务能力具有直接的影响作用。

农业社会化服务组织的服务能力是指服务组织如何有效地将生产能力服务于顾客，在考虑内部效率、外部效率和综合能力的前提下，有效利用生产资源转化为服务对象的价值的能力。根据隆和维克斯-科赫（Long and Vickers-Koch, 1995）企业核心能力观点，[③] 笔者认为农业社会化服务组织同样存在门槛服务能力（Threshold Capabilities）即所需具备的基本资源等支持能力和执行业务所需的基本服务能力；专属服务能力（Critical Capabilities）即具有明显差异竞争优势的技能及系统；发展服务能力（Cutting Edgecapabilities）即企业为维持未来竞争优势，所必须发展的服务能力。结合国内外关于组织或企业核心能力理论和服务生产率理论的研究成果，本书认为农业社会化服务体系中服务组织协同的服务能力受到组织协同关系结构和运行特征的直接的影响。根据上述文献回顾，探究农业社会化服务体系中组织协同驱动因素、组织协同结构和运行特征以及组织服务能力之间的内在机制，构建三者间的关系分析框架如图 8.3 所示。

---

① Child J., "New Technology and Developments in Management Organization", *Omega*, No.12, 1984.

② Ansoff H I., Brandenburg R. G., "A Language for Organization Design: Part I", *Management Science*, No.17, 1971.

③ Long C., Vickers-Koch M., "Using Core Capabilities to Create Competitive Advantage", *Organizational Dynamics*, No.24, 1995.

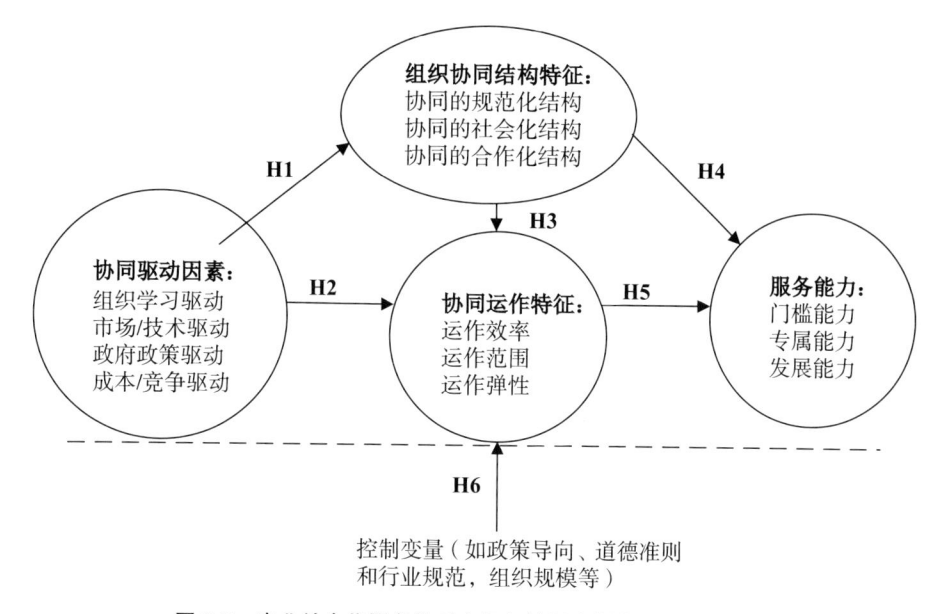

图 8.3　农业社会化服务体系中组织协同和服务能力关系模型

二、研究方法、变量测量与数据来源

（一）研究方法

本书研究的主要内容是分析农业社会化服务体系中组织协同与服务能力之间的逻辑关系。根据前文理论分析和研究假设，本书将服务能力设为因变量，将组织协同驱动因素、组织协同结构特征、组织协同运作特征三个方面的 10 个变量作为自变量，构建回归模型如下：

$$y=\beta_0+\beta_1 x_1+\beta_2 x_2+\cdots+\beta_n x_n+\varepsilon \tag{8.1}$$

式中，β_0 为常数项，β_1，β_2，$\cdots$，β_n 为解释变量的回归系数，反映其对因变量影响的方向和程度，ε 为残差项。

本书采用多元线性回归分析方法，运用 SPSS17.0 进行结果分析。

（二）变量测量

农业社会化服务组织学习。农业社会化服务组织学习是农业社会化服务组织获取、内化和应用知识或信息的过程。根据组织学习理论的观点，[1]农业社会化服务组织学习是组织内部和组织间基于知识的整合，即农业社会化服务组织与其他服务组织之间的技术知识的关系整合，或者是组织内部不同单位与不同层级部门、员工等之间基于知识管理整合，强调组织学习就是帮助组织内部成员创造新的智慧，促进内部相互了解以及持续改善自我与产出的学习方式。奥利尔（O'Neil，1995）强调以组织机制、结构和文化来说明与衡量组织学习的程度。[2]阿吉里斯和舍恩（Argyris and Schön，1978）提出了直线型学习模型，即发现、发明、执行和推广。[3]海德伦德和诺纳卡（Hedlund and Nonaka，1993）提出了组织学习的知识螺旋模型，认为知识创造与传播过程有4个阶段，具体包括社会化、外在化、组合化和内在化。[4]邓普顿（Templeton，2002）在实证研究中把组织学习用8个维度来衡量，具体包括认识、沟通绩效评价、智力培养、环境适应、社会学习、智力资本管理和组织联合。[5]而蒂平斯（Tippins，2010）用信息获取、扩散、理解、共享、组织记忆等5个方面衡量组织学习。[6]埃利斯和史皮尔伯格（Ellis and Shpielberg，2003）用组

---

[1] Iansiti M., Clark K. B., "Integration and Dynamic Capability: Evidence from Product Development in Automobiles and Mainframe Computers", *Industrial & Corporate Change*, No.3, 1994. Petroni A., "The Analysis of Dynamic Capabilities in a Competence-Oriented Organization", *Technovation*, No.18, 1998. Mcgill M. E., Slocum J. W., Lei D., "Management Practices in Learning Organizations", *Organizational Dynamics*, No.21, 1992. Bennett J. K., O'Brien M. J., "The Building Blocks of the Learning Organization", *Training*, No.31, 1994. Edmondson A., "The View through a Different Lens: Investigating Organizational Learning at the Group Level of Analysis", 1999. Gherardi S., Nicolini D., "The Organizational Learning of Safety in Communities of Practice", *Journal of Management Inquiry*, No.9, 2000.

[2] O'Neil J., "On Schools as Learning Organizations: A Conversation with Peter Senge", *Educational Leadership*, No.52, 1995.

[3] Argyris C., Schön D. A., "Organizational Learning: A Theory of Action Perspective", *Journal of Applied Behavioral Science*, 15, 1978, pp.542-548.

[4] Hedlund G., Nonaka I., "Models of Knowledge Management in the West and Japan", in P. Lorange, B.G. Chakravarthy, J. Roos and A.Van de Ven(Eds.), *Implemention Strateyic Processes, Change, Learning, and Cooperation*, Basil Blackwell, London, 1993, pp.117-144.

[5] Templeton G. F., Lewis B. R., Snyder C. A., "Development of a Measure for the Organizational Learning Construct", *Journal of Management Information Systems*, No.19, 2002.

[6] Tippins M. J., Sohi R. S., "IT Competency and Firm Performance: Is Organizational Learning a Missing Link?", *Strategic Management Journal*, No.24, 2010.

织的正式的学习程序、信息扩散、培训、信息搜集、信息储存和回忆等方面进行衡量组织学习。[1]赫雷斯-戈麦斯（Jerez-Gómez，2005）等认为组织学习有4个因素，既管理承诺、系统观点、开放和试验、知识转化和整合。[2]国内学者陈国权、郑红平（2005）认为组织学习包括发现、发明、选择、执行、推广、反馈和知识管理等7种能力。[3]于海波（2007）等提出了中国企业的组织学习主要包括组织间学习、组织层学习、集体学习、个体学习、利用式学习、开发式学习6个因素。[4]许学国（2010）把组织学习分为个人学习、团队学习、组织学习和组织间的学习。[5]本书结合国内外学者关于组织学习的测度，提出农业社会化服务组织学习的测度指标主要包括：根据市场需求变化进行管理变化应对、根据供应市场变化做相应管理变化、根据供应商经营变化而做相应管理变化、吸收同行或其他组织的经验改进自己经营、同客户交流并让他们提出改进经营的意见、从报纸电视和交流会获得经验来改进经营、愿意花钱使用新技术或新设备等产品等7个方面。

市场需求和技术驱动。马坦达和弗里曼（Matanda and Freeman，2006）认为当现有的理论不能够解释或预测当前的市场问题或事件发生时，市场的不确定性就产生了。[6]技术创新和制度变迁是农业发展的诱致

---

[1] Ellis S., Shpielberg N., "Organizational Learning Mechanisms and Managers' Perceived Uncertainty", *Human Relations*, No.56, 2003.

[2] Jerez-Gómez P., Céspedes-Lorente J., Valle-Cabrera R., "Organizational Learning Capability: A Proposal of Measurement", *Journal of Business Research*, No.58, 2005.

[3] 陈国权、郑红平：《组织学习影响因素、学习能力与绩效关系的实证研究》，《管理科学学报》2005年版第1期。陈国权：《学习型组织整体系统的构成及其组织系统与学习能力系统之间的关系》，《管理学报》2008年版第6期。

[4] 于海波、方俐洛、凌文辁：《组织学习及其作用机制的实证研究》，《管理科学学报》2007年版第5期。

[5] 许学国：《组织协同学习机理及实证研究》，《系统管理学报》2010年版第3期。

[6] Matanda M., Freeman S., *Using Buyer-Seller Relationships to Manage Perceived Environmental Uncertainty in Export Markets: Perspectives of Suppliers in Developing Countries*, All Publications, 2006.

性因素，其中技术是农业发展的核心因素。① 技术成果在工农业广泛的运用，使得工农业生产过程中产生大量的新型的服务需求。② 随着农业技术运用带来专业化分工的深入和农业产业链各个环节协作的加强，现代农业发展逐渐拓展到市场服务和社会的综合服务领域，农业现代化的内涵也开始出现以商品化、技术化、产业化、社会化、生态化等为特征的变革，形成了跨农业产业领域的复杂社会系统工程。③ 农业的发展分工越深入，对传统劳动力、土地和资金要素需求，以及社会提供技术、信息和文化等服务产品的需求更加迫切。因此农业产业发展严重依赖农业服务市场。本书结合国内外研究将市场需求和技术需求操作为：越来越多的农业生产者需要在市场购买服务产品；生产者购买农资、设备、工具等能使农业生产更简单，提高效率；现在农业生产服务产品越来越细，购买服务成为农村趋势；当前农户必须购买种子、化肥、农药等才达到正常收获；随着新农业技术推广，农业生产者对新的农业技术需求增加，不断有新产品出现，购买者可以通过购买新产品快速获得好处；农村现代化发展中，新种子、新资料、新工具等需求在农村具有普遍性；购买者相信科技生产在提高生产效率、提高收入等8个方面的作用显著。

交易成本和竞争驱动。科斯（Coase，1937）认为产生企业内部交易的原因归结为市场交易成本，为了降低外部市场交易成本，企业可能进行交易的组织内部化。④ 威廉姆森（Williamson，1985）认为市场和企业是组织节约、交易各方的交易成本的不同形式。⑤ 佩尔顿等（Pelton et al.，2002）认为在一个给定交易中，是否能够以更低的交易成本通过市

---

① 速水佑次郎、弗农·拉坦：《农业发展的国际分析》，郭熙保、张进铭等，中国社会科学出版社2010年版。
② Coase R. H., "The Nature of the Firm", *Economica*, No.4, 1937.
③ Williamson O. E., "Reflections on the New Institutional Economics", *Zeitschrift Für Die Gesamte Staatswissenschaft*, No.141, 1985.
④ Coase R. H., "The Nature of the Firm", *Economica*, No.4, 1937.
⑤ Williamson O. E., "Reflections on the New Institutional Economics", *Zeitschrift Für Die Gesamte Staatswissenschaft*, No.141, 1985.

场交易、关系交易或企业内交易来完成,这是最重要的经济决策。[1]组织降低交易成本也是在一个竞争环境下进行的,也就说,农业社会化服务组织协同是为了降低交易成本,其实也是通过降低交易成本提高竞争力,本质还是竞争问题。农业服务市场的垄断结构存在,寡头垄断组织之间的价格和市场的博弈,促进寡头企业通过与农民合作组织的合作获得竞争优势。所以本书把农业社会化服务组织交易成本与竞争结合在一起,作为农业社会化服务组织协同的驱动力量。结合中国农业社会化服务现状,本书主要从农业社会化服务组织在搜寻需求成本、服务成本、经营成本以及面临的竞争程度等内容进行具体化。

政府政策驱动。德鲁克和皮特(Drucker and Peter,1991)认为政府作为非营利组织拥有组织的责任、公共性与信念的使命。[2]政府主导的农业服务非营利组织必须是具有公益使命的正式合法组织,该组织不以营利为目的。[3]库茨(Coutts,1994)根据农业推广服务从低到高分为技术转移服务、解决问题服务、教育培训服务和人力资源发展服务等四个层面,[4]教育和人力资源发展等人力资本成为农业社会化服务的关键,安妮和茨(Anne and Van,2000)认为农业服务在普通大众比个人从农业社会服务中收益更多时;[5]某项农业服务活动由政府实施比他人或机构实施更便宜时;政府的农业政策与服务结合更有效时;私人不能提供足够的公共效益时,政府应当承担农业的服务活动。在农业技术研究和发展服务方面,政府或科研机构主导的公益机构通过私人服务组织的市场化运作

---

[1] Pelton L. E., Strutton D., Lumpkin J. R., *Marketing Channels: A Relationship Management Approach*, McGraw-Hill/Irwin, 2002.

[2] Drucker, Peter F., *Adventures of a Bystander*, New York: Harper Collins Publishers, 1991.pp.90-91.

[3] Wolf T., *Managing a Nonprofit Organization*, Free Press, 1990.

[4] Coutts J., "Process, Paper Policy and Practice: A Case Study of a Formal Extension Policy in Queensland", *Agricultural University*, 1994.

[5] Anne W., Van B. D., "Different Ways of Financing Agricultural Extension", *Agricultural Research and Extension Network*, No.7, 2000.

把农业服务技术迅速地高效转向市场,也会影响到公益机构的R&D资源运用。[1]因此,本文认为政府在农业社会化服务中具有推手作用,具体到中国当前政府的推动作用主要表现为政府补贴、优惠的税收、惠农政策等。

组织协同结构与运行特征。组织协同内涵主要包括静态的协同结构和动态的运行特征。组织的协同是组织间为了达成各种预期目标,维护彼此的相互利益,进行平等的信息交换,规划共同活动,分享彼此资源,增强彼此组织的能力的过程。组织之间在共同的目标下,风险和责任共担,报酬分享农业社会化服务的社会化、[2]专业化和市场化在农业社会化服务组织协同中,其形式表现为组织协同的关系结构的社会性结构(社会化的结果)、合作结构(专业化结果)和规范化的结果(市场机制的产物)。

农业社会化服务组织的合作关系结构本质上是依赖和共生互补关系结构。布林克霍夫(Brinkerhoff,2002)指出合作关系的各个行动者基于共同目标,分工合作,相互影响,达到综合效应与自主效应之间的平衡。[3]合作者之间为了维持合作关系,必须相互尊重、公平决策、相互监

---

[1] Klotz C. A., Rubenstein K. D., "The Changing Agricultural Research Environment: What does It Mean for Public-Private Innovation", *AgBio Forum*, No.2, 1999.

[2] Himmelman A. T., "On the Theory and Practice of Ttransform Ational Collaboration: Collaboration as a Hridge from Social Service to Social Justice", 1996. Huxham C., Vangen S., "Working Together: Key Themes in the Management of Relationships between Public and NonProfit Organizations", *International Journal of Public Sector Management*, No.9, 1996. Donaldson J. F., Kozoll C. E., "Collaborative Program Planning: Principles, Practices, and Strategies, Professional Practices in Adult Education and Human Resource Development Series", *Canadian Journal of University Continuing Education*, No.25, 1999. Andersonbutcher D., Ashton D., "Innovative Models of Collaboration to Serve Children, Youths, Families, and Communities", *Children & Schools*, No.26, 2004. Straus D., "How to Make Collaboration Work Powerful Ways to Build Consensus Solve Problems and Make Decisions", *T+D*, 2002. Agranoff R., Mcguire M., *Collaborative Public Management: New Strategies for Local Governments*, Georgetown University Press, 2004. Everett J., Jamal T. B., "Multistakeholder Collaboration as Symbolic Marketplace and Pedagogic Practice", *Journal of Management Inquiry*, No.13, 2004. Poggenpohl S. H., "Practicing Collaboration in Design", *Visible Language*, 2004.

[3] Brinkerhoff J. M., "Assessing and Improving Partnership Relationships and Outcomes: A Proposed Framework", *Evaluation & Program Planning*, No.25, 2002.

督以及决策透明化等。组织合作包括组织间存在的契约规范、组织之间相互需求、组织合作和合作目标。农业社会化服务组织之间的合作关系,是合作双方或多方之间有共同的目标和资源共享的协议。

农业社会化服务组织之间的关系存在非市场关系的嵌入,即农业社会化服务组织协同的社会性。林肯(Lincoln,1982)把网络组织看作社会关系相互连接而形成的组织群,网络中的组织行动者定位在该网络体系中,依照有秩序地正式权威、尊重、信任、承诺等社会关系(非市场的经济关系)与网络中的其他组织连接并产生互动。[1] 安道尔和配基(And and Page,1998)认为协同网络的社会性包括服务组织的学习功能,取得正当性与地位,通过网络关系资本增进经济利益,以及适应非预期的环境变迁带来的市场不确定性等。[2] 组织伙伴关系成熟缓慢,首先双方彼此关注并在一个离散的合作氛围中相互学习、了解,并彼此欣赏对方的规范和模式,在充分信息中双方建立信任,并再次提出新的合作承诺。[3] 建立密切的伙伴关系可以内部沟通和相互信任为基础的联合协议和合同替代市场规则。政府和民间等非营利组织与市场私人服务组织的合作,主要原因是需要两者合作互补实现满足不同市场的农业服务的需要。[4]

组织的协同行为伴随运作效率、运作范围和运作弹性等特征。博施

---

[1] Lincoln J. R., "Intra— (and inter—) Organizational Networks", *Research in the Sociology of Organizations*, 1982.

[2] And J. M. P., Page K .L., "Network Forms of Organization", *Annual Review of Sociology*, No.24, 1998.

[3] Anderson W. L., "Group Relations Psychology and Computer Supported Work Some New Directions for Research and Development", *Conference on Organizational Computing Systems*, ACM, 1991.

[4] Weisbrod B., "Toward a Theory of the Voluntary Nonpropit Sector in Three-Sector Economy", in E.Phelps (Eds.), *Altruism Moality and Economic Theory*, New York:Russel Sage, No.10, 1974.Hansman H. B., "The Role of Nonprofit Enterprise", *Yale Law Journal*, No.89, 1980. Salamon L. M., *America's Nonprofit Sector:A Prime*, New York: The Foundation Center, 1992, p.156.

等（Bosch et al.，1999）认为企业内部文化、价值的一致性有利于工作效率与系统运作。[1] 蒂斯等（Teece et al.，1997）认为内部整合可以增进新产品概念商品化执行的效率。[2] 尹安西提和克拉克（Iansiti and Clark，1994）认为中间商、社会大众、顾客方面提供相关知识的整合可以提升经营绩效。[3] 佩特罗尼（Petroni，1996）进一步强调组织协同与核心能力之联结关系，外部组织协同是为了反应外部环境的不确定而建构所需的能力活动；[4] 而组织内部协同活动则是对程序、例规、方法等特定技巧、知识和管理整合。农业社会化服务体系中组织协同效果的好坏往往是由组织协同的范围、弹性和效率而定。根据格兰特（Grant，1996）观点，[5] 运作效率是指农业社会化服务组织协同活动能够达到预期目标的程度；组织协同的范围是指农业社会化服务组织协同活动能有效运作的层次；组织协同的运作弹性是指农业社会化服务组织协同活动的时效性和相互支持或替代的程度。蔡尔德（Child，1984）、迪克斯特胡斯和沃伯达（Dijksterhuis and Volberda，1999）则强调组织的不同结构形式存在不同的协同运作的特性。[6] 安孛夫和勃兰登堡（Ansoff and Brandenburg，1971）则认为创新结构的组织系统拥有知识协同的高度范围和弹性，并

---

[1] Bosch F. D., Volberda H. W., Boer M. D., "Co-Evolution of Firm Absorptive Capacity and Knowledge Environment: Organizational Forms and Combinative Capabilities", *Organization Science*, No.10, 1999.

[2] Teece D. J., Pisano G., Shuen A., "Dynamic Capabilities and Strategic Management", *Strategic Management Journal*, No.18, 1997.

[3] Iansiti M., Clark K. B., "Integration and Dynamic Capability: Evidence from Product Development in Automobiles and Mainframe Computers", *Industrial & Corporate Change*, No.3, 1994.

[4] Petroni A., "The Analysis of Dynamic Capabilities in a Competence-Oriented Organization", *Technovation*, No.18, 1998.

[5] Grant R. M., "Prospering in Dinamically-Competitive Environments: Organizational Capability as Knowledge Integration", *Organization Science*, No.7, 1996.

[6] Child J., "New Technology and Developments in Management Organization", *Omega*, No.12, 1984. Dijksterhuis M. S., Volberda H. W., "Where do New Organizational Forms Come from? Management Logics as a Source of Coevolution", *Organization Science*, 1999.

且拥有令人满意的协同效果。①

本书结合国内外研究,将农业社会化服务组织协同结构操作为规范结构、社会结构和合作结构三个方面;将组织运行特征操作为效率特征、范围特征、弹性特征三个方面。

农业社会化服务组织的服务能力。农业社会化服务组织的服务能力是指服务组织如何将生产能力有效服务于顾客,并考虑内部效率、外部效率和综合能力的前提下,有效利用生产资源转化为服务对象的价值的能力。②隆利维克斯-科赫(Long and Vickers-Koch,1995)则将企业的核心能力区分门槛能力(Threshold Capabilities,即支持企业在产业竞争中所需具备支持性的能力,以及企业执行业务工作所需要的基本能力),关键性能力(Critical Capabilities,即能够对公司在顾客竞争中获得竞争优势的影响重大的技能及系统),未来性能力(Cutting Edgecapabilities,即企业为维持未来竞争优势,所必须发展的能力)。③哈梅尔和海恩(Hamel and Heene,1994)将企业核心能力分为接近市场能力(营销能力、后勤能力、技术支持能力)、整合能力(作业流程弹性、产品供应能力)和功能性能力(提供独特产品或服务功能给予顾客特殊的价值能力)。④本书上述服务能力界定,把农业社会化服务组织分为门槛服务能力(Threshold Capabilities)即所需具备的基本资源等支持能力和执行业务所需的基本服务能力;专属服务能力(Critical Capabilities)即具有明显差异竞争优势的技能及系统;发展服务能力(Cutting Edgecapabilities)即企业为维持未来竞争优势,所必须发展的服务能力。

---

① Ansoff H. I., Brandenburg R. G., "A Language for Organization Design: Part I", *Management Science*, No.17, 1971.
② Gronroos C., "Service Management and Marketing", *Business Book Review Library*, No.11, 1990.
③ Long C., Vickers-Koch M., "Using Core Capabilities to Create Competitive Advantage", *Organizational Dynamics*, No.24, 1995.
④ Hamel G., Heene A., "Introduction: Competing Paradigms in Strategic Management", No.9, 1994.

（三）数据来源

本书数据主要是通过封闭问卷实地调查获得。按照便利和随机抽样相结合的三层抽样法。第一层为判断抽样法（Judgement Sampling），根据中国经济发展水平和农业社会化服务水平，分别选择东部的浙江省、天津市、广东省、江苏省、福建省、北京市（由于北京经济发展水平和农业社会化服务水平较高，我们把北京划归东部经济发展较快的群组）6省市，中部的湖北、河南、河北、江西、湖南共5省份，西部包括贵州省、四川省、重庆市、广西自治区和内蒙古自治区（虽然内蒙处于中部地区，但其经济和农业社会化服务水平与中部地区相近，故归为中部群组）5省市，共16个省（市）作为调查地区。第二层为随机抽样法（Stratified Sampling）。将判断抽样选择出的16省（市）中的县或市为总体样本，每个省（市）随机抽签1—2个县或县级市，共随机抽出26个县市（或区）。这些县市分别分布在湖北省、河南省、内蒙古自治区、北京市、重庆市、天津市、浙江省、广西自治区和广东省等9省（市）。第三层采用便利抽样法（Convenience Sampling）。根据调查研究人员的便利性，选择20个农业社会化服务组织，平均每个县市（区）发放调查问卷30份，每个县市（或区）安排一个本地研究生和一个专职调查员。

本次调查研究共发放问卷600份，另专人调查150份（前测问卷，实际有效问卷109份）。总计问卷750份。调查对象包括种植、水产、畜牧、林业、园艺等产业的种苗、饲料、化肥、农药、耗材农资、生产工具、农业机械、各种生产设备、加工、技术、信息、运输、雇工、销售、资金、培训、保险、咨询与法律服务等服务项目经营的组织或企业（包括工商个体）的负责人。回收问卷428份（包括前测问卷），问卷回收率为57.1%，有效问卷381份，问卷有效率为50.1%。

（四）样本特征

本书分别从农业社会化服务组织的规模、组织的年限、组织的地区分布、组织的性质、服务类别、所属产业类别等组织特征进行描述性统计分析，从中可以看出本文样本的主要分布特点。

从农业社会化服务组织的规模看，样本中76.4%的服务组织是100万元规模以下的小型企业，由于本样本具有随机抽样性质，说明中国农业社会化服务的主体是中小企业为主，大型龙头企业虽然具有很强的辐射作用，但在农业社会化服务体系中并非是重要主体。该结果与中国实际情况吻合。

从农业社会化服务组织的年限看，10年内的企业279个，占总数的73.1%，说明最近10年是中国农业社会化服务大发展时期，在该时期产生了大量从事农业社会化服务的企业或组织。结果也说明中国农业服务企业长期稳定发展程度不够，16年以上的农业服务企业比率很小，占10.5%。农业社会化服务与社会经济发展密切相关，近10年是中国社会经济大发展阶段，农业现代化进程加快，客观上需要大量专门组织从事农业社会化服务。

从农业社会化服务组织的性质看，个体工商企业，也就是家族式的小企业组织形式255个，占总数的一半以上，其次是民营企业67个。说明农业社会化服务组织的主力军是民营企业或家庭经营组织，这些主要是市场经济的产物，主要是营利性服务组织。而国有企业或组织比率很小。说明中国大型国有企业承担农业社会化服务责任不够。

从农业社会化服务组织的服务类别和所属行业看，中国农业社会化服务组织主要是从事农产品销售、农产品加工和农资服务等服务类型，对农业技术和信息等服务主要还依赖政府，民间组织发育较落后。从所在行业看粮油行业、种苗行业占多数。虽然不同的服务市场大小有差异，但总体看中国农业存在过于集中少数进入壁垒较低的服务，而从事服务的行业也是传统农业的主要需求部分，缺少新型科技技术服务行业类别。

从农业社会化服务组织地区分布看，本书所获得的样本东部地区100份，中部地区176份，西部地区105份，分别占总数的26.3%、46.3%和27.4%。中部地区占到46.3%样本的主要原因是存在前测问卷大多在中部地区，另外考虑中部地区是中国主要农业生产地区，农业服务需求比率要比其他地区高。所以，本书认为该分布比率与现实一致，具有代表性，样本的结论推导总体具有科学性。

表 8.1 样本特征

组织特征	类别	频数	百分比
组织规模	10 万元以下	39	10.2%
	11 万—50 万元	99	26%
	51 万—100 万元	153	40.2%
	101 万—500 万元	25	6.6%
	501 万—1000 万元	13	3.4%
	10001 万—2000 万元	24	6.3%
	2000 万元以上	28	7.3%
企业年限	1—5 年	140	36.7%
	6—10 年	139	36.4%
	11—15 年	62	16.4%
	16—20 年	21	5.5%
	21—25 年	19	5.0%
组织地区分布	东部地区	100	26.3%
	中部地区	176	46.3%
	西部地区	105	27.4%
组织性质	国有企业	10	2.5%
	国有控股企业	3	0.8%
	集体企业	9	2.4%
	中外合资企业	11	2.9%
	民营企业	67	17.6%
	个体工商企业	255	67.0%
	其他企业	26	6.8%
服务类别	是否加工服务（是）	54	14.2%
	否	327	85.8%
	是否农产品销售（是）	165	43.4%
	否	216	56.6%
	是否农业运输服务（是）	18	4.6%
	否	363	95.4%
	是否信息技术服务（是）	44	11.6%
	否	337	88.4%
	是否农资服务（是）	58	15.2%
	否	323	84.8%

续表

组织特征	类别	频数	百分比
所属产业类别	是否粮油行业（是）	80	21.1%
	否	301	78.9%
	是否水产行业（是）	17	4.5%
	否	364	95.5%
	是否果蔬行业（是）	46	12.1%
	否	335	87.9%
	是否禽蛋肉行业（是）	36	9.4%
	否	345	90.6%
	是否林业行业（是）	26	6.8%
	否	355	93.2%
	是否饲料行业（是）	53	14.0%
	否	328	86.0%
	是否花卉行业（是）	11	3.0%
	否	370	97.0%
	是否种苗行业（是）	69	18.0%
	否	312	82.0%

注：由于存在漏填项，所以各类别总和可能小于381，比率总和也可能小于100%。

三、数据分析与结果分析

（一）信度与效度检验

在分析之前，对数据的可靠性和有效性进行检验。利用SPSS17.0软件对研究中的量表进行信度检验，结果显示，农业社会化服务组织协同驱动力量的组织学习、市场/技术需求、政策驱动和成本/竞争驱动等四个单一构面Cronbach's Alpha系数分别为0.782、0.767、0.708和0.794；农业社会化服务组织协同结构的规范化结构、社会化结构和合作化结构等三个单一构面的Cronbach's Alpha系数分别为0.782、0.759和0.801；农业社会化服务组织协同运作的效率特征、范围特征和弹性特征等三个单一构面的Cronbach's Alpha系数分别为0.702、0.692和0.802；农业社会化服务组织服务的门槛能力、专属能力和发展能力等三个单一构面的Cronbach's Alpha系数分别为0.696、0.739和0.701，根据农纳利（Nunnally，1978）和德维利斯（DeVellis，1991）观点，构面的 Cronbach's Alpha 系数达到 0.70—0.80，表明内部一致性效果相当好，达到 0.65—0.70，表明内部一致性效果可以接受，本书各个量表的数据内部一致性较强，量表信度良好。因子分析结果显示，本书各单一尺度构面的各问题项因子载荷量绝大多数都超过 0.5，各题项累计因子载荷（VE）在 0.5 左右，CITC 的值绝大多数在 0.4 左右，表明这些量表在单一构面尺度的量表和收敛效度上符合良好品质的要求。各潜变量之间的相关系数低于 0.7，不存在严重共线性，认为各量表之间存在判别效度。因此，本文的农业社会化服务组织协同驱动力量、协同结构和运行特征、组织服务能力等三个大构面具有良好品质，符合研究需要。

（二）农业社会化服务组织协同与服务能力的关系机理分析

结合本书分析框架，分别以农业社会化服务组织协同结构的规范化结构、社会化结构和合作化结构等三个变量为因变量，组织学习、市场/技术需求、政策驱动和成本/竞争驱动等四个正向反馈为自变量，政策法律约束、农业服务行规约束和社会道德准则约束等负向反馈为调节变量，分层次把自变量和调节变量导入方程中，然后导入交互项，从而获得正向反馈自变量对组织协同结构直接效果和反向反馈调节变量对组织协同结构的调节效果。

表 8.2 农业社会化服务组织协同驱动因素对组织协同结构影响的回归结果

	组织协同规范化结构 ZG			组织协同社会化结构 ZS			组织协同合作化结构 ZH		
变量	1	2	3	4	5	6	7	8	9
常数	1.472**	−0.118	3.201**	1.838**	0.740**	3.284**	2.364**	1.153**	2.449*
组织性质	−0.011	−0.019	−0.027	−0.009	−0.015	−0.001	−0.042	−0.050*	−0.044*
组织规模	0.033**	0.023*	0.018	0.027*	0.018	0.013	0.007	−0.003	−0.012
组织年限	0.042*	0.024	0.021	0.044**	0.031	0.032	0.057**	0.039*	0.034
组织属地	0.055	0.002	0.009	−0.051	−0.094**	−0.085**	−.0058	−0.107**	−0.093**
LP	0.229**	0.077*	−0.312	0.246**	0.152**	0.337	0.190**	0.089**	0.721**

续表

变量	组织协同规范化结构 ZG			组织协同社会化结构 ZS			组织协同合作化结构 ZH		
	1	2	3	4	5	6	7	8	9
HG	0.126**	0.084*	−0.181	0.094**	0.061	−0.542	0.139**	0.095**	−1.415**
SD	0.163**	0.064	−0.252	0.126**	0.057	−0.289	0.102**	0.030	0.514**
PX		0.404**	−0.232		0.292**	0.015		0.248**	0.245
PW		0.163**	−0.770*		0.166**	−0.111		0.236**	−0.451
PZ		0.086*	0.600*		−0.028	−0.037		−0.017	0.136
PC		0.105**	0.465*		0.093**	−0.029		0.116**	0.366
LP×PX			0.207**			−0.021			−0.025
LP×PW			−0.084			−0.047			−0.032
LP×PZ			−0.045			−0.004			−0.038
LP×PC			0.023			0.030			−0.073
HG×PX			−0.179*			−0.346**			−0.135
HG×PW			0.304**			0.302**			0.317**
HG×PZ			−0.139			0.117			0.146
HG×PC			0.078			0.087			0.050
SD×PX			0.145			0.433**			0.154*
SD×PW			0.031			−0.170			−0.092
SD×PZ			0.057			−0.103			−0.144
SD×PC			−0.189**			−0.077			−0.041
调整 R^2	0.195	0.341	0.382	0.207	0.293	0.338	0.162	0.253	0.288
F	26.01**	34.94**	20.39**	28.09**	28.37**	17.11**	21.09**	23.35**	13.75**
ΔR^2		0.148	0.051		0.089	0.055		0.094	0.046
$F(\Delta R^2)$		40.51**	4.93**		22.87**	5.03**		22.82**	3.91**
D.W.			1.069			0.982			0.843

注：* 代表 $p < 0.05$ 显著水平，** 代表 $p < 0.01$ 显著水平，表格内为 Bta 系数；*PX* 代表组织学习；*PW* 代表市场／技术需求；*PZ* 代表政府驱动；*PC* 代表成本／竞争驱动；*ZG* 代表组织协同规范结构；*ZS* 代表组织协同社会结构；*ZH* 代表组织协同合作结构；*LP* 代表政策和法律约束，*HG* 代表行业规范约束，*SD* 代表道德准则约束。

从表 8.2 中看出，模型 1 中表明负向反馈变量与组织协同规范结构存在直接影响效应（Bta 系数分别为 0.229、0.126 和 0.163，并达到统计显著）。同样模型 4 和模型 7 验证负向反馈的政府政策约束、农业服务行规约束和社会道德准则约束等变量对农业社会化服务组织协同结构具有直接影响效应。模型 2、模型 5 和模型 8 结果表明组织学习变量对组织协同规范化结构、社会化结构和合作化结构具有直接影响作用（Bta 系数分别为 0.404、0.292 和 0.248，并达到统计显著）。因此本书认为组织内部成本和组织学习驱动力量越大，对组织协同的规范化、社会化和合作化结构影响越大。同样，模型 2、模型 5 和模型 8 结果表明市场/技术需求变量对组织协同规范化结构、社会化结构和合作化结构具有直接影响作用（Bta 系数分别为 0.163、0.166 和 0.236，并达到统计显著），成本/竞争变量也对组织协同规范化结构、社会化结构和合作化结构具有直接影响作用（Bta 系数分别为 0.105、0.093 和 0.116，并达到统计显著）。即外部市场需求、技术需求的驱动力量越大，对组织协同的规范化、社会化和合作化结构影响越大；组织交易成本和市场竞争驱动力量越大，对组织协同的规范化、社会化和合作化结构影响越大。在模型 2 中政府驱动力量对农业社会化服务组织协同的规范结构具有直接影响（Bta 系数分别为 0.086，并达到统计显著），但在模型 5 和模型 8 中对组织协同的社会化和合作化结构没有直接影响（Bta 系数分别为 –0.028 和 –0.017，统计分析上不显著），因此本书部分支持政府驱动力量越大，对组织协同的规范化、社会化和合作化结构影响越大。结合上述结果和回归系数符号为正，本书认为农业社会化服务体系中组织协同的驱动力量越大，对农业社会化服务组织协同的关系结构影响越大，即农业社会化服务体系中组织协同的驱动力量对农业社会化服务组织协同结构具有直接影响效应。

负向反馈中的政策和法律约束只在模型 3 中正向影响（调节作用）组织学习与组织协同规范化结构的关系（Bta 系数为 0.207，统计上显著），对其他关系并不影响。行业规范约束变量在模型 3 和模型 6 中分别对组织学习与组织协同规范结构负影响，Bta 系数分别为 –0.179 和 –0.346，统计上显著；而在模型 3、6、9 中，行业规范约束对市场/技术需求与组织协同规范化、社会化以及合作化结构等关系具有正向影响作用（调节作用），Bta 系数分别为 0.304、0.302 和 0.317，统计上显著。社会道德准则约束在模型 6 和 9 中分别对组织学习与组织协同社会化结构、市场/技术需求与组织协同的合作化结构等关系正向影响（调节作用），Bta 系数分别为 0.433 和 0.154，统计上显著；同时在模型 3 中对成本/竞争驱动力量与组织协同规范化结构的关系负向影响（负向调节作用），Bta 系数为 –0.189，统计上显著。因此，笔者认为反向反馈的政策法律约束、农业服务行规约束和社会道德准则约束等变量部分对农业社会化服务组织协同驱动力量与组织协同结构关系有部分显著调节作用，即部分认为农业社会化服务体系的负向反馈力量（包括政策法律、行业规范和社会惯例）对组织协同驱动力量和组织协同结构的关系具有调控作用。

从表 8.2 中 9 个回归方程 F 值看，都达到极显著程度（$p < 0.001$），校正 R^2 最小为 0.162，最大为 0.382，表明 9 个回归方程有很强的解释力。DW 值基本都在 1 左右，表明该方程变量不存在严重的共线性，研究结果具有可靠性。

该部分研究检验分别以农业社会化服务组织协同运作的效率特征、范围特征和弹性特征等三个变量为因变量，组织学习、市场/技术需求、政策驱动和成本/竞争驱动等四个正向反馈为自变量，政策法律约束、农业服务行规约束和社会道德准则约束等负向反馈为调节变量，分层次把自变量和调节变量导入方程中，然后导入交互项，从而获得正向反馈自变量对组织协同运作特征直接效果和反向反馈调节变量对组织协同结构的调节效果。

从表 8.3 中看出，模型 10、13 和 16 表明负向反馈变量与组织协同运作的效率、范围和弹性特征存在直接正向影响效应（回归系数都达到统计显著，见表 5.10）。模型 11、模型 14 和模型 17 结果表明组织学习变量对组织协同运作的效率、范围和弹性特征都具有正向直接影响作用（Bta 系数分别为 0.178、0.216 和 0.238，并达到统计显著）。因此本书认为组织内部成本和组织学习驱动力量越大，对组织协同的运作效率、运作范围和运作弹性的影响越大。同样，模型 11、模型 14 和模型 17 结果表明成本／竞争驱动变量对组织协同运作的效率、范围和弹性特征都具有正向直接影响作用（Bta 系数分别为 0.147、0.128 和 0.149，并达到统计显著），因此本书认为组织交易成本和市场竞争驱动力量越大，对组织协同的运作效率、运作范围和运作弹性的影响越大。市场／技术需求变量也对组织协同运作的效率和弹性特征具有正向直接影响作用（Bta 系数分别为 0.120 和 0.123，并达到统计显著），但对运作的范围特征无显著影响作用。在模型 17 中政府驱动力量对农业社会化服务组织协同运作的弹性特征具有负向直接影响（Bta 系数分别为 –0.109，并达到统计显著），但对组织协同运作的效率和范围特征无显著影响。因此部分认为外部市场和技术需求驱动力量越大，对组织协同的运作效率、运作范围和运作弹性的影响越大；政府驱动力量越大，对组织协同的运作效率、运作范围和运作弹性的影响越大。

结合上述结果，本书认为农业社会化服务体系中组织协同的驱动力量越大，对农业社会化服务组织协同运作影响就越大，即大部分支持农业社会化服务体系中组织协同的驱动力量对农业社会化服务组织协同结构具有直接影响效应，部分负向影响。

表 8.3 农业社会化服务组织协同驱动因素对组织协同运行特征影响的回归结果

变量	组织协同效率特征 YX			组织协同范围特征 YF			组织协同弹性特征 YT		
	10	11	12	13	14	15	16	17	18
常数	1.661**	0.670**	–3.127**	2.485**	1.734**	2.870*	2.026**	1.140**	–1.235
组织性质	0.055**	0.050**	0.038*	–0.117**	–0.117**	–0.105**	0.001	–0.003	–0.012
组织规模	0.031**	0.025*	0.022*	0.016	0.011	0.000	0.049**	0.040**	0.033**
组织年限	0.022	0.008	–0.003	0.009	0.001	0.013	0.025	0.014	0.007
组织属地	0.037	0.013	0.006	–0.026	–0.033	–0.041	–0.005	–0.031	–0.034

续表

变量	组织协同效率特征 YX			组织协同范围特征 YF			组织协同弹性特征 YT		
	10	11	12	13	14	15	16	17	18
LP	0.130**	0.068*	0.587	0.281**	0.240**	0.155	0.073**	0.027	0.545*
HG	0.104**	0.071*	0.392	0.066*	0.047	−0.093	0.069*	0.036	0.151
SD	0.160**	0.106**	0.355	0.070*	0.026	−0.101	0.278**	0.226**	0.284
PX		0.178**	0.476		0.216**	1.148**		0.238**	0.260
PW		0.123*	0.177		−0.013	−1.290**		0.120**	0−.018
PZ		0−.001	0.547*		−0.007	0.502		−0.109**	0.645*
PC		0.147**	0.272		0.128**	−0.387		0.149**	0.150
LP×PX			0.223**			0.052			0.148**
LP×PW			−0.268**			−0.012			−0.082
LP×PZ			−0.014			−0.080			−0.147**
LP×PC			−0.075**			0.074*			−0.061
HG×PX			−0.208**			−0.228**			−0.194**
HG×PW			0.136			0.296**			0.206**
HG×PZ			−0.055			−0.032			−0.041
HG×PC			0.055			−0.008			−0.003
SD×PX			−0.090			−0.070			0.039
SD×PW			0.100			0.058			−.0092
SD×PZ			−0.071			−0.019			−0.012
SD×PC			−0.015			0.073			0.061
调整 R^2	0.156	0.230	0.289	0.244	0.286	0.315	0.247	0.332	0.361
F	18.93**	19.44**	12.41**	34.52**	27.40**	17.11**	34.96**	33.78**	18.77**
ΔR^2		0.075	0.059		0.089	0.055		0.088	0.038
$F(\Delta R^2)$		17.32**	4.83**		11.43**	3.55**		23.92**	3.64**
D.W.	0.924			0.815			0.859		

注：* 代表 $p < 0.05$ 显著水平，** 代表 $p < 0.01$ 显著水平，表格内为 Bta 系数；PX 代表组织学习；PW 代表市场/技术需求；PZ 代表政府驱动；PC 代表成本/竞争驱动；YX 代表组织协同效率特征；YF 代表组织协同范围特征；YT 代表组织协同弹性特征；LP 代表政策和法律约束，HG 代表行业规范约束，SD 代表道德准则约束。

负向反馈中的政策和法律约束只在模型 12 中显著影响（调节作用）组织学习、市场/技术需求、成本/竞争驱动等与组织协同运作的效率特征的关系（Bta 系数为 0.223、−0.268、−0.0757，统计上显著）。行业规范约束变量在模型 12、15 和模型 18 中分别对组织学习与组织协同运作的效率、范围和弹性特征的关系负影响，Bta 系数分别为 −0.208、−0.228 和 −0.194，统计上显著；而在模型 15、18 中，行业规范约束对市场/技术需求与组织协同运作的范围和弹性特征等关系具有正向影响作用（调节作用），Bta 系数分别为 0.296 和 0.206，统计上显著。社会道德准则约束对组织协同驱动力量和运作特征的关系无影响作用。因此，笔者认为反向反馈的政策法律约束和农业服务行规约束等变量部分，对农业社会化服务组织协同驱动力量与组织协同运作特征关系有部分显著调节作用，即部分认为农业社会化服务体系的负向反馈力量（包括政策法律、行业规范和社会惯例）对组织协同驱动力量和运作特征的关系具有调控作用。

从表 8.3 中 9 个回归方程 F 值看，同样都达到极显著程度（$p<0.001$），校正 R^2 最小为 0.156，最大为 0.361，表明 9 个回归方程有很强的解释力。DW 值基本都在 1 附近，表明该方程变量不存在严重的共线性，研究结果也具有可靠性。

该部分研究检验分别以农业社会化服务组织协同运作的效率特征、范围特征和弹性特征等三个变量为因变量，组织协同的规范化、社会化和合作化等结构为自变量，引入组织协同的正向反馈力量和负向反馈力量以及两者的匹配（交互）等 3 个自变量，同时分层次把自变量和调节变量导入方程中，然后导入交互项，从而获得组织协同结构对组织协同运作特征直接效果和正反向反馈变量及其匹配（交互）变量对组织协同运作的影响效应。

从表 8.4 中看出，模型 19、22 和 25 表明组织协同的规范化和社会化结构对组织协同运作（三个特征）都具有直接正向影响效应（回归系数都达到统计显著）。因此本书认为农业社会化服务组织协同的规范结构与组织协同的运作效率、运作范围、运作弹性和组织沟通显著相关；农业社会化服务组织协同的社会结构与组织协同的运作效率、运作范围、运作弹性和组织沟通显著相关。而组织协同的合作化结构仅仅在模型25中显著直接影响组织协同运作的弹性特征（Bta系数为0.132，并达到统计显著）。因此本书部分农业社会化服务组织协同的合作结构与组织协同的运作效率、运作范围、运作弹性和组织沟通显著相关。

同样，模型20、模型23和模型26结果表明组织协同的正向反馈驱动力量（JP：组织学习、市场/技术需求、政策驱动和成本/竞争驱动等四个变量总和）对组织协同运作的效率、范围和弹性特征都具有正向直接影响作用（Bta系数分别为0.276、0.210和0.243，并达到统计显著）；同时组织协同的负向反馈驱动力量（FP：政策法律约束、农业服务行规约束和社会道德准则约束等三个变量总和）对组织协同运作的效率、范围和弹性特征都具有正向直接影响作用（Bta系数分别为0.187、0.188和0.274，并达到统计显著）。而正向反馈驱动力量（JP）仅仅在模型21中对组织协同合作结构与组织协同效率特征的关系呈负向影响作用（Bta系数为–0.260，统计上显著）。在模型21和模型27中组织协同的正向驱动力量（JP）对农业服务组织的社会结构特征与协同的效率特征和弹性特征的关系分别具有正向直接影响（Bta系数分别为0.654和0.158），负向反馈驱动力量（FP）对组织协同规范化、社会化等特征与组织协同运作弹性特征的关系具有直接影响作用（Bta系数分别为–0.233和0.259），同时对合作结构特征与效率特征关系具有直接影响作用（Bta系数分别为0.340）。结果显示正向驱动力量和负向反馈力量匹配（交互）对组织协同结构特征（Zi：组织协同规范化、社会化和合作化等特征总和）与组织协同的效率特征、直接影响关系（Bta系数分别为–0.118和–0.076）。因此本书将部分认为农业社会化服务体系的负向反馈力量和组织协同驱动力量及其匹配（交互作用）对组织协同结构和运作特征的关系具有影响作用。

从表8.4中9个回归方程F值看，同样都达到极显著程度（$p < 0.001$），校正R^2最小为0.188，最大为0.322，表明9个回归方程有很强的解释力。

DW值基本都在1左右,表明该方程变量不存在严重的共线性。研究结果具有可靠性。

表8.4 农业服务组织协同内在关系机制及影响因素的回归结果

变量	组织协同效率特征 YX			组织协同范围特征 YF			组织协同弹性特征 YT		
	19	20	21	22	23	24	25	26	27
常数	1.625**	0.554*	2.289	2.636**	1.708**	3.263*	2.213**	1.002**	2.921*
组织性质	0.056**	0.061**	0.051**	−0.137**	−0.131**	−0.126**	0.006	0.014	0.021
组织规模	0.023*	0.022*	0.022*	0.005	0.004	0.003	0.047**	0.044**	0.049**
组织年限	0.011	0.005	−0.002	−0.013	−0.018	−0.014	0.021	0.014	0.007
组织属地	0.022	0.034	0.037	−0.057	−0.044	−0.036	−0.012	0.008	0.008
ZG	0.235**	0.138**	0.534	0.103**	0.020	1.222**	0.159**	0.053	0.176
ZS	0.137**	0.088**	−2.433**	0.333**	0.290**	−0.487	0.088*	0.027	−1.138*
ZH	0.063	0.017	0.026	0.022	−0.018	−0.454	0.132**	0.082*	−0.448
JP		0.276**	−0.010		0.210**	−0.439		0.243**	−0.716*
FP		0.187**	−0.038		0.188**	0.394		0.274**	0.659**
JP × *ZG*			.059			−.209			0.295
JP × *ZS*			0.654**			0.112			0.158**
JP × *ZH*			−0.185			0.159			0.080
FP × *ZG*			−.015			−0.151			−0.233*
FP × *ZS*			0.174			0.059			0.259*
FP × *ZH*			0.340**			−0.083			0.159
JP × *FP* × *ZI*			−0.118**			0.032			−0.076*
调整 R^2	.188	.247	.282	.260	.298	.308	.186	.275	.323
F	24.81**	27.23**	18.61**	36.99**	34.83**	20.87**	24.40**	31.16**	20.84**
ΔR^2		0.061	0.041		0.040	0.016		0.090	0.039
F(ΔR^2)		28.90**	5.85**		20.23**	2.33*		44.36**	5.72**
D.W	0.935			0.827			0.829		

注:* 代表 $p < 0.05$ 显著水平,** 代表 $p < 0.01$ 显著水平,表格内为Bta系数;*JP* 代表正向反馈的驱动力量;*FP* 代表负向反馈的约束力量;*ZG* 代表组织协同规范结构;*ZS* 代表组织协同社会结构;*ZH* 代表组织协同合作结构;*YX* 代表组织协同效率特征;*YF* 代表组织协同范围特征;*YT* 代表组织协同弹性特征;*Zi* 代表组织协同的规范化、社会化和合作化结构总和。

该部分研究检验分别以农业社会化服务门槛能力、专属能力和发展能力等三个变量为因变量,组织协同的规范化、社会化和合作化等结构,组织协同运作的效率特征、范围特征和弹性特征等6个变量为自变量,引入组织协同结构总和变量(Zi:组织协同的规范化、社会化和合作化结构总和)和组织协同运作特征总和变量(Yi:组织协同运作的效率特征、范围特征和弹性特征的总和)两个变量以及两者的匹配(交互)等3个自变量,同时分层次把自变量和调节变量导入方程中,然后导入交互项,从而获得组织协同结构、组织协同运作特征以及两者匹配变量对农业服务组织服务能力的直接效果。

从表8.5中看出,组织协同规范化结构在模型30和模型32中分别对农业服务组织服务的专属能力和发展能力有显著直接影响作用(Bta系数分别为0.189和0.229,达到统计显著)。因此本书部分认为农业社会化服务组织协同的关系结构规范化程度越高,则农业社会化服务组织服务能力越强。在模型28、30和32中,组织协同社会化和合作化结构分别全部显著直接影响组织的服务门槛能力、专属能力和发展能力(Bta系数达到统计上显著性)。因此本书认为农业社会化服务组织协同的社会结构规范化程度越高,则农业社会化服务组织服务能力越强;农业社会化服务组织协同的合作结构规范化程度越高,则农业社会化服务组织服务能力也越强。结合上述结果,本书绝大部分认为农业社会化服务体系中组织协同结构对农业社会化服务组织的服务能力具有直接影响效应。

农业服务组织协同运作特征对服务能力影响方面,其中组织协同运作效率特征只在模型28中对组织门槛服务能力具有直接显著影响(Bta系数分别为0.132,并达到统计显著)。因此本书部分认为农业社会化服务体系中组织协同的效率程度越高,则农业社会化服务组织服务能力越强。而组织协同运作的范围特征和弹性特征分别在模型30和模型32中对组织的专属服务能力和发展服务能力有显著直接影响效应(Bta系数达到统计上显著性)。因此本书大部分认为农业社会化服务体系中组织协同的范围程度越高,则农业社会化服务组织服务能力越强;农业社会化服务体系中组织协同的弹性程度越高,则农业社会化服务组织服务能力也越强。结合上述结果,本书绝大部分认为农业社会化服务体系中组织协同运作的程度越高,则农业社会化服务组织服务能力越强。

同样,模型29和模型33中,组织协同结构总和变量(Z_i)和组织协同运作特征总和变量(Y_i)的匹配(交互作用)对农业服务组织的门槛服务能力和发展服务能力具有显著的影响作用(Bta系数分别为0.154和0.593,达到统计上显著性)。说明农业服务组织的协同结构和运行特征的匹配性对农业服务组织的服务门槛能力和发展能力具有影响效果。因此本书绝大部分认为农业社会化服务体系中组织协同的结构特征与运作特征的匹配(相互作用)程度,对组织服务能力有直接影响。

从表8.5中6个回归方程F值看,同样都达到极显著程度($p<0.001$),校正R^2最小为0.210,最大为0.410,表明6个回归方程有很强的解释力。DW值基本都在1左右,表明该方程变量不存在严重的共线性。研究结果具有可靠性。

表8.5 农业服务组织协同与组织服务能力关系的回归结果

变量	组织服务门槛能力NM		组织服务专属能力NZ		组织服务发展能力NF	
	28	29	30	31	32	33
常数	1.109**	3.148**	1.243**	−0.267	0.310	8.141**
组织性质	−0.016	−0.019	−0.058*	−0.056	0.018	0.005
组织规模	−0.002	−0.004	0.036*	0.038*	0.026	0.015
组织年限	0.012	0.014	−0.011	−0.012	0.006	0.013
组织属地	−0.013	−0.013	−0.028	−0.027	−0.020	−0.023
ZG	0.004	−0.178*	0.189**	0.324**	0.229**	−0.472**
ZS	0.148**	−0.038	0.280**	0.419**	0.148*	−0.568**
ZH	0.435**	0.249**	−0.226**	−0.088	0.184**	−0.530**
YX	0.147**	−0.026	0.086	0.214	0.050	−0.615**

续表

变量	组织服务门槛能力 NM			组织服务专属能力 NZ			组织服务发展能力 NF		
	28	29		30	31		32	33	
YF	−0.022	−0.227**		0.178**	0.329*		0.199**	−0.585**	
YT	0.042	−0.149		0.216**	0.357*		0.120**	−0.611**	
$ZI \times YI$		0.154*			−0.114			0.593**	
调整 R^2	0.407	0.410		0.210	0.211		0.269	0.299	
F	50.72**	46.75**		19.96**	18.24**		27.65**	29.02**	
ΔR^2		0.004			0.01			0.030	
$F(\Delta R^2)$		4.51*			0.998			31.03**	
D.W	0.835			0.827			1.028		

注：* 代表 $p<0.05$ 显著水平，** 代表 $p<0.01$ 显著水平，表格内为 Bta 系数；Zi 代表组织协同的规范化、社会化和合作化结构总和；Yi 代表组织协同运作的效率特征、范围特征和弹性特征的总和；ZG 代表组织协同规范结构；ZS 代表组织协同社会结构；ZH 代表组织协同合作结构；YX 代表组织协同效率特征；YF 代表组织协同范围特征；YT 代表组织协同弹性特征；NM 代表门槛服务能力，NZ 代表专属服务能力，NF 代表发展服务能力。

四、结论与政策建议

根据分析结果，本书得出如下结论：第一，农业社会化服务体系建设的核心是该体系中农业社会化服务组织协同和服务能力，农业社会化服务系统（体系）内的诸要素相互作用形成新的农业社会化服务体系的内在机制，并影响农业社会化服务能力；第二，农业社会化服务组织间的关系结构和运作特征的交互效应是组织协同的内在机制，通过个别组织间关系结构和运作交互机制的影响，达到组织网络协同的传递效应，为农业社会化服务体系建设提供可操作性策略；第三，政府在促进农业社会化服务组织协同方面缺乏力度，法律/政策和行业规范不适应当前农业社会化服务组织协同的发展，当前农业社会化服务体系中促进组织协同力量和调控力量并不匹配，不能正向促进体系内协同机制发展；第四，农业组织协同的规范化结构、运作的范围和弹性等对农业社会化服务组织的基本服务能力的提高没有显著影响，组织协同效率仅仅影响组织服务的门槛能力，体系中组织协同结构和运作特征的匹配能够促进服务能力的提高。

根据上述结论，得出如下对策建议：第一，建立完善的法律体系和政策体系，完善农业服务市场的行业规范制度，培养社会良好道德习惯，保证和调控农业社会化服务组织社会经济活动创新发展方向，促进农业社会化服务体系创新。第二，从农业社会化服务组织协同关系结构和运作的创新路径实现农业社会化服务体系创新研究，通过驱动力量，促进组织间的合作程度，一是加强农业社会化服务组织间的垂直一体化整合，实现基于供求关系的紧密合作结构，形成农业综合一体化服务的重要形式的农工商综合体，产供销一体化形式等；二是促进服务组织之间的水平合作，有效实现组织之间互补共生的合作结构；三是加强服务组织的网络建设，形成组织网络依赖结构。第三，加强政府的驱动效应，加快中国农业社会化服务体系建设，政府通过政策引导和政策规定，倡导在整个社会中形成农业服务内容的专业化和综合化发展、服务过程中的政府、科研机构等公益组织与经营组织之间的合作和相互促进，使农业发展突破农业产业领域，实现第一产业、第二产业和第三产业的交叉紧密关系，形成农业发展的社会化。第四，提高农业服务市场化程度，促进农业服务主体的多元化和市场化，在农业服务市场和技术需求的驱动下，加快传统农业社会化服务组织的市场化转变，实现农业服务机构或部门的市场化改制，打破政府的农业服务垄断，运用社会主义市场规律，实现农业服务多经营主体、经营形式的多元化和市场化，提高农业社会化效率。第五，树立组织协同的市场导向观念，形成农业服务组织的现代经营理念，农业社会化服务体系不断从外部环境输入信息，并输出物质或信息，造成系统的波动或内部组织的变革，通过整个系统波动和内部组织变革产生新的农业社会化服务组织协同功能，客观上产生更适应中国当前快速推进的农业现代化的社会化农业服务能力。

第九章　机制与模式：新型农业社会化服务体系构建

第一节　新型农业社会化服务体系构建的思路与原则

一、系统性原则

中国农业社会化服务体系是由农业社会化服务实施主体与受体以及内外部其他要素组成，在整个系统中内部组织包括农户、中介组织、合作组织、企业、政府相关部门，职业教育与技术培训系统、技术推广系统、生产合作组织系统、水利和机耕服务系统、农业物资供应系统、加工、储存、包装、运输和销售系统以及市场信息系统等。内部要素之间的整合构建依据系统理论出发，从而使得农业社会化服务体系成为一个良好的主体，保证农业社会化服务体系整合构建的全面性与准确性。

二、协调性原则

协调性原则是指农业社会化服务体系内部要素整合构建不仅要考虑到自身系统效益的最大化，还要考虑到农业社会化服务与外部政治、经济和社会的协调性。对于系统内部而言，进行农业社会化服务整合要注重各子系统之间协调性关系，农业社会化服务是一个综合运用的系统，子系统之间都是平等关系，并且对农业发展起到不可忽视的作用。为此在整合时必然要实现各子系统之间，各组织之间的协调互补。对于系统外部而言，发展整合农业社会化服务体系要与外部政治环境、经济环境、社会环境、生态环境等相互协调，实现经济、社会、环境的友好可持续和谐发展。

三、经济高效性原则

经济高效原则构建新型农业社会化服务体系须遵循的最基本原则，在构建过程中要保证新型农业社会化服务体系在满足所有服务范围内实现经济投入与产出实现高分配比，使其整个系统达到高效运转。从而在有限资源禀赋条件下实现农业服务供给主体与需求受体之间各自利益的最大化与平衡，实现二者和谐发展，共同推动社会经济可持续发展。

第二节 新型农业社会化服务体系组织关系重构与功能整合

中国农业社会化服务体系虽然目前已初步形成了从中央到省、地、市、县、乡、村多层次的农业社会化服务体系，经过多年来发展不断完善，组织载体"多层次"、服务内容"多元化"、服务机制"多形式"格局基本形成。[1]但就农业社会化服务供给主体而言，政府、社会和市场三方组织的服务范围、服务功能与职能定位、服务方式、服务性质、服务内容等都各不相同，缺乏互补性，从而致使中国农业社会化服务体系供求矛盾突出，并且组织主体建构缺失，"部门化"严重，农业社会化服务体系"半社会化"和"去公益化"倾向明显。[2]农业服务组织内部政府、社会和市场三方联动性较差，没有形成系统合力以促进农业社会化服务体系完善和发展。为此，本书立足于农业服务供给与需求差距，并运用

---

[1] 孔祥智、徐珍源、史冰清：《当前中国农业社会化服务体系的现状、问题和对策研究》，《江汉论坛》2009年第5期。杨汇泉、朱启臻：《新中国成立60年来农业社会化服务体系组织建构回顾及研究述评》，《华南农业大学学报（社会科学版）》2010年第1期。杨汇泉、朱启臻、梁怡：《统一主体与多元主体：农业社会化服务体系组织的权变性建构》，《重庆大学学报（社会科学版）》2011年第2期。关锐捷：《构建新型农业社会化服务体系初探》，《农业经济问题》2012年第4期。

[2] 仝志辉、侯宏伟：《农业社会化服务体系：对象选择与构建策略》，《改革》2015年第1期。熊鹰：《农户对农业社会化服务需求的实证分析——基于成都市176个样本农户的调查》，《农村经济》2010年第3期。龚道广：《农业社会化服务的一般理论及其对农户选择的应用分析》，《中国农村观察》2000年第6期。

市场供求理论、系统理论和结构功能理论对农业社会化体系内部要素进行整合构建，通过服务组织间整合形成农业服务体系与政府政策、行业制度、社会惯例有效结合的无缝制度支撑的社会化服务体系。

农业社会化服务体系组织结构的主辅整合是指农业社会化服务参与主体诸如公共服务机构、合作经济组织和涉农企业等服务组织按照分工明确、定位清楚、合作共赢的要求建立一个"主辅互补、覆盖全程、综合配套、便捷高效"的农业社会化服务体系。通过农业服务组织职能整合，明确农业社会化服务参与主体的主辅之分，建立起以公共服务机构为依托、合作经济组织为基础、龙头企业为骨干、社会其它组织为补充的高效农业社会化服务组织体系（见图9.1）。

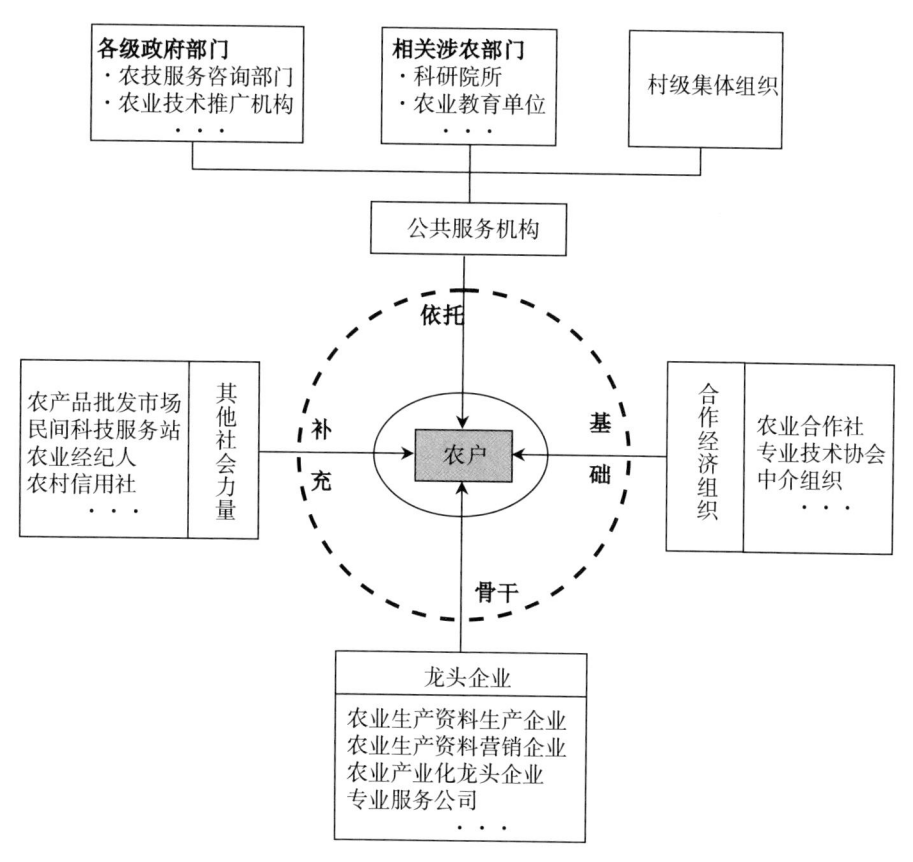

图 9.1　农业社会化服务组织职能定位整合框架

一、构建以公共服务为依托的农业社会化服务组织关系体系

公共服务机构主要包括各级政府部门（如乡镇或区域性农业技术推广部门等）、相关涉农部门（如农业教育单位、农科院所、动植物疫病防控部门、农产品质量监管部门等）、村级集体经济组织以及乡镇"七所八站"等。公共服务部门作为农业社会化服务的依托组织单位，一方面主要承担着农村交通、通讯、农田水利、电力等公共基础设施建设，另一方面主要承担着农业教育、农业科研与技术推广，其主要目的在于提供一些公益性强、覆盖面广的基础性服务。乡镇一级的公共服务组织在"最后一公里"问题上起到了举足轻重的作用，为此，要大力发展公共服务相关部门，不断提高集体组织的实力建设，从而加大农业社会化服务体系的组织保障；第二，要明确公共服务组织的组织职能定位，坚持实行"条块结合、以条为主"的管理体制完善其服务依托功能，在政府部门和相关服务机构的共同作用下构建良好的农业社会化服务体系。

二、构建以合作经济组织为基础的农业社会化服务组织关系体系

合作经济组织是基于农户与市场交易特征前提下以成员之间的承诺和信任为约束力量，从而在农户或组织之间实现共生、互补、合作性质的交易关系，并建立起高竞争聚合力的农户主体。该主体主要由中介组织、农业协会以及农业合作社等构成。然而，目前中国农业合作组织发展尚处初级阶段，以合作经济组织为基础的农业体系的发展任重而道远，以农业合作经济组织为基础的社会化服务体系构建主要体现在两个方面：

第一，加大农业资本的投入力度。一是通过县级以上财政部门建立农业合作组织专项基金；二是国家金融机构部门通过提供政策性金融服务和商业金融服务相结合方式为农业合作组织提供多渠道的资金、金融服务；三是各级政府相关部门和机构要为农村农业合作组织提供生

产技术和管理技术培训等，从而提高中国农业合作组织的农业社会化服务能力。

第二，逐步完善中国农业合作组织的制度与运行机制。农业合作组织是在市场发展过程中，农户为解决分散经营背景下无法良好参与市场而建立的增强农户聚合力的组织，其主体是农民，领导成员也是由农民自身推举产生。完善农业合作组织的公益性职能，对外交换按照市场经济原则，对内则坚持惠顾返还制度。利用《中华人民共和国农民专业合作社法》的要求完善合作组织内部的治理结构，坚持其农业合作组织的服务性职能，形成真正意义上的农业合作组织。

三、构建以龙头企业为骨干的农业社会化服务组织关系体系

在该体系中，通过实力较强的农产品加工、销售企业与农户联合，企业与农户之间主要以经济合同、契约或是权力约束结成利益共享、风险共担的联合体。以龙头企业为骨干，实现龙头企业与农户的联合的农业社会化服务体系有助于理顺农户与农业服务提供相关部门的关系，调动各方积极性，从而有助于实现农业产业化发展。

第一，通过政策诱导和鼓励大型工商企业进入农业领域，在农业产业发达地区建立带动能力强的农产品加工、销售等于一体的农业企业，使企业成为连接市场与农户的纽带，协调农业产业的发展。从而使得龙头企业成为农业社会化服务体系中一支新兴的、较有发展前途的骨干力量，通过龙头企业的带动作用，实现农户与市场的良好互动。第二，涉农企业应树立良好的服务意识，对农业产业链上的每一个环节进行指导和监控，加大对农业科研的投入，组织力量强化新产品的培育和农产品深加工。并积极引导和鼓励企业与科研院所、学校等进行对接，建立健全科研服务水平，保证其良好的企业活力。第三，企业作为农业社会化服务体系的骨干，为保障农业生产者在"公司+农户"模式中能够分享农产品加工销售的增值利润，需不断建立和完善涉农企业

与农户的利益联结机制。在一定程度上通过对企业的政策优惠促使企业将加工销售增值的一部分利润返还给农户，并在此基础上与相关机构共同建立风险基金以补偿市场波动或自然灾害所造成的农户减收损失。另一方面要建立健全法制规范保障机制，主要规范合同签订，使企业和农户的行为都受到法律约束，将企业与农户连接成责、权、利相一致的共同体。

四、构建以其他社会力量为补充的农业社会化服务组织关系体系

由农产品批发市场组织、农业经纪人、民间科技服务站、农村信用社等构成的其他社会力量作为中国新型农业社会化服务体系的组成部分，在农业服务中起到了重要的补充作用。该体系关键点在于不断完善民间组织，并逐步加强地区农产品批发市场和金融信贷服务机构等组织建设，使之成为农业社会化服务体系的补充力量。

第一，加快农产品批发市场建设与升级，从而建设有效的农产品流通体系，深度优化中国农产品批发市场综合布局，并最终形成产地批发市场与销地批发市场、综合性批发市场与专业性批发市场互补，实现农产品区域之间的良好流通。第二，不断提高农业经纪人的服务能力，降低服务风险。一是大力扶持农业经纪人，通过政策为经纪人创造公平的竞争环境；二是加快中国经纪人组织群体建设，提高经纪人组织化水平，在政府和相关组织的政策和制度引导下协助农业经纪人建立经纪人联合体和农业行业协会；三是通过相关组织加大经纪人的教育与培训，从而提高经纪人业务素质，掌握相关知识协助农民和市场开展相关工作。第三，改善农村金融信贷的服务机制和服务方式，给予其金融信贷政策。在政策上，对于农业合作社、协会和农民的信贷资金要给予减税、免税政策，通过政策引导农村信用社为三农服务。在金融信贷服务方面，要实现金融服务产品创新，扩大信贷服务力度和广度，使得农民与涉农小

企业摆脱资金不足或者贷款资格不足问题。

五、新型农业社会化服务组织功能整合

在社会主义市场经济体制下中国农业社会化服务有两种推动力量，即市场和政府。[①]市场力量主要是指市场各主体按照市场经济法则，向农户提供付费的经营性服务。市场服务具有排他性和竞争性特点，个人、企业、民间服务团体、中介机构等作为农业社会化服务提供主体。政府力量主要提供市场主体无法提供的农业服务，该服务具有非排他性和非竞争性的特点，其服务提供部门主要是政府公共服务机构。政府与市场作为农业社会化服务体系的供给主体决定了自身的组织功能，即以新时期中国新型农业社会化服务体系构建为契机实现农业社会化服务组织公益性职能与经营性职能分离和转变，通过组织分离使得各个农业服务组织功能定位明确，公益性和经营性服务互补结合。

中国农业社会化服务公益性和经营性整合分离是构建新型农业社会化服务体系的重要内容，按照"强化公益性职能、放活经营性服务"的总体要求，实现农业社会化服务公益性和经营性功能互补。通过坚持公益性职能和经营性服务相对分离、坚持资源整合和合理利用、坚持政府与市场共建的原则，逐步实现农业社会化服务体系公益性服务与经营性服务整合。通过政府与市场的双重推动建立起以公益性服务体系为主干，经营性服务体系为补充，公益性和经营性相对分离协调发展，形成"横到边、纵到底、满覆盖"的新型农业社会化服务体系。

第一，扩展由政府公共服务机构提供的公益性农业服务范围。在现

---

① 孔祥智：《中国农业社会化服务：基于供给和需求的研究》，中国人民大学出版社2009年版，第383页。关锐捷：《构建新型农业社会化服务体系初探》，《农业经济问题》2012年第4期。王定祥、李虹：《新型农业社会化服务体系的构建与配套政策研究》，《上海经济研究》2016年第6期。仝志辉：《"去部门化"：中国农业社会化服务体系构建的关键》，《探索与争鸣》2016年第1期。

有基础之上将农技、林业、农机、水利水保、畜牧兽医、水产等服务机构承担的重大技术推广、信息服务、资源环境保护、灾害防治等农业服务纳入公益性职能，并扩大公益性职能范围。通过现有资源的整合、资产置换和市财政投入等办法建立起以农业技术推广（包括农业技术推广、畜牧技术推广和农机技术推广）、农业综合执法、农业安全保障（包括动物植物保护、动物防疫植物检疫、农产品的质量安全监测和农机安全监理）、农村经济管理和农业信息（包括农村经营管理、农业生产信息、农村土地管理和农业灾害预警）四个子体系构建的龙头平台；整合现有的农业、畜牧、农机等各项服务资源，采取省、市、县财政支持，统一规划建设县级公益性农业服务机构建设，使之真正成为承上启下的公益性农业服务体系的纽带；按照"五统一"（统一规划、统一设计、统一标识、统一建设、统一管理）的原则加快乡镇公益性服务组织建设，使之成为公益性农业社会化服务体系的基础，从而形成链条式服务组织机构，实现政府公共部门的公益性农业服务职能。

第二，构建由市场主体推动的经营性农业社会化服务体系。加快实施建设以中介合作组织、企业、个人和其他社会力量构成的经营性农业服务，将各类农业生产资料的经销、农业机械维修、一般性技术推广及产后加工、运销等经营性服务职能分离出来，由各类农业经营性服务实体承担，按照独立核算、自负盈亏的方式进行市场化运作。

总的来说，农业社会化服务组织公益性和经营性功能整合是构建新型农业社会化服务体系的必然要求，是统筹城乡发展、推进"两型试验区"建设的重要任务，是解决"三农"问题、建设社会主义新农村的重要内容，是开拓现代农业新局面、强化农村公共服务的重要保障，是健全农业支持保护体系、实施科教兴农战略的重要载体。为此，加强中国公益性与经营性农业社会化服务体系建设，在一定程度上就是抓农业基础地位的夯实，就是抓"三农"工作，就是抓现代农业发展，就是抓新农村建设，从而必须切实加强对公益性和经营性农业服务体系建设与整合的领导，切实推进公益性和经营性农业服务体系建设。

六、新型农业社会化服务服务方式协调整合

构建新型农业社会化服务体系是党的十七届三中全会的重大决定，为实现其发展，除实现组织结构职能和功能转变外，还必须使农业社会化服务方式相协调，即实现专项服务与综合服务协调整合。然而，这种专业化的服务方式通过对农业服务的社会分工，依托市场调配各种要素，实现有利于生产要素的最佳组合、资源的合理利用、劳动生产率的提高和经济效益的增长。综合服务是指农业服务机构提供多个农业服务项目，并对农业产前、产中、产后进行全方位农业服务，从而保证整个产业链与农业服务组织形成无缝服务对接。

研究调查表明，诸多地区的农业服务在服务方式上缺少与产业相配套的综合服务，产前、产中、产后服务分离，部分地区的农业服务单一，且主要集中于"水、路、电、气、房"等各项基础设施建设。现有农业服务大多都属于单项服务，并且都集中于产前和产中，产后服务较为薄弱，对整个农业产业链尚未形成一个良好的针对性农业服务系统。为实现中国农业社会化服务良好发展，则在服务方式上就要以综合性农业服务为骨干，专项服务为补充，实现二者相互协调发展，从而对产前、产中和产后形成无缝农业服务支持体系。

第一，深入发展农业服务组织体制改革，明确组织的职能和功能定位，并结合区域特色，通过政府等积极引导中国农业社会化服务组织服务方式转变，形成以综合农业服务为骨干，专项服务为补充的协调方式。第二，加强国家、地方财政投入和其他农业投入，统筹安排各项资金，积极吸纳社会资本，在建立农业社会化服务体系资金保障机制基础之上完善综合性农业服务体系，保障专项服务与综合服务相互促进和协调发展。

第三节 新型农业社会化服务系统网络一体化整合构建

农业社会化服务系统网络一体化的有机结合在于将不同的农业服务组织和专业服务系统在职能和功能上相互促进、相互协调，形成一体化系统机制服务于农业产业链（见图9.2）。

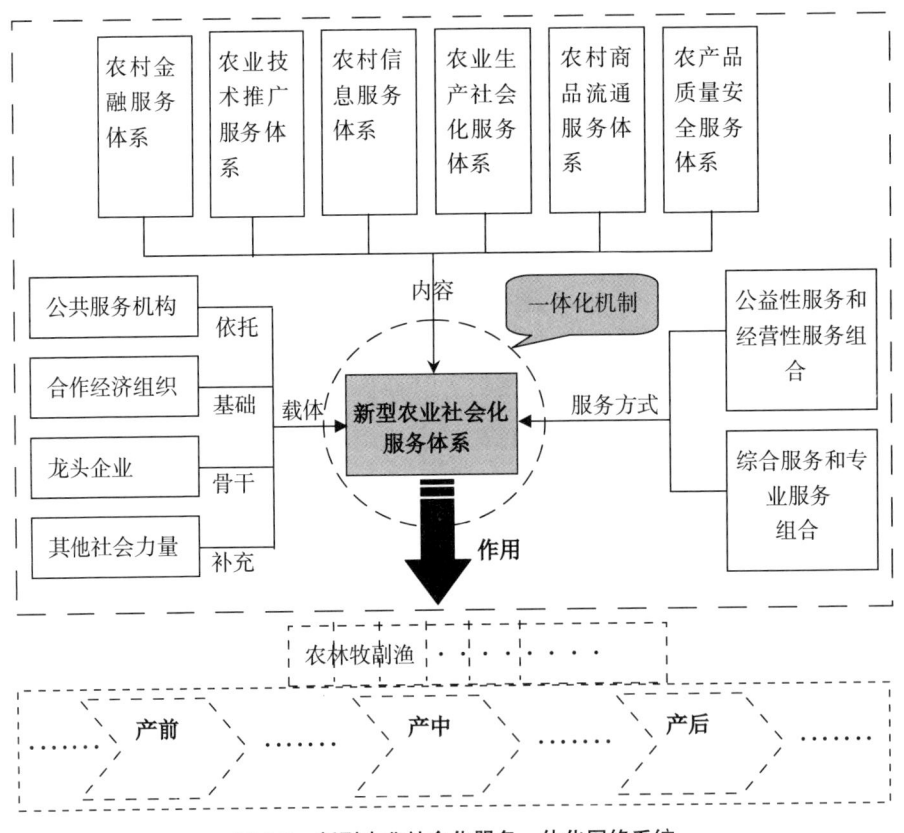

图9.2 新型农业社会化服务一体化网络系统

从农业服务组织层面上依据"以公共服务机构为依托、合作经济组织为基础、龙头企业为骨干、其他社会力量为补充"的系统化组织体制，将农业服务机构按其职能划分形成组织系统围绕农业生产产前、产中和产后的各个环节，形成有机结合、相互补充的组织体系，为农业提供综合配套的服务，实现农业生产经营的科学与高效。从农业服务范围上在以前笼统的为"农、林、牧、副、渔等服务"基础上上升到农业服务的六大体系，即农业技术推广服务体系、农村商品流通体系、农业生产社会化服务体系、农村金融服务体系、农产品的质量安全服务体系、农村信息服务体系。从六大体系出发，结合服务组织载体全方位作用于农业生产产前、产中和产后，形成系统化合力。从服务功能和方式上构建公益性与经营性服务相结合和专业与综合服务相协调的农业社会化服务体系，通过政府相关部门、村级集体经济组织、农业合作社、供销合作社、专业服务公司、专业技术协会、农民经纪人以及龙头企业等共同参与，灵活为农业产业链开展公益性和经营性、专业和综合的农业服务，使得在农业产业链条上中国新型农业社会化服务各方成为一体化网络系统，最终实现农业、农村经济发展和农民持续增收。

第四节　农业社会化服务区域特色优势协调整合构建

随着经济全球化和区域经济一体化不断深化，市场经济开放程度显著增高，各地农业产业机构成为全国农业产业结构大系统的组成部分。随着经济一体化，任何一个国家或地区的经济发展都不可能在一个封闭的环境中进行，必须融入区域经济乃至全球经济之中。在此宏观背景下，任何地区的发展都不能唯我独尊，孤行一道，搞大而全，而应该在一个更广大的区域内依照资源禀赋特征，发挥分工合作的作用，优化配置生产要素，从而确立自身的比较优势，形成"正和"或"双赢"的良好区际经济关系。将自身的优势恰当地同其他地区的各种可依赖的竞争资源结合起来，弥补自身的不足和局限，才能实现长期利润的最大化，实现各区域之间的比较优势，形成区域特色优势相长。即实现经济发达地区与经济欠发达地区之间优势相互流动、互动交换；发达地区和欠发达地区内部实现城市与农村优势相长和互补（见图9.3）。

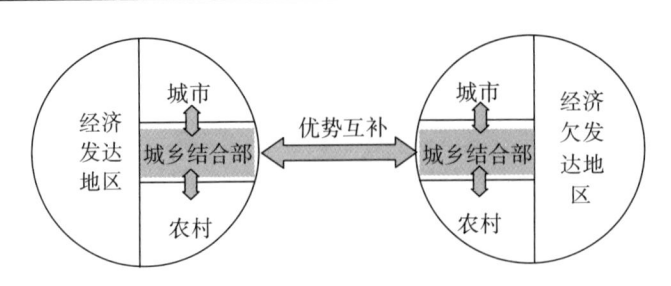

图 9.3 农业社会化服务区域优势互补流动

为实现农业社会化服务区域优势互补流动，必须加快区域之间协调机制建设。

第一，健全市场机制，主要发挥市场对基础资源配置的作用。逐渐打破行政区划的地域限制，从而形成全国统一的大市场，即实现生产资料大市场和农产品交易大市场，促进农业生产要素在各个区域间自由流动，从而合理引导农业社会化服务的有序转移。

第二，加快合作机制建设，在政府引导下通过政策鼓励和支持各区域开展多种多样的区域技术和人才交流与合作，形成以东带西、发达地区带动偏远落后地区，形成东、中、西三地共同发展格局。

第三，加快发达地区与不发达地区的互助机制建设，经济发达地区要积极采取对口支援、社会捐助等方式帮扶欠发达地区实施农业社会化服务建设。

第四，加快农业社会化服务资金投入机制建设，加大国家对欠发达地区的农业社会化资金与政策支持力度，以加快革命老区、边疆和少数民族地区以及贫困地区农业社会化服务体系发展。

针对中国新型农业社会化服务体系具体内容而言，第一，加强中国农产品流通领域的合作，从而开辟中国各省城市之间的农产品"绿色通道"，建立统一开放的农产品市场；第二，加强农业企业合作，支持和鼓励大中型农业企业跨省进行投资、和建立农产品生产基地等，与地区农业企业合作加强联合效应；第三，加强农业科技合作，以全国各农业大专院校、科研院所等机构为依托,城市与城市之间建立农业科技资源共享的机制;第四,积极加强农产品的质量安全合作,各地区相关机构联合推行农产品生产、检测、认定及法定检验标准,并积极推进各区域内农业执法相关部门的协调与配合;第五,积极加强农业信息交流与合作,加快农业信息交流平台建设实现信息资源的共享与交流;第六,加快建立农业经济合作相关组织日常工作机制,建立联席会议制度,指定专门办事联络机构,畅通各方下属机构对口联系渠道,促进合作事项的落实。最终实现各个区域间农业社会化服务的比较优势,实现优势相长。

第五节 新型农业社会化服务社会化整合构建

从社会化整合视角来看,农业社会化服务体系整合主要实现政府政策、行业制度以及社会惯例三者的有效结合,从三方面来规制农业社会化服务体系的构建和发展(见图9.4)。

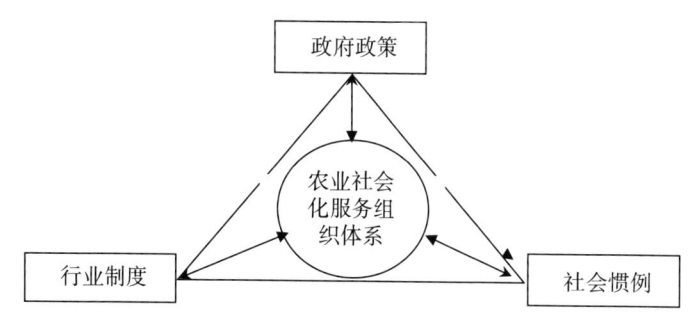

图9.4 农业社会化服务体系社会整合构建

第一,政府政策层面。中国农业社会化服务体系发展既不能实行计划经济体制下"统"的办法,又不能违背市场经济规律全部推给社会和企业,政府需要发挥其坚实的基础作用。在农业社会化服务体系发展过程中，政府主要从政策层面采取"多予、少取、放活"方针，诱导和规制农业社会化服务体系的发展方向。"多予"主要是给予较大的财政投入，建立新型农业社会化服务体系关键点在于要加强农业社会化服务体系的基础设施与市场投入机制建设，政府应该通过加大财政投入以扩大农业社会化服务体系建设力度和范围。"少取"是指在市场化领域中扩大农业社会化服务社会效益，弱化经济效益。通过利用国家行政手段在税收政策上给予优惠和扶持，实现社会力量和市场力量共同积极参与农业社会化服务，让利给农民和服务于农民的企业、组织等。"放活"主要是创新服务体制，即从政策和体制上改变过去"行政化、部门化"现状，积极鼓励、支持和引导社会力量参与农业社会化服务。从各个领域制定相关政策，诸如金融信贷领域为农业社会化服务的供给与需求主体提供良好的政府政策支持。通过制定诸如财政支出政策、信贷与税收政策等，为中国农业社会化服务体系建设奠定良好的政策基础。

第二，行业制度层面。农业社会化服务体系是一个涉及面广、内容复杂的系统，涉及农业产前、产中和产后过程，涉及农林牧副渔业、工业、服务业等相关诸多行业领域，涉及生产资料和农产品交易两个市场，涉及到政府、社会、市场和农民四方力量等。为此，农业社会化服务行业规制是实现农业社会化服务和谐发展的前提条件。行业制度主要是依靠组织建立起相关法制职能，即通过制度、法律、法规规范整个行业市场，为农业社会化服务奠定基础。通过各省、自治区、直辖市颁布地方性农村法规和政府规章，同时颁布涉农法律法规以及通过全国性协会和合作社组织制定行业规章制度，促进行业市场的和谐发展，诸如制定《中华人民共和国农民专业合作社法》《中华人民共和国种子法》《中华人民共和国农业技术推广法》等从而规制公共服务机构、龙头企业、农业合作经济组织等供给主体的运作，从而监督农业生产资料市场供给、生产经营流通领域、农业科学技术、农业金融信贷等服务的各方面，服务于农业生产的各个环节。进一步制定农业生产经营主体地位、权利与义务的法律、法规，强化农业投资法、农业生产资料价格管理法和农产品价格保护法，以及制定维护市场交易秩序和农产品流通的法律、法规等，从而建立健全农业社会化服务体系行业环境，从而为新型农业社会化服务体系的稳定发展奠定良好的前提条件。

第三，社会惯例层面。社会惯例是来自一种自发社会秩序的习俗的非正式约束，该非正式约束相对于法律和其他制度性规章的正式性约束而言。人们遵从习俗的规则即惯例，是基于他们的审视推理而进行自发社会博弈的结果。通过社会惯例诱导和规制农业社会化服务体系相关主体的行为，引导实施自身所该承担的责任和义务，从而为新型农业社会化服务体系的构建奠定良好的无形的非正式约束。

第六节 新型农业社会化服务体系的具体模式

一、产前、产中、产后的服务一体化模式

农业社会化服务体系中的产前、产中、产后的一体化模式是指在农业生产各环节都通过农业服务组织为农户提供产前、产中、产后农业服务（见图9.5）。在该模式下，农户则作为生产资料市场和农产品交易市场的主体，农户自我劳动被服务替代所节省的时间在一定程度上能够创造更多的收益。为了实现自身的规模效应，农户更多倾向于扩大合作组织或家族制企业，实现规模化组织效应大于单个企业的联合收益，使农业服务组织外部性内部化。在该服务下，其农业服务供给与需求形式多样化，并且其服务机制灵活。随着农户参与到各种农业社会化服务组织浪潮中，农业服务组织之间则在"看不见的手"——市场机制的作用下，逐步趋向联合与合作，从而形成规模一体化效应，从而促进农业产前、产中、产后服务的联合发展。

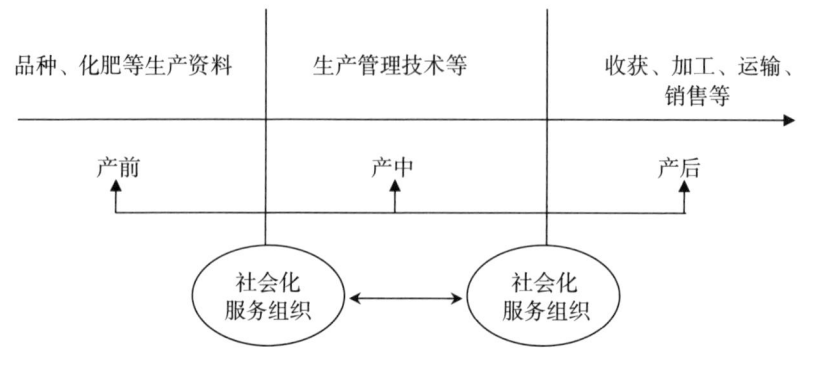

图9.5 农业产前、产中、产后的一体化社会化服务

二、公益性和经营性服务一体化模式

新时期中国农业社会化服务体系改革重点在于明确农业社会化服务组织职能定位，使其公益性和经营性服务互补结合，即依靠政府主体建立公益性农业服务，其服务提供部门主要是政府公共服务机构；市场主体按照市场运行的法则，以经济效益为中心向农户提供需要支付费用所获的经营性服务，其提供部门主要是个人、中介机构、企业或民间服务团体等。在"强化公益性职能、放活经营性服务"的总体要求下，通过政府与市场的双重推动建立起以公益性服务体系为主干，经营性服务体系为补充，公益性和经营性相对分离协调发展的一体化服务模式。政府公共服务机构主要针对农田水利等基础设施建设、农技、林业、农机、水利水保、畜牧兽医、水产等服务机构承担的重大技术推广、信息服务、资源环境保护、灾害防治等开展公益性农业服务，通过统一规划公益性农业服务机构，建立以农业技术推广、农业综合执法、农业安全保障、农村经济管理和农业信息为主的公益性龙头平台。市场主体的经营性服务诸如各类农业生产资料的经销、农业机械维修、一般性技术推广及产后加工、运销等经营性服务由各类农业经营性服务实体承担，按照独立核算、自负盈亏的方式进行市场化运作。公益性和经营性服务一体化在于通过对各项农业社会化服务的详细分析和归类，将公益性服务和经营

性服务相分离，分别通过政府公共服务机构和市场组织主体作用于农业产业链。

三、区域协调互补服务一体化模式

区域协调互补服务一体化模式主要建立在中国东、中、西部地区经济发展差距条件下，在区域内部城市、城乡结合部和农村之间其经济发展水平、产业特征和地区农业社会化服务水平存在诸多差异。在区域内部形成城市、城乡结合部和乡村"三段式"的农业社会化互补机制，形成三者之间优势互补、对口支援等农业社会化协调服务模式。利用城市比较优势大力支持乡村农业社会化建设，在技术、资金和市场信息等诸多方面依靠政府部门或者市场组织实现农村与城市之间相互对接。在区域与区域之间主要依靠政府、社会以及市场组织实现跨区域联合经营实现区域优势互补和资源合理配置。

区域协调互补服务模式是根据地区或者全国经济发展战略规划安排，通过区域整合发展区域之间经济的互动合作关系。遵循"谁互补—互补什么—如何互补"思路，从而依托于政府相关机构、社会组织和市场三方在服务对象、内容和方式上实现区域内或区域间的互补。

政府层面。现阶段中国以行政区划所形成区域经济单位长期存在地域分割和保护现象。因此，要实现区域内外部的协调一体化发展，一方面政府要打破地方保护主义，为农业生产要素的自由流动提供宏观条件；另一方面相关政府要利用政策鼓励本地企业"走出去"，同时创造条件引导外地企业"走进来"，形成"走出去与引进来"联合互补战略，积极促使地区之间企业竞争优势互补。

企业层面。企业是区域经济互补发展的核心主体，各个区域之间的农业优势互补活动都是通过相关企业来实施与完善的。在实施区域农业服务互补中，企业在自身利益最大化的激励机制下，以市场经济为基础深化资源配置。

社会组织层面。由于中国经济制度尚处市场经济转型时期，社会中介组织在农业社会化服务协调发展起到了重要性作用。诸如协会、合作社等，克服了政府在提供农业服务过程中可能存在的行政指令弊端，又可以降低单个企业之间合作的沉没成本，进而保护农户的基本利益。

在三者的共同作用下，最终实现市场、资源、技术、劳动等之间的平行互补流动配置和交叉互补配置，最终体现区域内外部的市场、资源、技术、劳动力和资金等一系列比较优势。

四、运作一体化模式

（一）"政府＋企业＋农户"一体化模式

"政府＋企业＋农户"合作模式是政府为依托，龙头企业为服务主体参与农业社会化服务之中的发展模式。在该模式下政府作为依托带动和扶持一批专业服务企业，主要在政府引导之下通过企业为农户提供生产资料、机械、流通领域等各方面的技术咨询或培训；其二，相关政府部门带动其他主体，形成"政府—中介组织与企业—农户"的合作链条共同为农户提供服务，其主体涉及一些参与农业生产经营的涉农公司、工厂等，从而提高农户的积极性，并为农户建立相关的保障制度。

（二）"政府＋合作组织＋农户"一体化模式

"政府＋合作组织＋农户"合作模式是在相关政府组织为依托背景下，农业合作组织为核心主体参与农业社会化服务的发展模式，旨在加大农户聚合力。合作组织主要涉及农业合作社、农业协会以及村级经济合作组织等。在政府的依托和引导之下，合作组织主要以农业生产资料供应、农产品流通等服务为主，与此同时也为农户提供科学技术和市场信息等方面的指导和服务。此种模式适合目前中国的"小农经济"特点，在一定程度上代表了农户的基本利益，扩大了农户的市场参与竞争力，具有很强的操作性特点。

第十章　竞争、协同与保障：加快新型农业社会化服务体系发展对策

第一节　健全新型农业社会化服务市场竞争机制，提高服务效率

中国农业社会化服务主要是基于农业服务供求机制下组织学习、市场/技术需求、政府驱动和成本/竞争驱动等驱动力量的影响，农业社会化服务体系建设必须遵循市场经济规律。因此，必须在农业服务市场和技术需求的驱动下，要加快传统农业社会化服务组织的市场化转变，实现农业服务机构或部门的市场化改制，打破政府的农业服务垄断，运用社会主义市场规律，实现农业服务多经营主体、经营形式的多元化和市场化，进而提高农业社会化服务效率。当前出现了政府农业社会化服务组织服务动力和能力不足，不能满足日益市场化、专业化和社会化发展的现代农业需求。而且，现有的农业社会化服务体系中，农业服务主体商业化程度又过于严重，公益性服务短缺，造成公益性服务与盈利性服务严重不协调。农业服务主体之间的服务内容重叠，缺乏技术示范、生产管理和培训等服务，造成服务内容单一，不能满足农业服务需求。

首先，建立完善的农业社会化服务市场竞争机制，应加快以公共服务机构为依托、以合作经济组织为基础、以其他社会力量为补充、专项服务和综合服务相协调，公益性服务和经营性服务相结合的新型市场协调体系。通过公平、公正、有序竞争的农业社会化服务市场体系，推动

中国农产品市场体系，生产资料市场体系、农产品现代流通服务体系、农业金融等服务体系的完善。破除目前中国农业服务体系（包括政府有关专业经济技术部门，如农业技术推广站、农机站、林业站、水保站、畜牧兽医站、水产站、农业科研院所、各种经济合作社等，村集体服务组织、民间私人组织、企业或个人）中服务理念、方式和内容与中国特色的社会主义市场经济体制存在不协调问题。

其次，促进多元化的农业社会化服务主体有序竞争。农业是国家的基础产业，涉及民生和食物安全，具有很强的公益性特点，政府为主导的农业教育、科研和技术推广、农产品安全等方面的服务具有重要现实意义，但政府公益性服务主体不仅容易形成垄断经营，而且与市场经营服务主体之间还存在无序竞争。目前中国农业公益性服务主体和市场经营性服务主体所提供产前、产中、产后各环节上的服务互补性程度较低，存在大量重叠服务情况，产生了过度竞争现象。新型农业社会化服务体系的各个服务主体应该通过创新不同的有效农业社会化服务模式展开竞争。在重大全局性、公益性的农业服务方面，政府公益性服务主体应该承担主要责任和任务，在农业社会化服务市场化方面，要加强龙头企业在农业社会化服务中的带头作用，扶持特色化的民间服务组织，引导农产品加工企业向优势产区聚集，集中力量培育优势农产品加工业，完善服务组织与农民之间的利益联结机制，引导服务组织树立服务意识，实现互补的服务机制，避免恶意竞争的出现，使各个服务组织形成联盟一致的共同体，促进农业生产更好的发展。

第三，运用市场机制调控农业服务组织的数量，使供需平衡。现阶段由于中国农业现代化水平较低，进入农业社会化服务门槛较低，呈现了大量政府部门、企业、协会和个体等农业社会化服务组织，这些繁多的农业服务组织或个体为中国农业生产服务做出了重要贡献。但农业社会化服务组织数量过多，供过于求，会造成资源浪费现象；农业服务组织的数量过少，则会产生供不应求，农业生产需要得不到保证，必然影响中国农业生产的发展。因此，根据农业生产的实际需要，运用市场机制有效调控政府、企业、协会和个体等农业服务组织的数量，使之与中国农业的发展需求相匹配，使农业社会化服务达到供需平衡。

第二节 加强新型农业社会化服务组织功能协同，提高服务质量

加强新型农业社会化服务组织功能协同，实施国家质量兴农战略，必须深入推进农业绿色化、优质化、特色化、品牌化，调整优化农业生产力布局，推动农业由增产导向转向提质导向。首先，加强农业社会化服务组织的职能协调互补整合。一是政府部门与民间组织提供的农业服务应充分满足农业生产需要。各地政府部门或机构需因地制宜提供有针对性的农业生产资料和技术指导，特别是与自然条件密切相关的农业生产需要政府提供相关服务。例如，动植物（或者是植物种子）以及热量、光照、水、地形、土壤等自然条件成为农业必要的投入，但自然条件又无法大力改善，只有从农业生产经营活动上着力改善，那么，政府部门和民间服务组织需大力提供和指导农业生产新技术（如培育良种，改进灌溉技术，改良工作方式等），使用农业机械替代手工农具，提高了劳动生产率，指导农户进行适量的化肥、农药等的投入，等等。

其次，政府部门和民间组织应各司其职，提供差异化的产品和服务。政府部门和民间服务组织要从不同的领域，不同的职能出发，提供不同的服务内容和服务措施，为不同领域和不同阶段的农业生产提供具有差别性的服务和产品。政府部门和民间组织提供的产品和服务客观上存在竞争行为，但这种竞争应该是服务质量和服务内容差别优势的竞争，而不是同质产品或服务简单价格竞争。如果政府部门和民间组织将服务职能或服务重点集中在重叠的项目上，结果不仅是两败俱伤，而且还可能出现某些服务或产品供给过剩，而另外某些产品或服务存在缺失的情况。

最终会影响农业生产的进步和发展。

  第三，提高综合性服务的全面性和专业性服务的专一性。综合性农业服务与专业性农业服务共同为农业生产提供了重要保障。建立产前、产中、产后一体化的服务机制，加强其全面性程度。为了提高农业服务的质量，需要横向发展加强综合性农业服务的全面性，建立能够为农业提供产前、产中、产后一体化服务的综合性服务体系，从生产前期生产资料的准备，到生产中期对于农业生产的进行和维护，再到生产后期对农业产品的销售等，综合性的农业服务机构能为农业生产解决所面临的一切问题。而专业性农业服务是根据某一领域的农业生产需求，提供能够满足这一领域需求的专业化服务，加强专业服务的专一化程度，解决综合性农业服务所不能解决的各种难题，满足综合性农业服务所不能满足的各种需要。综合性农业服务与专业性农业服务应相互结合，发挥各自的特长，能够为农业生产提供全面而专业的服务。另外，发展本地区农业服务特色和优势，提高地区服务质量。因地制宜，全面发展各地的农业产业，并重点发展各地的特色产业和优势产业，使本地的特色产业具有区别于其他地区的优势，为本地区的农业奠定最敦实的基础，进一步形成新型农业社会化服务提供重要支撑。

  第四，加强农业社会化服务组织服务质量的建设，还要根据自然条件和经济发展水平的差异情况，采取因地制宜的原则来发展农业生产。在农业现代化水平较高的地区，推广适当的财政金融支持政策，鼓励当地发展赢利性服务组织；在产业化经营发展较快的一些地区和行业，加大支持力度，扶持农业合作经济组织的壮大；对基础薄弱地区，以公共财政支持的服务机构为主，同时引导其他社会资本加入公益性的服务行列。并最终提高服务组织的服务质量，建立创新机制和模式，鼓励和引导农户进行高科技的农业生产。同时健全农业服务质量可追溯制度，加强农业服务质量检验检测体系的建设。

第三节 加强新型农业社会化服务组织规范管理，形成现代经营理念

新型农业社会化服务体系的建立必须建立有效的规范制度，保障农业服务组织形成现代经营理念。一是农业社会化服务组织切实树立市场导向的经营理念。当前中国农业社会化服务组织行为主要目标是组织的发展能力和专属能力，而对农户所需求的服务能力意识不够，仍然体现组织自我导向，缺乏市场需求导向性。新型农业社会化服务组织客观上要求更适应中国当前快速推进的农业现代化的服务能力。因此，提高农业社会化服务组织的市场导向的经营理念是中国农业社会化服务体系建设中的本质性的关键问题。二是要建立健全农业社会化服务体系中组织管理的相关制度和规范，规范农业社会化服务组织在服务过程中的行为，为农业服务组织向市场化和现代化管理发展创造条件。三是完善与市场经济要求相适应的农业社会化服务管理体制和机构，管理机构建设要重视服务导向，确保其按照既有的规章制度进行高效服务工作，为农户进行正常的生产活动提供稳定服务的保障。四是运用现代供应链管理理念有效实现农业服务产前、产中、产后一体化服务管理。通过产前为农业生产提供技术支持、农资产品资料，产中服务为农户做好农产品的服务工作，产后服务为农户的农产品提供合理的销售渠道，减少农业服务中的多余环节，减少农业生产者寻求其他服务组织或者服务环节产生的交易成本，供应链管理所节省时间、人力、物力和财力，对中国新型农业社会化服务体系的建立和发展具有重要的作用，也为中国现代农业产业的发展做了重要保障。

必须建立有效的法律法规保障新型农业社会化服务组织向现代经营管理转变。目前，从中国的农业社会化服务法律体系层面来看，保障中国农业发展的法律都还是零星的不成体系的，诸如《基本农田保护条例》《中华人民共和国种子法》《中华人民共和国动物防疫法》《中华人民共和

国农业法》等等，这些农业法律体系并不完备。农业社会化服务的法律体系尚未形成以农户需求为导向的服务机制和保障农户基本利益的法律、法规，农户在整个社会中处于弱势地位，无法参与市场交换或进行自由土地流转和生产，在一定程度上限制了农户、农业的发展壮大。从法律政策系统层面来看，中国每年出台关于农业发展和农业社会化服务体系的"中央1号文件"以更好地实现中国的农业发展。但是在促进和保障农业社会化服务体系建设方面，中国的法律制度仍然不够完善，成为中国农业发展法律方面的"瓶颈"制约因素。因此，中国必须修改和完善农业社会化服务体系相关的法律法规，根据农户和中国农业社会化服务体系的现状，因地制宜地制定切实有利于农户从事农业生产和农业社会化服务体系的法律法规，依据这些法律制度保障中国农业社会化服务体系建设，从而更加有效的建立健全农业社会化服务保障体系。

第四节 完善新型农业社会化服务政策，促进新型体系健康发展

新型农业社会化服务体系的建立，首先需要政府的大力支持。纵观国外农业社会化服务体系发展良好的国家，无一不需要本国政府的大力支持。目前，中国农业社会化的发展正处于起步时期，需要中国政府给予大力的支持与协调。中国农业从计划体制下的生产指挥型转变为市场经济中的组织服务型过程中，政府在其中一直都起着极其重要的作用。农业生产以及农业服务相关政策的制定和实施，对农业和农村经济结构调整都依赖于政府部门的指导和支持。政府部门应急农民所急，帮农民所需，解决农户在生产和销售中的实际困难，采取相应措施促进农业产业化的发展，从政策机制上为农业生产解除后顾之忧。政府部门要努力转变政府职能，强化政府的服务功能，根据市场需求的变化制定切实可行的规划、政策和扶持措施，抓好引导协调服务，为农业企业的生产经

营活动创造良好的外部环境，不断改进和完善工作方式和工作方法。发挥政府的服务和协调作用，做到有所为、有所不为。农业社会化服务体系的建立，需要政府提供宽松和良好的市场环境，同时为其提供必要的指导、扶持和调控。推进农业产业的机构改革，要按照有所为、有所不为的原则，建立健全农业公共服务机构，根据农户的实际需要，真正为农户做好相关服务，不增加农民的负担，也能适时适量的满足农民的需要，切实增强农业服务功能。

第一，切实有效的监督体制保障了中国农业社会化服务政策的稳步实行。一方面，在政府部门和其他服务组织内部建立自身的监督机制，从内部开始对新型农业社会化体系对农业生产的影响力做出正确的评估，从农业产业的安全、经营管理、生产和质量管理方面以及农业服务体系的执行力和信息反馈作出有效的评价，并根据评估结果和所反馈的意见进一步对新型农业社会化服务体系制定的政策和制度进行改进。另外，在各服务组织内部设立信息反馈部门，接受农户等所反映的组织内部存在的不足和缺陷，并进行核查和改善，使新型农业社会化服务体系所制定的一切制度和措施都有利于农户需求和农业发展的需要，真正做好农业服务工作。另一方面，从农户中间建立信息反馈体制，将农户的需要和服务组织有所欠缺的方面反映至相关部门，及时发现问题并解决问题，与政府部门、企业、协会和民间服务组织一起，将农业社会化服务体系制定的制度政策等实施到位，使其稳步推进和实施。

第二，为农户提供优惠政策，并保障农业服务政策的顺利实行。农业社会化服务体系的建立旨在为农业生产提供便利，使农业生产更加顺利的进行。而农户作为中国一个较为弱势的群体，受到经济因素等各种条件的限制，难以将农业生产顺利高效的实行。因此，政府部门应通过不同的形式，为农户提供优惠政策，使其更好的享受中国的政策制度。政府应根据农户对农业生产的实际需要制定相关优惠政策，诸如对农业生产资料实行价格优惠和质量保障，避免农户购买质量差而价格昂贵的种子、农药、化肥等农业生产资料；为农户从事农产品的经营创造条件，优先审批这些经营行业的许可证等经营手续，并给予相关的指导，使其更加顺利的进行营业活动；提供信贷保障，保障农户有能力购买价格较高的农业机械和技术条件，提供担保或者免息政策，并提供技术指导和农业器械的维护维修措施，为其运用先进技术进行农业生产提供保障；为农产品的销售等寻找恰当的渠道，使农产品都有销路。政府应加大扶持力度，制定更具操作性、可行性和时效性的财政、行政、税收等优惠政策，以支持农业社会化服务体系的建设，理顺服务体系内外关系，对农村综合服务中心建设、重要农业生产资料储备设施建设、发展农民专业合作经济组织和协会、为农民提供信息服务等给予更多的政策优惠。

第五节 建立新型农业社会化服务体系关系机制，保护农户利益

建立公益性与经营性的关系协调机制。首先，建立政府部门与民间组织协调互补的服务机制。在建立中国新型农业社会化服务体系的过程中，政府部门与民间组织的作用至关重要，政府部门对中国新型农业社会化服务体系的建设起到了引导和协调作用，同时，要不断加强和完善民间服务组织，使民间服务主体对农业社会化服务的补充作用更加明显。政府部门应加大政策扶持力度，为农村经纪人文明经营创造公开、公平的竞争环境，组织进行相关的培训，提高其业务素质，并且帮助他们掌握相关的法律、农产品营销等知识，提高他们的组织化水平，使农业社会化服务向着有利于农户的方向更好的发展。民间组织作为中国农业社会化服务体系的主体之一，应该不断加强自身的建设，协调农产品批发市场自身的完善，优化农产品批发市场的整体布局，对农产品批发市场进行改造升级，并且不断完善农业产业链，增加我们社会化服务的相关内容。再者，为新型农业社会化服务体系的建立和完善创造宽松的政策

环境，与政府部门一起做好农业社会化服务体系的保障工作。

其次，发挥政府部门对整个农业服务的影响力。政府部门是农业社会化服务体系建立和发展的主导因素，因此政府部门对于整个农业服务有着不可替代的影响力。政府部门要为农业社会化服务体系的建立和发展做好指导，要为达到最终实现城乡基本公共服务均等化的目标而加快推进相关体制机制的创新，大力发展农村公共事业，同时要不断提高农村的基本公共服务水平，使农村社会实现全面进步。政府部门应该建立健全新型的农业社会化服务体系，制定有利于农业生产和发展的政策和制度，培育和发展各种农业社会化服务组织，并且着重提高组织化的程度。按照权力平等、服务农民以及管理民主的要求，帮助农民专业合作社快速发展，使其成为引领中国农民参与国内外市场竞争的现代化的农业经营组织。同时，深化农村产权制度改革，对农户所有的各类资源性、经营性资产实行股份制改造，依法明晰产权，放活经营权，落实处置权，保障收益权，进一步解放和发展农业生产力。大力发展科学技术，加快农业新品种、新技术研究，引进、转化和推广高新技术的发展，加大良种繁育等技术的研究推广，推动科技成果转化和高新技术产业化，加强农村实用人才队伍建设，培训有知识、有技术的农业生产人才。政府部门还需继续深化农村金融体制改革，推进农村信用社改革，给农业生产行为让利减息，政府要给予贴息扶持手段，为农业生产的良好发展奠定敦厚的基础。

再次，丰富民间服务机构的多样性，使农资产品的买卖更加灵活。民间服务组织为农业生产提供了重要的保障，为实现农业市场农资产品的买卖，做了重要贡献。为了实现农资产品更加灵活的买卖，民间服务组织需加强其多样性，丰富民间组织机构，使其满足农业发展的需要。拓展民间服务组织的多样性，首先要实现农资流通渠道的多样化。中国大多数农资产品的经营已基本放开，形成了由供销社、农资公司、农资生产企业、农业"三站"、种子公司、个体工商户等多种市场主体、多种流通渠道共同参与农资经营的格局，发展以农资连锁、配送为主要经营形式的新型模式。建立健全农资流通体系，将单独分散经营状态彼此联系起来，减少农民的投入成本，以稳定农资价格，提高农户种粮的积极性。让民间服务组织规范农资产品市场体制，加强农资市场监管，规范农资执法行为，从而形成长效的监管机制切实保护农民利益。另外，将农资连锁经营企业的仓储、物流等经营设施纳入农业基础设施的范围，各级财政予以适当支持。建立健全农资市场服务体系，提高农资的使用效率，提高农资的利用率，降低农户的成本，使其获得更多的收益。加大农资生产与经营企业、农技服务推广部门的联合，共同推动农资服务体系的建设，加大对农民科学使用农资的指导，为农民提供全方位服务，为农资市场灵活买卖奠定基础。

建立权力与责任的关系协调机制。首先，切实明确政府、企业、协会与民间服务组织所属的职责，为农业社会化服务体系做好保障。政府组织与协会、企业和民间服务组织是新型农业社会化服务体系建设的主体，应承担起建设新型农业社会化服务体系的重任，既要在机制层面也要在体制层面实现"小政府、大社会"格局。政府组织与协会、企业和民间服务组织要明确职责，分工合作，各司其职，为农户进行良好的农业化生产制定可实行的政策，从生产、经营、财力、人力、物力给予农户扶持，协调好农业生产，为农户进行正常生产生活劳动做好保障，同时提供优惠政策和服务体制，为农户进行产后经营、销售提供更多的渠道，切实为农户的利益着想，为农业社会化服务体系的发展作出努力。

最后，农户充分明确自己的权责，保障农业生产顺利进行。新型农业社会化服务体系是面向全体农业受众服务的具有公益性质的体系，只有用现有政策和优惠服务维护好农户自身的利益，保护处于竞争劣势的小农团体的利益，才是新型农业社会化服务体系建设的根本目的。作为新型农业社会化服务体系的受体，农户应充分认识自身的现状，尊重农业生产的特点，维护自身的权益，做好农业生产工作，积极学习科学技术，使科学技术成为第一生产力。其二更好地寻找和探索农业生产的供销渠道，学习先进的知识，充分利用中国对农业生产工作的政策和对农业服务的规定来进行农业生产，也从另一方面对中国的农业社会化服务体系进行监督。农户应通过正当合法渠道保护自身的合法权益，保障农业生产的顺利进行。

建立主体与受体的关系协调机制，保护农民利益。对于新型农业社会化服务体系而言，政府部门、企业、协会和民间组织等是其主体，农户是其受体，主体和受体之间应充分明确其权利义务关系，协调互相之间的关系使农业社会化服务体系更好的发展。新型农业社会化服务体系以政府为主导，协会、企业和其他民间服务组织协调发展，通过制定相关的政策体系为农户提供农业服务，充分调查农户的实际需要，从而为农户提供差别化的产品以及与农业相关的水、电、路等服务，提高农业服务的综合性和专一性，全面性和针对性，并最终满足农业生产需要，达到主体与受体和谐发展的目的。农户作为新型农业社会化服务体系的受体，必须根据实际情况寻求能够满足自身需要的条件。寻找、利用政府部门和其他服务组织为农户提供的有效政策措施，以政府部门为主导，通过民间服务组织将自身的需求诉诸与各服务组织，使各服务组织提供的服务与农户需求相适应，只有农户需求与各服务组织的供应相对等才能使新型农业社会化服务体系的主体与受体协调一致，更好的发展。

新型农业社会化服务体系旨在为农民提供服务，保障农户在新型农业社会化服务体系中的地位和利益，使其更好的进行农业生产活动。农户对农业服务的需求由单纯的生产环节服务逐步向生产与管理技术、人力资源服务、产品加工运输和销售服务、市场信息服务、资金信贷服务以及农业保险和法律咨询服务等方向转变。随着农村生产生活环境的改善，农户对"水、路、电、气、房"各项基础设施的需求和对农业社会化服务质量的要求也越来越高，而现如今农业社会化服务供给还远不能满足农民对农业服务的需要，农户应当要求农业社会化服务组织给予更多的公益性服务。农户应充分明确自己的权益，积极进行农业生产，开拓农业渠道，学习生产技术，充分享受政府、企业等农业服务组织为农户提供的优惠政策，切实运用农户的权益为农业生产服务。

总之，通过农业社会化服务组织协同，促进新型农业社会化服务体系建设，提高为农业现代化服务的能力。必须明确政府、企业、农协、合作组织、专业或局部服务系统等组织在市场中的职能定位和主辅市场角色；公益性和经营性服务组织在服务市场中的相互作用和功能互补；综合性服务市场与专业服务市场的统一协调；个体服务组织和专业服务系统在市场职能和功能上相互依存相互促进，形成一体化市场机制；经济发达地区与经济欠发达地区充分发挥服务比较优势，形成区域特色市场优势相长；政府政策、行业制度、社会惯例和法律制度的有效结合，形成无缝的市场支撑制度体系。使新型的农业服务体系既体现服务的市场需求，又可以通过市场化和社会化的运作，提高服务的高效性和针对性，解决政府农业服务体系建设的盲目性和低效性等现实问题，优化农业生产要素的配置和农业产业结构，加快中国农业现代化进程。

参考文献

1. 埃米尔·涂尔干：《社会分工论》，渠东译，生活·读书·新知三联书店 2000 年版。

2. 艾森斯塔特：《现代化：抗拒与变迁》，中国人民大学出版社 1988 年版。

3. 蔡加福：《建立健全中国农业社会化服务体系的对策思考》，《福建论坛（人文社会科学版）》2005 年第 10 期。

4. 蔡立雄：《市场化与中国农村制度变迁》，社会科学文献出版社 2009 年版。

5. 蔡志坚：《农村社会化服务：供给与需求》，中国林业出版社 2010 年版。

6. 曾福生、李小卉：《农村合作组织是农业社会化服务的主导力量》，《农业现代化研究》2002 年第 5 期。

7. 晁伟鹏、孙剑：《1990—2011 年新疆农业生产要素投入对农业经济增长的贡献》，《贵州农业科学》2013 年第 11 期。

8. 陈安茹：《农业信息化发展水平测度指标体系的建设与测度措施探讨》，《黑龙江畜牧兽医》2016 年第 8 期。

9. 陈传波、丁士军：《中国小农的风险及风险管理研究》，中国财政经济出版社 2005 年版。

10. 陈传群：《农村社会化服务体系要与市场经济接轨》，《中共浙江省委党校学报》1994 年第 1 期。

11. 陈国权、郑红平：《组织学习影响因素、学习能力与绩效关系的实证研究》，《管理科学学报》2005年第1期。

12. 陈国权：《学习型组织整体系统的构成及其组织系统与学习能力系统之间的关系》，《管理学报》2008年第6期。

13. 陈建华、商秋红：《建立新型农业社会化服务体系的探讨》，《中国农学通报》2010年第23期。

14. 陈美球、廖彩荣：《农村集体经济组织："共同体"还是"共有体"？》，《中国土地科学》2017年第6期。

15. 陈强强、刘勇、谈存峰等：《甘肃省县域农业社会化服务体系建设能力评价及类型区划》，《西北农林科技大学学报（社会科学版）》2011年第2期。

16. 陈文科、林后春：《农业基础设施与可持续发展》，《中国农村观察》2000年第1期。

17. 陈晓华：《现代农业发展与农业经营体制机制创新》，《农业经济问题》2012年第11期。

18. 陈新田：《论德国农业现代化的经验及其启示》，《江汉大学学报（社会科学版）》2005年第6期。

19. 陈瑶：《农业产业化经营对农民收入的影响研究》，湖南农业大学2008年版。

20. 陈义媛：《土地托管的实践与组织困境：对农业社会化服务体系构建的思考》，《南京农业大学学报（社会科学版）》2017年第6期。

21. 陈银娥、刑乃千、师文明：《农村基础设施投资对农民收入的影响——基于动态面板数据模型的经验研究》，《中南财经政法大学学报》2012年第1期。

22. 陈志兴、周利秋：《日美国家农业立法的发展趋势及启迪》，《中国农学通报》2005年第2期。

23. 程富强、张龙：《关于完善中国农业社会化服务体系的思考》，

《北京农业职业学院学报》2005 年第 19 期。

24. 程莹莹、张开华：《龙头企业创新农业社会化服务模式的探索与启示——以湖北省老农民高新农业科技有限公司为例》，《农村经济》2015 年第 4 期。

25. 池泽新、周晓兰：《加快建立中国特色农业中介组织体系》，《农村经济》2006 年第 12 期。

26. 池泽新：《中介组织主导型市场农业体制探索》，中国农业出版社 2004 年版。

27. 丛晓娣、姚凤桐：《农业社会化服务体系研究现状综述》，《北方经济》2007 年第 3 期。

28. 崔宁波、宋秀娟、于兴业：《新型农业生产经营主体的发展约束与建议》，《江西社会科学》2014 年第 3 期。

29. 邓志红、危文高：《中国台湾农业合作组织发展的历史、经验及启示》，《世界农业》2014 年第 11 期。

30. 丁关良：《农村法制》，中国农业出版社 2000 年版。

31. 丁浩金：《关于美国农业专业化的几个问题》，《世界经济》1979 年第 6 期。

32. 丁忠民、雷俐、刘洋：《发达国家家庭农场发展模式比较与借鉴》，《西部论坛》2016 年第 2 期。

33. 丁自立、焦春海、郭英等：《国外立法情况对中国建立新型农业社会化服务体系的启示》，《农业科技管理》2010 年第 6 期。

34. 董德利：《基于合作经济组织的农业社会化服务体系研究》，《求实》2014 年第 9 期。

35. 窦祥铭：《产权视角下中国农村土地制度变迁的实证分析——以皖西北太和县为考察对象》，《农村经济》2013 年第 3 期。

36. 杜青林：《中国农业和农村经济结构战略性调整》，中国农业出版社 2003 年版。

37. 杜晓山：《中国小额信贷十年》，社会科学文献出版社 2005 年版。

38. 杜吟棠：《合作社：农业中的现代企业制度》，江西人民出版社 2002 年版。

39. 杜鹰：《农业法制建设》，中国农业出版社 2001 年版。

40. 杜勇廷：《论有效供给与有效需求——萨伊、凯恩斯供求理论之比较及其现实意义》，《南京金融高等专科学校学报》2001 年第 3 期。

41. 段大恺：《强化农业社会化服务促进农村经济全面发展》，《中国农村经济》1990 年第 9 期。

42. 恩格斯：《家庭、私有制和国家的起源》，《马克思恩格斯选集》第 4 卷，人民出版社 1995 年版。

43. 凡伯伦：《有闲阶级论：关于制度的经济研究》，商务印书馆 1964 年版。

44. 樊纲、王小鲁、马光荣：《中国市场化进程对经济增长的贡献》，《经济研究》2011 年第 9 期。

45. 樊纲：《体制与体制转轨问题的理论分析》，《成都行政学院学报》2003 年第 5 期。

46. 樊亢、戎殿新：《论美国农业社会化服务体系》，《世界经济》1994 年第 6 期。

47. 樊亢、戎殿新：《美国农业社会化服务体系——兼论农业合作社》，经济日报出版社 1994 年版。

48. 樊平：《2008 农民发展报告》，《中国集体经济》2008 年第 Z2 期。

49. 范天宇、孙庆祥：《商贸流通业对山东省农业经济增长影响实证研究》，《商业经济研究》2015 年第 30 期。

50. 方芳、钱勇、柳士强：《中国农业基础设施投资的实证分析》，《财经研究》2004 年第 2 期。

51. 费孝通：《乡土中国》，上海世纪出版集团 2005 年版。

52. 冯开文：《合作制度变迁与创新研究》，中国农业出版社 2003 年版。

53. 冯有权：《农业科学技术史研究工作中的几个重要问题》，《中国农史》1981年第1期。

54. 符景源、车承军：《建立农业社会化服务体系是解决农业现实问题的关键》，《行政论坛》1997年第3期。

55. 傅殷才、陈昭方：《没有发达完善的农业社会化服务便没有农业的现代化——读樊亢、戎殿新主编的〈美国农业社会化服务体系——兼论农业合作社〉》，《经济评论》1995年第4期。

56. 高峰、赵密霞：《美国、日本、法国农业社会化服务体系的比较》，《世界农业》2014年第4期。

57. 高杰：《农业保险对于农民收入的影响及其政策涵义》，《财政与发展》2008年第6期。

58. 高俊才：《韩国农业社会化服务简介》，《中国农垦经济》2000年第11期。

59. 高强、孔祥智：《中国农业社会化服务体系演进轨迹与政策匹配：1978—2013年》，《改革》2013年第4期。

60. 高湘媛、高炜：《构建新型农业社会化服务体系研究》，《学术交流》2015年第7期。

61. 高新才：《论市场经济中的农业社会化服务体系》，《科学经济社会》1995年第2期。

62. 高志敏、彭梦春：《发达国家农业社会化服务模式及中国新型农业社会化服务体系的发展思路》，《世界农业》2012年第12期。

63. 格罗鲁斯：《服务管理与营销：服务竞争中的顾客管理》（第3版），韦福祥等译，电子工业出版社2008年版。

64. 耿娜：《发达国家农业社会化服务管理体系建设研究》，《才智》2014年第30期。

65. 龚道广：《农业社会化服务的一般理论及其对农户选择的应用分析》，《中国农村观察》2000年第6期。

66. 龚继红、钟涨宝：《农户背景特征对农业服务购买意愿影响研究》，《求索》2011年第1期。

67. 龚继红：《农业社会化服务体系中组织协同与服务能力研究》，华中农业大学博士学位论文，2011年。

68. 顾瑞兰、杜辉：《美国、日本农业社会化服务体系的经验与启示》，《世界农业》2012年第7期。

69. 顾瑞兰、吴仲斌：《体制机制创新：新型农业社会化服务体系建设的核心》，《中国财政》2012年第22期。

70. 关锐捷：《构建新型农业社会化服务体系初探》，《毛泽东邓小平理论研究》2012年第4期。

71. 关锐捷：《构建新型农业社会化服务体系初探》，《农业经济问题》2012年第4期。

72. 郭建军：《新时期农村基础设施和公共服务建设的发展与对策》，《农业展望》2007年第11期。

73. 郭韶伟、唐成伟、张昊：《农产品流通市场化与农业收入增长：理论与实证》，《中国流通经济》2011年第11期。

74. 郭喜英：《比较结构功能主义社会学和建构主义社会学之异同》，《企业家天地》（理论版）2010年第4期。

75. 郭翔宇、范亚东：《发达国家农业社会化服务体系发展的共同特征及其启示》，《农业经济问题》1999年第7期。

76. 郭翔宇：《发达国家农业社会化服务体系发展的共同特征及其启示》，《商业研究》1999年第5期。

77. 郭翔宇：《黑龙江省农业社会化服务体系问题探索》，《求是》2001年第5期。

78. 郭翔宇：《农业社会化服务体系问题探索》，哈尔滨出版社2001年版。

79. 韩坚、尹国俊：《农业生产性服务业：提高农业生产效率的新途径》,《学术交流》2006 年第 11 期。

80. 韩连贵等:《关于探讨农业产业化经营安全保障体系建设方略规程的思路》,《经济研究参考》2013 年第 3 期。

81. 韩苗苗、乐永海、孙剑:《中国农业社会化服务服务水平测评与制约因素解构》,《统计与决策》2013 年第 3 期。

82. 何军、张兵:《对中国农业社会化服务体系建设的几点认识》,《农村经济》2005 年第 1 期。

83. 贺梅英、庄丽娟:《农户对专业合作组织需求意愿的影响因素——基于广东荔枝主产区的调查》,《华南农业大学学报(社会科学版)》2012 年第 1 期。

84. 侯代男、周慧秋、陈淑玲:《农业保险对农民收入影响的实证研究——基于黑龙江省面板数据》,《新疆农垦经济》2017 年第 6 期。

85. 胡家浩、张俊彪:《美、德农业社会化服务提供的启示》,《开放导报》2008 年第 5 期。

86. 胡培兆:《论有效供给》,《经济学家》1999 年第 3 期。

87. 胡亦琴、王洪远:《现代服务业与农业耦合发展路径选择——以浙江省为例》,《农业技术经济》2014 年第 4 期。

88. 黄德泉:《浅谈日本农业社会化服务体系和农业科技队伍建设》,《四川农机》1997 年第 4 期。

89. 黄红球:《农业产业化经营评价指标体系设置及评价方法研究——基于广东省的证据》,《农业技术经济》2013 年第 7 期。

90. 黄季焜、齐亮、陈瑞剑:《技术信息知识、风险偏好与农民施用农药》,《管理世界》2008 年第 5 期。

91. 黄季焜:《制度变迁和可持续发展:30 年中国农业与农村》,上海人民出版社 2008 年版。

92. 黄婧、纪志耿:《完善中国特色农业社会化服务体系评析》,《现代经济探讨》2009 年第 4 期。

93. 黄凯南：《演化经济学理论发展梳理：方法论、微观、中观和宏观》，《南方经济》2014年第10期。

94. 黄佩民、孙振玉、梁艳：《农业社会化服务研究》，《经济研究参考》1996年第1期。

95. 黄佩民：《建立完善的农业社会化服务体系》，《农业科技管理》1997年第6期。

96. 黄映晖、孙世民、史亚军：《北京都市型现代农业社会化服务体系创新模式研究》，《中国农学通报》2010年第20期。

97. 黄宗智：《农业合作化路径选择的两大盲点：东亚农业合作化历史经验的启示》，《开放时代》2015年第5期。

98. 黄祖辉、陈龙：《新型农业经营主体与政策研究》，浙江大学出版社2011年版。

99. 黄祖辉、刘西川、程恩江：《中国农户的信贷需求：生产性抑或消费性——方法比较与实证分析》，《管理世界》2007年第3期。

100. 籍凤英、张蒙、郭婷等：《中国农业生产资料供应服务术语标准研制与分析》，《中国标准化》2017年第17期。

101. 贾根良：《后发工业化国家制度创新的三种境界——演化经济学假说并与杨小凯教授商榷》，《南开经济研究》2003年第5期。

102. 江又舟、朴春实：《韩国农业科研、教育、推广的基本做法》，《吉林农业科学》1997年第2期。

103. 姜利军、胡敏华：《论建立和完善农业社会化服务体系》，《中国农村经济》1997年第9期。

104. 姜松、王钊、周宁：《西部地区农业现代化演进、个案解析与现实选择》，《农业经济问题》2015年第1期。

105. 姜长云：《关于发展农业生产性服务业的思考》，《农业经济问题》2016年第5期。

106. 蒋和平：《中国现代农业建设特征与模式》，《中国农村观察》

2007 年第 2 期。

107. 蒋永穆、周宇晗：《农业区域社会化服务供给：模式、评价与启示》，《学习与探索》2016 年第 1 期。

108. 金兆怀：《中国农业社会化服务体系建设的国外借鉴和基本思路》，《当代经济研究》2002 年第 8 期。

109. 金周英、任林：《服务创新与社会资源》，中国财政经济出版社 2004 年版。

110. 凯恩斯：《就业利息和货币通论》，商务印书馆 1963 年版。

111. 康芒斯：《制度经济学（中译本）》，商务印书馆 1962 年版。

112. 柯炳生：《关于加快推进现代农业建设的若干思考》，《农业经济问题》2007 年第 2 期。

113. 孔令友：《论农业服务要素建设——完善农业社会化服务体系的几个问题》，《南京社会科学》1994 年第 9 期。

114. 孔群喜、李敦瑞、许贵阳：《农业基础设施投资经济增长效应实证分析》，《西部论坛》2007 年第 6 期。

115. 孔祥智、刘同山：《论中国农村基本经营制度：历史、挑战与选择》，《政治经济学评论》2013 年第 4 期。

116. 孔祥智、楼栋、何安华：《建立新型农业社会化服务体系：必要性、模式选择和对策建议》，《教学与研究》2012 年第 1 期。

117. 孔祥智、穆娜娜：《实现小农户与现代农业发展的有机衔接》，《农村经济》2018 年第 2 期。

118. 孔祥智、徐珍源、史冰清：《当前中国农业社会化服务体系的现状、问题和对策研究》，《江汉论坛》2009 年第 5 期。

119. 孔祥智、周振、路玉彬：《中国农业机械化道路探索与政策建议》，《经济纵横》2015 年第 7 期。

120. 孔祥智：《健全农业社会化服务体系实现小农户和现代农业发展有机衔接》，《农业经济与管理》2017 年第 5 期。

121. 孔祥智：《中国农业社会化服务：基于供给和需求的研究》，中国人民大学出版社 2009 年版。

122. 雷娜：《农业信息服务需求与供给研究》，河北农业大学硕士学位论文，2008 年。

123. 黎家远：《统筹城乡背景下财政支持新型农业社会化服务体系面临的挑战及对策》，《农村经济》2013 年第 10 期。

124. 黎阳：《构建新型农业社会化服务体系思考》，《农村经营管理》2011 年第 10 期。

125. 李炳坤：《农业社会化服务体系的建设与发展》，《管理世界》1999 年第 1 期。

126. 李波、李晴：《家庭农场法律促进的国际经验》，《苏州大学学报》（法学版）2014 年第 4 期。

127. 李春海：《新型农业社会化服务体系：运行机理、现实约束与建设路径》，《经济问题探索》2011 年第 12 期。

128. 李春海：《新型农业社会化服务体系框架及其运行机理》，《改革》2011 年第 10 期。

129. 李丹：《农业社会化服务体系的理论思考》，《农场经济管理》2003 年第 4 期。

130. 李国璋、周琦：《中国农业产值的影响因素分析》，《统计与决策》2007 年第 22 期。

131. 李焕彰、钱忠好：《财政支农政策与中国农业增长：因果与结构分析》，《中国农村经济》2004 年第 8 期。

132. 李建黎：《美国经验对完善长三角农业社会化服务体系的启示》，《江南论坛》2017 年第 5 期。

133. 李敬锁：《德国农业合作社的历史、现状及发展趋势》，《中国农民合作社》2010 年第 9 期。

134. 李军、葛宝山、马鸿佳：《基于工业化思维的吉林省农业市场结构优化对策研究》,《商业研究》2006年第13期。

135. 李琳：《地区竞争力：一个演化经济学的分析视角》,《社会科学家》2008年第7期。

136. 李农、万祎：《中国农机购置补贴的宏观政策效应研究》,《农业经济问题》2010年第12期。

137. 李俏、王建华：《农业社会化服务中的政府角色：转型与优化》,《贵州社会科学》2013年第1期。

138. 李庆堂：《国外农业技术推广模式经验借鉴及启示》,《现代农业科技》2014年第19期。

139. 李荣耀：《农户对农业社会化服务的需求优先序研究——基于15省微观调查数据的分析》,《西北农林科技大学学报（社会科学版）》2015年第1期。

140. 李容容、罗小锋、薛龙飞：《种植大户对农业社会化服务组织的选择：营利性组织还是非营利性组织？》,《中国农村观察》2015年第5期。

141. 李水山、梁小伊：《日本农业科研教育推广的创新体系》,《职业技术教育（教科版）》2005年第25期。

142. 李先德、孙致陆：《法国农业合作社发展及其对中国的启示》,《农业经济与管理》2014年第2期。

143. 李旭辉、黄静：《基于ANP法的农业信息化水平测度体系研究》,《长春理工大学学报（社会科学版）》2015年第2期。

144. 李艳、罗小川：《中国关于制度变迁的理论性研究及其评价》,《云南社会科学》2009年第4期。

145. 李颖：《中国科技创新现状与创新能力分析》,《科技促进发展》2015年第5期。

146. 李颖：《中国小额信贷机构的演化研究》,安徽大学博士学位论文,2015年。

147. 李瑜：《农产品加工企业与农户经营组织模式选择的经济学分

析》,《经济问题探索》2007年第5期。

148. 李芝兰:《中国农业增长中的政府投资影响》,《财经科学》2006年第3期。

149. 梁昊:《中国农村集体经济发展:问题及对策》,《财政研究》2016年第3期。

150. 梁鸿飞:《农业生产社会化服务体系内涵功能辨析》,《经济科学》1991年第10期。

151. 梁平、梁彭勇、董宇翔:《中国农业保险对农民收入影响的经验研究》,《管理现代化》2008年第1期。

152. 梁祚青、李鹏:《健全完善新型农机社会化服务体系促进农业机械化和现代农业提质提速发展——关于新型农机社会化服务体系建设的思考》,《现代农机》2014年第2期。

153. 辽宁省农经考察团:《对日本农协的考察报告》,《农业经济》2002年第10期。

154. 廖西元:《农民对科技需求的优先序研究——水稻生产科技需求实证分析》,《中国青年农业科学学术年报》2004年第13期。

155. 林小莉、邓雪霜、骆东奇等:《重庆农业社会化服务体系建设的现实困境与对策》,《农业现代化研究》2016年第2期。

156. 林毅夫、赵耀辉等译:《经济发展中的农业、农村、农民》,商务印书馆2005年版。

157. 林毅夫:《小农与经济理性》,《中国农村观察》1988年第3期。

158. 林毅夫:《制度、技术与中国农业发展》,上海三联书店1994年版。

159. 刘滨、左琳、康小兰、池泽新:《关于农业中介组织的内涵与起因探究》,《华东经济管理》2006年第9期。

160. 刘焕鑫:《建立健全农村社会化服务体系》,《理论界》1995年第6期。

161. 刘继芬：《德国农业现代化的进程与措施》，《中国农业信息快讯》2001年第2期。

162. 刘明国：《论中国农村经济制度暨模式发展方向——基于宏观和国家治理的视角》，《改革与战略》2017年第1期。

163. 刘新智、李璐：《农业社会化服务的省域差异》，《改革》2015年第4期。

164. 刘燕华、靳晓明、武夷山：《国外支持农业科技创新的典型做法与经验借鉴》，科学技术文献出版社2008年版。

165. 刘燕群、宋启道、谢龙莲：《德国农业社会化服务体系研究》，《热带农业科学》2017年第12期。

166. 刘胤汉、刘彦随：《有关农业产业化与农业社会化服务体系问题探讨》，《人文地理》1996年第4期。

167. 刘志高、尹贻梅：《演化经济学的理论知识体系分析》，《外国经济与管理》2007年第6期。

168. 楼栋、孔祥智：《新型农业经营主体的多维发展形式和现实观照》，《改革》2013年第2期。

169. 卢道富：《国外农业推广体系的类型及特点》，《江苏农村经济》2005年第12期。

170. 卢良恕：《新时期中国农业与现在农业建设》，《食品工业科技》2004年第2期。

171. 卢良恕等：《新时期中国农业发展与现代农业建设》，《中国工程科学》2004年第1期。

172. 卢现祥：《论制度变迁中的制度供给过剩问题》，《经济问题》2000年第10期。

173. 鲁可荣、周洁：《农业生产组织对农业社会化服务需求意向及实际满足度分析——基于对浙江省178例农业生产组织的抽样调查》，《福建论坛（人文社会科学版）》2014年第3期。

174. 罗必良：《现代农业发展理论——逻辑线索与创新路径》，中国农业出版社 2009 年版。

175. 罗开阳：《建立和完善贵州农业社会化服务体系的构想》，《贵州民族大学学报（哲学社会科学版）》2001 年第 4 期。

176. 罗伟雄、崔国忠：《中国农业经济学教程》，中国人民大学出版社 1995 年版。

177. 罗小锋、向潇潇、李容容：《种植大户最迫切需求的农业社会化服务是什么》，《农业技术经济》2016 年第 5 期。

178. 罗永泰：《面向新农村建设的农业社会化服务体系》，《科学管理研究》2006 年第 6 期。

179. 吕韬：《中国现代农业社会化服务体系建设研究》，博士学位论文，长江大学，2012 年。

180. 马惊鸿：《农民专业合作社组织属性反思及法律制度创新》，《政法论丛》2016 年第 2 期。

181. 马俊杰：《促进农业现代化的问题研究》，《中国市场》2016 年第 5 期。

182. 马克思：《资本论》，郭大力、王亚楠译，上海三联书店 2011 年版。

183. 马歇尔：《经济学原理》，商务印书馆 1965 年版。

184. 马玉立：《农产品市场化对农业经济的发展作用探析》，《农业经济》2012 年第 10 期。

185. 穆娜娜、孔祥智、钟真：《农业社会化服务模式创新与农民增收的长效机制——基于多个案例的实证分析》，《江海学刊》2016 年第 1 期。

186. 牛若峰、夏英：《农业产业化经营的组织方式和运行机制》，北京大学出版社 2000 年版。

187. 农业部经管司、经管总站研究课题组、关锐捷：《构建新型农业社会化服务体系初探》，《毛泽东邓小平理论研究》2012 年第 4 期。

188. 诺思：《制度、制度变迁与经济绩效》，格致出版社 2008 年版。

189. 欧广源：《加快发展农产品加工与流通推动农业再上新台阶》，《调研世界》1998 年第 11 期。

190. 欧阳容辉：《农业社会化服务统计指标体系的设计》，《统计研究》1991 年第 6 期。

191. 庞红学：《现代商贸流通发展对浙江农业经济增长影响的实证研究》，《浙江农业学报》2013 年第 6 期。

192. 庞晓鹏：《农业社会化服务供求结构差异的比较与分析——基于农业社会化服务供求现状的调查与思考》，《农业技术经济》2006 年第 4 期。

193. 彭勃文、杨宇：《发达国家农业社会化服务体系发展和趋势及对中国的借鉴》，《世界农业》2018 年第 2 期。

194. 彭建仿：《农业社会化服务供应链的形成与演进》，《华南农业大学学报（社会科学版）》2017 年第 4 期。

195. 彭向宇、陶思琪、郭延昕等：《基于空间洛伦兹曲线与基尼系数论荆州视角下的湖北农业生产专业化》，《现代农业科技》2014 年第 1 期。

196. 齐力：《农业社会化服务体系运营效率评价》，《农业经济》2016 年第 10 期。

197. 钱书法：《分工演进、组织创新与经济进步——马克思社会分工制度理论研究》，经济科学出版社 2013 年版。

198. 邱淑、罗光强：《中国新型粮食生产经营体系的社会化服务研究综述》，《经济问题探索》2014 年第 11 期。

199. 任晋阳：《农业推广学》，中国农业大学出版社 1997 年版。

200. 阮池茵：《农业产业化发展与凉山彝族农民的贫穷——对凉山州苦荞产业发展的考察》，《开放时代》2017 年第 2 期。

201. 萨伊：《政治经济学概论》，商务印书馆 1963 年版。

202. 申龙均：《韩国农业社会化服务组织——农业协同组合》，《东北亚论坛》1995年第1期。

203. 沈国军:《财政支农对农业经济增长的实证分析——以河南省为例》,《湖南社会科学》2014年第1期。

204. 沈云亭、张征宇:《德国农业现状带给我省农业发展的启示》,《河南农业》2004年第5期。

205. 石言弟:《法德两国农民合作组织发展对中国的启示》,《江苏农村经济》2011年第1期。

206. 史常亮、金彦平:《中国粮食供给与需求状况变迁:1978—2010》,《经济研究参考》2013年第56期。

207. 舒尔茨:《改造传统农业》,商务印书馆1999年版。

208. 舒惠国:《农村市场经济学》,江西高校出版社1998年版。

209. 宋圭武:《农户行为研究若干问题述评》,《农业技术经济》2002年第4期。

210. 宋洪远:《新型农业社会化服务体系建设研究》,《中国流通经济》2010年第6期。

211. 宋莉、靖飞:《美国农业社会化服务现状及其对中国的启示》,《江苏农业科学》2012年第6期。

212. 宋燕平、栾敬东:《中国农业科技投入与效果的关系分析》,《中国科技论坛》2005年第4期。

213. 苏振锋:《构建现代农业经营体系须处理好八大关系》,《经济纵横》2017年第7期。

214. 速水佑次郎、弗农·拉坦:《农业发展的国际分析》,郭熙保、张进铭等译,中国社会科学出版社2010年版。

215. 孙剑、龚继红、李崇光:《农业现代化进程中的农业流通现代化研究——兼对农业现代化传统研究视角的讨论》,《农业经济与管理》2010年第2期。

216. 孙剑:《农户为中心的农产品营销渠道整合研究——基于农户交

易行为与绩效的实证分析》，华中农业大学出版社 2009 年版。

217. 孙良：《中国农业基础设施存在的主要问题及对策》，《农业经济》2002 年第 4 期。

218. 孙明：《美国农业社会化服务体系的经验借鉴》，《经济问题探索》2002 年第 12 期。

219. 孙永生：《建立健全庆阳市农业社会化服务体系》，《甘肃农业》2004 年第 12 期。

220. 谭爱花、李万明、谢芳：《中国农业现代化评价指标体系的设计》，《干旱区资源与环境》2011 年第 10 期。

221. 谭仁忠：《德国农业机械化体系考察》，《湖南农机》2003 年第 4 期。

222. 谭智心、孔祥智：《新时期农业产业化龙头企业提供农业社会化服务的现状、问题及对策研究》，《学习论坛》2009 年第 11 期。

223. 汤洪俊：《中国农村土地规模经营存在的问题及国际经验借鉴》，《世界农业》2016 年第 11 期。

224. 汤锦如、赵文明、管红良：《论市场经济条件下中国农业社会化服务体系的建设与发展》，《扬州大学学报（人文社会科学版）》2003 年第 1 期。

225. 陶传友：《美国农业社会化服务体系（二）》，《林业财务与会计》1996 年第 6 期。

226. 陶传友：《美国农业社会化服务体系（一）》，《林业财务与会计》1996 年第 5 期。

227. 陶黎新：《透视发达国家的现代农业——以美国、荷兰、法国为例》，《甘肃农业》2005 年第 6 期。

228. 陶岳嵩：《日本"农协"及其在农业现代化中的作用》，《农业现代化研究》1982 年第 4 期。

229. 田恒增：《中国农副产品加工机械发展及调整意见》，《粮油加工

（电子版）》2000年第1期。

230. 田小平：《美国、日本农业社会化服务体系经验借鉴——以中国河南省为例》，《世界农业》2016年第4期。

231. 田野：《美国农业社会化服务体系对中国的启示》，《农村经济与技术》1997年第12期。

232. 仝志辉、侯宏伟：《农业社会化服务体系：对象选择与构建策略》，《改革》2015年第1期。

233. 仝志辉：《"去部门化"：中国农业社会化服务体系构建的关键》，《探索与争鸣》2016年第6期。

234. 仝志辉：《中国农村社会化服务体系的"部门化"及其改革》，《理论视野》2007年第8期。

235. 汪春霞、周月书：《完善农业社会化服务体系组织建设的思考》，《安徽农业科学》2004年第5期。

236. 汪丁丁：《中国经济学——2002》，上海人民出版社2003年版。

237. 王春来：《发展家庭农场的三个关键问题探讨》，《农业经济问题》2014年第1期。

238. 王春林：《以农产品市场化促进农业经济发展》，《畜牧与饲料科学》2014年第1期。

239. 王定祥、李虹：《新型农业社会化服务体系的构建与配套政策研究》，《上海经济研究》2016年第6期。

240. 王定祥、李虹：《新型农业社会化服务体系的构建与配套政策研究》，《上海经济研究》2016年第6期。

241. 王东辉：《浙江省物流运输与农业经济增长关系的协整分析》，《安徽农业科学》2011年第2期。

242. 王方红：《产业链视角下现代农业服务模式研究》，博士学位论文，中南大学，2007年。

243. 王光坤：《着力推动农业综合开发战略性调整积极促进农业可持

续发展》,《当代农村财经》2014 年第 7 期。

244. 王光宇、张扬:《借鉴国际经验培育和扶持安徽省农业社会化服务体系探讨》,《世界农业》2015 年第 4 期。

245. 王浩:《美日农业社会化服务体系的比较与借鉴》,《中州学刊》1999 年第 3 期。

246. 王鹤:《基于农户视角完善黑龙江省农业社会化服务体系研究》,博士学位论文,东北农业大学,2010 年。

247. 王江波:《经济演化及其突现机理初探》,博士学位论文,华南师范大学,2007 年。

248. 王俊梅、王广斌、杨延敏:《山西省农村信息化水平对农民收入的影响》,《山西农经》2018 年第 4 期。

249. 王凯伦、张百放、林雁:《农业社会化服务各主要力量的分析和比较》,《经济纵横》1997 年第 4 期。

250. 王凯伦、张百放:《农业社会化服务各主要力量的分析和比较》,《经济纵横》1997 年第 4 期。

251. 王留鑫、何炼成:《农业专业化分工:研究进展与述评》,《农林经济管理学报》2017 年第 3 期。

252. 王敏、潘勇辉:《财政农业投入与农民纯收入关系研究》,《农业经济问题》2007 年第 5 期。

253. 王瑞兰:《建立农业社会化服务统计指标体系》,《财贸研究》1994 年第 3 期。

254. 王树勤、李长璐、宗宇翔、陈蕾:《发达国家农业社会化服务体系模式比较与经验借鉴》,《农村财政与财务》2013 年第 10 期。

255. 王西玉:《中国农业服务模式》,中国农业大学出版社 1996 年版。

256. 王新利、赵琨:《黑龙江省农业机械化水平对农业经济增长的影响研究》,《农业技术经济》2014 年第 6 期。

257. 王学忠:《美国、日本农业技术推广体系立法的经验与借鉴》,

《科技与法律》2009 年第 2 期。

258. 王颜齐、郭翔宇：《中介组织介入土地承包经营权流转分析》，《求是学刊》2012 年第 3 期。

259. 王艳荣、刘业政：《农业产业集聚对农民收入影响效应研究》，《农业技术经济》2011 年第 9 期。

260. 王洋、殷秀萍、郭翔宇：《农业社会化服务供给模式分析与评价》，《农机化研究》2011 年第 11 期。

261. 王洋：《新型农业社会化服务体系构建研究》，博士学位论文，东北农业大学，2010 年。

262. 王有强、董红：《国外农业立法的启示和借鉴》，《西北农林科技大学学报（社会科学版）》2003 年第 3 期。

263. 王瑜、范建荣：《西部农业农村基础设施发展水平综合评价及预测——以宁夏回族自治区为例》，《华中农业大学学报（社会科学版）》2011 年第 4 期。

264. 王钊、刘晗、曹峥林：《农业社会化服务需求分析——基于重庆市 191 户农户的样本调查》，《农业技术经济》2015 年第 9 期。

265. 王正强：《农业社会化服务体系存在的问题及对策思考》，《农村经济与科技》2000 年第 12 期。

266. 韦代荣：《加强基层农机维修服务体系建设的思考》，《广西农业机械化》2014 年第 5 期。

267. 温鑫：《农产品市场化对农业经济的发展作用》，《西部皮革》2017 年第 4 期。

268. 巫继学：《建设社会主义新农村：从"三农"困境到坦途》，《学习论坛》2006 年第 6 期。

269. 吴菊安：《日本、韩国农业经营方式和社会化服务体系发展经验及借鉴》，《世界农业》2016 年第 5 期。

270. 吴林海、彭宇文：《农业科技投入与农业经济增长的动态关联性研究》,《农业技术经济》2013年第12期。

271. 吴清华、周晓时、冯中朝:《基础设施对农业经济增长的影响——基于1995—2010年中国省际面板数据的研究》,《中国经济问题》2015年第3期。

272. 吴莹:《中国科技金融的体系构建与政策选择》,博士学位论文,武汉大学,2010年。

273. 吴昭雄、王红玲、胡动刚等:《农户农业机械化投资行为研究——以湖北省为例》,《农业技术经济》2013年第6期。

274. 席雪红:《河南省农业财政投入产出的弹性分析:1978—2010》,《开发研究》2013年第1期。

275. 夏蓓、蒋乃华:《种粮大户需要农业社会化服务吗——基于江苏省扬州地区264个样本农户的调查》,《农业技术经济》2016年第8期。

276. 夏江海:《论市场经济中的农业社会化服务》,《农村合作经济经营管理》1997年第2期。

277. 夏英、陈凡:《农业体制改革与费用问题初探》,《农业经济问题》1993年第7期。

278. 夏英:《农业社会化服务问题的理论探讨》,《农业经济问题》1993年第6期。

279. 向琳、李季刚:《中国农业产业化效率及其影响因素》,《长安大学学报》(社会科学版)2010年第3期。

280. 肖卫东:《涉农企业开展农业科技创新的瓶颈因素与驱动机制》,《理论学刊》2016年第1期。

281. 熊鹰:《农户对农业社会化服务需求的实证分析——基于成都市176个样本农户的调查》,《农村经济》2010年第3期。

282. 徐更生:《借鉴国外经验完善农业社会化服务体系》,《世界经济与政治》1991年第5期。

283. 徐旭初、贾广东、刘继红:《德国农业合作社发展及对中国的几点启示》,《农村经营管理》2008年第5期。

284. 徐旭初:《农民专业合作组织立法的制度导向辨析——以〈浙江省农民专业合作社条例〉为例》,《中国农村经济》2005年第6期。

285. 许经勇:《农业专业化的新意义及其形式》,《中国经济问题》1987年第4期。

286. 许先:《美国农业社会化服务体系发展的经验与启示》,《山东大学学报(哲学社会科学版)》2003年第4期。

287. 许学国:《组织协同学习机理及实证研究》,《系统管理学报》2010年第3期。

288. 宣杏云、徐更生:《国外农业社会化服务》,中国人民大学出版社1993年版。

289. 亚当·斯密:《国富论》,唐日松等译,华夏出版社2012年版。

290. 严瑞珍、龚道广、周志祥、毕宝德:《中国工农产品价格剪刀差的现状、发展趋势及对策》,《经济研究》1990年第2期。

291. 杨德寿:《中国供销合作社发展史》,中国财政经济出版社1998年版。

292. 杨凤书等:《完善以不同主体为依托的农业社会化服务的对策分析》,《经济研究导刊》2011年第15期。

293. 杨凤书、高玉兰、卢小磊、陶佩君:《完善以不同主体为依托的农业社会化服务的对策分析》,《经济研究导刊》2011年第15期。

294. 杨汇泉、朱启臻、梁怡:《统一主体与多元主体:农业社会化服务体系组织的权变性建构》,《重庆大学学报(社会科学版)》2011年第2期。

295. 杨汇泉、朱启臻:《新中国60年来农业社会化服务体系组织建构回顾及研究述评》,《华南农业大学学报》2010年第1期。

296. 杨杰:《中国生产性服务业与农业效率提升的关系研究——基于Malmquist指数中国省际面板数据的实证分析》,《经济与管理评论》2010

年第 5 期。

297. 杨丽君：《农业产业集聚对农民收入的影响效应探讨》，《湖北农业科学》2013 年第 11 期。

298. 杨柳：《农产品市场化对农业经济的发展作用探析》，《辽宁行政学院学报》2014 年第 5 期。

299. 杨汭、罗永泰：《面向新农村建设的农业社会化服务体系》，《科学管理研究》2006 年第 6 期。

300. 杨爽、余国新、闫艳燕：《发达国家农业社会化服务模式的经验借鉴》，《世界农业》2014 年第 6 期。

301. 杨印生、刘子玉、盛国辉：《中国农业机械化促进体系的构建》，《农业机械学报》2005 年第 11 期。

302. 杨印生、舒坤良、郭鸿鹏：《农机服务组织作业效率影响因素的实证分析》，《数理统计与管理》2008 年第 1 期。

303. 杨瞻菲：《德国培育新型职业农民的经验与启示》，《新西部》2016 年第 17 期。

304. 姚延婷、陈万明、李晓宁：《环境友好农业技术创新与农业经济增长关系研究》，《中国人口·资源与环境》2014 年第 8 期。

305. 殷月林、顾海军、王秀莹：《平罗县农业生产资料供应服务调研报告》，《种子科技》2017 年第 11 期。

306. 应瑞瑶、徐斌：《农户采纳农业社会化服务的示范效应分析——以病虫害统防统治为例》，《中国农村经济》2014 年第 8 期。

307. 尤小文：《农户：一个概念的探讨》，《中国农村观察》1999 年第 5 期。

308. 于海波、方俐洛、凌文辁：《组织学习及其作用机制的实证研究》，《管理科学学报》2007 年第 5 期。

309. 于亢亢、朱信凯：《现代农业经营主体的变化趋势与动因基于全国范围县级问卷调查的分析》，《中国农村经济》2012 年第 10 期。

310. 于濯非、于平：《韩国农业服务体系的特点及其在农业振兴中的作用》，《吉林农业科学》1997年第1期。

311. 余汉新、李成贵：《试析农业发展的阶段特征及型态转变的内在规律》，《农业考古》1995年第3期。

312. 郁大海：《中国农业社会化服务体系改革创新研究》，《农业经济》2010年第1期。

313. 袁军宝、陶迎春：《论农业产业化：基于分工与合作的视角》，《科技管理研究》2008年第7期。

314. 袁明珠、刘淑梅：《加强财政支持农业社会化服务体系建设》，《北方经贸》2001年第3期。

315. 袁佩佳、涂甚伟：《村级集体经济组织与农业社会化服务体系建设——基于山东、陕西、山西三省27个村调查的分析》，《兰州学刊》2009年第8期。

316. 张朝华、黄扬：《家庭农场发展中若干关键问题的调查研究》，《经济纵横》2017年第7期。

317. 张光南、朱宏佳：《FDI对国内投资挤入挤出效应的再检验——基于珠三角城市面板数据的实证研究》，《国际商务（对外经济贸易大学学报）》2013年第1期。

318. 张广胜、周娟、周密：《农民对专业合作社需求的影响因素分析——基于沈阳市200个村的调查》，《农业经济问题》2007年第11期。

319. 张红宇：《中国特色农业现代化：目标定位与改革创新》，《中国农村经济》2015年第1期。

320. 张静波：《社会力量参与农业社会化服务事业的路径》，《光明日报》2009年第3期。

321. 张娟、张笑寒：《农业社会化服务的模式、机理及趋势分析》，《江苏农业科学》2011年第2期。

322. 张梦瑶、李明远、于文诗等：《中国农业信息化对农民收入影响分析——以四川蒲江县为例》,《现代商贸工业》2017年第7期。

323. 张晓山:《有关中国农民专业合作组织发展的几个问题》,《农村经济》2005年第1期。

324. 张秀娟、胡雪梅:《日本农协的发展新趋势》,《经济纵横》2002年第1期。

325. 张怿:《市场化程度与农民收入关系的实证研究,《现代情报》2004年第7期。

326. 张颖熙、夏杰长:《农业社会化服务体系创新的动力机制与路径选择》,《宏观经济研究》2010年第8期。

327. 张勇、古明明:《公共投资能否带动私人投资:对中国公共投资政策的再评价》,《世界经济》2011年第2期。

328. 张云华、郭铖:《农业经营体制创新的江苏个案:土地股份合作与生产专业承包》,《改革》2013年第2期。

329. 张照新、赵海:《新型农业经营主体的困境摆脱及其体制机制创新》,《改革》2013年第2期。

330. 张卓元:《政治经济学大辞典》,经济科学出版社1998年版。

331. 张子璇:《商贸流通对沿海省市农业经济增长的影响分析》,《商业经济研究》2016年第22期。

332. 赵璐、吕杰:《财政支农结构对农业总产值影响的实证分析》,《统计与决策》2011年第8期。

333. 赵卫东、李志军、李守勇、郑怀国、李红:《赴韩国农业推广服务体系考察报告》,《北京农业职业学院学报》2007年第3期。

334. 赵晓峰、赵祥云:《新型农业经营主体社会化服务能力建设与小农经济的发展前景》,《农业经济问题》2018年第4期。

335. 郑宝叶:《市场经济与农村社会化服务》,《山西农经》1994年第2期。

336. 郑深:《建构主义:从结构主义到后结构主义演变》,《集美学学报》2003 年第 1 期。

337. 郑文俊、张秀宽、刘元宝:《农业社会化服务体系现状及模式研究》,《乡镇经济》2001 年第 10 期。

338. 智敏:《陕西省新型农业社会化服务水平评估与分析》,《延安大学学报(社会科学版)》2016 年第 6 期。

339. 中南财经大学课题组:《农业社会化服务体系的结构与层次研究》,《中南财经大学学报》1996 年第 5 期。

340. 钟亮亮、童金杰、朱述斌等:《江西省农业社会化服务水平测度及制约因素解构》,《广东农业科学》2014 年第 14 期。

341. 钟真、谭玥琳、穆娜娜:《新型农业经营主体的社会化服务功能研究——基于京郊农村的调查》,《中国软科学》2014 年第 8 期。

342. 周婕:《国外农业经营方式的比较研究:以美国和日本为例》,《世界农业》2017 年第 12 期。

343. 周娟:《基于生产力分化的农村社会阶层重塑及其影响——农业社会化服务的视角》,《中国农村观察》2017 年第 5 期。

344. 周娟:《土地流转背景下农业社会化服务体系的重构与小农的困境》,《南京农业大学学报(社会科学版)》2017 年第 6 期。

345. 周维松:《市场经济国家农业社会化服务组织的类型和现状》,《中共四川省委省级机关党校学报》2003 年第 2 期。

346. 周稳海、赵桂玲、尹成远:《农业保险发展对农民收入影响的动态研究——基于面板系统 GMM 模型的实证检验》,《保险研究》2014 年第 5 期。

347. 周小斌、李秉龙:《中国农业信贷对农业产出绩效的实证分析》,《中国农村经济》2003 年第 6 期。

348. 周晓庆:《中日韩农业社会化服务体系比较研究》,《世界农业》2010 年第 379 期。

349. 周怡:《社会结构:由"形构"到"解构"——结构功能主义、

结构主义和后结构主义理论之走向》,《社会学研究》2000年第3期。

350. 周应恒、胡凌啸、严斌剑:《农业经营主体和经营规模演化的国际经验分析》,《中国农村经济》2015年第9期。

351. 周昱、刘美云、徐晓晶、保嶽、陈辉:《德国污染土壤治理情况和相关政策法规》,《环境与发展》2014年第5期。

352. 周忠丽、夏英:《日韩农协发展探析》,《农业展望》2014年第1期。

353. 朱樊生、梁天福:《法国:农业社会化服务体系》,《农村经济与科技》1995年第12期。

354. 朱启臻:《农业社会学》,社会科学文献出版社2009年版。

355. 朱院利、李双奎:《主要国家农业社会化服务体系述评》,《福建论坛(社科教育版)》2009年第12期。

356. Agranoff R., Mcguire M., *Collaborative Public Management: New Strategies for Local Governments*, Georgetown University Press, 2004.

357. Ahearn M., "Financial Position of Farm Operator Households", *Agricultural Outlook Forum*, No.126, 2012.

358. Akudugu M. A., "Adoption of Modern Agricultural Production Technologies by Farm Households in Ghana: What Factors Influence Their Decisions?", *Journal of Biology, Agriculture and Healthcare*, No.2, 2012.

359. Alford B. L., Biswas A., "The Effects of Discount Level, Price Consciousness and Sale Proneness on Consumers' Price Perception and Behavioral Intention", *Journal of Business Research*, No.55, 2002.

360. And J. M. P., Page K. L., "Network Forms of Organization", *Annual Review of Sociology*, No.24, 1998.

361. Anderson W. L., "Group Relations Psychology and Computer Supported Work Some New Directions for Research and Development", *Conference on Organizational Computing Systems*, ACM, 1991.

362.Andersonbutcher D., Ashton D., "Innovative Models of Collaboration to Serve Children, Youths, Families, and Communities", *Children & Schools*, No.26, 2004.

363.Anne W., Van B. D., "Different Ways of Financing Agricultural Extension", *Agricultural Research and Extension Network*, No.7, 2000.

364.Ansoff H.I., Brandenburg R. G., "A Language for Organization Design: Part I", *Management Science*, No.17, 1971.

365.Argyris C., Schön D. A., "Organizational Learning: A Theory of Action Perspective", *Journal of Applied Behavioral Science*, 15, 1978.

366.Asfaw S., "Poverty Reduction Effects of Agricultural Technology Adoption: A Micro-Evidence from Rural Tanzani", *Journal of Development Studies*, No.48, 2012.

367.Bennett J. K., O'Brien M. J., "The Building Blocks of the Learning Organization", *Training*, No.31, 1994.

368.Bentz R.P., "Acquiring and Managing Financial Resources", Rome(Italy), FAO, 1997.

369.Bijman W. J. J., Hendrikse G. W. J., "Co-Operatives in Chains: Institutional Restructuring in the Dutch Fruit and Vegetables Industry", *Erim Report*, No.2, 2003.

370.Borys B., Jemison D. B., "Hybrid Arrangements as Strategic Alliances: Theoretical Iissues in Organizational Combinations", *Academy of Management Review*, No.14, 1989.

371.Bosch F. D., Volberda H. W., Boer M. D., "Co-Evolution of Firm Absorptive Capacity and Knowledge Environment: Organizational Forms and Combinative Capabilities", *Organization Science*, No.10, 1999.

372.Breimyer H. F., "The Three Economies of Agriculture", *Journal of Farm Economics*, No.44, 1962.

373.Brinkerhoff J. M., "Assessing and Improving Partnership Relationships and Outcomes: A Proposed Framework", *Evaluation & Program Planning*, No.25, 2002.

374.Cabrini S. M., Stark B. G., Irwin S. H., "Efficiency Analysis of Agricultural Market Advisory Services: A Nonlinear Mixed-integer Programming Approach", *Manufacturing & Service Operations Management*, No.3, 2004.

375.Carney D., "Changing Public and Private Roles in Agricultural Service Provsion", *Overseas Development Institute*, No.5, 1998.

376.Carter C. A., Lohmar B., "Regional Specialization of China's Agricultural Production", *American Journal of Agricultural Economics*, No.3, 2002.

377.Child J., "New Technology and Developments in Management Organization", *Omega*, No.12, 1984.

378.Coase R. H., "The Nature of the Firm", *Economica*, No.4, 1937.

379.Coutts J., Process, *Paper Policy and Practice: A Case Study of a Formal Extension Policy in Queensland*, Agricultural University Press, 1994.

380.David J. S., Klaus V.G., "Public-Private Partnerships in Agricultural Research: An Analysis of Challenges Facing Industry and the Consultative Group on International Agricultural Research", *Environment and Production Technology Division Discussion Paper*, No.113, 2004.

381.Davis J. H., Goldberg R. A., "A Concept of Agribusiness", *American Journal of Agricultural Economics*, No.39, 1957.

382.Dijksterhuis M. S., Volberda H. W., "Where do New Organizational Forms Come from? Management Logics as a Source of Coevolution", *Organization Science*, 1999.

383.Dijksterhuis M. S., Volberda H. W., *Where do New Organizational*

Forms Come from? Management Logics as a Source of Coevolution, INFORMS, 1999.

384.Dimitratos P., *Management of Internationalization Ventures: Should International Partners be "Agents" or "Stewards"*? Internationalization, Palgrave Macmillan UK, 2003.

385.Donaldson J. F., Kozoll C. E., "Collaborative Program Planning: Principles, Practices, and Strategies. Professional Practices in Adult Education and Human Resource Development Series", *Canadian Journal of University Continuing Education*, No.25, 1999.

386.Drucker, Peter F., *Adventures of a Bystander*, New York: Harper Collins Publishers, 1991.

387.EasterlinR. A., *Birth and Fortune: The Impact of Numbers on Personal Welfare*, New York: Basic Book, 1980.

388.Edmondson A., "The View through a Different Lens:Investigating Organizational Learning at the Group Level of Analysis", Proceedings of 3rd International Coherence on Organizational Learning, Lancaster, 1999.

389.Edmondson A., Moingeon B., "Learning, Trust and Organizational Change", *Harvard Business Review*, 1999.

390.Elahi E., Abid M., Zhang L., et al., "Agricultural Advisory and Financial Services, Farm Leve Access, Outreach and Impact in a Mixed Cropping District of Punjab", *Land Use Policy the International Journal Covering All Aspects of Land Use*, No.17, 2018.

391.Ellis S., Shpielberg N., "Organizational Learning Mechanisms and Managers' Perceived Uncertainty", *Human Relations*, No.56, 2003.

392.Elsner R.J., "Changes in Eating Behaviour during the Ageing Process", *Eating Behaviours*, No.1, 2003.

393.Everett J., Jamal T. B., "Multistakeholder Collaboration as

Symbolic Marketplace and Pedagogic Practice", *Journal of Management Inquiry*, No.13, 2004.

394.Fan S.G., "Production and Productivity Growth in Chinese Agriculture: New Measurement and Evidence", *Food Policy*, No.3, 1997.

395.FAO, "World Wensus of Agriculture: Analysis and International Comparison of the Results(1996-2005)", *FAO Statistical Development Series 13*, 2013.

396.Fogel R.W., "Reappraisals in American Economic History-Discussion", *American Economic Review*, No.59, 1964.

397.Gerlach M. L., Lincoln J. R., "Economic Organization and Innovation in Japan: Networks, Spin-offs and the Creation of Enterprise", *Knowledge Creation*, 2000.

398.Gherardi S., Nicolini D., "To Transfer is to Transform: The Circulation of Safety Knowledge", *Organization*, No.7, 2000.

399.Gherardi S., Nicolini D., "The Organizational Learning of Safety in Communities of Practice", *Journal of Management Inquiry*, No.9, 2000.

400.Giarini O., Stahel W. R., *The Limits to Certainty: Facing Risks in the New Service Economy*, Kluwer Academic Publishers, 1989.

401.Goldstein J., "Emergence as a Construct: History and Issues", *Emergence*, No.1, 1999.

402.Grant R. M., "Prospering in Dinamically-Competitive Environments: Organizational Capability as Knowledge Integration", *Organization Science*, No.7, 1996.

403.Gregory N.G., "Meat, Meat Eating and Vegetarianism: A .Review of the Facts", Proceedings of the 43rd International Congress of Meat Science and Technology, 1997.

404.Gronroos C., "Service Management and Marketing", *Business Book*

Review Library, No.11, 1990.

405.Haitham, El-Hourani, "The Role of Public and Private Sectors in Agriculture", *Representation Office of the Food and Agriculture Organization of the United in Jordan Organization of the United Nations in Jordan*, No.9, 2005.

406.Halcrow H. G., Nelson G. C., Seitz W. D., "Economics of Resources, Agriculture, and Food", *American Journal of Agricultural Economics*, No.13, 1994.

407.Hamel G., Heene A., "Introduction: Competing Paradigms in Strategic Management", Hamel G., Heene A., *Competence-based Competition*, John Wiley & Sons, Chichester, 1994.

408.Hansman H. B., "The Role of Nonprofit Enterprise", *Yale Law Journal*, No.89, 1980.

409.Harrigan K. R., "Joint Ventures and Competitive Strategy", *Strategic Management Journal*, No.9, 2010.

410.Hedlund G., Nonaka I., "Models of Knowledge Management in the West and Japan", in P. Lorange, B.G. Chakravarthy, J. Roos and A.Van de Ven(Eds.), *Implemention Strateyic Processes, Change, Learning, and Cooperation*, Basil Blackwell, London.

411.Hibbard J. D., Stern K. L. W., "Examining the Impact of Destructive Acts in Marketing Channel Relationships", *Journal of Marketing Research*, No.1, 2001.

412.Himmelman A. T., "On the Theory and Practice of Transform Ational Collaboration: Collaboration as a Bridge from Social Service to Social Justice", 1996.

413.Huffman V., "Privatizing Agricultural Extension: Caveat Emptor", *Journal of Rural Studies*, No.16, 2000.

414.Huxham C., Vangen S., "Working Together: Key Themes in the Management of Relationships between Public and Non-Profit Organizations", *International Journal of Public Sector Management*, No.9, 1996.

415.Iansiti M., Clark K. B., "Integration and Dynamic Capability: Evidence from Product Development in Automobiles and Mainframe Computers", *Industrial & Corporate Change*, No.3, 1994.

416.Jerez-Gómez P., Céspedes-Lorente J., Valle-Cabrera R., "Organizational Learning Capability: A Proposal of Measurement", *Journal of Business Research*, No.58, 2005.

417.Jiang Y., Wang F., Zhang W., "The Fee-Based Agricultural Information Service: An Analysis of Farmers' Willingness to Pay and Its Influencing Factors", *Information Computing and Applications International Conference*, No.12, 2010.

418.Kamakura M. W. A., "Satisfaction, Repurchase Intent, and Repurchase Behavior: Investigating the Moderating Effect of Customer Characteristics", *Journal of Marketing Research*, No.38, 2001.

419.Kidd A. D., Lamers J. P. A., Ficarelli P. P., Hoffmann V., "Privatising Agricultural Extension: Caveat Emptor-A Sectoral Analysis with Some Thoughts on Accountability, Sustainability and Evaluation", *Journal of Rural Studies*, No.16, 2000.

420.Klerkx L., Leeuwis C., "Matching Demand and Supply in the Dutch Agricultural Knowledge Infrastructure: The Emergence and Embedding of New Intermediaries in an Agricultural Innovation System in Transition", *Journal of the National Cancer Institute*, No.3, 2008.

421.Klotz C. A., Rubenstein K. D., "The Changing Agricultural Research Environment: What does It Mean for Public-Private Innovation", *AgBio Forum*, No.2, 1999.

422.Kramer R. M., "Voluntary Agencies in the Welfare State", *Contemporary Sociology*, No.12, 1981.

423.Kramer R. M., *Voluntary Agencies in the Welfare State*, University of California Press, 1987.

424.Kuehe G., "My Decision to Sell the Family Farm", *Agriculture and Human Values*, No.30, 2013.

425.Lawrence D.S., "Decentralisation and Rural Development: The Role of the Public and Private Sector in the Provision of Agricultural Support Services", Paper Prepared for the FAO/IFAD/World Bank Technical Consultural on Decentralization, No.12, 1997.

426.Lewin A. Y., Volberda H. W., "Prolegomena on Coevolution: A Framework for Research on Strategy and New Organizational Forms", *Organization Science*, No.10, 1999.

427.Li Zhao, "Understanding the New Rural Co-operative Movement: Towards Rebuilding Civil Society in China", *Journal of Contemporary China*, No.20, 2011.

428.Lincoln J. R., "Intra- (and inter-) Organizational Networks", *Research in the Sociology of Organizations*, 1982.

429.Lipsky M., Smith S.R., "Nonprofit Organizations, Government, and the Welfare State", *Publican Science Quarterly*, No.104, 1990.

430.Long C., Vickers-Koch M., "Using Core Capabilities to Create Competitive Advantage", *Organizational Dynamics*, No.24, 1995.

431.Luqman M., Shahbaz B., Ali T., "Impact of Agricultural Services Provided by Non-state Actors on Rural Livelihoods: A Case of Distrct Mansehra, Khyber Pukhtunkhwa", *Pakistan Journal of Agricultural Sciences*, No.53, 2016.

432.Macdonald J. M., Ahearn M. C., Banker D., "Organizatinal

Economics in Agriculture Policy Analysis", *American Journal of Agricultural Economics*, No.86, 2004.

433.Matanda M., Freeman S., *Using Buyer-seller Relationshipsto Manage Perceived Environmental Uncertainty in Export Markets*: *Perspectives of Suppliers in Developing Countries*, All Publications, 2006.

434.Mcgill M E., Slocum J W., Lei D., "Management Practices in Learning Organization", *Organizational Dynamics*, No.21, 1992.

435.Mcgill M. E., Slocum J. W., Lei D., "Management Practices in Learning Organizations", *Organizational Dynamics*, No.21, 1992.

436.Mcmillan J., Whalley J., Zhu L., "The Impact of China's Economic Reforms on Agricultural Productivity Growth", *Journal of Political Economy*, No.4, 1989.

437.O'Sullivan B. G., Mcgrail M. R., Stoelwinder J. U., "Reasons Why Specialist Doctors Undertake Rural Outreach Services: An Australian Cross-sectional Study", *Human Resources for Health*, No.15, 2017.

438.Olson E. E., Eoyang G. H., *Facilitating Organization Change*: *Lessons from Complexity Science*, Jossey-Bass, 2001.

439.O'Neil J., "On Schools as Learning Organizations: A Conversation with Peter Senge", *Educational Leadership*, No.52, 1995.

440.Parsons T., *Social System*, New York: Free Press, 1951.

441.Pelton L. E., Strutton D., Lumpkin J. R., *Marketing Channels*: *A Relationship Management Approach*, McGraw-Hill/Irwin, 2002.

442.Petroni A., "The Analysis of Dynamic Capabilities in a Competence-oriented Organization", *Technovation*, No.18, 1998.

443.Poggenpohl S. H., "Practicing Collaboration in Design", *Visible Language*, 2004.

444.Ragasa C., Golan J., "The Role of Rural Producer Organizations for Agricultural Service Provision in Fragile States", *Agricultural Economics*, No.45, 2014.

445.Richard A., *Birth and Fortune: The Impact of Numbers on Personal Welfare*, New York: Basic Book, 1980.

446.Rivera W. M., "Agricultural Extension in Transition Wordwide", *Public Administration and Development*, No.16, 1997.

447.Robert D., *Measuring Benefits of Govement Investment*, The AEL Press, 1980.

448.Rose-Ackerman R., Evenson, *Measuring Benefits of Govement Investment*, The AEL Press, 1985.

449.Salamon L.M., *America's Nonprofit Sector:A Prime*, New York: The Foundation Center, 1992.

450.Scherer F.M., "Industrial Market Structure and Economics Performance", *Rand McNally*, No.78, 1980.

451.Scott J. C., *Peasant Society in a Changing Economy: Comparative Development in Southeast Asia and India*, University of Illinois Press, 1975.

452.Sewell W., "A Theory of Structure: Duality, Agency, and Transformation", *The American Journal of Sociology*, No.98, 1992.

453.Sirdeshmukh D., Sabol S. B., "Consumer Trust, Value, and Loyalty in Relational Exchanges", *Journal of Marketing*, No.66, 2002.

454.Smith L. D., "Decentralisation and Rural Development: The Role of the Public and Private Sectors in the Provision of Agricultural Support Services", 1997.

455.Smith L. D., "Reform and Decentralization of Agricultural Services: A Policy Framework", *FAO Agricultural Policy and Economic Development Series*, No.7, 2001.

456.Stacey R.D., *Strategic Management and Organisational Dynamics*,

Pearson Education Limited, 1993.

457.Stahel W. R., *The Performance Economy*, Palgrave Macmillan, 2010.

458.Storer C.E., Soutar G.N., Hawkins M. H., "Meat Consumption Patterns of Meat Consumption: Some Australian Evidence", *Australian Agribusiness Review*, No.6, 1998.

459.Sullivan H., Skelcher C., *The Collaborative Agenda*, 2002.

460.Sultan, Fareena, "Consumer Preferences for Forthcoming Innovations: The Case of High Definition Television", *Journal of Consumer Marketing*, No.1, 1999.

461.Sumner D. A., "American Farms Keep Growing: Size, Productivity, and Policy", *Journal of Economic*, No.1, 2014.

462.Sumner, "American Farms Keep Growing: Size, Productivity, and Policy", *Journal of Economic Perspectives*, No.28, 2014.

463.Tamin, Oliver, Dillmann R., *KaViDo: A Web-Based System for Collaborative Rresearch and Development Processes*, Elsevier Science Publishers B. V., 2003.

464.Teece D. J., "Capturing Value from Technological Innovation: Integration, Strategic Partnering, and Licensing Decisions", *Organizational Capabilities*, 1988.

465.Teece D. J., Pisano G., Shuen A., "Dynamic Capabilities and Strategic Management", *Strategic Management Journal*, No.18, 1997.

466.Templeton G. F., Lewis B. R., Snyder C. A., "Development of a Measure for the Organizational Learning Construct", *Journal of Management Information Systems*, No.19, 2002.

467.Tippins M. J., Sohi R. S., "IT Competency and Firm Performance: Is Organizational Learning a Missing Link?", *Strategic Management Journal*,

No.24，2010.

468.Trist E. L., Bamforth K. W., "Some Social and Psychological Consequences of the Longwall Method of Coal-getting", *Human Relations*, No.1, 1951.

469.Urutyan V. E., Aleksandryan M., Hovhannisyan V., "The Role of Specialized Agricultural Credit Institutions in the Development of the Rural Finance Sector of Armenia: Case of Credit Clubs", *International Association of Agricultural Economists in its Series*, No.8, 2006.

470.Viaggi D., "Farm-Household Investment Behavior and the CAP Decoupling: Methodological Issues in Assessing Policy Impacts", *Journal of Policy Modeling*, No.33, 2011.

471.Wagner W. G., Pfeffer J., O'Reilly C. A., "Organizational Demography and Turnover in Top-Management Groups", *Administrative Science Quarterly*, No.29, 1984.

472.Walter R. S., *The Performance Economy*, Palgrave Macmillan, 2006.

473.Weisbrod B.A., "Toward a Theory of the Voluntary Nonprofit Sector in a Three-Sector Economy", in E. Phelps, E. (Eds.), *Altruism, Moality and Economic Theory*, Russell Sage, New York.

474.Williamson O. E., "Reflections on the New Institutional Economics", *Zeitschrift Für Die Gesamte Staatswissenschaft*, No.141, 1985.

475.Wolf T., *Managing a Nonprofit Organization*, Free Press, 1990.

附 录

附录1　农业社会化服务体系调查问卷

问卷编号____调查时间____调查地点____调查员____

一、农户基本情况

1. 你的性别

A 男　　　　　　B 女

2. 你的年龄

A 20 岁以下　　　B 20—30 岁　　　C 31—40 岁　　　D 41—50 岁

E 51—60 岁　　　F 61 岁以上

3. 你的文化文化程度

A 文盲　　　　　B 小学　　　　　C 初中　　　　　D 高中或中专

E 大专　　　　　F 本科以上

4. 你家主要从事的产业是

A 传统农业　　　B 农副业

C 农业服务业（运输、加工、销售、农业工人等）　　　D 非农产业

5. 你家庭人口

A 1 人　　　　　B 2 人　　　　　C 3 人　　　　　D 4 人

E 5 人　　　　　F 6 人以上

6. 你所在的地区省（市）县（市）村

7. 你从事工作或务农的年限

A 5 年以下　　　B 6—10 年　　　C 11—15 年　　　D 16—20 年

E 21—25 年　　　F 25—30 年　　　G 31 年以上

8. 你家每年购买农业生产资料的次数

A 2—3 次　　　B 4—5 次　　　C 6—7 次　　　D 8—9 次

E 10 次以上

9. 你家每年销售农产品次数

A 2—3 次　　　B 4—5 次　　　C 6—7 次　　　D 8—9 次

E 10 次以上

10. 你家每年所有农产品售总额（　　）

11. 你家每年农业生产支出总额（　　）

12. 你每年家庭总毛收入（　　）

13. 你家耕地面积：（　　）亩

二、农户对农业社会化服务现状认识

请问您家近两年以下各个项目是从哪些渠道获得的？您对从这些渠道的获取是否满意？

服务类别	农户近几年农业服务组织的选择（可以多选，打√）							服务结果的满意度（单选，打√）			
	政府服务部门	科技部门	村集体组织	企业服务组织	自由交易市场	亲朋获得	自我获得	满意	比较满意	一般	不太满意	不满意
种苗												
化肥												
农药												
塑料等资料												
小生产设备												
农机大设备												
生产设备维修												
农业生产技术												
农业管理技术												
劳动雇佣												

服务类别	农户近几年农业服务组织的选择（可以多选，打√）								服务结果的满意度（单选，打√）				
	政府服务部门	科技部门	村集体组织	企业服务组织	自由交易市场	亲朋获得	自我获得	满意	比较满意	一般	不太满意	不满意
农产品加工												
农产品运输												
农产品销售												
市场信息												
资金服务												
知识培训												
农业保险												
法律服务												

您所在的村近几年以下各个项目主要由谁负责管理？您对此是否满意？

公共服务类别	近几年公共农业服务组织形式（单选，打√）					服务结果满意度（单选，打√）				
	政府为主	集体为主	群众合作为主	企业有偿服务为主	自己处理	满意	比较满意	一般	不太满意	不满意
基础交通设施										
综合农田整理										
基础水利设施										
基础电力设施										
大面积病虫害										
大面积水灾害										
其他自然灾害										
通信，技术推广										

三、农户期望选择的农业社会化服务组织类型

请问您家以下各个项目您希望由谁提供给您？为什么？您这样考虑的原因是什么？在服务组织类型中打√。期望的理由是：请依据同意程度填写数字。不同意（1）—不太同意（2）—无意见（3）—比较同意（4）—同意（5）

公共服务类别	农户期望选择的服务组织类型（打√）（可以多选）					影响产生期望因素的权重（不同意为1；不太同意为2；无意见为3；比较同意为4；同意为5；）									
	政府服务部门	集体组织	企业或市场购买	亲朋获得	自我获得	质量保证	价格合理	售后服务	服务便利	服务及时	政策优惠	人员素质	技术水平	服务态度
种苗														
化肥														
农药														
塑料等资料														
小生产设备														
农机大设备														
生产技术														
生产设备维修														
管理技术														
劳动雇佣														
农产品加工														
农产品运输														
农产品销售														
市场信息														
信贷服务														
知识培训														
农业保险														
法律与仲裁														

您认为以下各个项目由谁负责管理比较好？您为什么这么认为？

公共服务类别	农户期望公共农业服务主体（打√）				产生期望的原因（不同意为1；不太同意为2；无意见为3；比较同意为4；同意为5；）								
	政府	村集体	经营性企业	农户自己处理	质量保证	价格合理	政策导向	财政保证	组织保证	效率保证	持续投资	责任明确	发展需要
基础交通设施													
综合农田整理													
基础水利设施													
基础电力设施													

	农户期望公共农业服务主体（打√）				产生期望的原因（不同意为1；不太同意为2；无意见为3；比较同意为4；同意为5；）							
公共服务类别	政府	村集体	经营性企业	农户自己处理	质量保证	价格合理	政策导向	财政保证	组织保证	效率保证	持续投资	责任明确	发展需要
大面积病虫害													
大面积水灾害													
其他自然灾害													
通信，科技推广													

四、您对农业服务体系认识

以下关于您所在区域的基本状况的说法，您是否同意？对此您是否希望如此？

农业服务体系要素 关于农业服务，你所在的地区	对农业服务体系现状判断					对农业服务体系期望表述				
	同意	比较同意	没意见	不太同意	不同意	希望	比较希望	没意见	不太希望	不希望
政府服务机构与民间服务组织之间分工明确										
公共服务方面政府服务机构为主导，民间服务组织为辅										
具体产品服务方面政府机构为辅，民间服务组织为主										
政府服务机构与民间服务机构即竞争又合作										
政府与民间农业服务组织总体发展适应当地农业生产需求										
政府与民间服务机构对农业服务作用相互补充										
政府服务机构对基础农业设施有明显服务效果										
政府服务机构对关键性或全面性服务有主导作用										
政府服务机构以大众利益或农业发展为中心，非盈利目的										

农业服务体系要素	对农业服务体系现状判断					对农业服务体系期望表述				
关于农业服务，你所在的地区	同意	比较同意	没意见	不太同意	不同意	希望	比较希望	没意见	不太希望	不希望
民间服务机构参与公众利益服务，获得合理利润目的										
民间服务机构进行多样灵活有偿服务，主导市场服务买卖										
综合性农业服务与专业服务协调一致										
综合农业服务与专业服务内容侧重点有明显差异										
综合农业服务全面性程度高，服务普适性强										
专业性服务专一性程度高，服务针对性强										
政府与民间农业服务机构相互依存和促进										
综合服务与专业服务机构相互依存和促进										
政府、企业、协会和个体在农业服务中相互依存和促进										
与其他地区比较，本地区农业服务存在特色										
与其他地区比较，本地区农业服务存在优势										
本地区农业服务存在特色与本地服务优势结合好										
本地区农业服务存在有效的政策										
本地区农业服务行业存在有效的规范										
本地区民间存在有效的社会惯例										
本地区农业服务政策、行业规范和社会惯例结合好										
农业服务产前、产中、产后一体化服务好										
国家与私人农业服务形成有机整体										
不同地区农业服务要彼此协调互补										
政府通过支持企业对农户进行市场化服务										

农业服务体系要素	对农业服务体系现状判断					对农业服务体系期望表述				
关于农业服务，你所在的地区	同意	比较同意	没意见	不太同意	不同意	希望	比较希望	没意见	不太希望	不希望
政府支持农业协会为农户提供内部服务										
农业社会化服务可以提高农业生产效率										
农业社会化服务可以形成更多的专业户或专业农业组织										
农业社会化服务可以增加农民非农收入来源										
农业社会化服务可以减轻农户农业生产经营困难										
农业社会化服务可以促进农业技术在农村推广										
农业社会化服务可以降低农业风险										

附录2　关于农业社会化服务组织（或企业）的调查问卷

一、组织学习驱动

请依据您同意程度进行勾选。非常不同意（1）；不同意（2）；无意见（3）；同意（4）；非常同意（5）

1. 贵组织经常根据市场需求变化进行管理变化应对
   ………………………………………………… 1 — 2 — 3 — 4 — 5
2. 贵企业经常根据供应市场变化做相应管理变化
   ………………………………………………… 1 — 2 — 3 — 4 — 5
3. 贵企业经常根据供应商经营变化而做相应管理变化
   ………………………………………………… 1 — 2 — 3 — 4 — 5
4. 贵组织经常吸收同行或其他组织的经验改进自己经营
   ………………………………………………… 1 — 2 — 3 — 4 — 5
5. 贵组织经常客户交流并让他们提改进经营的意见
   ………………………………………………… 1 — 2 — 3 — 4 — 5
6. 贵组织经常从报纸、电视和交流会获得经验来改进经营
   ………………………………………………… 1 — 2 — 3 — 4 — 5
7. 贵组织愿意花钱使用新技术或新设备等产品… 1 — 2 — 3 — 4 — 5

二、市场/技术的需求

据您的同意程度进行勾选。非常不同意（1）；不同意（2）；无意见

（3）；同意（4）；非常同意（5）

　　1. 越来越多的农业生产者需要在市场购买服务产品

　　………………………………………………… 1 — 2 — 3 — 4 — 5

　　2. 生产者购买农资、设备、工具等能使农业生产更简单，提高效率

　　………………………………………………… 1 — 2 — 3 — 4 — 5

　　3. 现在农业生产服务产品越来越细，购买服务成为农村趋势

　　………………………………………………… 1 — 2 — 3 — 4 — 5

　　4. 当前农户必须购买种子、化肥、农药等才达到正常收获

　　………………………………………………… 1 — 2 — 3 — 4 — 5

　　5. 随着新农业技术推广，农业生产者对新的农业技术有的需求

　　………………………………………………… 1 — 2 — 3 — 4 — 5

　　6. 不断有新产品出现，购买者可以通过购买新产品快速获得好处

　　………………………………………………… 1 — 2 — 3 — 4 — 5

　　7. 农村现代化发展中，新种子、新资料、新工具等需求在农村具有普遍性………………………………………… 1 — 2 — 3 — 4 — 5

　　8. 购买者相信科技生产可以提高生产效率并提高收入

　　………………………………………………… 1 — 2 — 3 — 4 — 5

三、政府促进作用

据您的同意程度进行勾选。非常不同意（1）；不同意（2）；无意见（3）；同意（4）；非常同意（5）

　　1. 现在政府鼓励补贴农户购买农资和设备等，对您的生意有好处

　　………………………………………………… 1 — 2 — 3 — 4 — 5

　　2. 现在政府对您征收的税比较合理，有利于您的经营

　　………………………………………………… 1 — 2 — 3 — 4 — 5

　　3. 现在政府重视农村发展，惠农政策有利于您的买卖变更好

　　………………………………………………… 1 — 2 — 3 — 4 — 5

4. 政府鼓励传统农民或新生代农民接受科学种田观念
………………………………………………… 1 — 2 — 3 — 4 — 5

5. 政府科研部门宣传科学农业生产方法，促进农业服务产品科学种田
………………………………………………… 1 — 2 — 3 — 4 — 5

四、成本/竞争驱动

据您的同意程度进行勾选。非常不同意（1）；不同意（2）；无意见（3）；同意（4）；非常同意（5）

1. 了解农业生产加工需要什么服务产品花费成本和精力
………………………………………………… 1 — 2 — 3 — 4 — 5

2. 从供货商那获得销售的服务产品花费成本和精力
………………………………………………… 1 — 2 — 3 — 4 — 5

3. 买卖农业服务产品需要雇工帮助经营………… 1 — 2 — 3 — 4 — 5

4. 买卖农业服务产品需要经常专业培训学习…… 1 — 2 — 3 — 4 — 5

5. 农业服务生意比你做其他生意和工作更容易，更有把握成功
………………………………………………… 1 — 2 — 3 — 4 — 5

6. 您在提供服务时面临大企业或组织的竞争…… 1 — 2 — 3 — 4 — 5

7. 现在经营农业服务产品商主要是区域性的内部同行竞争
………………………………………………… 1 — 2 — 3 — 4 — 5

8. 您做这行比较早或有地点优势等，比一般人具有一定优势
………………………………………………… 1 — 2 — 3 — 4 — 5

五、农业社会化服务组织协同结构

组织协同的规范结构：

据您的同意程度进行勾选。非常不同意（1）；不同意（2）；无意见（3）；同意（4）；非常同意（5）

1. 贵组织与供货商之间存在成熟系统的工作流程
　　………………………………………………… 1－2－3－4－5
2. 贵组织与购买者之间存在成熟系统的工作流程
　　………………………………………………… 1－2－3－4－5
3. 贵组织买卖中严格交易流程有时影响买卖快速完成
　　………………………………………………… 1－2－3－4－5
4. 贵组织销售产品的专业知识有严格传递要求… 1－2－3－4－5
5. 贵组织在进货中有书面保证或保存电子信息纪录
　　………………………………………………… 1－2－3－4－5

组织协同的社会结构：

据您的同意程度进行勾选。非常不同意（1）；不同意（2）；无意见（3）；同意（4）；非常同意（5）

1. 贵组织与供货组织有共同的想法、共同遵守的原则
　　………………………………………………… 1－2－3－4－5
2. 贵组织与供货组织经常讨论经营措施并一致的行动
　　………………………………………………… 1－2－3－4－5
3. 贵组织有生意同行圈子，大家经常聚会并非常开心
　　………………………………………………… 1－2－3－4－5
4. 贵组织与生意圈子里人共同建立生意的习惯与原则
　　………………………………………………… 1－2－3－4－5
5. 贵组织认为生意圈子需要"大家好，我就好"的观念
　　………………………………………………… 1－2－3－4－5
6. 贵组织认为"我生意好，可以促进圈子生意好"
　　………………………………………………… 1－2－3－4－5

组织协同的合作结构：

据您的同意程度进行勾选。非常不同意（1）；不同意（2）；无意见（3）；同意（4）；非常同意（5）

1. 贵组织认为生意圈子的生意彼此有直接或间接联系
   ………………………………………… 1 — 2 — 3 — 4 — 5
2. 贵组织认为生意圈子的生意都有各自的专长和优势
   ………………………………………… 1 — 2 — 3 — 4 — 5
3. 贵组织认为生意圈子生意通过互补支持来满足市场
   ………………………………………… 1 — 2 — 3 — 4 — 5
4. 贵组织认为生意圈子的生意有部分完全一样的重叠
   ………………………………………… 1 — 2 — 3 — 4 — 5
5. 贵组织认为生意圈子的生意有部分是完全彼此互补
   ………………………………………… 1 — 2 — 3 — 4 — 5

六、农业社会化服务组织协同运作特征

组织协同的运作效率特征：

据您的同意程度进行勾选。非常不同意（1）；不同意（2）；无意见（3）；同意（4）；非常同意（5）

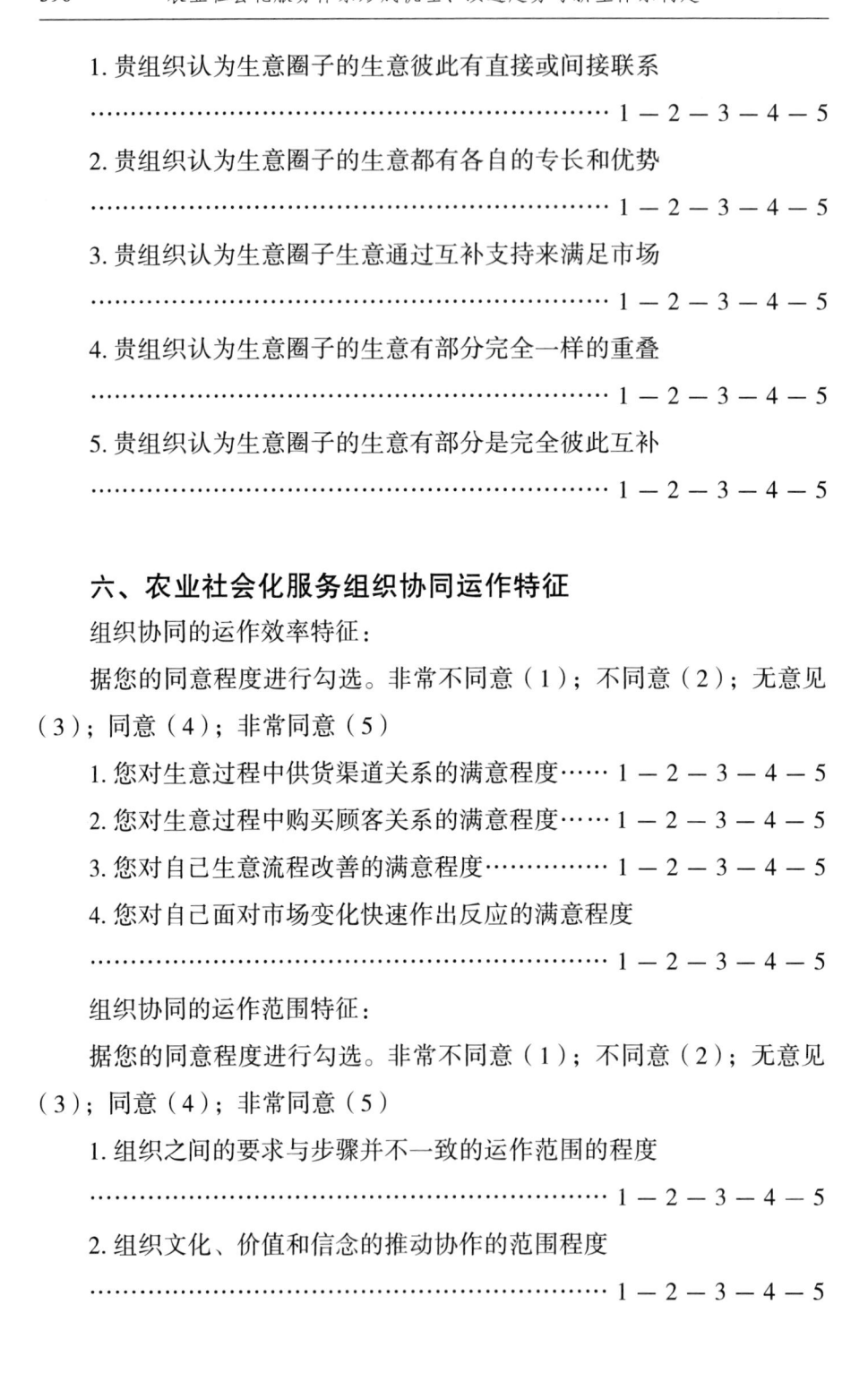

1. 您对生意过程中供货渠道关系的满意程度…… 1 — 2 — 3 — 4 — 5
2. 您对生意过程中购买顾客关系的满意程度…… 1 — 2 — 3 — 4 — 5
3. 您对自己生意流程改善的满意程度……………… 1 — 2 — 3 — 4 — 5
4. 您对自己面对市场变化快速作出反应的满意程度
   ………………………………………… 1 — 2 — 3 — 4 — 5

组织协同的运作范围特征：

据您的同意程度进行勾选。非常不同意（1）；不同意（2）；无意见（3）；同意（4）；非常同意（5）

1. 组织之间的要求与步骤并不一致的运作范围的程度
   ………………………………………… 1 — 2 — 3 — 4 — 5
2. 组织文化、价值和信念的推动协作的范围程度
   ………………………………………… 1 — 2 — 3 — 4 — 5

3. 组织间合作能力的合作的范围程度…………… 1－2－3－4－5

4. 组织间开放、有系统的学习合作的范围程度… 1－2－3－4－5

5. 组织间既定程序，进行合作的范围程度……… 1－2－3－4－5

组织协同的运作弹性特征：

据您的同意程度进行勾选。非常不同意（1）；不同意（2）；无意见（3）；同意（4）；非常同意（5）

1. 生意中，双方能够因环境变化调整买卖活动 … 1－2－3－4－5

2. 生意中，比较难处理的问题双方都很体谅并解决

……………………………………………… 1－2－3－4－5

3. 生意中，对对方提出的问题能够合理回应…… 1－2－3－4－5

4. 生意中，事先确定欠合理的约定双方也可以合理改善

……………………………………………… 1－2－3－4－5

5. 生意中，双方发生分歧时能够彼此体谅折中满意解决

……………………………………………… 1－2－3－4－5

七、农业社会化服务组织服务能力

组织服务门槛能力：

据您的同意程度进行勾选。非常不同意（1）；不同意（2）；无意见（3）；同意（4）；非常同意（5）

1. 生意中的相互学习可以提高自己做生意基本技巧

……………………………………………… 1－2－3－4－5

2. 如果同行设备用的好，自己也仿照购买设备… 1－2－3－4－5

3. 在生意中交往时间长了，经验和专门知识就可以提高

……………………………………………… 1－2－3－4－5

4. 在生意中时间长了，可以形成自己一套买卖流程模式

……………………………………………… 1－2－3－4－5

5. 生意出现新产品/新技术时，从生意中了解做法

……………………………………………… 1－2－3－4－5

组织服务专属能力：

据您的同意程度进行勾选。非常不同意（1）；不同意（2）；无意见（3）；同意（4）；非常同意（5）

1. 在生意中，您有自己独特的办法比别人做的好

……………………………………………… 1－2－3－4－5

2. 在生意中，您常介绍新的产品和新的技术大家

……………………………………………… 1－2－3－4－5

3. 在生意中，您经常带头引进新设备和新产品经营

……………………………………………… 1－2－3－4－5

4. 在生意中，您能想出经营设备或工具的改进办法

……………………………………………… 1－2－3－4－5

5. 在生意中，您能想出经常性经营产品的新使用技巧

……………………………………………… 1－2－3－4－5

6. 在经营中，您对新技术、新产品和新方法使用能很快熟悉

……………………………………………… 1－2－3－4－5

组织服务发展能力：

据您的同意程度进行勾选。非常不同意（1）；不同意（2）；无意见（3）；同意（4）；非常同意（5）

1. 在生意中，您有很好的人脉关系，保持经营长期稳定

……………………………………………… 1－2－3－4－5

2. 在生意中，您可以不断改进经营方式，使生意更好

……………………………………………… 1－2－3－4－5

3. 在生意中，您可以不断对经营设备工具更新升级

……………………………………………… 1－2－3－4－5

4.在生意中，您可以了解生意发展趋势和预测市场情况
………………………………………………… 1－2－3－4－5

5.在生意中，您能根据对未来判断，提前为未来生意做准备
………………………………………………… 1－2－3－4－5

八、农业社会化服务组织协同的约束因素

据您的同意程度进行勾选。非常不同意（1）；不同意（2）；无意见（3）；同意（4）；非常同意（5）

政策和法律：

1.在您生意圈中，用政策和法律明确双方该承担的责任和义务
………………………………………………… 1－2－3－4－5

2.在您生意圈中，用政策和法律明确双方合理的行为和责任
………………………………………………… 1－2－3－4－5

3.在您生意圈中，用政策和法律解决争议和不合理买卖行为
………………………………………………… 1－2－3－4－5

4.在您生意圈中，对时间、质量、价格、数量用明确规定方式进行
………………………………………………… 1－2－3－4－5

行业惯例：

5.在您生意圈中，用生意圈中惯例明确双方该承担的责任和义务
………………………………………………… 1－2－3－4－5

6.在您生意圈中，用生意圈中惯例明确双方合理的行为和责任
………………………………………………… 1－2－3－4－5

7.在您生意圈中，用生意圈中惯例解决争议和不合理买卖行为
………………………………………………… 1－2－3－4－5

8.在您生意圈中，对时间、质量、价格、数量用生意圈中惯例规定方式进行……………………………………………… 1－2－3－4－5

社会习惯：

9. 在您生意圈中，社会习惯让大家心里自觉遵守应该承担的责任和义务…………………………………………………………1－2－3－4－5

10. 在您生意圈中，社会习惯让大家心里自觉遵守双方合理的行为和责任………………………………………………………………1－2－3－4－5

11. 在您生意圈中，社会习惯让大家心里自觉遵守解决争议的传统方式……………………………………………………………………1－2－3－4－5

12. 在您生意圈中，社会习惯让大家自觉买卖时间、价格、数量和质量约定……………………………………………………………1－2－3－4－5

九、基本情况，请依据您的实际情况勾选

1. 贵企业所在的地区：（　）省（市）（　）县（市）

2. 贵企业的性质：

A 国有独资企业（　）；B 国有控股企业（　）；C 合资企业（　）；D 民营企业（　）；E 个体工商企业（　）；F 集体企业（　）；G 其他企业（　）

3. 贵企业服务类别（可以多选）：

A 农业生产资料服务（　）；B 加工服务（　）；C 农产品销售服务（　）；D 运输服务（　）；E 信息和技术服务（　）；F 运输服务（　）；G 其他服务（　）

4. 贵企业经营的行业属于（可以多选）：

A 粮油行业（　）；B 水产品行业（　）；C 果蔬行业（　）；D 禽蛋肉行业（　）；E 林业行业（　）；F 饲料行业（　）；G 花卉行业（　）；H 种苗行业（　）；I 其他（　）

责任编辑：吴炤东
封面设计：肖　辉　王欢欢

图书在版编目(CIP)数据

农业社会化服务体系形成机理、演进趋势与新型体系构建研究/
　孙剑 著.—北京：人民出版社，2021.1
（农业与农村经济管理研究）
ISBN 978-7-01-021528-0

Ⅰ.①农… Ⅱ.①孙… Ⅲ.①农业社会化服务体系-研究-中国
Ⅳ.①F326.6

中国版本图书馆 CIP 数据核字(2019)第 256983 号

农业社会化服务体系形成机理、演进趋势与新型体系构建研究
NONGYE SHEHUIHUA FUWU TIXI XINGCHENG JILI
YANJIN QUSHI YU XINXING TIXI GOUJIAN YANJIU

孙　剑　著

人民出版社 出版发行
（100706　北京市东城区隆福寺街 99 号）

中煤（北京）印务有限公司印刷　新华书店经销

2021 年 1 月第 1 版　2021 年 1 月北京第 1 次印刷
开本：710 毫米×1000 毫米 1/16　印张：25.5
字数：370 千字

ISBN 978-7-01-021528-0　定价：99.00 元

邮购地址 100706　北京市东城区隆福寺街 99 号
人民东方图书销售中心　电话 (010)65250042　65289539

版权所有·侵权必究
凡购买本社图书，如有印制质量问题，我社负责调换。
服务电话：(010)65250042